中国当代集体农地制度史

1978—2014

农地承包、调整与流转

刘宪法◎著

（下册）

国家行政学院出版社
NATIONAL ACADEMY OF GOVERNANCE PRESS
·北京·

目录

流转篇

附章 农村土地集体所有制

流转篇

第八章　土地流转实践与制度建设

本书第四章主要叙述了以公平或方便农户耕种为目的的土地调整过程，第五章、第六章和第七章则主要叙述以追求土地规模经营为目的的土地集中过程。土地调整和土地集中是以村集体为主导的农地使用权的再配置方式。除此之外，还有一种重要的农地使用权的再配置形式，这就是以农户为主体的家庭土地承包经营权的流转，即通常所说的土地流转。土地流转与土地调整及土地集中的重要区别是：土地流转的主体为农户，是农户自愿的行为，既可以是有偿，也可以是无偿的。土地流转具有土地使用权交易的性质，而土地调整和土地集中的主体是村集体，土地调整和土地集中是通过行政手段，对农用地使用权进行再分配，往往是无偿的，或者只是对放弃土地经营权的农户给以收益上的补偿。土地调整、土地集中和土地流转这三种农地使用权的再配置形式既有相互替代、相互排斥关系，也存在相互交织、相互联系的关系，特别是土地流转与土地集中。在土地流转制度形成的初期，土地流转与土地集中往往是混在一起的，难以辨认。

随着家庭土地承包经营权从集体土地所有权彻底地分立出来，确立了其独立产权地位，农户自愿的土地流转越来越脱离了以村集体为主导的土地集中而独立存在。而且，以村集体为主导的土地集中，越来越多地建立在农户流转土地的基础上。当然，现实中各种“扭曲”或“变形”现象也是不可避免的。国家的政策对农户的自发、自愿流转行为也从否定到模糊再到肯定，最终，在法律层面上将土地流转制度确立下来。在政府的强力政策推动下，农户在农地使用权再配置中的主体地位逐步确立，土地流转也就逐渐成为农地使用权再配置的主导形式。

一、土地流转从“萌芽”到“成长”

（一）土地流转的“萌芽”

土地流转起因于农户间土地与劳动力的不平衡。在土地均分的情况下，有的农户劳动力有富余，有的农户劳动力不足。早在实行“双包”之初，这种情况就已经出现了。1981 年，刚成立的中国农村发展问题研究组到安徽滁县调研发现，有极少数农户因家里的劳动力不足，独立经营有困难，将土地转包给别人耕种。①有些村民小组按人头均分土地，盲人也分得一样多的土地，这些人根本种不了地，只能转包给别人种。

实行家庭土地承包经营制以后，土地流转现象增多。1983 年，有学者就观察到一些农村地区存在“土地的转移和土地集中”的现象。归纳起来，“土地的转移和土地集中”主要有三种形式：一是“有组织的统一调整”，即“生产队或大队根据群众自愿，把一些农户退出来的地有计划性地转包给一些种田能手，发展商品专业户”；二是“自找对象，通过集体办理过户手续”；三是“个人转让，即不通过任何组织的个人之间的自由转让”。② 显然，第一种形式是本书第五章所讨论的土地集中，而第二种形式和第三种形式则属于土地流转范畴。

由于这时粮食供应仍实行计划管制，一旦农民脱离了土地，首先面临的问题是如何获得口粮。根据学者的调查，在个人转让的情况下，转入土地的农户要对转让土地的农户给予补偿。补偿通常采取四种方式：一是平价供应口粮；二是无偿供应口粮；三是按亩付承包金；四是无偿转让。其中，平价供应口粮和其他有偿转让是主要的补偿方式。③ 有些农村地区如山西武乡县，还要求按照“以地定产，以产定等，以等定价”的原则，转入土地的农户要向转出土地的农户补偿其之前在土地上所做的投资支出。④

据湖南的一项调查，该省到 1983 年就有 2% ~3% 的农户转包土地，转包的耕地面积约占耕地的 1% ~2%；农户之间转包土地，约有 15% 是无偿，另约有 85% 是有偿的；在有偿转包中，还出现了农户出租土地，收取租金的情况；租金为每亩 200 ~300 斤稻谷，甚至有的租金达到上千斤。⑤ 出租土地、收取高额租

---

① 陈一谘、孙方明、王小强等：《农村实行生产责任制后需要研究解决的几个问题》，载中共安徽省委农村工作部编《安徽省农业生产责任制资料选编》（内部资料），1983，第 407—408 页。

② 王西玉、袁崇法：《土地转让利弊何在》，《农村工作通讯》1983 年第 8 期，转引自王仕元、李修义、杨世文主编《中国改革全书（1978—1991）》（农村改革卷），大连出版社，1992，第 303—304 页。该文认为，要允许土地调整和转包，但要在村集体主导下，即坚持土地集体所有的前提下进行；个人转让土地不利于土地集中。

③ 同上。

④ 中国农村发展问题研究组：《农村经济变革的系统考察》，中国社会科学出版社，1984，第 107 页。

⑤ 湖南省委农村工作部：《关于稳定完善农业生产责任制情况》（1983 年 11 月），载黄道霞、余展、王西玉主编《建国以来农业合作化史料汇编》，中共党史出版社，1992，第 1027 页。

金，在当时被视为“剥削”，这是不被允许的。在有些地区，转包土地的农户怕被别人说是“剥削”“不劳而获”，收取多少租金是保密的。①

在这一时期，一些农村地区出现土地流转，主要发生在下述几种情况。

第一种情况是：在按人头均分土地情况下，往往会出现土地与劳动力不匹配的现象。一些劳动力少的农户，如家有老弱病残人口的“困难户”、缺乏农业劳动力的“干部户”和“职工户”② 等，所承包的土地经营不了，而一些劳动力多的农户，承包地又不够种。这些劳动力少的农户，有的会请帮工，帮自己种，按天给帮工付钱，如一天付 3 元、5 元，甚至达到 7 元；也有的是把部分承包地，甚至全部承包地都包给别人种，由别人承担粮食征购任务和各项提留；或者是请人代耕，收获物归自己，付给代耕农户一些粮食。按照当时中国农村发展问题研究组的估计，在安徽，独立经营有困难，需要转包部分土地或雇工的农户有 2% ~3% 。③

第二种情况是：农村副业的发展使得一部分人脱离了土地。例如，在浙江缙云县，当时有些农户热衷于养鸭子，而且养鸭采取“放牧”的方式。即全家人一起赶着 400 ~800 只鸭子，离开家乡，利用沿河、沿水塘及收割后的田地提供鸭饲料，边走边养，边养边卖。这一走，短则 1 年，长则 2 ~3 年。这些养鸭户外出“放牧”就无暇顾田，只好把承包地包给在家种地的其他农户。转入户除了要承担转出户的土地承包税费，通常还要给转出户一些补偿。补偿的方式大体有两种：一种是转入户要将转入土地所生产的粮食，按平价粮价格卖给转出户，每斤平价粮价格要低于收购粮价格 8 元；另一种方式是转入户按每亩 300 斤稻谷给转出户。第一种方式相当于分成租，分成比例由收购粮与平价粮的价差所决定。如稻谷的收购价为每斤 0. 175 元，平价粮为每斤 0. 095 元，两者的差价为每斤 0. 08 元；这一差价就是分成租，分成比例就是 45. 71% （0. 08 元/斤 ÷0. 095 元/斤 ×100% =45. 71%），即收获总量中的 45. 71% 归转出户，其余的 54. 29% 归转入户。第二种方式相当于固定租，即无论转入户收获多少，都要按约定的粮食数

① 试验区办公室编《寻求新的突破》（内部资料），1987，第 502 页。

② “干部户”“职工户”是指家里的主要劳动力，一般指一户中的男人是国家干部，或是国家职工，而其妻子和孩子在农村。

③ 陈一咨、王小强：《农村发展 · 经济改革 · 学术研究》（内部文稿），1982 年 10 月，转引自孙方明编《潮起潮落——中国农村发展问题部分文献》，大风出版社，2011，第 81 页。

量付给转出户。在现实中，采取第二种方式的比较多。[①] 还有的农户通过副业致富之后，选择将土地退回给村集体。[②]

第三种情况是：脱农务工、经商的农户无暇顾田，或者对这些农户来说，种地已经成了不划算的事情，所以要把部分土地流转出去，或者是把土地退给村集体。早在实行家庭土地承包经营制的初期，前两种情况比较多，进入 20 世纪 80 年代中期以后，第三种情况逐渐成为导致土地流转的主要原因。

据对贵州湄潭农村的调查，在这一时期，土地转包的接受户即接包户大体可分为以下几类：第一类是家庭农业劳动力较多的农户，占比约 60%；第二类是家庭人口较多但自家承包地种的粮食不够吃的农户，占比约 25%；第三类是帮助亲戚照应他人承包地的农户，占比约 10%；第四类是经营粮食或其他经济作物的“大户”，占比很小。该调查还显示，接包户与转包户之间的收益分配有三种形式：一是固定收益，即接包户按亩每年固定给转包户一定的收益，数额大约就是转包户一年所需的口粮；二是分成收益，即接包户与转包户按一定比例分成，大约为五五分或六四分；三是亲戚之间无偿转包。接包户与转包户之间所分的收益仅指大秋作物，夏收作物和间作的收益不算在内。[③]

值得一提的是，20 世纪 80 年代初期，由于农村劳动力成本较低，一些缺少劳动力的农户往往不是把土地转包出去，而是选择雇工。前面所述的浙江缙云县养鸭专业户就有选择雇工的。据调查，某丁姓养鸭户，家里有承包地 5.56 亩，一家 7 口中主要劳动力都出去养鸭了，只剩下 3 个小孩和一个老人。由于缺乏劳动力，该农户就不得不雇人种田。该农户全年共雇工 130 多个，每个工 4～5 元，雇工费用共计 500 多元。扣除工钱和集体提留及其他成本，每亩可得收入 77.97 元。如转包出去，每亩大概能得到 57.7 元（转入户按平价粮卖给转出户）或 52.5 元（转入户按每亩 300 斤稻谷给转出户）。与转包出去相比，雇工要更划算些。[④]

---

① 周其仁、邓英淘、白南生：《土地转包的调查和初步分析》，载中国农村发展问题研究组编《农村·经济·社会》（第三卷），知识出版社，1984，转引自周其仁编《农村变革与中国发展 1978—1989》（下卷），牛津大学出版社，1994，第 630—643 页。

② 据调查，在 1982 年，芜湖县有个公社有 18 户农民要求退还承包地，专门经营副业。欧远方：《安徽包产到户研究》，安徽人民出版社，1982，第 143 页。

③ 试验区办公室编《寻求新的突破》（内部资料），1987，第 500—501 页。

④ 周其仁、邓英淘、白南生：《土地转包的调查和初步分析》，中国农村发展问题研究组编《农村·经济·社会》（第三卷），知识出版社，1984，转引自周其仁编《农村变革与中国发展 1978—1989》（下卷），牛津大学出版社，1994，第 630—643 页。

值得一提的是，在实行家庭土地承包经营制之初，农村政策研究界更加关注雇工问题，而不是土地转包问题。因为当时定义的土地转包是在本村集体成员内部进行的，不涉及动摇社会主义集体所有土地制度问题，而根据马克思经典作家的理论，雇工是资本主义制度的典型特征。因此，需要论证在保持社会主义集体经济制度的前提下的雇工的性质问题。① 据当时的调查，雇工主要集中在工副业经营领域，在种养植领域大多是临时雇工，可以被认为是农户之间自发地互助合作。②

（二）土地流转的“成长”

到了 20 世纪 80 年代中期，土地流转“萌芽”开始缓慢“成长”。在这一时期，由于非农就业机会并不稳定，农户不敢贸然放弃土地，把土地退包给村集体或完全转让出去，往往会选择临时把土地转包给熟人耕种，这样就可以随时收回土地。转包户的土地转包收益是获得其家庭所需的口粮。另外，绝大多数从事非农职业的承包农户是兼业户，在农闲时，从事非农职业，农忙时又返回家中务农。对这些农户来说，土地还不是负担，并没有转出的必要，因此，土地转包的情况不多。据农业部对农村固定观察点调查，到 1984 年，在调查户中，转出户占总户数的比重为 2.7%，转出耕地占总耕地的比重为 0.7%，转入户占总户数的比重为 4.5%，转入耕地占总耕地的比重为 1.3%；③ 1986 年，在调查户中，转入户占总户数的比重为 7.74%，平均每户转入耕地 4.04 亩，转入耕地占总耕地的比重为 3.57%。该调查还显示，与 1984 年相比，1986 年土地流转规模有所扩大，并带动了农户的土地经营规模的提高；调查户的户均耕地面积由 8.35 亩提高到 9.20 亩，户均地块数由 9.7 块降低到 8.99 块。④ 但需要指出的是，可以推测这里所统计的土地转包包括了村集体主导的土地集中，完全是农户之间的土地流转应该较少。

---

① 1983 年 9 月在陕西西安市召开了农村雇工问题学术讨论会，对农村雇工经营的概念、性质、特点，产生原因，以及发展趋势和对策意见进行较为深入地讨论。参见沈冲、向熙扬主编《十年来：理论·政策·实践》，求实出版社，1988，第 613—629 页。

② 沈冲、向熙扬主编《十年来：理论·政策·实践》，求实出版社，1988，第 629—636 页。

③ 中共中央书记处农村政策研究室编《中国农村社会经济典型调查（1985 年）》，中国社会科学出版社，1987，第 35 页。

④ 中共中央农村政策研究室、国务院农村发展研究中心农村社会经济调查办公室编《向商品经济轨道的转移——全国农村固定观察点调查报告（1987）》，农村读物出版社，1988，第 131 页。

促进土地流转“萌芽”到“成长”的主要诱因是家庭承包经营对农村劳动力的释放。家庭承包经营给予农民极大的安排劳动时间的自由，大量的农村劳动力被“闲置”，过去“隐蔽”的农村劳动力过剩的问题很快就显现出来。[①] 在乡镇企业“大发展”之前，农村劳动力向非农领域转移的领域主要是社队企业。当时大多数社队企业的规模较小，就在村庄范围内，在社队企业就业的大多是本队、本村的社员，而且生产时间也较为灵活，管理也不正规。这些社员不必完全脱离土地，农忙时或下班之余下地做农活，并不耽误在企业上班。当时农村流行一个说法“工业三班倒、农业早中晚”，就是这种情况的写照。[②] 如果家庭劳动力富余，这部分在社队企业工作的劳动力可以基本上甚至完全不用下地干活。总之，在社队企业时期，对于土地与劳动力不匹配的问题，农户或者通过分配自身劳动力的工作时间，或者通过家庭内部的分工来解决，而无须放弃承包地。

20 世纪 80 年代中期以后，许多社队企业发展和转型为乡镇企业。与社队企业相比，乡镇企业的规模较大，企业内部分工更为明确，对企业职工的上下班的时间要求也更加严格。这样一来，就会出现“顾家里的地就顾不了工”的情况。对于那些主要劳动力都进厂务工的家庭来说更是如此。这时，农户有两个选择，或者是把承包地交回集体，或者是自找对象，把土地流转出去。对许多农户来说，土地仍是他们最后的生活保障，在没有稳定收入的情况下，他们不愿意放弃土地。这时的乡镇企业是在市场夹缝中生存，收入并不稳定，企业职工随时面临收入下降甚至失业的情况，所以，大多数农户并不愿把承包地交回集体。另外，这时的承包地还是“责任田”，要承担交国家“公粮”、交承包费的责任，有些经济实力较弱的村集体也不愿或没有能力接受农户的承包地。这样，自找对象把土地流转出去成为部分农户的一个现实的选择。例如，在浙江乐清市乡镇企业比较发达，不少农户既不甘心在家务农，也不愿意放弃承包地，就会将承包地交给专心种地的“大户”。如当地有个种地大户，在 1986 年，从农户手中接手承包地

---

① 据有关专家估计，当时的农村大约有三分之一的剩余劳动力，也就是有 1 亿人以上。陈一咨、王小强：《农村发展·经济改革·学术研究》（内部文稿），1982 年 10 月，转引自孙方明编《潮起潮落——中国农村发展问题部分文献》，大风出版社，2011，第 82 页。该报告估计，有的地区农村剩余劳动力高达 70%。另据当时的一项研究估计，现存的中国农村剩余劳动力大约为 1.1 亿人，到 2000 年，这一数据将达到 3 亿～3.5 亿人。中国科学院国情分析研究课题小组：《生存与发展——关于中国农村长期发展的几个问题（人口·资源·粮食）》（内部报告），1989，第 12—14 页。

② 国务院农村发展研究中心联络室、农业部农业机械化管理司编《土地规模经营论》，农业出版社，1990，第 89 页。

的面积已达109亩，分布在45个地方。[①]

按照当时有关学者的归纳[②]，在这一时期，农户自发的土地流转大体分为以下几种形式。

第一种形式是包产经营。主要做法是：愿意种地的“包产户”按照有地但不种的“委托户”的种植计划，完成农作物部分或全部生产过程；“委托户”承担所有的生产投入，每年付给“包产户”80～120元工资；包干产量归“委托户”，超产部分归“包产户”，征购粮任务也由“委托户”完成。这种包产经营，从严格意义上说不应属于土地流转的范畴，实质上是一种采取承包分配方式的雇工制。包产经营一般发生在缺少劳动力的种植大户与有劳动力剩余的一般农户之间。

第二种形式是代耕代种。主要做法是：缺少劳动力的农户把自己的土地委托给其他农户代耕；“代耕户”利用“委托户”的承包地独立自主地从事生产经营活动，种植计划自定，生产投入自备，自负盈亏，并承担“委托户”土地承包合同所规定的义务；“委托户”仍保持与发包方——村集体的土地承包关系；“代耕户”一般要负责供应“委托户”平价口粮，有的还适当给一些补偿费。代耕代种一般发生在城镇干部与其亲戚朋友之间。家属进城做临时工，土地交给侄男子弟和亲朋好友经营。这种代耕代种，也称代理经营，属于转包的范畴。

第三种形式是转包及出租。承包户把承包地转包给别人，并收取租金。土地租入户自主经营、自负盈亏。例如，陕西渭南县农垦局曾把土地交给农工家庭经营，每个农工承包18亩地，每年上缴50元承包费。有的农工种不了或不愿种这么多的地，就把土地转包给附近的农户。因国营农场的土地条件好，农田基础设施较完备，其租金也较高，租金少的每亩每年150元，多的每亩每年230元。大多数土地租入户是种植西瓜、棉花等高产值作物。

第四种形式是土地互换。农户之间为了土地集中连片、方便耕作，相互换地。也有的农户为实现专业化的经营也会采取换地方式，如开发山林或荒滩的农户，用良田换山林或荒滩。

---

① 罗鉴宇主编《土地适度规模经营——浙江的实践与启示》，浙江人民出版社，1998，第39页。

② 杨沛英、卢新生、王祥瑞：《走出困境之路——当前中国农村土地制度研究》，陕西人民出版社，1992，第95—96页。

（三）农户的土地流转意愿

在这一时期，普遍来说，农户的土地流转意愿并不强。据国务院发展研究中心于 1988 年对全国 1 万多个农户所做的问卷调查，愿意转出承包地的农户仅占全部调查农户的 5.1%。[①] 另据对陕西勉县黄沙镇的调查，该镇 1984 年离土的劳动力已达 48%，离农的劳动力已达 30%；30% 的农户想多种地，但要不到地；30% 的农户主张维持“份地”（即按人均分的“口粮田”）；40% 的农户不敢贸然转出土地，怕有闪失无退路。[②] 即使在乡镇企业发达、非农就业机会较多的大城市郊区，大多数农户也不愿意转包土地。据上海市农委于 1987 年对郊区 4015 个农户的调查，不愿流转任何土地的农户占 52.6%，愿意流转“责任田”，但要保留“口粮田”的农户占比为 38.4%，愿意将全部土地转包出去的农户占比仅为 7.3%。该调查还显示，在上海郊区，想扩大承包地，成为种植专业户的农户的占比仅为 1.7%。[③] 也就是说，其对土地流转的需求也不强。

这种农户土地流转意愿不强的情况，到了 20 世纪 90 年代也没有什么改变。有学者于 1996 年所做的农户问卷调查显示，江苏三市（无锡、泰兴和连云港）农户愿意放弃承包地的占比仅为 10.73%；河南、宁夏的农户愿意放弃承包地的占比仅为 7.04% 和 8%。[④] 这就是说，绝大多数农户满足于兼业的“小农”生存状态，并没有什么改变的意愿。

“第二轮土地延包”以后，农户的土地流转意愿有所增强。根据一项学者团队于 1999 年所做的调研，将土地承包经营期延长到三十年，一方面稳定了农户对土地产权的预期，另一方面也提高了农户对交易土地产权的意愿；在所调查的农户中，有 87.6% 的农户认为应该可以“将承包的土地转包或转租给其他村民”，有 80.4% 的农户认为应该可以“将承包的土地转包或转租给外村人”。[⑤] 同

① 国务院农村发展研究中心联络室、农业部农业机械化管理司编《土地规模经营论》，农业出版社，1990，第 90 页。

② 中共中央书记处农村政策研究室编《中国农村社会经济典型调查（1985 年）》，中国社会科学出版社，1987，第 35 页。

③ 国务院农村发展研究中心联络室、农业部农业机械化管理司编《土地规模经营论》，农业出版社，1990，第 90 页。

④ 钱忠好：《中国农地土地制度变迁和创新研究》，中国农业出版社，1999，第 178 页。

⑤ 杨学成、罗伊·普罗斯特曼、徐孝白：《关于农村土地承包 30 年不变政策实施过程的评估》，《中国农村经济》2001 年第 1 期。

期，国务院发展研究中心土地课题组所做的调查也显示，有67.3%的农户认为自己拥有土地流转权。[①]

（四）土地调整对土地流转的抑制

如本书第四章所述，在2003年《农村土地承包法》实施以前，土地调整是比较频繁的。频繁的土地调整在很大程度上抑制了土地流转的发展。既然可以调整土地，要多种地的农户就可以多包地，不种地或少种地的农户就要退出承包地或少包地，因此，无须向他人流转土地。另外，在这一时期，很多村集体还掌握着为数不少的机动地，要多种地的农户，可以向村集体承包机动地。在一些经济发达的地区，对多包地的农户，村集体还给一定的种地补贴。[②] 另外，有些村集体不允许农户自发流转土地，农户种不了地，就要把地交给村集体，由村集体向想多种地的农户发包。[③] 这种情况一般发生在村集体实力较强的村。

根据1991年农业部对全国农村固定观察点的抽样调查，在村集体经济实力较强的村中，有89.7%的村，农户流转土地要经过村集体同意，而在村集体经济实力较弱的村中，这一比例有69%。[④] 可以推断，在这一时期，农户之间的自发流转大多发生在村集体实力较弱的村组。而村集体实力较弱的村组往往是在经济不发达地区。在这些地区，农户的生计还是要依赖土地，不会轻易地把自家的承包地流转给别人。因此，在这些地区，土地流转发生率不会太高；土地流转一般是在农户“大家庭”内部进行。[⑤]

即使是存在农户之间流转土地的情况，到土地调整时，往往也会将原来转出户的土地调整到转入户的名下。由于这一时期种地的税费负担重，转出户本来就是让转入户代耕代缴，不要什么钱，所以，原来转出户对将流转的土地调整给本村的转入户，一般也不会有什么异议。但农户之间土地流转变为土地调整的做

---

① 刘守英：《土地制度与农民权利》，《中国土地科学》2000年第3期。

② 例如，20世纪90年代，无锡县刘港村村集体给包地种的农户每亩50元的补贴。参见中国社会科学院经济研究所“无保”调查课题组《中国村庄经济——无锡、保定22村调查报告（1987—1998）》，中国财政经济出版社，1999，第83页。

③ 何道峰：《村级农地制度的变革》，载中国农地制度课题组编著《中国农村土地制度的变革——中国农村土地制度国际研讨会论文集》，北京大学出版社，1993，第34—35页。

④ 中共中央政策研究室、农业部农村固定观察点办公室编《完善中的农村双层经营体制——对274个村庄的跟踪调查》，中共中央党校出版社，1992，第18—19页。

⑤ 对此的叙述，见本书第十章第一节。

法，特别是把土地调整给“外来户”，有时也会产生法律上的纠纷。安徽凤阳县法院就接手过这样案子。①

安徽凤阳县王占美原系凤阳县门台镇居民，1964 年下放到凤阳县府城镇大王村，成为该村的村民。1981 年前后分地到户时，王占美一家六口人分得承包地 19.7 亩。1985 年，王占美根据国家放开集镇户口、允许农民在集镇落户政策②，将全家户口迁回凤阳县门台镇。落户后，王占美一家并没有把土地交回村集体，而是把土地转给了外村的刘家明一家种，条件是刘家明一家给王占美一家每年 600 公斤稻谷，并承担农业税费。显然，这属于转包的土地流转行为。1996 年，刘家明去世后，土地由三个儿子耕种。到 2000 年第二轮土地延包时，村集体依据刘家明的农业税征税凭证，将王占美一家的承包地确权给刘家明的三个儿子，这就是说，村集体将土地调整给刘家明的三个儿子。之后，刘家明的三个儿子认为地是他们的了，就不愿再付给王占美一家每年 600 公斤稻谷，王占美就要求刘家明的三个儿子退回承包地。刘家明的三个儿子不会轻易退给她的，从而引起了法律纠纷。凤阳县法院最终判定，刘家明的三个儿子取得的 19.7 亩土地的承包经营权是合法、有效的。

（五）2000 年前的土地流转水平

总的来说，虽然自 20 世纪 80 年代中期以后，土地流转“萌芽”开始“成长”，但这一“成长”过程是比较缓慢的。直至 2000 年，从全国范围来看，土地流转水平并不高。

据农业部的初步统计，1990 年，全国发生转包、转让土地的农户数占总农户数比重还不到 1%，转包、转让的耕地面积仅占全国耕地面积的 0.44%，平均每户流转土地面积仅有 3.05 亩。即使土地流转发展比较快的中部地区，也只有 1.2% 的农户流转了 0.6% 的耕地。③ 1993 年农业部又做过一次统计，统计结果显示，到 1992 年，转让、转包户占总农户的比重上升到 2.3%，转让、转包的土地

① 曹三明：《土地承包经营权纠纷案例选编》，中国社会出版社，2009，第 44—52 页。

② 1984 年国务院曾出台《关于农民进入集镇落户问题的通知》。根据该通知，允许农民进入集镇（仅限于乡镇，不包括县城即通常说的“城关镇”）落户，并给进入集镇的农民供应加价粮油口粮，这种户口称为“自理粮户口”。

③ 农业部农村合作经济研究课题组：《1990：中国农村土地承包经营制度及合作组织运行考察》，《农业经济问题》1991 年第 8 期。

面积占农户承包土地面积的比重上升到0.9%。[①] 同年，农业部农研中心对全国近3万名农户的抽样调查显示，在所调查的农户中，有4.09%的农户将自己的一部分承包地转包给他人，有1.99%的农户将全部承包地转包给他人。[②] 全国农村固定观察点的调查资料也显示，1984年到1992年，在所调查的7012个农户中，有93.8%的农户没有转让过耕地，转让部分耕地的农户占1.99%。[③] 到1997年，根据农业部的调查，全国涉及土地流转农户有316万户，仅占农户总数的1.2%，流转土地1535万亩，仅占承包地总面积的1.2%。[④] 加拿大多伦多教授白罗文与中国农业科学院合作进行的一项对8个省份的调查显示，到1998年，参与流转的土地只占全部土地的3%~4%，其中浙江比例最高，为7%~8%。[⑤] 需要指出的是，以上调查仅统计了转包和转让的土地及其农户，如果将当时普遍存在的代耕代种也算进去的话，土地流转规模就可能没有这么低。

二、土地流转政策的演变

（一）20世纪80年代的土地流转政策取向

从总体上看，直到20世纪90年代中期，土地流转政策经历了一个从否定到模糊再到肯定的演变过程。

1982年中央一号文件明确规定“社员承包的土地，不准买卖，不准出租，不准转让”。[⑥] 这就是说，土地流转是被禁止的。不久之后，面对一些农户脱农、脱耕以及部分农户无力耕种的现实，这一政策有所松动。

中国农村发展研究中心（其前身为原国家农委）于1983年组织600名大学生，对全国390个村进行调查。该调查发现，部分经济发达的农村地区已经

---

① 农业部农村合作经济研究课题组：《中国农村土地承包经营制度及合作组织运行考察》，《农业经济问题》1993年第11期。在农业部与联合国粮食及农业组织（FAO）一项合作项目的成果中，同样数据的计算结果为转包土地面积占承包地面积的2.9%。参见杜鹰、唐正平、张红宇主编《中国农村人口变动对土地制度改革的影响》，中国财政经济出版社，2002，154页。

② 张红宇、陈良彪编著《中国农村土地制度建设》，人民出版社，1995，第30页。

③ 马晓河、崔红志：《建立土地流转制度，促进区域农业生产规模化经营》，《管理世界》2002年第11期。

④ 中国社会科学院农村发展研究所、国家统计局农村经济社会调查队：《1998—1999年：农村经济绿皮书》，社会科学文献出版社，1999，第23页。

⑤ 姚洋：《非农就业结构与土地租赁市场的发育》，《中国农村观察》1999年第2期。

⑥ 1982年中央一号文件规定“社员承包的土地，不准买卖，不准出租，不准转让，不准荒废，否则，集体有权收回；社员无力经营或转营他业时应退还集体”。

出现土地规模经营的“迹象”，并提出了允许农户之间转让、转包土地的建议。[①] 这一情况很快就引起当时主持农村政策制定的杜润生的注意。在起草1983年中央一号文件时，杜润生提出：在不违反《宪法》对土地不能转让的前提下，将土地所有权即“地底权”与土地使用权即“地面权”分离，允许农户转包土地。[②] 按照杜润生的思路，土地集中不宜用行政性调整土地的手段进行，而是应该采用农户自愿协商转包的方式。[③] 1984年中央一号文件采纳了杜润生的这一建议。

1984年中央一号文件提出：允许土地要素的流动，“鼓励土地逐步向种田能手集中”。该文件规定土地要素流动方式有两种选择：一是“可以将土地交由集体统一安排”；二是“也可以经集体同意，由社员自找对象协商转包”，“转包条件可以根据当地情况，由双方商定”。[④] 前者为第五章中所说的土地集中，后者应该属于土地流转的范畴了。

根据当时中央政策制定者对政策的解释，中央的政策是不反对由集体统一调整土地，但更倡导社员个人之间转包土地。[⑤] 同时，1984年中央一号文件明确规

---

① 该调查报告基于“扩大承包户土地经营规模”的考虑，向中央建议“通过某种合理方式转让、转包土地，扩大现有土地经营规模，使有限的土地集中到种田能手一方，实现土地集约经营，又有助于另一些农户在其他领域进行兼业或专业化经济”。沈冲、向熙杨主编《十年来：理论·政策·实践》（第二册），求实出版社，1988，第245页。

② 杜润生在中央政治局讨论1983年中央一号文件时提出，“（1）农村人口的流动和增减会引起重新调整的要求（指土地调整。——笔者注）。（2）随着专业化分工的发展，有些农民很可能会退出承包的耕地，同时也会出现专门从事耕作的农业专业户。必然会发生土地一定程度的转移和集中。这是有利的，是合乎规律的。为了保障土地公有制，《宪法》宣布土地不能转让、出租、买卖是对的。但这就发生矛盾”。为了解决这一个矛盾，杜润生提出，“调整土地总是要进行的，不外两种方式：一种是一切通过合作社管理机构（即村集体。——笔者注）；一种是允许自己‘转包’。地面权、地底权分离”。参见《杜润生文集》，山西经济出版社，2008，第113—114页。

③ 1983年9月，杜润生在湖北调研时发表讲话曾说，“土地向粮食专业户的相对集中和转移，这是一个中期目标。不宜靠行政办法调整”，“我们要推进这个过程，办法是允许自愿协商转包责任田，过渡要有偿，形成农田转让市场”。参见《杜润生文集》，山西经济出版社，2008，第148页。

④ 1984年中央一号文件提出，“鼓励土地逐步向种田能手集中。社员在承包期内，因无力耕种或转营他业而要求不包或少包土地的，可以将土地交给集体统一安排，也可以经集体同意，由社员自找对象协商转包，但不能擅自改变向集体承包合同的内容。转包条件可以根据当地情况由双方商定。在目前实行粮食统购制度的条件下，可以允许由转入户为转出户提供一定数量的平价粮”，“对农民向土地的投资应予以合理补偿”，“自留地、承包地均不准买卖，不准出租”。

⑤ 在1984年7月3日的《人民日报》上刊登的《中央书记处农村政策研究室解释有关土地承包的几个问题》中提出，“随着农村经济的发展和农业生产的专业化，土地使用权的转移和适当集中，也是不可避免的”，“目前，土地使用权的转移和集中有两种方式，一种是由集体统一调整，一种是由社员个人转包。集体调整一般是集体把农户无力耕种或专业户退出的土地以及预留的机动地等，包给有能力经营的农户。在不具备条件实行集体统一调整的地方，由社员个人协商转包，更具有灵活性和符合经济需要，将会作为一种重要的形式而发挥积极作用”。转引自沈冲、向熙扬主编《十年来：理论·政策·实践》，求实出版社，1988，第257页。

定“自留地、承包地均不准买卖，不准出租”。既然“承包地均不准买卖”，也“不准出租”，只能转包，而且转包要“经集体同意”。这样，实际上村集体拥有了对土地转包的控制权。另外，该文件还规定，转包土地是有偿的，“有偿”是指“由转入户为转出户提供一定数量的平价粮”，以及“对农民向土地的投资应予合理补偿”。显然，这种土地流转还不是真正意义上的土地承包经营权或土地经营权的产权交易，而只是对放弃土地承包经营权的农户，在收益上给予补偿。虽然，这时对土地流转尚有诸多的政策限制，但无论如何，允许“由社员自找对象协商转包”，是中央在政策上对土地流转开了一个“小口子”。

在这一时期，中央真正比较明确在土地流转方面放开政策“口子”的是对贫困地区。1984 年 9 月，中共中央、国务院下发的《关于帮助贫困地区尽快改变面貌的通知》中提出，“耕地承包期可以延长到三十年。允许转让承包权”。然而，在现实中，恰恰是贫困地区的农户对土地依赖程度最高，放弃土地就等于断了他们的生活来源。也就是说，贫困地区的农户是最不需要这个“进一步放宽”的政策的。真正需要这个“进一步放宽”政策的是那些经济较为发达、非农就业机会较多的地区。而对这类地区，1987 年中发 5 号文[①]提出的政策是：承包地“原则上应交回集体，或经集体同意后转包他人”。而且，该政策文件也没有 1984 年中央一号文件中所表达的“由社员自找对象协商转包”以及“由双方商定”的提法了。到这时，中央似乎又收紧了土地流转政策。

严格地说，在这一时期，中央尚没有明确的土地流转政策，只有土地集中和土地规模经营政策。在这种政策环境下，农地使用权的再配置主要是通过村集体对农户土地承包经营权调整的方式进行。

（二）土地流转在法律上的限制

即便是中央在政策上所开的土地流转的“小口子”，当时的法律也是不支持的。1982 年的《宪法》第十条规定：“任何组织或者个人不得侵占、买卖、出租或者以其他形式非法转让土地。”1986 年 4 月全国人大公布的《中华人民共和国

① 1987 年中发 5 号文即《把农村改革引向深入》中提出，“长期从事别的职业、自己不耕种的，除已有规定者之外，原则上应交回集体，或经集体同意后转包他人”，“承包期间整治土地，增加投资，提高土地生产率的，土地转包时，集体或新承包户应给予相应补偿”。

民法通则》第八十条也做出了相应的规定："土地不得买卖、出租、抵押或者以其他形式非法转让。"[①] 1986 年 6 月全国人大出台的《土地管理法》第二条规定："任何单位和个人不得侵占、买卖、出租或者以其他形式非法转让土地。"由于当时在法律上没有对土地所有权和土地使用权做明确的区分，买卖和转让的是土地所有权还是土地使用权，在法律上并没有清晰界定，因此都要严格禁止。按照经典的马克思主义理论，出租土地是典型的剥削行为，当然也要禁止。

虽然土地不能买卖、不能出租，但土地承包合同是可以转手的。对于当时现实中已经出现的土地转包、转让行为，1986 年最高法院曾作出这样的界定："转让是指承包人自找对象，由第三者代替自己向发包人履行承包合同的行为"，"承包人将承包合同转让或转包给第三者，必须经发包人同意，并不得擅自改变原承包合同的生产经营等内容"。[②] 这就是说，按照当时的法律，土地流转只能是土地承包合同的转包、转让，而不是土地承包经营权的转包、转让。这样一来，在土地流转中，承包合同关系中的重要一方——土地发包方，即村集体的角色就是不可或缺的了，在土地承包合同的转包、转让过程中起主导作用，而实际上农户并没有自行转包、转让土地承包经营权的权利。而且，既然是承包合同的流转，那么土地流转也只能是转让、转包，而不能出租。土地流转最重要的形式——土地出租被否定了。

1986 年 6 月公布的中国第一部《土地管理法》中，首次提出土地使用权的概念[③]，并提出"土地的承包经营权受法律保护"。这实际上在法律上承认了土地使用权是可以独立于土地所有权的。1988 年《宪法修正案》将"任何组织和个人不得侵占、买卖、出租或者以其他形式非法转让土地"修改为"任何组织和个人不得侵占、买卖或者以其他形式非法转让土地。土地的使用权可以依据法律的规定转让"。同年修订的《土地管理法》也增加了"国有土地和集体所有的土地的使用权可以依法转让"的条款。这就是说，土地所有权不得买卖，但土地

① 《中华人民共和国民法通则》第八十一条还特别规定，"国家所有的和法律规定属于集体所有的林地、草原、荒地、滩涂不得买卖、出租、抵押或者以其他形式非法转让"。

② 见 1986 年 4 月 12 日《最高人民法院关于审理农村承包合同纠纷案件若干问题的意见》。1993 年 7 月全国人大颁布的《中华人民共和国农业法》仍沿袭这一法律规定。根据该法，"在承包期内，经发包方同意，承包方可以转包所承包的土地、山岭、草原、荒地、滩涂、水面，也可以将农业承包合同的权利和义务转让给第三者"。

③ 1986 年《土地管理法》第七条及第十一条规定，"国有土地和集体所有的土地可以依法确定给个人使用"，"土地的所有权和使用权受法律保护"。

使用权可以转让或出租，这也为农村土地承包经营权的流转提供了法理依据。但这两部修订的法律所提出的土地使用权转让主要针对的是建设用地，主要是根据城市建设用地转让行为而修订的。1995 年 3 月，国家土地管理局出台的《确定土地所有权和使用权的若干规定》中，对于集体所有的土地，只界定了集体建设用地（包括乡镇企业用地和农民建房用的宅基地）的使用权，而没有涉及农村土地承包经营权。如果在法律、法规上不承认农村土地承包经营权的土地使用权性质，那么谈何转让或流转。总之，除了个别省份，农村土地承包经营权的流转政策并没有随着法律上的这一重大修改而有所改变。①

（三）规则的实施

虽然按照当时法律规定，农户之间流转土地必须经发包人即村集体的同意，但在现实操作中，这一法律规定的约束力并不强。根据 1990 年国务院发展研究中心中国农地课题组所做的问卷调查，在所调查的村中，有 54.3% 的村允许农户之间自由流转土地，条件是保证交国家“公粮”和农业税；有 18.5% 的村允许农户自由流转土地，但必须经村民委员会同意、备案；有 9.4% 的村不允许农户自由转让土地，规定种不了的地要交回村集体，由村集体统一对外转让；有 17.8% 的村没有形成任何规定。②

这一时期，影响土地流转的最大政策限制是“不准出租”。虽然从政策上，转出土地的农户可以从转入土地的农户那里收回其所转出的承包地。但现实中，如果长期转包土地，转出土地的农户又不交国家“公粮”，也不交村提留，村集体就有可能以此为由将承包地收回，至少农户会担心承包地被村集体收回。现实中也会出现这种情况，转入户以替转出户交国家“公粮”、交村提留为由，不情愿把土地还给转包土地的农户。这样一来，转包实际上就变成了转让。不管是被村集体收回，还是转让，都意味着农户要放弃承包地。对于大多数农户来说，土地既是家庭财产，也是留在村里的“根”，因此，农户不会轻易放

---

① 1990 年，海南省政府在全国率先出台了《海南经济特区土地使用权有偿出让、转让规定》。根据该规定，“集体所有土地使用权，用于农、林、牧、渔业生产的，经省、市、县、自治县人民政府按审批权限批准，可由村民委员会或农业集体经济组织有偿出让、出租”。这里明确提出了土地承包权的有偿出让、出租。这是全国首个依据《宪法》及《土地管理法》，对农村土地流转作出规定的地方性法规。

② 何道峰：《村级农地制度的变革》，载中国农地制度课题组编著《中国农村土地制度的变革——中国农村土地制度国际研讨会论文集》，北京大学出版社，1993，第 31—61 页。

弃承包地。根据1996年某学者所做的一项对农户的问卷调查，当问到“如果收入主要来自非农产业且这些收入足以养活家人，是否愿意放弃承包地”时，有63.16%的农户是不愿意放弃的。[①] 为了避免这种情况的发生，农户只能选择将土地转包给靠得住的人、可信任的人，也就是亲戚、邻里，不能找“外人”，也不能找村里靠不住的人，转包的时间也不能太长，一般是一年一定。这样一来，农户转包土地时就会很谨慎，如果认为“此事不牢靠”，就宁愿把地“半荒着”“凑合种点什么”，也不愿将土地流转给别人。出租土地则不同，农户很清楚租出去的土地还是自己的，谁也拿不走，而且，出租土地收租金也是正常的，所以就可以放心将土地流转给“外人”，并享有土地租金。由于“不准出租”，这就大大限制了农户选择土地流转对象的范围，在很大程度上也抑制了农户流转土地的意愿。

（四）学界对土地流转的认识与讨论

在20世纪80年代，家庭联产承包责任制仍被定性为集体经济，土地属于集体所有。按照马克思主义经典作家的理论，只有在生产资料属于私人所有的制度下，土地才可以买卖，也可以出租。这是土地私有者的一项重要的权利。而在公有制性质的土地集体所有制的制度下，即使土地承包给农户，农户也只有使用权，严格地说是耕种权，并没有土地处置权。这是坚持社会主义集体经济性质的一条底线。如果突破了这条底线，土地就变为私有了，就不再是社会主义了。因此，坚持社会主义道路就必须坚持土地不得买卖、不得出租这条底线。而转包和转让则不同。按照当时的正式规则，转包和转让是村集体内部农户之间所进行的土地承包合同的流转，转入户也是村集体成员，也要履行承包土地的义务，如交国家“公粮”、交村提留等。但如果是出租，严格地说，租入土地户只履行与出租土地户之间签订的合约，与村集体没有任何产权关系。总而言之，出租土地的行为脱离了集体经济的范畴，背离了社会主义制度的原则。

为了回避“土地买卖”和“土地出租”这些政治上较为敏感的字眼，有学者开始使用从英语“land transfer”翻译的“土地流转”一词来表示各种土地权

① 钱忠好：《中国农村土地制度变迁和创新》，中国农业出版社，1999，第178页。

益的交易行为。[①] 按照当时学者的解释，土地流转不是土地所有权的买卖、出租和抵押，而是土地使用权的买卖、出租和抵押。[②] 应该说，“土地流转”一词的引入及对其内涵的解释，确实回避了不少意识形态争论的“麻烦”。

20 世纪 80 年代中后期，现代西方产权理论开始在中国的学术界大行其道。[③] 按照现代产权理论，无论资源配置的初始分配状态如何，只要产权明晰且交易费用足够低，通过产权交易，资源就可以不断地集中到最佳利用者手中，最终使资源配置达到最优状态。[④] 现实中包产到户的普遍成功充分证明了现代产权理论这一基本论断。现实与理论完美契合的农村土地制度改革极大地激发了亲身经历和目睹这一过程的年轻学者的研究热情。一些年轻学者试图在现行产权理论的分析框架下实证地解释包产到户以来的农村土地制度的变迁，并据此提出了农村土地制度可能的演进方向。[⑤] 按照这些年轻学者的解释，包产到户实现了土地所有权和使用权的分离，在保持土地集体所有的前提下，农户获得了土地承包经营权，并享有土地收益分配权。然而，农户的土地承包经营权的产权地位并不稳固，经常受到村集体的侵害，其主要表现是：村集体频繁的土地调整；地方政府经常滥用其行政权力，乱收税费侵害了农户的土地收益权。与此同时，土地按人口均分的结果还会产生资源错配的问题。劳动力多、质量高的农户，以及资本实力强的农户缺乏土地；劳动力少、质量低，以及资本实力弱的农户土地相对过剩，土地利用不充分。[⑥] 因此，这些年轻学者提出：农村土地制度可能的演进方向，应该是强化土地承包经营权，将土地承包经营权清晰地确立给农户，同时应该允许

---

① 据笔者对相关文献的检索，较早引用土地流转一词的学者是杨经纶。参见杨经伦《论我国农村土地制度总体改革》，《农业经济论丛》1985 年第 2 期。有一段时期，学界也有人将土地流转称为土地流动。

② 按照杨经伦的解释，“土地流转借以实现的手段不是土地所有权的一般形态的土地契约，而是代表土地使用权的特殊形态的土地使用证。土地流转方式也不是一般形态的土地买卖、出租、抵押等形式，而是一种特殊形态的土地准买卖、再出租、准抵押等形式”。参见杨经伦《农村土地制度变革与创新》，《农业经济问题》1987 年第 7 期。

③ 20 世纪 80 年代后期，张五常所著《卖橘者言》曾在中国大陆学界广泛流行。该书用各种生动的例子，说明界定产权对提高经济效率、改善资源配置的重要性。之后，一些现代产权理论的重要著作也陆续引进中国，其中影响较大的是 1994 年刘守英翻译出版的《财产权利与制度变迁》一书。不少中国学者也开始将其研究重点放在现代产权理论，出版了一些介绍现代产权理论的著作。如张军：《现代产权经济学》，生活 · 读书 · 新知三联书店上海分店，1991。

④ 参见科斯《社会成本问题》，载盛洪主编《现代制度经济学》，北京大学出版社，2003，第 3—37 页。

⑤ 比较著名的研究有周其仁、刘守英的《湄潭：一个传统农区的土地制度变迁》，刘守英的《“两田制”变迁与政府行为》，载张红宇、陈良彪编著《中国农村土地制度建设》，人民出版社，1995，第 289—329 页，第 198—239 页。

⑥ 刘守英：《中国农地制度的合约结构和产权残缺》，《中国农村经济》1993 年第 2 期。

农户自由转让或转包承包地。①

在政策设计上，有学者提出在承认和“做实”集体土地所有权的基础上，以“永佃”的形式确立农户的土地承包经营权的产权地位，赋予农户“承佃权”。农户的“承佃权”可以转让，可以有价流转。② 也有学者提出要实行“土地国有永佃制”，即将农村土地全部转为国有，在此基础上，给予农户“永佃权”；农户拥有包括转让土地使用权在内的对土地的充分支配权。③ 这些年轻学者的理论解释严谨，又有较为扎实的实证分析，所提出的政策建议也有较强的说服力，因此所产生的影响较大。加之，在这一时期，不少的年轻学者已经被吸收到中央与农村管理相关部门或机构任职，对中央政策制定的影响更为直接。

随着各种土地制度实践或政策试验在各地的展开，以土地规模经营为目的的土地集中，特别是“两田制”的弊端逐渐暴露出来。有些学者敏锐地意识到土地流转与土地集中及土地调整之间的矛盾，认为土地集中和频繁的土地调整会抑制土地的自由流转，而且以行政手段进行土地集中或土地调整是无效率的，或者说其交易成本是高的。④ 有学者明确提出：中国农村土地市场变革的主要方向是稳定和强化农户的土地承包经营权，禁止大规模的土地调整，发展以农户自发、

---

① 这一时期对土地流转的讨论较为有影响的文章，参见周其仁《土地制度：产权有效、长期租赁和有偿和流转》，《经济参考》1988 年 11 月 2 日；骆友生、张红宇、高宽众《土地家庭承包制的现状判断与变革构想》，《经济研究》1988 年第 11 期；韩俊《土地流转与制度创新》，载国务院农研中心试验区办公室、贵州省委农研室合编《产权・流转・规模》（内部印刷），1989。另参见张红宇、陈良彪编著《中国农村土地制度建设》，人民出版社，1995。

② 杨经伦在 1987 年提出：农户的家庭土地承包经营权应该以“永佃”形式固化，并在此基础上赋予农户完整的土地使用权，包括土地继承权、土地转包权和土地转让的收益权。杨经伦：《农村土地制度变革与创新》，《农业经济问题》1987 年第 7 期。周其仁于 1988 年在《土地制度：产权有效、长期租赁和有偿和流转》一文中提出，“在地产制度中还必须确定农户家庭经营的法律地位。农户长期承包土地的权利应当肯定。并应当规范为集体土地产权的农户租佃制。土地租佃应是长期的，即搞永佃制”，“无论是土地产权的让渡转移，还是承佃权的让渡转移，都应从法律上允许有偿转移”。转引自王仕元、李修义、杨世文主编《中国改革全书（1978—1991）》（农村改革卷），大连出版社，1992，第 310 页。

③ 安希伋：《中国土地制度问题——论土地国有永佃制》，载国务院农研中心试验区办公室、贵州省委农研室合编《产权・流转・规模》（内部资料），1989，第 125—134 页。

④ 例如，陈锡文认为，“目前农地经营使用权流转率低，除了农村劳动没有较多转移的条件等客观原因之外，采取行政手段调整农户的承包地也是一个重要原因”。参见陈锡文《中国农村改革：回顾与展望》，天津人民出版，1993，第 119—122 页。但也有学者证明，无论是“大调整”还是“小调整”，只要土地调整发生在村集体内部成员之间，就不会对土地流转有显著的影响。参见赵阳《共有与私用——中国农地产权制度的经济学分析》，生活・读书・新知三联书店，2007，第 149 页。

自主为主的土地流转市场，同时应该在政策上肯定土地租赁制。[①] 在这些年轻学者的积极呼吁下，到了 20 世纪 90 年代初，中央对土地流转政策开始逐渐明朗起来。

1993 年 12 月在北京召开的由农业部主办的“90 年代中国农村改革与发展国际学术研讨会”上，农业部农村经济研究中心向会议作了题为《中国农村改革与发展：回顾和展望》的报告。该报告提出，“土地制度进一步改革的要点是：通过界定产权，实现农户土地使用权长期化，并在此基础上建立土地流转市场”。[②] 这一表述反映了当时官方农村政策研究界对中国农地制度建设的基本思路。

（五）20 世纪 90 年代初土地流转政策的转变

1993 年 11 月，中共中央、国务院出台了《关于当前农业和农村经济发展的若干政策措施》，该文件提出，“在坚持土地集体所有和不改变土地用途的前提下，经发包方同意，允许土地使用权依法有偿转让”。同年同月召开的党的十四届三中全会上，通过了《中共中央关于建立社会主义市场经济体制若干问题的决定》。在该决定中提出，“在坚持土地集体所有的前提下，延长土地承包期，允许继承开发性生产项目的承包经营权，允许土地使用权依法有偿转让。少数经济比较发达的地方，本着群众自愿原则，可以采取转包、入股等多种形式发展适度规模经营”。这两个文件对土地流转政策作出了三项重大突破：一是针对农村集体所有的土地，提出了“土地使用权转让”的概念。这就是说，土地流转是土地承包经营权的流转，而不是土地承包合同的流转。二是提出了“有偿转让”原则。有偿转让实际上意味着土地承包经营权可以交易，而 1984 年中央一号文件明确规定承包地“不准买卖，不准出租”，只能“对农民向土地的投资应予合理的补偿”，不能获取土地承包经营权的转让费。三是提出了农户转让自愿的原则。自愿和有偿是产权交易制度的核心，这两个原则的提出，初步确立了土地承包经营权可交易性的产权地位，为土地流转制度框架的建立奠定了基础，这也标志着具

---

① 农业部经济政策研究中心课题组：《土地制度：现状判断与变革构想》，载农业部经济政策研究中心编《中国农村：政策研究备忘录》，农业出版社，1989，第 353—370 页。

② 农业部农村经济研究中心等编《中外学者论农村》，华夏出版社，1994，第 67 页。

有土地产权交易性质的土地流转得到了政策上的正式认可。

1993 年 7 月，全国人大通过的《农业法》将土地承包经营权流转纳入了受法律保护的范围。土地承包经营权流转在法律上得到了确认。但也应看到，这时的土地流转政策仍然强调土地流转要“经发包方同意”、要“在坚持土地集体所有的前提下”进行。农户在土地流转中的主体地位并未完全得到承认。

三、土地流转制度的确立

如前所述，土地流转是以土地使用权为标的的产权交易。要使土地使用权能够交易，首先要确立其独立而且稳定的产权地位。如果农户的土地承包经营权不稳定，村集体拥有较大的收回农户承包地的权力，进行频繁的土地调整，农户之间的土地流转就缺乏了其存在的产权基础。这就是说，农户的土地承包经营权产权地位的确立是土地流转制度建立的一个重要的基础性条件。

（一）2003 年《农村土地承包法》实施前

1995 年 3 月，国务院转批了农业部上报的《关于稳定和完善土地承包关系的意见》，并就此发出了《国务院批转农业部关于稳定和完善土地承包关系的意见的通知》。在该文件中，一方面对土地调整做出了严格的规定，另一方面首次明确提出了“建立土地承包经营权流转机制”。[①] 但该文件尚有一些政策模糊之处。该文件一方面仍坚持土地流转要“经发包方同意”的一贯说法，另一方面又说农户土地流转的“合法权益受法律保护”，农户流转土地只是要到发包方备案，也就是说，要让村集体知晓即可。这两种说法实际上是相互矛盾的，在现实操作中也会出现歧义。这就表明，这时中央仍希望村集体与农户共同拥有土地使用的转让权即土地流转权。

1997 年 8 月，中央发出了《关于进一步稳定和完善农村土地承包关系的通知》，史称 1997 年中办发 16 号文。该通知规定，“少数经济发达地区，农民自愿将‘责任田’的使用权有偿转让或交集体实行适度规模经营，这属于土地使用

① 该文件提出，“在坚持土地集体所有和不改变土地农业用途的前提下，经发包方同意，允许承包方在承包期内，对承包标的依法转包、转让、互换、入股，其合法权益受法律保护”，“土地承包经营权流转的形式、经济补偿，应由双方协商，签订书面合同，并报发包方和农业承包合同管理机关备案”。

权正常流转的范围，应当允许。但必须明确农户对集体土地承包权利不变，使用权的流转要建立在农户自愿、有偿基础上，不得搞强迫命令和平调”。这个文件所表达的最大政策变化是，土地流转不必“经发包方同意”，土地流转是农户自主的选择，村集体无权干涉。但该文件将土地流转以及土地适度规模经营局限在少数经济发达地区，其潜在含义是，在当时的情况下，土地流转尚不具备大规模推广的条件。

到了2001年，中央对土地流转的政策进一步清晰起来。2001年12月，中共中央出台了《关于做好农户承包地使用权流转工作的通知》即2001年中央18号文，这是首个专门针对土地流转的政策文件。该文件明确提出，“土地流转的主体是农户，土地使用权流转必须建立在农户自愿的基础上。在承包期内，农户对承包土地有自主的使用权、收益权和流转权，有权依法自主决定承包地是否流转和流转形式”，“任何组织和个人不得强迫农户流转土地，也不得阻碍农户依法流转土地”。① 这意味着，土地流转不再以村集体同意作为前置条件了，完全是农户自主、自愿的选择，村集体的作用只是“要维护农民的土地承包权益，为土地流转提供信息，做好协调服务工作”。② 这就是说，土地使用的转让权即土地流转权利应该赋予承包土地的农户，农户应该获得包括土地流转权在内的完整的产权。但也应该看到，中央出台2001年中央18号文的主要意图是规范流转土地行为，并不是鼓励土地流转，认为在当时条件下，中国尚不具备“较大范围的土地流转”的条件。③ 另外，在政策上，当时对已经有所发展的土地流转的重要形式即土地出租没有做出明确的表态。在政策上，土地出租仅限于“四荒地”。④

① 2002年1月10日，时任中央农村工作领导小组副组长的马忠臣在答记者问时说：“必须明确，土地流转的主体是农户而不是集体经济组织。土地使用权流转必须是农民自愿的。”同时还说：“还有一个要严格掌握，那就是土地使用权流转是有偿的。”参见王宗非主编《农村土地承包法释义与适用》，人民法院出版社，2002，第281页。

② 2002年农业部发出的《关于贯彻落实〈中共中央关于做好农户承包地使用权流转工作的通知〉的通知》，将“依法、自愿、有偿”作为“指导农村土地流转的基本准则，是规范土地流转行为的重要依据”，这也是衡量土地流转是否合理的根本标准。

③ 《中共中央关于做好农户承包地使用权流转工作的通知》指出：“只有第二、三产业发达、大多数农民实现非农就业并有稳定的工作岗位和收入来源的地方，才有可能出现较大范围的土地流转，发展适度规模经营。总体上看，我国绝大多数农村目前尚不具备这个条件。”

④ 1996年6月国务院出台的《关于治理开发农村“四荒”资源进一步加强水土保持工作的通知》提出，“治理和开发农村集体所有的‘四荒’，应根据群众的意愿和当地的实际情况，实行家庭或联户承包、租赁、股份合作、拍卖使用权等多种方式”。

（二）2002年出台《农村土地承包法》与土地流转制度的建立

2001年中央18号文的政策意图很快就上升到法律层面。2002年8月，全国人大颁布了《农村土地承包法》。[①] 该法明确地将农户的土地承包权的权能分为使用权、收益权和流转权，强调土地流转的主体是具有土地承包经营权的农户，[②] 并规定只有采取转让方式的土地流转才须经发包方同意，而采取其他方式的土地流转仅需向发包方备案。[③] 值得一提的是，在《农村土地承包法》中还将当时争议颇多的土地出租列为土地流转的一个主要形式。[④]

《农村土地承包法》设立了专节即第五节共十二条，对农用地的土地流转行为给予系统的规范。该节所规定的内容包括：土地承包经营权的流转原则、流转主体、流转收益、流转方式、流转合同，以及土地流转后的承包关系等。2005年3月，农业部依据《农村土地承包法》制定了《农村土地承包经营权流转管理办法》，对《农村土地承包法》中有关土地流转的规定作出了进一步细化。该管理办法的主要内容可以归纳为下列几个方面。

第一，土地流转的原则（第一条至第五条）。规定了农村土地承包经营权流转应当在坚持农户家庭承包经营制度和稳定农村土地承包关系的基础上，遵循平等协商、依法、自愿、有偿的原则。“平等协商”就是土地承包经营权流转当事人的法律地位是平等的，不允许出现一方强迫另一方流转，也不能出现妨碍流转当事人依法平等、公正地表述意愿的行为。“依法”就是农村土地承包经营权流转必须按照有关法律法规和中央的政策进行，不得改变承包土地的所有权和农业

---

① 该法于2002年8月29日获得通过，2003年3月1日施行。

② 《农村土地承包法》第十六条规定，“承包方享有下列权利：依法享有承包地使用、收益和土地承包经营权流转权利”；第三十四条规定，“土地承包经营权流转的主体是承包方。承包方有权依法自主决定土地承包经营权是否流转和流转方式”。

③ 《农村土地承包法》第三十七条规定，“采取转让方式流转的，应当经发包方同意；采取转包、出租、互换或者其他方式流转的，应当报发包方备案”。按照《农村土地承包法》，接受土地承包权转让的农户即受让方，要与发包方即村集体重新签订土地承包合同。如果受让户是外村的，这实际上就承认了该农户是本村的集体经济组织成员，享受本村集体经济组织成员的各项待遇，这就涉及原村民的利益。因此，转让承包地就要经过大多数村民的认可。通常，土地转让对象很少是外村人，即使是外村人也是与本村有紧密关系的外村人，如本村人的亲戚、媳妇、女婿等。为了防止发包方村集体滥用转让土地的“同意权”，2005年最高人民法院出台的《关于审理涉及农村土地承包纠纷案件适用法律问题的解释》中规定，“承包方未经发包方同意，采取转让方式流转其土地承包经营权的，转让合同无效。但发包方无法定理由不同意或者拖延表态的除外”。

④ 《农村土地承包法（草案）》第二次审议稿曾将出租排除在土地流转形式之外，后因人大法律委员会专家建议，在草案第三次审议稿中加上了出租。参见王宗非主编《农村土地承包法释义与适用》，人民法院出版社，2002，第195页。

用途，流转期限不得超过承包期的剩余期限，不得损害利害关系人和农村集体经济组织的合法权益，依法形成的流转关系受到保护。“自愿”就是农村土地承包经营权流转的最基本原则，是否流转、以何种方式流转，应当由农户自主决定，土地承包经营权流转的主体是土地承包方。“有偿”就是农户流转承包地的收益归农户所有，转包费、转让费和租金等，应由流转双方当事人协商确定，任何组织和个人不得侵占、截留、扣缴。

第二，土地流转主体（第六条至第十四条）。规定了受让方可以是承包农户，也可以是其他按有关法律及有关规定允许从事农业生产经营的组织和个人，受让方应当具有农业经营能力；并规定了流转中承包方和受让方应遵循的基本程序。对委托流转，《农村土地承包法》没有明确规定，但考虑到这种情况已经较为普遍，《农村土地承包经营权流转管理办法》专门作出了规定。

第三，土地流转方式（第十五条至第二十条）。规定了承包方依法取得的农村土地承包经营权可以采取转包、出租、互换、转让或者其他方式流转，并针对不同流转方式的土地流转做了程序性规定。

第四，土地流转合同（第二十一条至第二十四条）。明确了流转合同的主体、主要内容，以及签订和鉴证的要求，并要求“农村土地承包经营权流转合同文本格式由省级人民政府农业行政主管部门确定”。

第五，土地流转主管部门职责（第二十五条至第三十三条）。规定了发包方、农村经营管理部门在流转管理中的职责和具体工作要求及纠纷调处方式，规定了土地承包经营权流转备案、变更、登记等的程序。

至此，不仅土地流转制度在法律上得到确认、土地流转行为受到法律保护，而且土地流转也成了一项重要的、有章可循的土地制度。应该说，2005 年《农村土地承包经营权流转管理办法》的出台，标志着中国土地流转制度正式形成和确立。

（三）2003 年《农村土地承包法》实施后土地流转制度的发展

虽然全国人大颁布的《农村土地承包法》及农业部制定的《农村土地承包经营权流转管理办法》确立和完善了土地流转基本制度，但在这一时期，这一制度的着眼点是保护农民的合法权益，规范土地流转行为，而不是支持和鼓励土地流转。在提交全国人大审议的《中华人民共和国农村土地承包法（草案）》中，曾对土地流转做如下表述："国家支持和保护承包方依法自愿、有偿地进行土地承包经营权的流转。"但在该法正式通过时，删掉了该条款中"支持"两个字。[①] 2005 年中央一号文件和 2008 年中央一号文件对土地流转的政策表述基本上都是"否定性"的。[②]

以 2008 年 10 月召开的党的十七届三中全会为标志，中央对土地流转的政策发生了重大转变。此次会议所通过的《中共中央关于推进农村改革发展若干重大问题的决定》中提出："允许农民以转包、出租、互换、转让、股份合作等形式流转土地承包经营权，发展多种形式的适度规模经营。"中央对土地流转的政策表述，由否定性的变为肯定性的。与此同时，该决定还将股份合作作为与转包、出租、互换、转让并列的土地承包经营权的流转形式。这就是说，可以以土地股份合作方式流转土地，但不认可以土地入股方式设立股份公司。[③]

在《农村土地承包法》通过之前，该法的草案曾将土地承包经营权入股作为一种流转形式。但在该法的审议阶段，这一条款被否定。在规定土地流转形式的条款中，对家庭土地承包经营权流转，土地入股形式没有被列入，只是规定采取其他方式承包的土地即"四荒地"，可以采取入股方式流转。[④]《农村土地承包法》规定：土地承包经营权入股，只适用于发展农业合作生产。[⑤] 这就是说，土

---

① 王宗非主编《农村土地承包法释义与适用》，人民法院出版社，2002，第 190 页。

② 2005 年中央一号文件即《关于进一步加强农村工作提高农业综合生产能力若干政策的意见》指出，"针对一些地方存在着随意收回农户承包地、强迫农户流转承包地等问题，各地要对土地二轮承包政策落实情况进行全面检查，对违反法律和政策的要坚决予以纠正，并追究责任……承包经营权流转和发展适度规模经营，必须在农户自愿、有偿的前提下依法进行，防止片面追求土地集中"。2008 年中央一号文件即《关于切实加强农业基础建设进一步促进农业发展农民增收的若干意见》提出，"坚决防止和纠正强迫农民流转、通过流转改变土地农业用途等问题，依法制止乡、村组织通过'反租到包'等形式侵犯农户土地承包经营权等行为"。

③ 根据全国人大法律制定者的权威解释，土地入股"不包括将土地经营权量化为股份，投入到从事农业生产的工商企业或公司，也不包括将土地承包经营权作为投资成立农业经营公司"。胡康生主编、全国人民代表大会常务委员会法制工作委员会编《中华人民共和国物权法释义》，法律出版社，2007，第 291 页。

④ 《农村土地承包法（草案）》曾对土地入股有如下规定，"承包方可以将土地承包经营权作价为股份，进行股份制或股份合作制经营，以入股的土地承包经营权作为分红的依据"。在征求意见过程中，有的人大委员提出，家庭土地承包经营权入股要慎重，建议不做规定，只规定通过其他承包方式取得土地使用权的入股行为。全国人大《农村土地承包法》起草组采纳了该建议，没有明确地在《农村土地承包法》中将土地入股列为土地流转的主要形式，并将土地入股局限在"通过招标、拍卖、公开协商等方式承包农村土地"。按照《农村土地承包法》，以这些方式承包的农村土地主要是"四荒地"、林地等非耕地。参见王宗非主编《农村土地承包法释义与适用》，人民法院出版社，2002，第 191 页。

⑤ 《农村土地承包法》第四十二条规定，"承包方之间为发展农业经济，可以自愿联合将土地承包经营权入股，从事农业合作生产"。

地入股农户不能放弃土地承包经营权，只是农户之间合股经营农业生产。2005年3月，农业部制定的《农村土地承包经营权流转管理办法》将土地入股视为土地流转，但强调“入股土地在股份合作解散时应当退回原承包农户”。

以入股的方式将土地流转出去的做法之所以被否定，主要因为当时的立法者考虑到，如果农户将土地承包经营权以土地入股的方式流转给企业，如果该企业破产了，如何清偿是个很大的难题，即使清偿了，必然会导致一部分农民丧失土地，从而引发社会矛盾。另外，由于当时还没有出台《中华人民共和国农民专业合作社法》（以下简称《农民专业合作社法》），土地承包经营权入股组成土地股份合作社也缺乏法律依据。①

2007年7月，重庆市工商局出台了《关于全面贯彻落实市第三次党代会精神服务重庆统筹城乡发展的实施意见》。该文件提出：“允许以农地承包经营权出资入股设立农民专业合作社，经区县人民政府同意，在条件成熟的地区开展农村土地承包经营权出资入股设立有限责任公司和独资、合伙等企业的试点工作。”② 主管公司登记注册的工商局出台这个文件，显然是为设立土地股份公司做准备。重庆的这种做法被称为“股田制”，一时引起各方的热议，也引起了中央农村政策制定者的高度关注。中央农村工作领导小组调研后，“股田制”被紧急叫停，特别是否定了以土地承包经营权出资入股设立有限责任公司的做法。“股田制”被叫停的原因和前述相同。另外，按照《中华人民共和国公司法》（以下简称《公司法》）的规定，公司股东不得超过50人，而大多数情况下，入股的农民都会超过百人。以土地承包经营权出资入股设立有限责任公司与《公司法》有明显的冲突。虽然农户的土地承包经营权尚不能作为公司化的资产来看待，但党的十七届三中全会上通过的《中共中央关于推进农村改革发展若干重大问题的决定》正式将土地入股作为一种土地流转形式，这也是一项重大的突破。

除了土地入股，2003年《农村土地承包法》实施后，对土地流转制度建设的另一重大突破是允许对土地承包经营权设置抵押权，即金融机构可以以土地承包经营权作为抵押品，向农户融资。

---

① 刘坚主编《〈农村土地承包法〉培训讲义》，中国农业出版社，2002，第81页。2006年10月全国人大公布的《农民专业合作社法》也并没有给土地股份合作社以明确的法律地位。

② 有关该文件的要点，参见丁关良《土地承包经营权流转法律制度研究》，中国人民大学出版社，2011，第182—187页。

按照《农村土地承包法》的规定，对土地抵押的设置仅局限于“四荒地”和林地。[①] 这是因为设置土地抵押权的关键是要对土地进行估价。“四荒地”及林地的地上物通常是多年生长的植物，对此进行估价比较容易；而耕地是“裸地”，其土地收益是不断变化的，不容易对其进行估价。2000 年代中期以后，随着土地流转市场逐步发育成熟，土地（耕地）承包经营权的价格也被“发现”出来了。与此同时，国家对农业的各项补贴趋于普遍化、长期化。“平摊到亩”的国家各项农业补贴成了土地承包经营权的“影子基准价”。例如，“平摊到亩”的国家各项农业补贴为每年 100 元，假定该补贴不变，且按 8% 的银行收益率计算，则每亩的土地承包经营权的“影子基准价”为 1250 元。[②] 这些因素都有利于土地流转价格的评估机制的建立。2009 年中央一号文件提出将价格评估列入地方政府对土地流转服务的一个内容。[③]

2013 年 11 月召开的党的十八届三中全会上通过的《中共中央关于全面深化改革若干重大问题的决定》，将土地承包经营权抵押、担保权列为土地承包经营权的重要权能，与此同时，也放宽了对土地入股的要求。[④] 至此，在农地农用领域，农户获得了对土地承包经营权的完全产权。

2014 年 3 月 16 日，新华社公布了中共中央、国务院印发的《国家新型城镇化规划（2014—2020 年）》。新型城镇化上升为国家战略。实施新型城镇化战略的一个重要内容是“有序推进农业转移人口市民化”，即“农民工市民化”。“农民工市民化”的一个障碍是进城落户的农民，其土地承包经营权益如何能获得完整的保护。在此背景下，中央提出了“三权分置”的农地制度改革方向。即“土地集体所有权”、“农户土地承包权”和“土地经营权”分置。这样，农民工就可以在不放弃土地承包权，只是将土地经营权流转出去的情况下，放心地进城

① 2002 年全国人大通过的《农村土地承包法》第四十九条规定，“通过招标、拍卖、公开协商等方式承包农村土地（即“四荒地”。——笔者注），经依法登记取得土地承包经营权证或林权证等证书的，其土地承包经营权可以依法采取转让、出租、入股、抵押或者其他方式流转”。

② 永续年金现值的计算公式：$P = A/i$。式中，P 为资产现值；A 为年收益；i 为社会收益率，即 100 元/0.08 = 1250 元。

③ 2009 年中央一号文件即《关于 2009 年促进农业稳定发展农民持续增收的若干意见》提出，“鼓励有条件的地方发展土地流转服务组织，为流转双方提供信息沟通、法规咨询、价格评估、合同签订、纠纷调处等服务”。

④ 党的十八届三中全会上通过的《中共中央关于全面深化改革若干重大问题的决定》提出，“赋予农民对承包地占有、使用、收益、流转及承包地抵押、担保权能，允许农民以承包经营权入股发展农业产业化经营”。由于农业产业化经营主体包括农业企业，这实际上也就允许了农户以土地入股农业企业。

落户成为市民。[①]

2014 年 11 月，中共中央办公厅、国务院办公厅出台了《关于引导农村土地经营权有序流转发展农业适度规模经营的意见》。土地流转从比较笼统的土地承包经营权流转，转为概念较为清晰的土地经营权流转。[②]“三权分置”、鼓励和引导土地经营权流转意味着土地流转进入了以土地出租、土地入股为主要形式的新阶段。

四、土地流转的形式

根据农业部 2002 年在《农村土地承包法》出台前对土地流转的调查分类，土地流转主要形式包括转包、转让、互换、入股和租赁等。[③]

（一）转包

转包是指原承包方（转出方）在承包期内，以一定的条件，将全部土地或部分土地转包给本集体经济组织内的其他成员（转入方），原承包合同中所规定的发包方和承包方的权利与义务不变。在这种土地流转形式下，转入方不与发包方直接发生经济关系，而是转出方与转入方自行商议如何转包。

从法理上说，转包是承包土地的农户转让出土地经营权，而土地承包权仍然保持在原承包农户手中。在实践中，转包经常采取代耕代种[④]或委托经营方式。承包户因某种原因如外出打工、家庭劳动力不足等暂时不能耕种土地，就将土地

---

① 2016 年 3 月公布的《中华人民共和国国民经济和社会发展第十三个五年规划纲要》中，作为“加快农业转移人口市民化”的一个配套政策提出，“维护进城落户农民土地承包权、宅基地使用权、集体收益分配权，并支持引导依法自愿有偿转让”。

② 该文件提出，“坚持农村土地集体所有，实现所有权、承包权、经营权三权分置，引导土地经营权有序流转”。2016 年中共中央办公厅、国务院办公厅印发《关于完善农村土地所有权承包权经营权分置办法的意见》指出，“落实集体所有权，稳定农户承包权，放活土地经营权，充分发挥‘三权’的各自功能和整体效用”。

③ 如无特殊说明，以下引用的各类土地流转形式的数据均来源于刘坚主编《〈农村土地承包法〉培训讲义》，中国农业出版社，2002，第 79—80 页。

④ 有学者认为转包不等同于代耕，将代耕作为独立的土地流转形式，其区别在于“代耕代种一般为无偿的小规模季节性行为……转包相对来说时间较长”。参见陈小君等《农村土地法律制度研究——田野调查解读》，中国政法大学出版社，2004，第 26 页。在正式定义上可以有这样的区分，但在农民的实践活动中，转包与代耕之间几乎没有什么差别。笔者在调查中发现，很少有农民能将两者区分开来。在许多农户看来，代耕代种并不是把土地让给了别人，而只是将自己的土地交由别人耕种，别人可以从中获取报酬而已。笔者认为，代耕代种是否算作土地流转要具体分析。如果农户指定了代耕代种的品种，并对产量有要求，这种代耕代种就更多地具有雇工性质；否则，代耕代种应该属于土地流转的范畴。

交给亲戚或朋友代其耕作。代耕代种的农户只是替原承包土地的农户代缴各种税费，其余的土地收益归代耕代种的农户所有。转出土地的农户可以随时收回土地。通常情况下，到了收获季节或年底，土地转入户把小部分收获物分给土地转出户作为经济补偿。转包是传统农业地区农户之间自发流转土地的主要方式。据农业部当时的调查统计，转包土地的面积占土地流转总面积的48.3%。

（二）转让

转让是指承包方（转让方）将自己所承包的土地部分或全部转给本集体经济组织其他成员（受让方），承包人与村集体的承包关系终止或者部分终止，转让土地承包经营权的农户不再享有土地承包经营权，由受让人向村集体履行承包合同。

从法理上说，转让不仅是转让土地经营权，而且还包括转让土地承包权。在实践中，农户真正自主转让土地承包经营权的情况并不多，往往是村集体为了解决土地撂荒问题，将承包土地收回，或者是承包土地的农户将土地退给村集体，由村集体再重新发包。如果是承包方主动退给村集体，则转让往往是无偿的；如果是村集体主动收回承包土地，则村集体会给承包方一定的土地补偿费。在20世纪80年代和90年代，一些已经在城市中就业和定居的农户，为了卸掉农业税费的负担，也有转让其承包的土地的。在现实中，承包方转让其土地承包经营权与村集体收地再转包的界限并不清晰。据农业部的调查统计，转让土地的面积占土地流转总面积的10.7%。

（三）互换

互换是指为了方便农户耕种，农户之间对属于同一集体经济组织的土地进行承包经营权的交换。

严格地说，互换应该属于农户之间自愿进行的土地调整，不属于土地使用权交易范围。[①] 在现实中，通常将互换称为“调地”或“换地”，其目的主要是解决承包地过于分散，或者耕作不方便的问题。农户通过互换土地，将分散的土地连成一片。一般情况下，土地承包经营权的互换是在农户之间私下进行的，并不

① 对“互换”的相关叙述，见本书第四章第六节。

改变原来与村集体的土地承包关系，参与互换的双方仍按原承包合同确认各自对土地的承包经营权。据农业部的调查统计，互换土地的面积占土地流转总面积的7.35%。

（四）入股

入股是指承包农户把土地的承包权交给村集体，换取一定数量的股份，按股获得收益，即承包经营权换股权。村集体建立土地股份合作社（或股份公司），实行股份合作制经营。土地股份合作社以招标承包或对外出租的方式经营土地。

土地入股的做法在珠三角地区广泛推广，在浙江、江苏、北京等地农村也有所发展。土地入股典型是以广东南海为代表的土地股份合作模式。[①] 直到2000年代，从全国范围来看，土地入股并不普遍。据农业部的调查统计，入股土地的面积占土地流转总面积的5.5%。

（五）租赁

租赁是指原承包方（出租方）在承包期内，按照约定的租期，将全部土地或部分土地租赁给第三方（承租方），承租方一次或分期付给出租土地的农户租金，出租土地的农户仍享有土地承包权。

从法理上说，租赁与转包并没有根本区别，都是转让土地经营权。在实践中，两者的主要区别是：一是承租方是集体经济组织以外的个人或企业，租赁的土地一般用于规模经营，而转包的转入方一般是集体经济组织内部的成员，转入的土地一般是用于农户自耕；二是租赁的土地有明确的租期，而且租期也较长（一般为三年以上），而转包的期限很灵活，一般没有固定期限，即使有，期限也较短，很少超出三年；三是租赁土地有固定的租金，而大多数转包土地则没有收益，即使有，也不固定。从20世纪90年代直到2000年代初，土地租赁曾以“反租倒包”的方式在全国农村各地一度流行，并引起有关农业管理部门的关注和质疑。[②] 据农业部的调查统计，租赁土地的面积占土地流转总面积的17.3%；其中农户之间租赁土地的占比约为10%，由村集体组织集中土地，再将土地租赁

---

① 有关对“土地股份合作社”的叙述，见本书第十二章第一节。

② 有关对“反租倒包”的叙述，见本书第十一章第一节。

给从事农业产业化经营的企业，实行“反租倒包”的占比约为6.5%。

（六）各种形式的土地流转的性质及其关系

转包、转让、互换、入股和租赁这五种土地流转形式在性质上是不同的。转包和互换大多数情况下是具有比较明显的村集体成员之间互惠互助的性质，其交易一般发生在同属一个村集体的成员之间，是村级内部非正式交易市场的行为。而转让行为既可能发生在村集体成员之间，也可能发生在村集体与村集体成员之间。入股是一种地权整合的方式，即以股权交换土地承包经营权或土地经营权，将土地集中利用。以土地入股方式整合土地产权的主体可以是农户，也可以是村集体，在现实中，更多的是企业和“大户”。① 土地租赁则主要发生在农户或村集体与“外来户”之间，是突破了村集体界限的更大范围的交易市场。与转包、转让和互换相比，土地租赁是土地流转更一般、更高级的形式。值得注意的是，转让和互换属于土地承包经营权的流转，让渡的是物权，而其他形式的土地流转，只是土地经营权流转，农户仍然保留作为物权的土地承包权，并以债权人的身份与转让方发生关系。在2018年以前，在政策及法律表述上，土地经营权流转与土地承包经营权流转之间并没有被分得很清楚。②

在现实中，这五种土地流转形式之间也存在密切联系。土地租赁往往是建立在土地转包、转让、互换、入股基础之上的。在2003年《农村土地承包法》实施以前，通常的做法是村集体先以土地转包及转让的形式向农户收回承包土地，再通过土地互换，对收回的承包土地进行土地调整和集中，然后再集中打包租赁给农业企业或“大户”。在2003年《农村土地承包法》实施以后，村集体收回农户承包地的做法不再被允许，通常的做法是村集体或农户以土地入股的方式将土地集中起来，然后再集中打包租赁给农业企业或“大户”。总之，这些方式都是先通过村集体内部农户的流转将土地流转给村集体，村集体以土地租赁的方式

---

① 按照这一时期的政策，以家庭土地承包经营权入股企业是不被允许的。2008年以后，中央对土地入股的政策逐步放开。见本书第十二章第一节。

② 2018年修订的《农村土地承包法》第三十三条和第三十四条规定，“承包方之间为了方便耕种或者各自需要，可以对属于同一集体经济组织的土地的土地承包经营权进行互换”，“经发包方同意，承包方可以将全部或部分土地承包经营权转让给本集体经济组织的其他农户”。该法的第三十六条规定，“承包方可以自主决定依法采取出租（转包）、入股或者其他方式向他人流转土地经营权”。这就是说，将出租、转包和入股定义为土地经营权流转，而将互换、转让定义为土地承包经营权流转。

再将土地流转给“外来户”。

五、《农村土地承包法》实施前后土地流转发展概况

（一）《农村土地承包法》实施前土地流转发展状况

2003年《农村土地承包法》出台之前，中央有关部门曾做过两次有关土地流转状况的调查。一次是2001年农业部向各省（直辖市）农村经营管理部门发函调查汇总的数据，数据截止日期为2001年上半年；[①] 另一次是2002年上半年根据中财办要求，湖南、湖北、山东、江苏、浙江、江西、福建、广东、湖南、四川、河北和黑龙江12个省上报的调查报告中的数据，数据截止日期为2001年4月。[②] 这两次调查虽然结果不尽相同，但基本可以反映《农村土地承包法》出台之前的土地流转状况。

据农业部的调查，截至2001年上半年，土地流转面积达453.3万公顷（6799.5万亩），占农户承包土地面积的5%左右，比2000年底的统计调查数增加了4个百分点；其中土地流转率超过5%的有15个省（直辖市），土地流转率超过10%的有7个省（直辖市），分别为上海22.94%、浙江15.63%、广东12.95%、北京12.82%、湖北12.64%、江西12.5%、湖南11.46%。[③] 各省上报中财办的调研报告的数据，土地流转率最高的是浙江，为12.4%，广东居于第二位，为7.9%。[④] 这表明在非农产业发达的沿海地区和大城市郊区，土地流转规模较大，但土地流转也开始从发达地区和大城市郊区向周边地区、内陆地区扩散。[⑤]

---

① 刘坚主编《〈农村土地承包法〉培训讲义》，中国农业出版社，2002，第77—83页。

② 丁关良：《土地承包经营权流转法律制度研究》，中国人民大学出版社，2011，第90—91页。

③ 刘坚主编《〈农村土地承包法〉培训讲义》，中国农业出版社，2002，第78页。在不到一年时间内，土地流转有如此大规模的增长，在现实中是很难做到的。根据笔者的经验，很可能是在中央政府大力提倡土地流转的情况下，各地方政府就会积极统计上报土地流转的数据，因此，在统计数据上，土地流转规模必然会大幅增加。

④ 丁关良：《土地承包经营权流转法律制度研究》，中国人民大学出版社，2011，第90—91页。另参见张红宇《中国农地调整与使用权流转：几点评论》，《管理世界》2002年第5期。

⑤ 有学者根据报纸、杂志上有关土地流转信息检索发现，东部沿海地区的土地流转率较高，例如，浙江宁波为27%，江苏苏州为23%，大多数地区土地流转率在10%以上，而中部和西部欠发达地区大多在10%以下。参见蒋省三、刘守英、李青《中国土地政策改革：政策演进与地方实施》，生活·读书·新知上海三联书店，2010，第31—33页。

据农业部的调查统计，在已发生流转的土地面积中，农户自发流转的占54.3%；村集体统一组织流转的占40.9%。东部地区村集体统一组织流转的占比最大为48.5%，其次是中部地区为40.2%，而西部地区仅为23.6%。这说明，经济越发达，村集体经济越强，村集体组织土地流转的能力也就越强。各省上报中财办的调研报告的数据大体也能反映这种情况。[①]

（二）《农村土地承包法》实施后土地流转发展状况

《农村土地承包法》实施以来，特别是2008年党的十七届三中全会以后，土地流转进入一个快速发展阶段，土地流转率由2006年的4.5%迅速提高到2014年的30.3%，不到10年提高了25.8个百分点。这就是说，农户的承包地中有近三分之一的土地被流转，具体数据[②]见表8－1。

表8－1　2006—2014年农村土地流转面积和土地流转率

年份	流转土地面积（万亩）	土地流转率（%）
2006	5551.2	4.5
2007	6372	5.2
2008	10600	8.7
2009	15100	12.0
2010	18700	14.7
2011	22800	17.9
2012	27800	21.3
2013	34100	25.7
2014	40300	30.3

从土地流转的地区分布来看，工业化、城镇化发展较快的地区和农业大省土地流转水平最高。到2014年，全国有8个省（直辖市）土地流转率超过了35%，分别为上海71.5%、江苏58.4%、北京52.0%、黑龙江50.3%、浙江48.0%、安徽41.0%、重庆39.7%、河南37.1%。这8个省（直辖市）中，上海、江苏、北京、浙江和重庆是工业化、城镇化发展较快的地区；黑龙江、安徽、河南则是

① 丁关良：《土地承包经营权流转法律制度研究》，中国人民大学出版社，2011，第90—91页。
② 2008—2015年农业部发布的《中国农业发展报告》，农业部农村经济体制与经管理司、农业部农村合作经济经营管理总站编《中国农村经营管理统计年报（2016年）》。

土地资源相对丰裕的农业大省，江苏既是工业化、城镇化发展较快的地区（主要在苏南），也是粮食主产区。其他产粮大省如湖南、湖北、四川、内蒙古、江西等土地流转率也超过 20%，分别为湖南 28.9%、湖北 26.3%、四川 23.3%、内蒙古 21.4%、江西 20.5%①。有些经济发达的地区，土地流转水平更高。例如，苏州到 2011 年农村的土地流转率达到 76%，其中昆山的土地流转率高达 90%以上。②

从土地流转方式来看，以转包和出租为主。到 2014 年，以转包和出租方式流转的土地面积占土地流转总面积的比重接近 80%，其余的为互换、股份合作和转让等。但从发展趋势看，出租和股份合作所占比重在上升，其中出租所占比重由 2010 年的 26.34% 上升到 2014 年的 33.17%，股份合作所占比重由 2010 年的 5.91% 上升到 2014 年的 6.68%。具体数据③见表 8－2。

表 8－2　2010—2014 年土地流转方式变化情况

年份		2010	2011	2012	2013	2014
转包	面积（亿亩）	0.96	1.16	1.37	1.60	1.88
	比重（%）	51.61	50.88	49.28	46.92	46.53
转让	面积（亿亩）	0.09	0.10	0.11	0.11	0.12
	比重（%）	4.84	4.39	3.96	3.23	2.97
互换	面积（亿亩）	0.10	0.15	0.18	0.21	0.24
	比重（%）	5.38	6.58	6.47	6.16	5.94
出租	面积（亿亩）	0.49	0.62	0.80	1.08	1.34
	比重（%）	26.34	27.19	28.78	31.67	33.17
股份合作	面积（亿亩）	0.11	0.13	0.17	0.24	0.27
	比重（%）	5.91	5.70	6.12	7.04	6.68
其他方式	面积（亿亩）	0.11	0.12	0.15	0.17	0.19
	比重（%）	5.91	5.26	5.40	4.99	4.70

从土地流转去向来看，流转入农户的还是占大头，但其所占比重持续下降，

① 国务院发展研究中心农村经济研究部：《找准转变农业发展方式的支点》，2016，第 241—247 页。

② 张云华等：《中国农地流转问题调查》，上海远东出版社，2012，第 12 页。

③ 农业部全国农村经营管理统计资料，引自国务院发展研究中心农村经济研究部《找准转变农业发展方式的支点》，2016，第 241—247 页。

由 2010 年的 69.35% 下降至 2014 年的 58.31%。专业合作社所占比重迅速上升，由 2010 年的 11.83% 上升至 2014 年的 21.84%。具体数据①见表 8－3。

表 8－3　2010—2014 年土地流转去向变化情况

年份		2010	2011	2012	2013	2014
农户	面积（亿亩）	1.29	1.54	1.80	2.06	2.35
	比重（%）	69.35	67.54	64.75	60.41	58.31
专业合作社	面积（亿亩）	0.22	0.31	0.44	0.69	0.88
	比重（%）	11.83	13.60	15.83	20.23	21.84
企业	面积（亿亩）	0.15	0.19	0.25	0.32	0.39
	比重（%）	8.06	8.33	8.99	9.38	9.68
其他主体	面积（亿亩）	0.2	0.24	0.29	0.34	0.41
	比重（%）	10.75	10.53	10.43	9.97	10.17

① 农业部全国农村经营管理统计资料，引自国务院发展研究中心农村经济研究部《找准转变农业发展方式的支点》，2016，第 241—247 页。

第九章　影响农地配置因素的变化与土地流转

这里所说的农地配置有两个方面的含义：一个含义是指农户对土地利用的安排，包括农户选择种什么农作物即种植结构，种几季即复种指数，种地还是撂荒等，这是狭义的农地配置；另一个含义是指农户对劳动力与土地配置的安排，既指在土地经营规模不变的前提下，农户调整自家的劳动力配置，也指农户根据自家的劳动力状况，调整对土地的安排，包括扩大土地经营规模、调整种植结构、改变对土地的投入强度等。第二种含义的农地配置实际上是指农户的劳动力要素与土地要素的匹配问题，是广义的农地配置。然而，农户对土地利用的安排即狭义的农地配置实际上由农户对劳动力与土地配置的安排所决定。如果农户选择在土地上多投入劳动力，就会倾向于种植劳动力密集型的果蔬类园艺产品；如果农户选择在土地上少投入劳动力，就会倾向于种植省时、省力的粮食作物；如果农民觉得农地不划算，就会选择降低复种指数，甚至撂荒土地。在某种程度上说，农户对土地利用的安排是农户对劳动力与土地配置的安排的一个表征。

从理论上说，劳动力要素与土地要素存在一个“理想”的配置状态。这个“理想”的配置状态就是通常所说的适度的土地规模经营。[①] 当出现劳动力要素与土地要素不匹配时，可以通过改变劳、地关系的比例来解决。在家庭土地承包经营的制度环境下，改变劳、地关系比例无非有以下三种方式：一是在劳动力要素不流动的条件下，通过改变存量土地分配来解决，即劳动力“富余户”承包更多的土地，劳动力“缺少户”放弃部分承包地。这就是通常所说的土地调整。二是不改变存量土地分配状态，通过改变家庭内部劳动力配置来解决，即劳动力“富余户”的多余劳动力外出打工，通过家庭内部分工，减少家庭内务农的劳动力。这就是通常所说的农户兼业化经营。三是通过劳动力要素流动，带动土地要素流动，即部分农村劳动力外出打工，进入城市劳动力市场，同时将土地使用权让与留在农村专心务农的劳动力，这就是通常所说的土地流转。

---

① 有关对“土地适度规模经营”的叙述，见本书第五章第二节和第三节。

1998年“第二轮土地延包”及2003年《农村土地承包法》实行后，通过土地调整方式，改变劳、地比例关系，越来越失去了其正当性和合法性。改变劳、地比例关系，通常只有后两个途径，即农户兼业化经营和土地流转。农户兼业化经营属于农户家庭内部劳动力的再配置，土地流转则属于农地使用权再配置。但两者之间有着紧密的联系，其中农户家庭内部劳动力的再配置对农地使用权再配置产生主导性的影响。具体说就是，随着农村大量的剩余劳动力向非农部门转移，有可能释放出土地，形成土地流转市场的供给。

只有供给、没有需求是不能“成市”的。形成土地流转市场需求的一个前提条件是土地要有价值。对于农地农用的土地来说，土地价值是由农业比较收益决定的。只有农业比较收益足够高，土地才会有价值；土地有价值，才会有对土地流转的需求。

进入2000年以后，中国大地上出现了一波又一波前所未有、举世罕见的农村劳动力“大流动”。上亿农村劳动力涌向城市、涌向非农就业领域。如此规模的农村劳动力“大流动”势必对农村土地再配置产生极其深刻的影响。与此同时，中央政府启动了旨在根本改变“弱势三农”（即“农民弱势、农业弱势、农村弱势”）的局面的新农村建设及统筹城乡发展的大战略，推出了一系列对农业的扶持性政策。这些农业扶持性政策的实施，很大程度上提高了农业的比较效益。这些就是进入2000年以后，特别是2003年《农村土地承包法》实施以后，中国农村土地流转市场快速发展的基础性因素，这也是本章要重点叙述的内容。在叙述这个重点内容之前，先来简要地回顾一下30多年来农地配置的一个重要方面即耕地利用安排的变化。

一、耕地利用的安排

（一）种植结构

耕地利用安排的一个最基本内涵是在耕地上种什么，即通常所说的种植结构。农业生产的首要目的是解决人们的吃饭问题。[①] 对于这一点无须多解释。

① 农业生产除了解决吃饭问题，在化学纤维产业未发展之前，农业生产还要解决穿衣问题，即种棉花、养蚕、种麻等。

但是，人们吃什么饭，即人们的膳食结构，在不同国家、不同经济发展阶段相差很大。在中国传统上，“吃饭”就是指“吃粮”。因此，粮食生产历来是中国农业生产的重中之重。可耕种的土地主要用于种粮。中国经济经过了30多年的发展，人们的生活也经历了一个前所未有的“大改善”“大提高”。与此同时，中国人的膳食结构也发生了很大的变化。著名中国农村学的学者黄宗智发现，到了2000年代中期，中国人的膳食结构已经逐步由传统的以粮为主，辅以蔬菜和少量鱼、肉、蛋、奶，转变为粮、蔬、果、鱼、肉、蛋、奶均衡消费。① 中国人膳食结构的改变，是影响农户的耕地利用安排的一个基础性因素。

20世纪80年代初，粮食仍是中国人的“主食”。② 据统计，1980年人均口粮消费为214公斤，按当时全国人口9.87亿人计算，全国的口粮消费总量为2112.18亿公斤，当年的粮食生产总量为3205.5亿公斤，如果不考虑进出口量的因素，口粮消费约占粮食生产总量的66%，即生产出的粮食中有三分之二用于口粮消费。③ 20世纪80年代，城镇居民的人均口粮消费首先出现下降趋势。城镇居民的人均口粮消费从1981年的145公斤下降到2010年的81.53公斤。进入20世纪90年代，农村居民的人均口粮消费也开始逐步下降。农村居民的人均口粮从1990年的262.08公斤下降到2010年的181.44公斤。④ 与此同时，口粮“细粮”⑤ 化的趋势更为明显，被认为是“粗粮”的玉米迅速退出人们的直接消费领

---

① ［美］黄宗智、彭玉生：《三大历史性变迁的交汇与中国小规模农业的前景》，《中国社会科学》2007年第4期。另参见［美］黄宗智《中国的隐性农业革命》，法律出版社，2010。

② 1984年世界银行曾派出专家团队研究考察中国长期发展问题。该考察团测算了1980—1982年中国的人均食品消费和营养供应情况后，得出如下结论：第一，中国人均每日摄取的热量为2580卡路里，超过了中等收入国家（2560卡路里）和世界平均水平（2570卡路里）；第二，中国人通过直接食用粮食摄取的卡路里占全部食物提供卡路里总量的84%，而这一数值的世界平均水平为56%、亚洲平均水平为70%，所有发展中国家的平均水平为68%。这一数值高于或接近中国的只有孟加拉国、尼泊尔、阿富汗等少数低收入国家。参见世界银行1984年经济考察团《中国：长期发展的问题和方案·附件二：从现在起到2000年的农业》，中国财政经济出版社，1987，第23页、第92页。

③ 数据来自中华人民共和国农业部计划司编《中国农村经济统计大全（1949—1986）》，农业出版社，1989，第8页、第149页、第577页。另据世界银行1984年经济考察团专家测算，从1975年到1977年，中国人均年消费量为253公斤，其中口粮人均年消费量为209公斤，占比高达82.6%。参见世界银行1984年经济考察团《中国：长期发展的问题和方案·附件二：从现在起到2000年的农业》，中国财政经济出版社，1987，第92页。

④ 罗丹、陈洁等：《新常态时期的粮食安全战略》，上海远东出版社，2016，第488页、第490页。

⑤ 中国人通常将小麦和稻米称为“细粮”，将玉米、高粱、红薯等作物称为“粗粮”，将小米、绿豆、黄豆、红豆、黑豆、蚕豆等作物称为“杂粮”。

域，变为饲料粮。主要用于生产肉、蛋、奶、禽的饲料粮增长较快。到2005年，人均口粮消费比重由1995年的60.17%下降到54.83%，而饲料粮消费的比重由1995年的28.52%上升到2005年的31.99%。[①] 人们膳食结构的变化，势必会引起耕地种植结构的变化。

据农业部的统计，自1990年以后，粮食播种面积占农作物种植面积的比重持续缓慢下降，由1985年的82.58%下降到2014年的66.64%，其中玉米的播种面积所占的比例，由1985年的16.26%上升到32.93%；而同期蔬菜和果园种植面积出现较快的增长，其占农作物种植面积的比重分别由1985年的1.33%和2.08%提高到2014年的14.13%和7.31%。具体数据[②]见表9－1。可见，人们膳食结构的改变对农户种植结构选择的影响是十分显著的。

表9－1　1985—2014年主要年份主要农作物种植面积及结构变化情况

年份		1985	1990	1995	2000	2005	2010	2014
粮食	面积（亿亩）	16.33	17.02	16.51	16.27	15.64	16.48	16.91
	比重（%）	82.58	79.26	73.81	70.62	68.17	68.22	66.64
其中：玉米	面积（亿亩）	2.65	3.21	3.42	3.46	3.97	4.88	5.57
	比重（%）	16.26	18.86	20.69	21.26	25.37	29.58	32.93
油料	面积（亿亩）	1.77	1.64	1.97	2.31	2.15	2.08	2.11
	比重（%）	8.95	7.61	8.79	10.03	9.36	8.62	8.30
棉花	面积（亿亩）	0.77	0.84	0.81	0.61	0.76	0.73	0.63
	比重（%）	3.90	3.90	3.64	2.63	3.31	3.01	2.50
糖料	面积（亿亩）	0.23	0.25	0.27	0.23	0.23	0.29	0.28
	比重（%）	1.16	1.17	1.22	0.99	1.02	1.18	1.12
蔬菜	面积（亿亩）	0.26	0.95	1.59	2.29	2.66	2.85	3.58
	比重（%）	1.33	4.43	7.11	9.92	11.58	11.80	14.13
果园	面积（亿亩）	0.41	0.78	1.21	1.34	1.51	1.73	1.86
	比重（%）	2.08	3.62	5.43	5.82	6.56	7.17	7.31

注：表中主要农作物种植面积的比重是资料来源计算而得。

① 韩俊等：《破解三农难题——30年农村改革与发展》，中国发展出版社，2008，第140页。

② 中华人民共和国农业部编《2001中国农业发展报告》，中国农业出版社，2001；中华人民共和国农业部编《2007中国农业发展报告》，中国农业出版社，2007；中华人民共和国农业部编《2015中国农业发展报告》，中国农业出版社，2015。

（二）复种指数

除了种植结构，对耕地利用的集约度也是耕地利用安排的另一个重要方面。反映耕地利用集约度的一个重要指标是复种指数。复种指数等于种植面积除以耕地面积，再乘以100。复种指数越高，耕地利用集约度就越高。决定复种指数高低的是农作物熟制，即通常所说的一年几熟。

历史上，中国作为农业大国，具有充分利用土地的悠久传统，在人多地少的国情下，特别倾向于密集地利用土地生产粮食。① 美国的中国农学家卜凯于20世纪20年代进行农作物耕作制调查时发现，与欧美农业的农作物轮作制不同，中国农业的复种指数不仅高，而且所轮作的农作物绝大多数都是粮食，而不是饲料。②

新中国成立以后，政府一直将提高粮食单位亩产量（简称单产）作为农业发展的一个重要目标。提高复种指数是实现这一目标的一个重要手段。20世纪50年代中国政府提出要在全国农区推行“三改”，即单季改双季、间作改连作、籼稻改粳稻。通过“三改”，这一时期，全国复种指数由1949年的133%提高到1958年的142%。③ 20世纪70年代到80年代，在南方水稻种植区，政府大力推广双季稻的稻麦三熟制，即早稻—晚稻—冬小麦。到了1980年前后，在南方实行稻麦三熟制的稻田大约占到50%。④ 双季稻的普遍推广，大幅度提高了复种指数。到1979年，南方水稻种植区的复种指数从20世纪60年代中期的170%左右提高到208%，⑤ 同期全国的复种指数也达到了150%的高位。⑥

根据农学学者的研究，实行家庭土地承包经营制以后，全国复种指数的变化大体经历了一个先降、后升、再降的过程。1985年的全国复种指数从1980年的150%的高位降至143%，1995年又升至165.1%，到2003年再次下降到

---

① 与用于放养牲畜的土地相比，用于生产粮食的土地能够养活更多的人口。据美国的中国农学家卜凯估计，两者的比例为6:1或7:1，即用于生产粮食的土地，单位面积所能养活的人口是用于放养牲畜的6～7倍。引自［美］黄宗智《明清以来的乡村社会经济变迁：历史、理论与现实》（卷三），法律出版社，2014，第28页。

② ［美］卜凯：《中国农家经济》，张履鸾译，商务印书馆，1936，第222—223页。

③ 王宏广等：《中国耕种制度70年》，中国农业出版社，2005，第117—118页。

④ 同上书，第105页。

⑤ 同上书，第121页。

⑥ 同上书，第118页。

147.8%，其中南方稻麦三熟区的复种指数的降幅更大，与1998年的高峰值相比，降幅达34.3个百分点①。具体数据②见表9-2。

表9-2　1985—2003年主要年份各耕作区复种指数变化情况　（单位:%）

耕作区	1985年	1990年	1995年	1998年	2003年
青藏高原喜凉作物一熟轮歇区	83.2	93.3	98.7	93.5	88.5
北部中高原半干旱喜凉作物一熟区	86.9	97.7	98.1	86.4	80.9
北部低高原易旱喜温作物一熟区	102.4	105.7	102.5	97.2	88.6
东北平原丘陵半湿润喜温作物一熟区	100.7	100.9	100.8	94.9	96.0
西部干旱灌溉一熟兼二熟区	63.3	104.2	95.9	98.4	101.7
一熟区小计	93.2	101.6	99.5	94.2	91.9
黄淮海平原丘陵水浇地二熟旱地二熟一熟区	148.7	158.3	157.0	162.9	158.8
西南中高原山地旱地二熟一熟水田二熟区	156.4	190.9	178.5	219.9	179.8
江淮平原丘陵稻麦两熟兼早稻三熟区	175.5	182.4	188.8	184.8	160.4
四川盆地水旱两熟兼三熟区	189.4	208.6	215.1	223.1	213.6
二熟区小计	158.1	172.1	187.9	181.2	168.7
长江中下游平原丘陵三熟二熟区	222.2	238.8	238.7	242.3	214.2
东南丘陵山地水田旱地二熟三熟区	182.5	208.6	228.7	234.6	201.2
华南丘陵沿海平原晚三熟热三熟区	163.0	201.3	204.9	233.0	180.4
三熟区小计	197.8	222.2	227.8	238.1	203.8
全国总计	143.0	158.0	165.1	160.1	147.8

说明：一是青藏高原喜凉作物一熟轮歇区包括西藏东南部、青海中北部、四川西部和甘肃西南部等；二是北部中高原半干旱喜凉作物一熟区包括内蒙古高原南部和黄土高原西部；三是北部低高原易旱喜温作物一熟区包括东起大兴安岭南侧、西止六盘山东侧、北起内蒙古高原及东部平原丘陵地区、南止黄土高原东部的广大地区；四是东北平原丘陵半湿润喜温作物一熟区包括辽河平原、松嫩平原、三江平原和小兴安岭丘陵地区等；五是西部干旱灌溉一熟兼二熟区包括内蒙古河套地区、宁夏引黄灌区、河西走廊和新疆内陆灌区等；六是黄淮海平原丘陵水浇地二熟旱地二熟一熟区包括华北平原、燕山山区、太行山区、山东丘陵地区、渭河流域、汾河流域等；七是西南中高原山地旱地二熟一熟水田二熟区包括秦巴山地区、川鄂湘黔丘陵山地、云南高原和川西高原等；八是江淮平原丘陵稻麦两熟兼早稻三熟区包括江苏、安徽、河南的淮河以南，常熟、合肥、荆门一线以北的地区；九是四川盆地水旱两熟兼三熟区包括四川盆地及其边缘山区；十是长江中下游平原丘陵三熟二熟区包括浙闽山地和南岭山地以北、武陵山地以东的广大平原地区；十一是东南丘陵山地水田旱地二熟三熟区包括以东西向的南岭山脉为主体向西延伸到云南高原，向东延伸到浙闽山地的狭长地带；十二是华南丘陵沿海平原晚三熟热三熟区包括南岭山地以南的闽南、粤桂、台湾及云南西双版纳等地区。

---

① 据笔者观察，华南丘陵沿海平原晚三熟热三熟区复种指数大幅度下降（下降了52.6%）的一个重要原因是大量的耕地被改为果园、菜地和鱼塘，规模化生产粮食的土地大幅度下降。

② 王宏广等：《中国耕种制度70年》，中国农业出版社，2005，第118页。

（三）农户对农作物熟制的选择与土地撂荒

集约利用耕地往往伴随着集约利用劳动力。实行一年多熟制的耕作制度，不仅要消耗大量的劳动力，而且农民要抢农时。例如，在长江三角洲平原实行的双季稻轮作制或称为稻麦三熟制的农时安排大致是：上年 11 月上旬播种冬小麦或大麦；转年 5 月中下旬收割冬小麦或大麦，随即进行早稻插秧；当年 8 月上旬收割早稻，随即进行晚稻插秧；当年 11 月上旬收割晚稻，随即进行冬小麦或大麦的播种。① 5 月中下旬 10 天左右的时间为第一个“双抢”季节，即小麦抢收、早稻抢插；8 月上旬 10 天左右的时间为第二个“双抢”季节，即早稻抢收、晚稻抢插；11 月上旬为“三秋”，即秋收、秋种、秋播。有学者于 1979 年在上海和苏南进行农村调查时发现，稻麦三熟制虽然能增产但很不稳定，而且还降低了粮食的品质和经济价值，增产不增收，社员对政府推广稻麦三熟制的意见很大。②

实行家庭土地承包制后不久，政府不再强行推广双季稻轮作制了，在苏南地区，不少农户就放弃了耗时、耗力而且增产不增收的双季稻轮作制，转而恢复了传统的稻麦轮作制。③

进入 20 世纪 90 年代以后，农户在出外就业与在家种地之间有了越来越大的选择空间，加之这一时期，农业税费负担较重，一些农户更加倾向于选择劳动力投入少的农作物轮作制，甚至完全撂荒土地。在山区，甚至在资源条件较好的北方平原，农户选择只种一年一季的“懒庄稼”的现象比比皆是。

土地撂荒可分为“明荒”和“暗荒”。“明荒”是指土地完全弃耕；“暗荒”是指一年多熟改为一年一熟。在南方，适合种双季稻的改为单季稻，稻麦二熟的改为稻或麦一熟；在北方，有些农村只种一季小麦或玉米。2000 年，湖

---

① ［美］黄宗智：《长江三角洲小农家庭与乡村发展》，中华书局，2000，第 225 页。

② 王耕今、朱镕基、林祥金：《关于稻麦三熟制的几个问题——在上海和苏南地区的调查》，《农业经济丛刊》1980 年第 1 期，转引自魏后凯、闫坤主编《中国农村改革与发展研究》，中国社会科学出版社，2018，第 12—17 页。

③ 据黄宗智对上海松江县农村的调查，到 1984 年，政府放松了对粮食征购的要求，“大队便热情地‘选择’停止了三熟制”。参见［美］黄宗智《长江三角洲小农家庭与乡村发展》，中华书局，2000，第 212 页。另据调查，在无锡县溪南村，自 1982 年实行家庭土地承包制以后，农户全部将之前采用的双季稻和三熟制改为单季稻和稻麦两熟制。参见中国社会科学院经济研究所“无保”调查课题组《中国村庄经济——无锡、保定 22 村调查报告（1987—1998）》，中国财政经济出版社，1999，第 109 页。

北监利县棋盘乡党委书记李昌平给时任国务院总理朱镕基写信，反映当地农民因税费负担过重而大量弃耕的情况。据李昌平调查，该乡弃耕的土地面积达3.5万亩，占总耕地面积的65%。[①] 虽然说李昌平所反映的情况可能有些极端，但不同程度的土地撂荒，确实在2000年前后的中国农村地区较为普遍。

例如，地处三峡库区腹心的奉节县。该县是重庆市的市级贫困县，人均耕地不足1亩。据不完全统计，在20世纪90年代中期，该县举家外迁12900户，外出人口39370人，撂荒耕地40660亩，分别占全县总户数、农业总人口和耕地总面积的5.5%、6.3%和4.6%。[②] 四川也是一个农村剩余劳动力输出的大省，据统计，这一时期土地撂荒的面积有200多万亩，占全省耕地的4%，其中包括"暗荒"，即当地所称的应付田。[③]

不仅土地贫瘠、耕种不便的山区出现农民弃耕、土地撂荒情况，而且在一向富足、土地肥沃、水源条件好的平原地区也出现了土地撂荒的现象。如地处江汉平原的湖北荆门市农村地区，每个乡镇都有土地撂荒，撂荒的土地少则百来亩，多则三五百亩，有的乡镇撂荒的土地高达1.6万亩。[④] 又如著名的鱼米之乡湖南洞庭湖地区。据统计，在1998年春耕时，该地区的益阳、常德和岳阳市，有10.49万个农户弃耕，占农户总数的3.34%；水田弃耕面积23.37万亩，占水田总面积的2.33%。通过各级政府做工作，大部分农户耕种了原承包地，但仍有1.6万亩水田早稻无法落实下去，只好改种一季稻，占水田总面积的0.16%。南县、沅江市4个乡（镇）年初共有弃耕面积20080亩，占水田面积的26.95%；被迫改种一季稻的面积559.8亩，占水田面积的0.75%。常德市弃耕面积超过1000亩的乡镇有17个。这种情况在山丘区也不同程度存在。衡阳市弃耕面积4.19万亩，占耕地总面积的0.93%，其中人均耕地面积较多的耒阳市弃耕2万亩，占耕地总面积的2.71%。[⑤] 土地撂荒问题一时成为农村政策研究界关注的一个热点。[⑥]

2000年代中期以后，随着土地流转市场的发育、成熟，土地撂荒问题得到

---

① 李昌平：《我向总理说实话》，光明日报出版社，2002，第20—27页。
② 蒋廷科：《解决农村撂荒现象的思考》，《农村经济》1998年第7期。
③ 邓茜：《对四川出现种应付田现象的调查与建议》，《农村经济》1999年第7期。
④ 王明初：《地咋荒了》，《中国国情国力》2000年第6期。
⑤ 易天佑、申海洋：《湖南省农民弃耕撂荒情况的调查与思考》，《农村合作经营与管理》1999年第3期。
⑥ 张红宇：《正确对待农村土地撂荒现象》，《中国经济时报》2001年5月11日。

了一定程度的缓解，并逐步淡出人们的视野。代之而起的是在部分地区推广实行耕地轮作休耕制。[①] 有关耕地轮作休耕制的政策内容和实施情况已经超出本书叙述的时间范围，这里就不做介绍和讨论了。

（四）农业技术进步与粮食单产的提高

耕地利用集约度下降的背后是劳动力对土地投入的集约度下降。这就是说，随着农民就业选择空间的扩大，农民农业劳动投入的机会成本提高，农户必然要选择劳动力投入较少的土地利用方式，从而降低了对耕地利用的集约度。在中国台湾地区，随着快速工业化进程，也出现过复种指数大幅下降的情况。[②]

虽然耕地利用集约度在下降，但是，中国的农作物产量特别是粮食产量还在节节攀升。粮食产量从 1990 年的 4.46 亿吨上升到 2014 年的 6.07 亿吨。这应该归功于粮食亩产的提高。据农业部统计，从 1990 年到 2014 年，主要粮食作物的亩产量均有较大幅度的增长，水稻、小麦、玉米和大豆的亩产量年均增长率分别为 1.48%、3.05%、1.89% 和 1.41%。具体数据[③]见表 9-3。

通常认为，良种的大面积普及、化肥的大量使用、农药农膜技术的广泛推广，以及农田基础设施建设水平和农业机械化程度的大幅度提高，是促使农作物亩产量持续增长的主要原因。技术进步特别是农业科技的普遍应用，对农业的贡献率越来越大。据估计，到 2010 年，科技对农业增长的贡献率已经超过了 50%。[④] 这就是说，农业的技术水平大幅提高，完全抵消了耕地利用集约度降低对农作物产量下降的不利影响，而且还“有余”。

---

① 2016 年 6 月，中共中央深化改革领导小组通过了《探索实行耕地轮作休耕制度试点方案》。

② 据统计，1965 年中国台湾地区的复种指数曾高达 188.8%，之后随着大量农业劳动力转移到城镇，到非农领域就业，复种指数迅速下降。到 1997 年，中国台湾地区的复种指数下降到 114.9%。参见毛育刚《中国农业演变之探索》，社会科学文献出版社，2001，第 167 页。

③ 中华人民共和国农业部计划司编《中国农村经济统计大全（1949—1986）》，农业出版社，1989；中华人民共和国农业部编《2007 中国农业发展报告》，中国农业出版社，2007；中华人民共和国农业部编《2015 中国农业发展报告》，中国农业出版社，2015。

④ 据估计，到 2000 年代中期，科技对农业增长的贡献率为 48%，2009 年为 51%，2012 年达到 57%。参见郑有贵、陈洁主编《近代以来中国农村变迁史论（1978—2012）》，清华大学出版社，2019，第 378 页。另据一项对农业技术进步的计量经济学的研究，自 20 世纪 80 年代以来，生产率对农业增长的贡献作用越来越大，要素投入的贡献率不断下降。生产率和要素投入对农业增长的贡献率，1981—1984 年约为 40% 和 60%；1992—1996 年约为 65% 和 35%；2002—2005 年约为 70% 和 30%。参见韩晓燕、翟印礼《中国农业技术进步、技术效率与趋同研究》，中国农业出版社，2009，第 166 页。

表9－3　1980—2014年各主要年份主要粮食作物亩产量

年份	水稻（斤/亩）	小麦（斤/亩）	玉米（斤/亩）	大豆（斤/亩）
1980	552	252	410	148
1985	700	392	482	182
1990	763	426	603	194
1995	803	472	656	221
2000	836	498	613	221
2005	835	570	705	227
2010	874	633	727	236
2014	908	699	775	238
年均增长率（%）	1.48	3.05	1.89	1.41

二、农村劳动力“大流动”与农村劳动力配置的变化

（一）“过密化”①

众所周知，人多地少是中国的基本国情。这就是说，在中国，劳动力要素与土地要素不匹配问题是结构性的，是长期存在的。在中国传统农村，由于非农部门发展不充分，大量过剩的农村劳动力只能在农业领域内部消化。无地少地的农户只能向多地的农户（地主或富农）租赁土地，或者受雇于地主或富农，无法脱离土地。在土地要素不足的状况下，势必会产生农业领域的“过密化”。新中国实行农业集体化之初，因人口大幅度的增长，中国农业领域这种“过密化”状况不仅没有得到有效的缓解，反而是有所加重。中国经济长期处于“有增长没发展”的困境而难以自拔。②

实行家庭土地承包经营制以后，农村劳动力使用效率提高了，不再需要将全部家庭劳动力耗在地里了，大量的劳动力被释放出来，形成农村剩余劳动力。在

① “过密化”也叫“内卷化”或“内卷”，是指劳动投入相对于土地过多，致使劳动投入的边际报酬递减，直至为零。从理论上说，在“过密化”下，只有产出的增长，而没有发展，即没有人均收入的增长。参见［美］黄宗智《经验与理论——中国社会、经济与法律的实践历史研究》，中国人民大学出版社，2007，第29—46页。

② 有关对中国农业部门“过密化”历史的讨论及国际比较，参见［美］黄宗智《明清以来的乡村社会经济变迁：历史、理论与现实》（卷三），法律出版社，2014，第25—86页。

20世纪80年代中期以前，这些农村剩余劳动力还是按照传统的方式就地自行消化。有的是自己搞点副业，有的是出外跑买卖、跑运输，到周边城镇贩运农副产品，还有的是干小建筑、打家具等。

随着中国工业化进程的快速推进，农村剩余劳动力有了更为广阔的出路。自20世纪80年代中期以后，农民出外打工的浪潮一浪高过一浪，中国发生了世界历史上最为壮观的农村劳动力的"大流动"。这种农村劳动力的"大流动"不仅深刻地影响了中国经济的发展格局，而且也终于使中国农村从长期存在的"过密化"困境中走出来了。

（二）农村劳动力从"涌动"到"大流动"

农村劳动力"大流动"开始于20世纪80年代中期乡镇企业和城镇个体工商企业的发展。在这一时期，大量农民到乡镇企业就业，或者到城镇开个小买卖。在沿海发达地区和城市郊区，乡镇企业的发展为农村剩余劳动力提供了大量的就业机会。据统计，自1984年到1988年，乡镇企业从业人员从3564万人上升到9545.48万人，年增长率为24.16%。①

农村劳动力向非农领域流动，部分农民开始离开土地。据全国农村固定观察点的调查，到1986年，常年离开土地的农村劳动力已占农村劳动力总数的12.3%，其中有17%的离开土地的劳动力在县以上的城市，有38%的离开土地的劳动力在集镇，有45%的离开土地的劳动力在本村。② 但这种"离土不离乡"的劳动力流动并不能使农民真正脱离农村和土地，只能产生大量的"半工半农"或"半商半农"的兼业农民。真正能够脱离土地的农民仍较少。根据上述的调查计算，在以从事工商业为主的农户中，完全放弃土地经营的农户不足1%。③

---

① 陈锡文、赵阳、罗丹：《中国农村改革30年回顾与展望》，人民出版社，2008，第162页。

② 中共中央农村政策研究室、国务院农村发展研究中心农村社会经济调查办公室编《向商品经济轨道的转移——全国农村固定观察点调查报告（1987年）》，农村读物出版社，1988，第214页。同是全国农业全国农村固定观察点的调查，可能由于统计口径不同，另一项研究结果与上述调查有较大的出入。根据该项研究，到1986年，脱离农业的劳动力所占比例达31.6%，在这些非农劳动力中只有5.8%进入县城或县以上的城市，有17%在当地乡镇就业，在村里从事非农产业的高达77.2%。参见国务院农村发展研究中心《中国农村的家庭经营——对280个村庄和27568个农户的调查》（1987年），载中共中央农村政策研究室、国务院农村发展研究中心农村社会经济调查办公室编《向商品经济轨道的转移——全国农村固定观察点调查报告（1987年）》，农村读物出版社，1988，第99页。

③ 中共中央农村政策研究室、国务院农村发展研究中心农村社会经济调查办公室编《向商品经济轨道的转移——全国农村固定观察点调查报告（1987年）》，农村读物出版社，1988，第227页。

1986 年，中国经济体制改革的重点开始从农村转向城市。[①] 1987 年，中央提出在企业全面推广承包经营制，之后又提出实行打破“铁饭碗”的劳动合同制。[②] 这些改革使企业获得了一定的自主用工的权利，为农民到城里就业打开了第一扇门。这时，一些农民开始到城里寻找临时就业的机会。但由于这一时期对城镇居民实行的是粮食定量凭票供应制度，而进城务工的农民无法获得“平价粮”，[③] 只能到自由市场上买“议价粮”（即自由定价的粮食），或者是私下向城镇居民收购粮票，再向国营粮店买粮，所以，这时的进城务工农民很难长期滞留在城市，而且即使能够留在城市，其数量也是有限的。

1991 年，国家加快了城镇居民粮食定量供应制度的改革，两次提高粮食价格，大幅度缩小了“平价粮”与“议价粮”的价差。1993 年，全国各城市取消实行了 40 年的粮食定量凭票供应制度。[④] 这就为农民到城里就业打开了“第二扇门”。在 1992 年邓小平南方谈话的刺激下，中国经济进入超高速的增长阶段，城市里的建筑、餐饮、其他生活服务产业有了快速发展。这需要大量的劳动力，从而大大地刺激了大量农民到城里务工。到 1994 年，外出务工的农民（通常称为“农民工”）达到 6200 万人，比 1989 年增长了 1.07 倍，形成了自改革开放以来的第一次“民工潮”。[⑤] 在许多大城市里，开始出现农民工集聚的居住区，如北京、深圳、广州等。据 1997 年劳动部主持的一项研究估计，从 1979 年到 1994 年，农业部门内部提供的新增农村劳动力就业机会占比约为 50%，其余 50% 的

① 通常认为城市经济体制改革是以 1986 年 3 月国务院在北京召开的第一次全国经济体制改革工作会议为标志。该会议提出要将在计划体制下的企业之间的纵向计划联合为主，改变为企业之间自主建立的横向经济联合为主。由此，企业开始逐步取得自主经营权。参见彭森、陈立等《中国经济体制改革重大事件》（上），中国人民大学出版社，2008，第 239—240 页。

② 1984 年 4 月，国务院陆续出台了《国营企业实行劳动合同制暂行规定》、《国营企业辞退职工暂行规定》和《国营企业职工待业保险暂行规定》等一系列文件，以打破“铁饭碗”为起点，由此拉开了国有企业改革的序幕。参见彭森、陈立等《中国经济体制改革重大事件》（上），中国人民大学出版社，2008，第 243—244 页。

③ 1984 年 10 月，国务院出台了《关于农民进入集镇落户问题的通知》。根据该通知，允许农民进入集镇（仅限于乡镇，不包括县城即通常说的“城关镇”）落户，并给进入集镇的农民供应加价粮油口粮，这种户口称为“自理粮户口”。

④ 1992 年 4 月，广东省率先实行购销同价、放开粮价、放开经营的改革。在 1993 年 2 月国务院发出的《关于加快粮食流通体制改革的通知》中提出，“全面放开食油购销价格和经营”，“争取二三年全部放开粮食价格”。实际上，全面放开粮价的进度比中央所预计的要快得多。到 1993 年底，全国宣布放开粮食价格的县（市）已超过 98%。全面放开粮价后，随即就取消了粮票。参见陈锡文、赵阳、罗丹《中国农村改革 30 年回顾与展望》，人民出版社，2008，第 83 页。

⑤ 陈锡文、赵阳、罗丹：《中国农村改革 30 年回顾与展望》，人民出版社，2008，第 171—173 页。

新增农村劳动力就业机会来自非农业部门；农村非农部门提供了近1亿个就业岗位，另外有3000万农民工流入县城以上的城市就业，其中在省外有比较稳定就业岗位的农村劳动力大约有1100万人。①

1996年以后，中国经济进入增速下降、通货紧缩阶段，城市就业机会减少。与此同时，国有企业改革开始加快，出现了大量的下岗分流职工，城市就业压力骤然加大。为了应对这种情况，各地方政府纷纷出台各种旨在限制农民进城和农民工就业的措施。中央政府也提出“开拓农村广阔的就业门路”，“引导农业劳动力有序流动”。② 1999年，外出务工的农民大约有5304万人，③ 与1994年高峰期相比有所减少。

2002年，中央开始大幅度调整针对农民工进城的政策，先后出台了一系列文件，严令要求地方政府取消、清理旨在对农民进城务工进行限制的各种做法。④ 2003年，广州发生了震惊全国的“孙志刚事件”，⑤ 长期实行的排斥和歧视外来人口的政策一时成为舆论攻击的焦点。这一事件的直接结果是，国务院立即废除实行了20多年的对所谓的“三无”人员（无身份证、无暂住证、无用工证明的外来人员）进行人身限制的行政性法规。⑥ 进城农民得到了基本的人身保障。加之，2000年以后，中国经济逐步回暖，城市就业压力逐渐减缓。进城农民数量又一次出现了爆发式增长。到2002年，外出务工的农民超过了1亿人。2003年以后，农村劳动力转移的势头不减，一浪高过一浪。到2014年达到了1.68亿

① 周其仁：《机会与能力——中国农村劳动力的就业与流动》，《管理世界》1997年第5期。

② 1998年10月党的十五届三中全会通过的《中共中央关于农业和农村工作若干重大问题的决定》中提出，“开拓农村广阔的就业门路，同时适应城镇和发达地区的客观需要，引导农村劳动力有序流动”。

③ 陈锡文、赵阳、罗丹：《中国农村改革30年回顾与展望》，人民出版社，2008，第176页。

④ 2002年1月中央出台的《中共中央、国务院关于做好2002年农业和农村工作的意见》中提出，“农村劳动力跨地区流动和进城务工，不仅有利于农民增加收入，而且可以方便城市居民生活，增强城市活力和竞争力，促进城乡协调发展”，要求“各地区要认真清理对农民进城务工的不合理限制和乱收费，纠正简单粗暴清退农民工的做法”。2003年1月，中央出台的《中共中央、国务院关于做好农业和农村工作的意见》中进一步要求，“加强对农民进城务工就业的服务和管理，维护农民工的合法权益”，要求在继续清理对农民工的歧视性政策和各种乱收费的同时，集中力量解决好拖欠克扣工资、劳动条件恶劣、劳动安全和职业病防护没有保障等突出问题。同年1月，国务院办公厅又专门下发了《关于做好农民进城务工就业管理和服务工作的通知》，对解决农民工进城务工面临的问题进行了比较全面的规定。

⑤ 2003年3月17日晚，湖北青年孙志刚在广州，因没有“暂住证”，在路上被当地的警察送至收容站。在收容站期间，孙志刚被人野蛮殴打，并于20日死于收容人员救治站。这件事情被称为“孙志刚事件”。

⑥ 2003年6月，时任国务院总理温家宝签署了《城市生活无着的流浪乞讨人员救助管理办法》，同时，废止了1982年出台的《城市流浪乞讨人员收容遣送办法》。

人。具体数据[①]见表9－4。与此同时，农村劳动力的流向也发生了变化。

表9－4　2000—2014年农民工规模和比例的变化

年份	农民工总量（万人）	外出农民工（万人）	本地农民工（万人）	外出农民工所占比例（%）
2000	—	7849	—	
2001	（12984）	8399（7307）	—	（56.28）
2002	（13697）	10470（8240）	—	（60.16）
2003	—	11390	—	
2004	—	11823	—	
2005	—	12578	—	
2006	—	13181	—	
2007	—	—	—	
2008	22542	14041	8501	62.29
2009	22978	14533	8445	63.25
2010	24223	15335	8888	63.31
2011	25278	15863	9415	62.75
2012	26261	16336	9925	62.21
2013	26894	16610	10284	61.76
2014	27395	16821	10574	61.40

2000年以前，乡镇企业仍发挥着吸收农村剩余劳动力的主要作用。据统计，到1990年，乡镇企业年吸收非农就业的劳动力为9029万人；在乡镇企业发展最高峰的1996年，乡镇企业所吸收的非农就业的劳动力曾达到1.32亿人；到2002年，乡镇企业所吸收的非农就业的劳动力虽有所减少，但基本上维持在1.2亿～1.3亿人。[②] 虽然无法准确地知道在乡镇企业就业的人员中，有多少是本地农民

① 2008年底国家统计局建立了农民工统计监测调查制度，并按年对外公布《农民工监测调查报告》。本表2008年以后的数据来自国家统计局历年公布的《农民工监测调查报告》，在此之前的数据引自国务院发展研究中心课题组《农民工市民化——制度创新与顶层政策设计》，中国发展出版社，2011，第63页。括号中的数据引自刘建进《中国农村劳动力转移实证研究》，《中国劳动经济学》2006年第10期。

② 陈锡文、赵阳、罗丹：《中国农村改革30年回顾与展望》，人民出版社，2008，第162—169页。

工，有多少是外地农民工，但根据常识可以推断，本地农民工应该占较大的比重。另外，还有大量的农民个体在本乡本土做各类生意，从事非农经营。可以推断，在当时的政策限制下，2000 年以前，农村劳动力主要是流向本地非农部门，并没有真正脱离农村。

2000 年以后，农村劳动力向外地流动的倾向加剧。农民工跨县、跨市、跨省流动的规模增长很快，逐渐成了主流。从 2000 年至 2014 年，外出农民工年均增长率达到 5.6%。到 2000 年代中期，外出农民工占农民工总量基本维持在 60%以上的水平。而在本地就业的农民工大约维持在 0.8 亿~1 亿人的水平，与 20 世纪 90 年代末的规模基本持平。可以说，到了 2014 年，农村劳动力流动是充分自由的，城乡劳动力市场已经基本被“打通”了。[①]

（三）农村劳动力就业结构的变化

大量农村劳动力的“非农化”必然导致务农的农村劳动力减少。据国家统计局提供的数据，1990 年务农的农村劳动力约为 3.7 亿人，到 2003 年后下降到 3 亿人以下，之后，下降的速度明显加快。到 2010 年，务农的农村劳动力已经降至 2 亿人以下，占农村劳动力的比重由 1990 年的 77.21% 降至 47.41%。具体数据[②]见表 9－5。这就是说，在农村劳动力中，有一半以上的人已经不务农了。值得一提的是，不仅务农的农村劳动力在急剧下降，而且农村劳动力的总量也在明显下降。

表 9－5　1990—2010 年中国农村劳动力总量及务农劳动力变化

年份	劳动力总量（万人）	务农劳动力（万人）	务农劳动力占比（%）
1990	47708	36836	77.21

① 与农村劳动力的“大流动”相伴随的是城乡间的人口“大流动”。根据第六次人口普查的数据，到 2010 年普查时，人户分离的人口达到 2.61 亿人，其中流动人口为 2.21 亿人。这些流动人口几乎都在城市，绝大部分是农民工。参见张车伟、林宝、杨舸《“十三五”时期中国人口发展战略研究》，载蔡昉等主编《中国人口与劳动力问题报告 No. 16》，社会科学文献出版社，2015，第 5—7 页。但是，由于城乡差异的户籍制度仍没有完全被打破，城里人与乡下人在就业、教育、住房、社会保障、医疗、养老等方面尚存在不小的差距，因此，未落户的进城农民工不能说就是“城里人”。这些农民工的“后路”还在农村。因此，已经流出农村的劳动力可能还会流回农村。真正完全脱离农村的农民工并不占大多数。但农村劳动力向城市流动的大趋势是不会改变的。

② 历年国家统计局调查数据。引自［美］黄宗智《明清以来的乡村社会经济变迁：历史、理论与现实》（卷三），法律出版社，2014，第 164—165 页。

续表

年份	劳动力总量（万人）	务农劳动力（万人）	务农劳动力占比（%）
1995	49025	32638	66. 57
2000	48934	32041	65. 48
2001	48674	31772	65. 28
2002	48121	30948	64. 31
2003	47506	29919	62. 98
2004	46971	29015	61. 77
2005	46258	27497	59. 44
2006	45348	25889	57. 09
2007	44368	24419	55. 04
2008	43461	23063	53. 07
2009	42506	21514	50. 61
2010	41418	19638	47. 41

有学者根据第一次、第二次农业普查的数据，并结合国家统计局提供的数据，计算出1980年到2006年，不同时间农村劳动力的就业结构的变化。根据该研究，在1980年，农业劳动力占农村劳动力的91.5%，到2006年，这一比例下降至60.5%，与此同时，本地农村非农劳动力和外出转移的农村劳动力的占比分别从1980年的8%和0.5%上升到2006年的18.6%和20.9%。[①] 具体数据[②]见表9－6。虽然该研究的计算结果与表9－4、表9－5中的数据不尽一致，但总的趋势是一致的，均能说明，不到30年的时间，中国农村劳动力的就业结构发生了巨大的变化。

表9－6　1980—2006年中国农村劳动力就业结构　（单位：%）

年份	农业劳动力占比	本地非农劳动力占比	外出转移的农村劳动力占比
1980	91. 5	8. 0	0. 5
1986	82. 3	11. 1	6. 7
1996	75. 3	11. 8	12. 8
2006	60. 5	18. 6	20. 9

① 另据该学者计算，自1996年到2006年，外出转移的农村劳动力的增长对农村劳动力的“非农化”的贡献为55%。刘建业：《中国农村改革以来的农村劳动力就业和转移状况》，载中国社会科学院农村发展研究所编《中国农村发展研究报告 No. 8》，社会科学文献出版社，2012，第52—65页。

② 刘建业：《中国农村改革以来的农村劳动力就业和转移状况》，载中国社会科学院农村发展研究所编《中国农村发展研究报告 No. 8》，社会科学文献出版社，2012，第58页。

三、农村劳动力就业结构的变化对农地配置的影响

（一）农村劳动力“非农化”的四种结果

农村劳动力“非农化”引发的农村劳动力就业结构的变化，必然会改变农村劳动力对土地要素的配置关系。从理论上可以推断，农村劳动力“非农化”对土地配置可能产生以下四种结果：第一种结果是矫正了农户家庭劳动力与土地要素的不匹配的状况，避免或减轻了农村经济的“过密化”困境；第二种结果是改变农户家庭内部的劳动力配置，导致大量的“半工半农”兼业经营农户的出现；第三种结果是部分农户放弃自耕，放弃土地的经营权，从而刺激土地流转市场的发育，使土地向更能有效地利用土地的种植能手集中；第四种结果是导致农业劳动力相对不足，土地相对富裕，农户只好选择撂荒。显然，第一种结果的历史意义最大，要素利用效率最高的结果是第三种，最不好的结果是第四种，第二种结果则最现实。所谓的最现实，是指兼业经营不仅在中国存在，而且是一个世界性的、一般性的农业经营现象，[①] 也就是说，是现实世界中最应该发生的事情。

（二）劳地比例关系的变化

通过农村劳动力向非农领域流动，矫正农户家庭劳动力与土地要素的不匹配的情况早有发生。有学者 1995 年 7 月在山东济南曾做过一次抽样调查。[②] 该抽样调查对象是来济南城区打工的 1504 个农民工。该调查结果表明，这些农民工的家庭人口较多，而且有较多的劳动力，其家庭人口平均为 4.9 人，家庭劳动力平均为 3.9 个，分别比山东省的平均农村家庭人口（4.3 人）和平均家庭劳动力

---

① 例如，日本兼业经营也是日本农户普遍采用的一种方式。参见［日］速水佑次郎、神门善久《农业经济论》，沈金虎、周应恒、张玉林译，中国农业出版社，2003，第 243—247 页。有学者考察了 20 世纪 60 年代到 70 年代，澳大利亚、西德、瑞士、美国、加拿大等 10 个国家的农业经营体构成情况，发现在大多数国家，兼营农业的经营体在农业经营体中所占比重都在 50% 左右，日本所占比重最高，为 87.5%（1975 年）。就连美国这样的以大农场著称的国家，兼营农业的经营体在农业经营体中所占比重也高达 54.3%（1969 年）。参见［日］七户常生《日本农业的经营问题——现状与发展问题》，俞炳强译，中国农业出版社，1994，第 152—153 页。

② 蔡昉主编《中国人口流动方式与途径（1990—1999）》，社会科学文献出版社，2001，第 8—9 页。

（2.5 个）多出 0.6 人和 1.4 个。在按人口均分土地的条件下，家庭中劳动力多，而且劳动力在家庭人口中所占比重大，这意味着每个劳动力占用的土地少。该调查显示，这些来到济南的农民工，每个劳动力占用耕地平均为 2.2 亩，每个男性劳动力占用耕地平均为 4.4 亩，分别比山东全省农户平均水平少 0.6 亩和 0.9 亩。这表明，劳动力与土地不匹配情况突出的农户，或者说“地不够种”的农户更倾向于选择外出打工。

农业部对农村固定观察点的长期跟踪的调查数据显示，20 世纪 90 年代前，在中国农村，有 80% 左右的农村劳动力从事农业生产经营，到 2000 年前，这一比例下降到 70% 左右。进入 2000 年后，在农村劳动力中从事农业生产的农村劳动力占比迅速下降，2014 年下降至 44.4%。这就表明，到 2014 年，大约有一半以上的农村劳动力不再务农。具体数据见表 9 - 7。

随着农村劳动力“非农化”的加速，农户家庭劳动力与土地要素之间不匹配的状况得到了进一步改善。农业部对农村固定观察点的长期跟踪的调查数据显示，在农户承包经营规模有所下降的情况下（户均经营土地面积由 1986 年的 9.2 亩下降到 2014 年的 7.1 亩），务农农村劳动力的土地经营规模出现较大幅度上涨；到 2014 年，务农劳动力的平均经营土地面积由 1986 年的 4.6 亩提高到 7.8 亩；与 20 世纪 90 年代初相比，农户的劳均经营土地面积提高了近 1 倍。具体数据①见表 9 - 7。虽然，与理想的最优经济规模相比，劳均 8 亩地还是太少了，但考虑到留在家里种地的主要是弱质劳动力，如老人和妇女，土地基本够用。对于这些弱劳动力来说，七八亩耕地，如果是种粮食，已经基本够种的了；如果是种菜、种果，还需要雇工。可见，农村劳动力“大流动”对矫正农户家庭内部的劳动力与土地要素的不匹配的作用，即前述的第一种结果是比较显著的。在根本上，使中国农业摆脱长期存在的“过密化”困境，其历史意义不容小觑。

① 中共中央政策研究室、农业部农村固定观察点办公室编《全国农村社会经济典型调查数据汇编（1986—1999 年）》，中国农业出版社，2001；中共中央政策研究室、农业部农村固定观察点办公室编《全国农村固定观察点调查数据汇编（2000—2009 年）》，中国农业出版社，2010；中共中央政策研究室、农业部农村固定观察点办公室编《全国农村固定观察点调查数据汇编（2010—2015 年）》，中国农业出版社，2017。

表 9－7 1986—2014 年农村劳动力变化及劳均经营土地情况

年份	户均农村劳动力（人）	户均务农劳动力（人）	务农劳动力占农村劳动力比例（%）	户均经营土地（亩）	劳均经营土地（亩）
1986	2.6	2.0	78.5	9.2	4.6
1987	2.6	2.0	78.4	8.9	4.4
1988	2.6	2.1	79.9	9.3	4.5
1989	2.6	2.1	79.2	9.0	4.4
1990	2.6	2.1	80.6	8.0	3.8
1991	2.6	2.1	80.3	8.5	4.1
1993	2.6	1.9	73.0	8.1	4.3
1995	2.6	1.8	72.2	7.8	4.3
1996	2.6	1.8	70.7	7.8	4.3
1997	2.6	1.8	69.8	7.7	4.3
1998	2.6	1.8	70.2	7.8	4.3
1999	2.6	1.8	69.8	7.9	4.5
2000	2.5	1.7	69.5	7.4	4.3
2001	2.5	1.7	68.9	7.6	4.4
2002	2.5	1.7	67.9	7.6	4.4
2003	2.7	1.7	64.4	7.3	4.2
2004	2.7	1.7	63.1	7.3	4.3
2005	2.8	1.7	61.3	7.3	4.2
2006	2.8	1.7	60.4	7.3	4.4
2007	2.8	1.6	57.5	7.2	4.6
2008	2.7	1.6	56.8	7.2	4.6
2009	2.7	1.4	51.3	7.1	5.2
2010	2.2	1.1	48.7	6.8	6.3
2011	2.2	1.0	47.7	7.0	6.8
2012	2.1	1.0	47.0	7.3	7.3
2013	2.1	1.0	45.7	7.0	7.4
2014	2.1	0.9	44.4	7.1	7.8

说明：一是 1986—1991 年该调查没有农业劳动力的统计分类，表中的家庭农业劳动力用该调查的“从事家庭经营（包括私人经营）的农村劳动力人数”替代。“从事家庭经营（包括私人经营）的农村劳动力人数”包括农村的个体工商户，如家庭作坊、个体零售店、个体农资销售点等的劳动力，因此，比家庭农业劳动力的口径要宽。但考虑到 20 世纪 80 年代，农村的个体工商户相对比较少，误差可能不会太大。二是 1993—1999 年的调查数据为有农业劳动力的统计分类，包括纯农业劳动力和兼业劳动力。

（三）农户的兼业化经营

男耕女织的家庭内部分工是中国农村的一个历史传统，也是数百年来中国农民缓解“过密化”困境的一个重要路径。[①] 中国进入改革开放时期以后，随着非农就业机会的大幅增加，传统的男耕女织家庭内部分工模式过渡到家庭主要劳动力“半工半农”的模式，再逐步转变为家庭中有人专职务工或经商，有人专职务农的“半工半农”的家庭内部分工模式。[②]

2000年以前，兼业经营主要是采取家庭主要劳动力“半工半农”的模式，即家庭主要劳动力农忙时回家务农，农闲时出外务工和经商的形式。家庭内部劳动力之间的内部分工尚不明显。有不少农民工的就业是灵活就业，例如从事建筑业的“小工”，其工作不固定，对时间有较大的支配权，且离家不远。这些灵活就业、离家不远的农民工就比较容易维持这种“半工半农”的兼业经营方式。据1986年的一项调查，在所调查的93个村中，“半工半农”的兼业农村劳动力占农村劳动力的59.7%。[③] 另一项研究初步估计，在20世纪90年代，大约有一半农民工是常年外出，有一半农民工是季节性外出。[④] 一项小型抽样调查也显示，季节性外出的农民工在春耕、夏收、秋收时，还可以回家忙地里的农活。[⑤] 种种迹象表明，2000年以前，这种农村劳动力兼业化的情况比较普遍。根据第一次全国农业普查，截至1996年，在全国农村住户中，农业户占比为90.30%；在农业户中，纯农业户占比为65.63%，农业兼业户占比为20.20%，非农兼业户占比为14.17%，具体数据见表9－8。农业兼业户和非农兼业户在农业户中占比高达34.37%。这表明，有三分之一以上的农民需要“家

---

① 黄宗智详细地分析了长三角地区家庭纺织业的发展，如何缓解当时出现的严重“过密化”问题。参见［美］黄宗智《长江三角洲小农家庭与乡村发展》，中华书局，2000。

② 黄宗智将“半工半农”称为“半工半耕”，对“半工半耕”的理论讨论，参见［美］黄宗智《中国的新型小农经济：实践和理论》，广西师范大学出版社，2020。

③ 庾德昌：《农业劳动力剩余及其转移规律初探》，《中国农村经济》1989年第2期。

④ 中共中央政策研究室农村组：《关于农村劳动力跨区流动问题的初步研究》，《中国农村经济》1994年第3期。有学者将这种农村劳动力季节性流动称为“候鸟型”的流动。据估计，到20世纪90年代中期，大约有一半外出打工的农村劳动力是“候鸟型”流动的农村劳动力。周其仁：《机会与能力——中国农村劳动力的就业与流动》，《管理世界》1997年第5期。

⑤ 据蔡昉研究团队1995年在济南所做的小型抽样调查，有57.6%的农民工在每年农忙时至少回家一次，夏收前后回家的有50%，秋收前后回家的有50%。参见蔡昉主编《中国人口流动方式与途径（1990—1999）》，社会科学文献出版社，2001，第32页。

里外面两头跑”。[①]

到2000年以后，农村劳动力向城市转移的速度在加快，而且，农村劳动力“大流动”的空间范围也在扩大，越来越多的农民工远离家乡。一些农民“既要离土，也要离乡”。这些常年外出特别是跨省外出的农民工就很难顾得上地里的庄稼了，不得不脱离土地。另外，长期滞留在城市的农民工也越来越多，其中有一部分农民工已经在城市中安家立业。据统计，自2005年到2011年，举家外出的农民工占全部外出农民工的比例为20%左右。[②] 这部分举家外出的农民工大部分在城市安家立业。这就意味着这些农民有可能会永远脱离土地。另外，许多20世纪80年代出生的新农民，很早就进入城市务工，没有任何务农的经历，其劳动力的比较优势在城市，因而也加大了其回乡务农的机会成本。这些因素就会使得农民“半工半农”的兼业经营成本上升，导致农户就业分化。一部分农户完全脱离农业，另一部分农户专心务农，还有一部分农户仍维持“家里外面两头跑”的状态。但“家里外面两头跑”的农户应该会减少。

第二次全国农业普查的数据似乎部分地认证了这一推断。与1996年第一次全国农业普查数据相比，到2006年第二次全国农业普查时，在全国农村住户中，农业户占比略有下降，下降了约1个百分点；在农业户中，纯农业户占比由1995年的65.63%大幅上升为84.48%；农业兼业户占比由1996年的20.2%大幅下降到4.83%，非农业兼业户的占比也下降了约3.5个百分点。[③] 具体数据[④]见表9-8。这就表明，农村中非农户增加了，一心务农的农民多了，“家里外面两

① 另一项研究也大体能支持这一判断。该项研究显示，到20世纪90年代中期，占农村劳动力总量32.2%的以非农就业为主的农村劳动力即非农兼业户，非农就业时间占其正常劳动时间的71.7%；占农村劳动力总量67.8%的以从事农业为主的农村劳动力，非农就业时间占其正常劳动时间的11%。据此推算，农村劳动力资源实际在非农部门的就业的占比大约为30%。周其仁：《机会与能力——中国农村劳动力的就业与流动》，《管理世界》1997年第5期。

② 盛来运、彭丽荃：《当前农民外出务工数量、结构及特点》，载蔡昉主编《中国人口与劳动力问题报告No. 7》，社会科学文献出版社，2006，第45页。另见国务院发展研究中心农村经济研究部课题组《稳定与完善农村基本经营制度研究》，中国发展出版社，2013，第25页。

③ 按照第一次全国农业普查主要指标的解释，纯农户是指家庭从业人员从事的主要行业均为农业的农村住户；农业兼业户是指家庭从业人员从事的主要行业为农业的人数大于非农业人数的农村住户；非农业兼业户是指家庭从业人员从事的主要行业为农业的人数小于非农业人数的农村住户。如果从事农业生产活动的人员和从事非农生产活动的人员大体相同，农业兼业户和非农业兼业户则视农业收入为主还是非农业收入为主来划分。全国农业普查办公室：《中国第一次农业普查资料综合提要》，中国统计出版社，1998，第214—215页。

④ 全国农业普查办公室：《中国第一次农业普查资料综合提要》，中国统计出版社，1998；国务院第二次全国农业普查领导小组办公室等：《中国第二次农业普查资料综合提要》，中国统计出版社，2008。

头跑”的兼业农民少了。然而，其他的调查数据并不能支持这一判断。

表 9－8　两次农业普查公布的农村住户的从业结构变化情况

项目	年份	农村住户	农业户	其中			非农户
				纯农业户	农业兼业户	非农业兼业户	
户数（万户）	1996	21382. 8	19308. 9	12671. 9	3901. 2	2735. 8	2073. 9
	2006	22107. 9	19706. 7	16647. 3	951. 8	2107. 6	2401. 2
比例（%）	1996	100	90. 30	65. 63	20. 20	14. 17	9. 70
	2006	100	89. 14	84. 48	4. 83	10. 69	10. 86

以下选取的是几个代表性年份的全国农村固定观察点的调查数据①。从表 9－9 中数据可以看出，自 1993 年到 2014 年，这 20 多年来，农村住户就业结构明显的变化是，非农户的比重大幅提高，由 1993 年的约 6% 上升到 2014 年的近 18%。这表明，脱离农业的农村住户大量增加了。这一推断也与第二次全国农业普查的结果基本吻合。但是，农业部农村固定观察点提供的数据表明，纯农户所占的比重并没有提高，反而有降低的趋势，从 1993 年的占比 49. 90% 下降至 2014 年的 40. 23%；与此同时，农业兼业户和非农业兼业户的比重没有发生显著的变化，分别保持在 25% 左右和不到 20% 的水平。这与第二次全国农业普查的结果相差较大。

表 9－9　全国农村固定观察点调查的农村住户的从业结构变化情况　（单位:%）

年份	1993	1999	2005	2009	2014
纯农业户	49. 90	46. 65	40. 73	37. 24	40. 23
农业兼业户	26. 85	27. 04	28. 74	26. 84	24. 40
非农兼业户	17. 16	18. 25	17. 91	19. 48	17. 42
非农户	6. 09	8. 06	11. 99	16. 45	17. 96

① 中共中央政策研究室、农业部农村固定观察点办公室编《全国农村社会经济典型调查数据汇编（1986—1999）》，中国农业出版社，2001；中共中央政策研究室、农业部农村固定观察点办公室编《全国农村社会经济典型调查数据汇编（2000—2009）》，中国农业出版社，2010；中共中央政策研究室、农业部农村固定观察点办公室编《全国农村社会经济典型调查数据汇编（2010—2015）》，中国农业出版社，2017。

另一组全国农村住户调查的数据显示，到2005年，在所调查的农村住户中，纯农户所占的比例由1991年的41%下降到18%；农业兼业户所占的比例由1991年的24%下降到17%；非农业兼业户所占的比例由1991年的19%上升到28%，非农户所占比例由1991年的16%上升到37%。[①] 这就是说，到了2000年以后，中国农村中的专业农民或以农业为主业的农户不到农村住户的一半（占比为35%），一半以上的农户或者不再以农业为生，或者农业不再是其主要生计来源了。这一调查结果也与第二次全国农业调查以及全国农村固定观察点的调查结果相差较大。

众多的直接观察告诉我们，在现实的中国农村，一家人完全务农，其他的什么都不做的农户是较少的，稍微有点能力的农民都会出去找其他非农的事情做；同时，家在农村，一点农活都不做的农户也是不多的，所以，以非农职业为主，时而做点农活的非农兼业户应该是比较多的。而农村劳动力的真正主力是农业兼业户。一家人以务农为主，在农闲时，再做点别的小生意，或者出外打个零工，这是许多农村壮劳力的一个选择。对于兼业经营的农户来说，其家庭的主要收入已经不再依赖于农业，农业是副业，是家庭收入的补充。[②] 下列调查似乎能支持这种对中国农村现实的观察。中国经济体制改革研究会所做的农村问卷调查显示，在所调查的常住农村劳动力中，只务农的劳动力占比为54.2%，有30.4%的劳动力兼及农业和非农就业，其余的非农劳动力占比为15.4%。[③] 该调查表明，在没有外出打工或者是外出打工但仍在村里居住的农村劳动力中，有85%左右的劳动力仍是参与农业生产的，完全不务农的劳动力大约为15%。

2013年，国家统计局曾做过一项基于70720个农村住户的抽样调查。根据该调查结果，到2012年，在所调查的农户中，纯农户占比为18.28%，农业兼业户占比为30.07%，非农兼业户占比为35.72%，非农户占比为15.93%。[④] 该调查

---

① 廖洪乐：《中国农村土地制度六十年——回顾与展望》，中国财政经济出版社，2008，第96页。

② 根据国家统计局的调查，1983年，农户纯收入中，家庭经营纯收入占比为73.5%，工资性收入占比为18.6%；到2009年，农户纯收入中，家庭经营纯收入占比下降到49%，而工资性收入占比上升到40%。国家统计局农村社会经济调查司编《中国农村住户调查（2010）》，中国统计出版社，2010，第38页。

③ 宋洪远、赵海等：《中国新型农业经营主体发展研究》，中国金融出版社，2015，第44页。

④ 国务院发展研究中心农村经济研究部：《找准转变农业发展方式的支点》，中国发展出版社，2016，第64页。

表明，在中国农村中，纯农户占少数，兼业户占“大头”。[1] 由这一调查表明，截至2014年，农户兼业化程度并没有显著降低，农户兼业化经营仍是中国农户主要的经营形态，而且，越来越多的农村住户不再将农业作为其生计的主要来源。

（四）以农户家庭内部代际分工为基础的兼业化经营

从以上的叙述可以看出，各部门或单位对农户的务农情况的调查结果存在较大的差异。之所以会出现这种情况，笔者认为主要是调查对象对“户”的不同理解所致。

农村的家庭户有两种不同的口径。一种口径是户籍，另一种口径是家庭内部成员土地经营关系。按照当代中国农村的惯例，儿子成家后甚至是儿子年满18岁后，为了能分得宅基地，盖房子，就要从父母家的户籍中分出来，单独立户。这样一来，农户家庭如有一个儿子就由一户变为两户，如有两个儿子则一户变为三户。单独立户后，各家即使是分灶吃饭，原来家庭户的土地通常还是共同经营，并没有分开。这就是说，按照家庭内部成员土地经营关系的口径，仍然是一户。这样一来，如果农户家庭的主要劳动力——儿子、女儿成年后单独立户，并外出打工，只剩下父母在家务农，这样的农户如果按户籍口径计算，就分为两类：一类是纯农户，另一类是非农户；如果将这一个农户家庭作为一个土地经营单位，只是家庭成员内部的分工不同，这个农户就是兼业户。

从本书本章第二节的叙述可知，2000年以后，农村劳动力“大流动”的空间范围扩大了，时间也拉长了。越来越多农户的家庭主要劳动力终年在外，难以顾得上家里的农活了。家庭主要劳动力“半工半农”的兼业经营模式逐步被以农户家庭内部代际分工为基础的兼业化经营模式所取代，成为农户兼业化经营的主流。具体来说就是，兼业经营农户的家庭中强劳动力儿子、媳妇、女儿进城打工乃至定居，而年迈的父母，可能还有上了年纪的哥嫂在家里务农。这就是劳动力“大流动”所产生的前述的第二种结果，即改变农户家庭内部的劳动力配置，

[1] 这一调查结果也与农业部官方统计的数据有较大的出入。根据农业部经管司的调查，到2015年，农业户占比为91.5%，非农户占比为8.5%。在农业户中，纯农业户占比为70.81%、农业兼业户占比为19.78%、非农兼业户占比为9.40%。这一数据与第二次农业普查数据较为吻合。这可能是因为采用了统一的调查口径。与第二次农业普查（2006年）相比，到2015年，农业户占比略有上升，在农业户中，纯农户的占比下降了13.67个百分点，农业兼业户占比提高了14.95个百分点，非农兼业户的比重略有下降。

导致大量“半工半农”兼业经营农户的出现。

以上调查均显示，进入2000年以后，兼业农户“脱农”，即由兼业农户变为户籍仍在农村的非农户的趋势也开始显现。

对现实的观察表明，农户脱离农业生产和农村生活是一个渐进的过程。农户的家庭主要劳动力首先要从非农就业中获得一定的非农收入。当非农收入超过了农业收入时，农民就会离开村里，搬到城镇居住。当农户逐渐适应城镇的生活环境时，就可能考虑举家迁出村，虽然这时户籍仍在农村老家。然而，举家外出，在城镇定居的农户通常是“核心家庭”，也就是一对夫妇带着孩子，而年迈的父母仍留在家里。正因为在当代我国农村中普遍存在这种现象，所以才会引发“谁来种地”问题。所谓农村“没人种地”，应该说的是农业兼业户占比低了，而非农兼业户占比高了，而且，越来越多的住在农村的住户家里没人务农。否则就不能解释为什么在农村住户数量并没有减少的情况下，还会出现农村“没人种地”的问题。

（五）农户兼业经营对土地流转的影响

从理论上说，农户兼业化经营和土地流转有一定的替代关系。如果农户倾向选择兼业经营，农户或者可以通过对自身劳动力的时间分配，或者通过对家庭劳动力的内部分工，使其不必放弃土地寻求他业。也就是说，农户兼业经营可以替代土地流转。[①] 然而，也可能会出现这样一种情况：随着农户选择兼业经营的机会成本的提高，越来越多的进城就业及安家农民，选择将其名下的承包地以各种方式流转出去，从而增加了土地流转市场的供给。以下的调查可以证明这一推断。

2009年，国家人口和计划生育委员会曾主持一次专项调查，调研涉及北京、上海、深圳、太原和成都五个城市中的2330万农村流动人口。调研结果表明，农民进城居住时间越长，土地自耕的比例就越低，土地流转率则越高。与居住1年及以下的农村流动人口相比，居住15年及以上的农村流动人口，其土地自耕

① 有学者通过实证研究证明，农村劳动力的“非农化”主要是促进了农户的兼业化而不是土地流转。参见钱忠好《非农就业是否必然导致农地流转——基于家庭内部分工的理论分析及其对中国农户兼业化的解释》，《中国农村经济》2008年第10期。

比例由66%下降至43.1%。与此同时，土地流转比例则有所提高。如果把土地转给亲戚耕种也算作一种土地流转，居住15年及以上的农村流动人口，其土地流转率达到了37.5%，而居住1年及以下的农村流动人口，其土地流转率则仅为24%。具体数据[①]见表9－10。

表9－10　农民进城居住时间与土地经营状况　（单位:%）

项目	1年及以下	2～3年	4～5年	6～9年	10～14年	15年及以上
土地全部由家人耕种	66.0	57.5	55.3	52.1	48.7	43.1
土地全部由亲戚耕种	15.7	21.2	21.4	25.6	24.0	26.2
土地全部流转给他人	6.0	7.8	8.5	8.7	8.0	9.5
部分土地流转给他人	2.3	2.2	2.7	1.4	2.1	1.8
土地无人耕种	5.4	5.3	5.7	6.0	8.1	8.5
土地全部被征收	1.2	1.7	1.6	1.7	2.5	4.0
未曾有土地	2.5	3.1	3.3	3.0	4.2	4.5
其他	1.0	1.2	1.4	1.4	2.5	2.4

2013年国家统计局所做的基于70720个农村住户的抽样调查也表明，与农业兼业户、非农业兼业户以及非农户相比，纯农户的土地经营规模明显较大。该调查显示，纯农户的耕种面积为15.16亩，高于所调查农户的平均土地经营规模7.15亩；农业兼业户的耕种面积为10.84亩，高于所调查农户的平均土地经营规模2.83亩；非农业兼业户的耕种面积为5.44亩，低于所调查农户的平均土地经营规模2.57亩；非农户的耕种面积仅为0.23亩，低于所调查农户的平均土地经营规模7.78亩。[②]显然，这些脱离农业的农户，或基本上脱离农业的农户，将其土地"释放"给纯农户或农业兼业户。土地有向纯农户和农业兼业户集中的趋势。也就是说，出现了前述的第三种结果。

土地有向纯农户和农业兼业户集中的趋势，在不同的地区可能有不同的表现。有学者比较了山西10个村和浙江10个村的土地流转情况。该研究发现，

① 国家人口和计划生育委员会流动人口服务管理司：《中国流动人口发展报告（2010）》，中国人口出版社，2010。

② 国务院发展研究中心农村经济研究部：《找准转变农业发展方式的支点》，中国发展出版社，2016，第64页。

自 1986 年到 2002 年平均计算，在山西 10 个村，纯农户和农业兼业户转入土地的比例最高，分别为 8.14% 和 6.85%，而非农户和非农兼业户转入土地比例分别仅为 3.04% 和 3.47%；在浙江 10 个村，非农户转出土地的比例较大，自 1986 年到 2002 年平均计算为 28.34%，到 2003 以后至 2007 年平均计算为 34.35%，而其他各类农户的转出土地的比例差别不大。[①] 这就表明，在浙江非农就业机会较多，全家一同经商或办厂的农户较多，所以，放弃土地的农户的比例就会较高。该研究也显示，截至 2007 年，兼业户放弃土地的比例并不大，而且还有可能会转入土地，而真正愿意放弃土地的是完全脱离了农业、久居城市的农户。

值得强调的是，在这一时期，土地流转大量地发生在农户“大家庭”内部成员之间。按照通行的承包地分配规则，承包地以户为单位，但这个户是指户籍意义上的户。根据现行的户籍制度，年满 18 岁就可以独立立户。如果一对老人有两个孩子，且在“第二次土地延包”时都年满 18 岁，按户分地，他家就有三份地。如果这两个孩子都进城打工，并将其名下的土地交给父母种的话，这也应该属于土地流转。这种代种自家儿子的地、代种自家兄弟姐妹的地的情况在农村十分普遍。因此，家庭劳动力内部分工的兼业化经营方式不仅不排斥土地流转，而且是土地流转的重要动因。兼业化经营与土地流转之间不是替代关系，而是互补关系。只不过这种在“大家庭”内部成员之间进行的土地流转（农户一般也不认为这就是土地流转），并不是官方和政策研究人士所期望的土地流转。因为这种土地流转往往并不会提高土地经营规模，反而可能造成对土地的粗放经营。这是因为在家的都是一些弱质劳动力，无力精心地打理地里的活计。这就说明，虽然大量农村劳动力的“非农化”确实导致前述第三种结果的出现，但可能其效果并不是理想的。因为大量的土地并不是向种田能手集中，而是流向农户家庭中的弱劳动力。

（六）农村劳动力“非农业化”不一定能刺激土地流转的发展

农村劳动力的“非农化”对土地流转市场可能会产生双重效应，一方面会因农村劳动力的离开土地刺激土地供给的增加，另一方面会因农业劳动力相对不

① 史清华：《农户家庭要素流动趋势及其根源比较》，《管理世界》2002 年第 1 期。

足，而导致对土地需求的减少。[①] 根据中国科学院农村政策研究中心所做的一项实证研究，农户的家庭非农就业对其土地转出行为有显著的正影响，但对农户的转入行为没有显著影响。[②] 这就是说，农村劳动力的“非农化”刺激了土地流转市场的供给，但对土地流转的需求刺激作用较小。这一结果表现为农村劳动力相对不足，土地相对富裕。这种状况的出现是由农村劳动力在务农与务工之间的比较收益决定的。

20世纪90年代初期，农民工的年工资水平在1500～2500元，集聚大量农民工的珠三角地区，农民工的年工资平均在2000～3000元，而在家里种地的年收入只有几百元。[③] 到了2000年代初期，农民工的年工资水平上涨到5000元以上，而同期农民来自农业的年纯收入不过800多元。[④] 在存在大量非农就业机会，而且非农就业的收入明显高于农业的情况下，农户不会再将劳动力投到土地上，即使农业劳动力的边际报酬为正，也是如此。加之在这一时期，农业税费负担较重，土地对一些农户来说不再是权益，而是负担。任何物品或要素，之所以能形成市场，有价值是基础性条件。在土地“根本不值钱”的情况下，没有人愿意多流转土地。土地流转的需求不足。在土地流转不发达的中西部地区，大量“不值钱”的“富余”土地被农户撂荒。这就是说，大量农村劳动力“非农化”产生

---

① 根据经济学原理，这种双重效应的产生需要一个假定前提条件，即农村不存在大量的剩余劳动力，土地与劳动力大体处于一种均衡配置状况。然而，根据劳动部官方估计，到2000年，中国农村尚有1.37亿个剩余劳动力。参见周其仁《机会与能力——中国农村劳动力的就业与流动》，《管理世界》1997年第5期。学者对农村剩余劳动力的最高估计为1.7亿人。参见刘建进《中国农村就业基本状况》，载蔡昉主编《2002年：中国人口与劳动问题报告——城乡就业问题与对策》，社会科学文献出版社，2002。2008年，蔡昉等经济学家基于劳动力的个体特征，利用全国代表性的抽样调查资料，运用计量经济模型估计，农业中可转移的劳动力规模约为4300万个。蔡昉等：《农村剩余劳动力的新估计及其含义》，载蔡昉主编《中国人口与劳动问题报告No. 9——刘易斯转折点如何与库兹涅茨转折点回合》，社会科学文献出版社，2008。因此，从理论上说，在存在大量农村剩余劳动力的条件下，农村劳动力的“非农化”，农业劳动力的外流，不应导致对土地需求的减少。笔者对此的初步解释是，农村剩余劳动力不是一个客观的数量，而是一个主观的数量，是由农村劳动力选择的机会成本所决定。当农业劳动投入效益低于农民闲暇的收益，农民宁愿闲着，也不愿在土地投入“闲置”的劳动力。因此，即使客观上存在农村剩余劳动力，但从农民的主观选择角度来看，仍可能存在农业劳动力投入不足的情况。

② 黄季焜、郜亮亮、冀县卿等：《中国的农地制度、农地流转和农地投资》，格致出版社，2012，第166—181页。

③ 中共中央政策研究室农村组：《关于农村劳动力跨区流动问题的初步研究》，《中国农村经济》1994年第3期。

④ 据统计，全国农村外出劳动力年均务工收入，2001年为5168元，2002年为5262元。参见刘建进《中国农村劳动力转移实证研究》，《中国劳动经济学》2006年第10期。据国家统计局统计，2001年，来自农业经营的人均年纯收入为863.62元。参见国家统计局农村社会经济调查总队《2002中国农村统计年鉴》，中国统计出版社，2002，第264页。

了前述的第四种结果。

四、农业比较收益的变化与土地流转

（一）农业政策的“大调整”改变了农业比较收益

应该说，到了2000年代中期，中国农村已经初步具备了土地流转市场形成的条件。这时，农户已不再为变动不居的地权而感到烦恼，可以放心地走出家乡，汇入农村劳动力“大流动”的大潮中。长期存在的严重的人地紧张关系也得到了部分缓解。对有些农户来说，土地是“剩余的”，“地种不过来了”，可以转给别人种。这就是土地流转市场存在的供给条件。

然而，只有供给，没有需求，是不能“成市”的。2000年前后出现的普遍土地撂荒现象就说明，土地价值不高、没人愿意要。土地流转市场的需求尚需激活。从根本上说，激活土地流转市场需求，需要改变农业生产经营条件，使种地可以成为一个有利可图的事情。

土地是农业生产的重要的生产要素。对土地要素的需求是由其所能贡献的农产品价值所决定的。土地要素所贡献的农产品价值越高，对土地要素的需求就越高，反之则相反。[①] 土地价值不高、卖不出价的根本原因是长期以来，农产品价值低、农业比较收益差，种地远不如打工“划算”，对青壮年的劳动力来说更是如此。要想土地“卖出价来”就必须改变农业生产经营条件，提高农业的比较收益。恰逢其时，这个历史时刻终于到来了。

2002年11月，党的十六大召开，会上提出到2020年全面建设小康社会的战略目标。显而易见，农村发展不足是全面实现小康的一个“短板”。2002年，以胡锦涛为总书记的新一届党中央领导集体就任，就任伊始就将施政的重点再次放到农村。时隔18年（之前最后的一个中央一号文件是1986年中央一号文件），“三农”问题于2004年重回到具有政策风向标意义的中央一号文件位置上来，成为“中国一号问题”。[②] 2004年中央一号文件提出了“多予、少取、放活”的新

① 从经济学上说，对生产要素的需求是引致需求，即生产要素需求是由终端产品需求所引致出来的。参见 Arrmen Alchian and Willian R. Allen, *Exchange and Production* (Wadsworth Publishing Company, 1983), p. 176。

② 宋振远：《中国一号问题》，新华出版社，2012。

“三农”政策。2006年中央一号文件提出了新农村建设的施政纲领。2012年党的十八大换届，换届后的党中央新领导班子在实现了全面建成小康社会后，又提出了乡村振兴战略。无论是新农村建设还是乡村振兴，其核心都是反哺农业、反哺农村、反哺农民。[①] 在这一政策大背景下，农业生产经营条件发生很大变化，农业比较收益低下的状况有了明显的改善。

（二）国家财政补贴农业

改善农业比较收益低下状况最直接的途径是国家财政补贴农业。国家财政补贴农业主要包括四项，即粮食直补、良种补贴、农机具购置补贴和农资综合补贴，通常称为“四项补贴”。[②] 2004年，国家开始在粮食主产区实行粮食直补；到2007年，粮食直补扩大到全国。良种补贴从东北大豆开始，于2002年开始启动，到2009年全覆盖到水稻、小麦、玉米、棉花等主要农产品；2010年又延伸到马铃薯和青稞。农机具购置补贴启动最早，起始于1998年，但起初的补贴金额和范围较小。2004年以后，国家对农机具购置补贴金额不断加大，其补贴金额逐渐超过了粮食直补和良种补贴。农资综合补贴启动最晚，于2006年开始启动，主要为了缓解当时出现的柴油、化肥等农资价格上涨过快的问题。之后，农资综合补贴的金额急剧增加，成为“四项补贴”中补贴金额最大的一项。“四项补贴”的具体数据[③]见表9-11。

表9-11　2004—2014年“四项补贴”的情况

年份	粮食直补（亿元）	良种补贴（亿元）	农机具购置补贴（亿元）	农资综合补贴（亿元）	合计（亿元）	增幅（%）
2004	116	28.5	0.7		145.2	
2005	132	37.5	3		172.5	18.8
2006	142	41.5	6	120	309.5	79.4

① 按照参与了历年中央一号文件起草的陈锡文的说法，到了2002年以后，中央高层提出的“三农”政策的核心，可以用三句话概况：第一句话是，全面建设小康社会最艰巨最繁重的任务在农村；第二句话是，把解决“三农问题”作为全党工作“重中之重”；第三句话是，我国已经进入工业反哺农业城市支持乡村的历史新阶段。参见宋振远《中国一号问题》，新华出版社，2012，第20页。

② 以下有关农业补贴的情况，主要来源于孔祥智、钟真、李宾等《当代中国农村》，中国人民大学出版社，2016，第12—16页。

③ 孔祥智、钟真、李宾等：《当代中国农村》，中国人民大学出版社，2016，第24页。

续表

年份	粮食直补（亿元）	良种补贴（亿元）	农机具购置补贴（亿元）	农资综合补贴（亿元）	合计（亿元）	增幅（%）
2007	151	66.6	20	276	513.6	65.9
2008	151	120.7	40	716	1027.7	100.1
2009	190	198.5	130	756	1274.5	24.0
2010	151	204	154.9	835	1344.9	5.5
2011	151	278	175	835	1439	7.0
2012	151	220	215	835	1421	-1.3
2013	151	199	217.5	1071	1638.5	15.3
2014	151	226.45	236.5	1071	1684.95	2.8

粮食直补、良种补贴和农资综合补贴都与种植面积有关。在现实操作中，为了实施方便，不少地方政府都是按种植面积进行补贴的。因此，以上“三项补贴”可以摊到地亩上计算。由表 9-12 计算数据①可知，摊到地亩上的“三项补贴”，从 2006 年的 40 元提高到 2014 年的 155 元，升幅近 3 倍。②

表 9-12　2004—2014 年亩均“三项补贴”的情况

年份	承包耕地面积（万亩）	“三项补贴”（亿元）	每亩补贴（元）
2006	123360	493	40
2007	122538	734	60
2008	121839	1299	107
2009	125833	1663	132
2010	127471	1711	134
2011	127731	1868	146
2012	130824	1792	137
2013	132685	1989	150
2014	132916	2062	155

① 承包地面积数据来源于 2007—2015 年农业部发布的《中国农业发展报告》。

② 一项对湖南衡阳地区的田野调查结果是，2013 年双季稻的国家补贴为每亩 183 元，“油菜 + 一季稻”的国家补贴为每亩 134 元。参见龚为纲《农业治理的逻辑——农业项目的运作机制分析》，华中科技大学出版社，2018，第 163 页。

（三）农产品价格支持政策

除了上述的“四项补贴”，对改善农业生产经营条件、提高农业比较收益有关键性影响的另一项政策是农产品价格支持政策。2004 年，国家宣布对稻谷实行最低收购价政策，该项政策规定：当市场价格低于最低收购价时，国家指定的粮食经营企业按照最低收购价敞开收购。尽管当年市场价格高于最低收购价，[①]但这无疑是给种粮的农户一个“定心丸”。到 2006 年，国家又将小麦纳入最低收购价范围。2008 年开始，国家连年提高稻谷和小麦的最低收购价。与最低收购价政策相类似的是临时收储政策。由国家确定临时收储价格和临时收储数量，指定经营粮食的国有央企按价、按量收购。[②] 2008 年，国家宣布对玉米、大豆实行临时收储政策。2010 年，国家将临时收储政策扩大到油菜籽。2012 年，国家又将棉花、食糖纳入临时收储范围。这样，几乎所有大田作物都可享受农产品价格支持政策。

总体来看，自 2006 年以来，农业比较收益低的情况有所改善。取消农业税费，使农户占用土地无成本，或者说，成本很少；农业补贴大幅上升，使农户占用土地不仅没有成本，而且还能获取每亩 50～150 元的收益。无租、无税、有补贴的土地一下子成了“香饽饽”，土地变得“值钱了”。最低收购价政策和临时收储政策的实施，使种粮的农户有了一个托底的收入预期。对农户来说，种粮至少能够不赔钱了。

（四）农业比较收益的变化与土地流转

然而，土地变得“值钱了”，并不必然会诱发土地流转。中国科学院农村政策研究中心所做的研究表明，农业补贴与农户的土地流转参与率呈负相关。这就是说，农业补贴的增加会降低农户流转的意愿，特别是降低农户转出土地的意愿。[③] 国务院发展研究中心农村经济研究部对江苏张家港市的调查显示，1996

---

① 2004 年公布的最低收购价：早籼米每斤 0.7 元、中籼米每斤 0.72 元、粳稻每斤 0.75 元。2004 年至 2014 年最低收购价参见孔祥智、钟真、李宾等《当代中国农村》，中国人民大学出版社，2016，第 12—16 页。

② 临时收储政策与最低收购价政策不同的是，前者有数量限制，后者是敞开收购。如果国家给临时收储企业下达的数量足够多，临时收储政策与最低收购价政策就没有什么不同了。

③ 黄季焜、郜亮亮、冀县卿等：《中国的农地制度、农地流转和农地投资》，格致出版社，2012，第 144—165 页。

年，该市的土地流转规模曾达到12.27万亩，到2005年减少到7.28万亩。据分析，土地流转规模之所以下降，部分原因是国家减免农业税，农民种地没有负担了，还有补贴，大多数农户就不愿意转出土地，原本已经流转出去的地，农户也要求收回去自己种。[①] 这就是说，国家支持农业，提高土地比较收益的政策，还会抑制土地流转市场的供给。

有学者认为是农业补贴抬高了土地流转价格。但这只能出现在农业补贴的受益人是实际耕种土地人的场合。在实际操作中，政府为了降低交易成本，通常是将农业补贴直接发给原土地承包人，而非转入实际土地经营者。这就是说，不管土地是否流转，原土地承包人都可以得到农业补贴。应该说，农业补贴与土地流转价格是不相干的。笔者对此的解释是，农业补贴和农产品价格支持政策提高了农民选择在家务农的比较收益，因而降低了部分农民出外打工的意愿，选择了自耕，而不是转出土地。对于有转入土地意愿的农民来说，由于不能获得农业补贴，在其他条件不变的情况下，在家务农的比较收益低的状况并不能得到缓解，从而也不愿意转入土地。总之，土地变得“值钱了”只是土地流转市场发展的必要前提。要将土地流转的潜在需求转为现实需求，需要降低地权的交易成本。降低地权交易成本的最佳途径是发展土地流转市场，扩大交易规模和深度。

现实中还出现了另一种情况。国家实行农业补贴后，一些原先放弃土地的农户反悔了。这些原先农户放弃的土地已经被流转出去了。如果反悔的农户收回了土地，土地流转规模就会减小。例如，湖北监利县某村就曾发生过一场土地纠纷。该村共有人口1147人，224户，耕地1619亩，其中计税面积1169亩，机动地450亩。该村外出打工的人较多，人数为500人左右，外出的户数为100户。这就是说，将近一半的人口和家庭已经常年在外了。2001年，该村的村委会将该村的1027亩耕地承包给该村某村民（其中有20亩是该村民自有的承包地），承包截止日期为2010年。也可以说，村集体将村里大部分土地流转给该村民了。2002年开始税费改革后，国家对农业的补贴度不断加大，农民重新看到了土地的价值，纷纷要求收回原来因撂荒而放弃的土地。已经在农田上做出大量投资的土地承包人或流入户，当然不愿在土地承包合同有效期内放弃土地，从而引起了

① 韩俊等：《破解三农难题——30年农村改革与发展》，中国发展出版社，2008，第329页。

土地纠纷。[①]

虽然土地变得“值钱了”，并不必然会诱发土地流转，但土地变得“值钱了”必然会刺激土地流转市场的发展。以后，随着农村劳动力“非农化”进程的加速，农地利用的比较收益改善。在各级政府的积极推动下，比较完善的土地流转市场组织建立起来了。参与土地流转市场的主体逐步从“熟人”转向“生人”、从“小农”转向“大农”。土地市场流转规模迅速扩大，部分地区的土地流转市场出现了供需两旺的情况。

① 蒋省三、刘守英、李青：《中国土地政策改革——政策演进与地方实施》，生活·读书·新知上海三联书店，2010，第34页。

第十章　土地流转市场从自发到正规

土地（农地）流转是一种地权交易，交易的标的物是农地使用权。土地使用权的价格即土地流转价格是在市场竞争中被“发现”出来的。土地流转价格由土地经营的规模经济性或集约性所决定。从理论上说，土地流转价格应该等于规模经济或集约经济的边际收益。如果土地规模经济或集约经济所产生的边际收益小于土地流转价格，土地规模经营户或土地集约经营户就不愿意转入土地，导致土地流转价格下降；如果土地规模经济或集约经济所产生的边际收益大于土地流转价格，土地规模经营户或土地集约经营户将愿意转入更多的土地，将刺激土地流转价格上涨。只有土地流转价格等于规模经济或集约经济的边际收益，土地流转市场才能达到均衡状态。

然而，这是假定不存在交易成本的理想状态。事实上，地权交易成本较高，土地流转市场很难达到理想的均衡状态。这是由土地这种交易品种的特性所决定的：第一，土地位置是唯一性的。土地有一个非常独特的属性，就是位置。世界上任何一块土地的地理坐标位置都是唯一的。这就使拥有土地支配权的人，在位置上成为具有独占性的一方。任何产品独占性的拥有均会削弱该产品的可竞争性。可竞争性低，其交易难度就大。第二，土地交易的捆绑性。规模化的地权交易的一个基本要求是土地要成片，要成片交易。也就是说，成片的土地如果涉及一个以上的土地权利人，土地的需求者要与多个土地权利人捆绑在一起，同时达成交易，其中一个交易人不同意交易，整个交易就无法达成。如本书第三章所述，我国农村土地的集体所有、“人人有份”性质，就决定了土地的初始配置必然会呈现土地规模小，且分散、细碎的格局。规模化的土地使用权交易势必要涉及众多农户，土地使用权的需求者要与众多心思各异的农户打交道，其交易难度可想而知。第三，土地包含大量地方性知识。一方水土养一方人。每块土地中都有自己的故事，承载着源远流长的地方性乡土文化。这种土地的地方性知识的特性，在不同程度上，对外来者、陌生人产生排斥作用。例如，对于本乡本土的农户来说，熟人熟地的，要想在本乡本土找块地，其交易的搜寻成本低，谈判成本和执行成本也低，而对外来户就完全不同。对外来户来说，人生地不熟的，天下的土地这么多，要找一块适合自己的土地，而且能够达成交易的，实属不易。这样一来就会限制地权交易的范围。交易范围小，土地流转的真实交易价格就难以被“发现”出来。降低地权交易成本的最重要的途径是扩大交易范围、扩大交易规模。只有有了足够大的交易范围和规模，土地流转的供给和需求才能被创造出来。这种土地流转交易范围和规模的扩大的必要条件是要形成一个成熟的土地流转市场。

土地流转市场可以分为三个层次：第一个层次是村级土地流转市场，参与土地流转交易的主要是本村人，土地主要是在本村村民之间进行交易。这个市场可以称为村民自发的土地流转市场。第二个层次是村集体主导下的土地流转市场，在这个市场上，土地流转的供给方是村集体，土地流转的需求方可以是本村人，也可以是外村人。第三个层次是乡（镇）及以上的土地流转市场。在这个市场上，原则上，所有土地流转的供求方都可以参与：土地流转的供给方可以是农户，也可以是村集体；土地流转的需求方可以是本村人，也可以是外乡人。在现实中，乡（镇）及以上的土地流转市场的主要参与者是外乡人。随着本村人之间关系的逐渐陌生化，越来越多的本村人之间的土地流转交易也被纳入正规的乡（镇）及以上的土地流转市场上来。

从现实的运作情况看，这三个层次的市场各有分工，但也存在显著的替代关系。自2003年《农村土地承包法》实施以来的10年间，在国家政策的引导下，在地方政府的积极推动下，土地流转市场总的演进方向是从自发走向正规，以正规的乡（镇）及以上的土地流转市场替代自发的村级市场，并逐步将村集体主导下的土地流转市场纳入正规的乡（镇）及以上的土地流转市场。

一、村民自发的土地流转市场

（一）村民自发的土地流转市场的运作

如前所述，土地流转是家庭土地承包经营的特定制度下的农地使用权交易。但交易有难易之分。一般来说，人头越熟，达到交易越容易，而生人之间的交易成本则较高，需要有较完善的市场制度来减少交易成本。中国的村庄是一个熟人社会，本村村民之间都知根知底，土地流转更容易在本村村民内发生。这种农户自发形成的、交易范围局限在本村范围的土地流转市场就是村民自发的土地流转市场。[①] 这种村民自发的土地流转市场是正规和成熟的土地流转市场的萌芽。

村民自发的土地流转市场的交易范围为亲戚和邻里之间，流转形式主要是转包和代耕。也可以说，村民自发的土地流转市场是土地承包经营权转包市场。如本书第九章第三节所述，2000 年以后，在农村劳动力“大流动”的大潮中，家庭内部人际、代际分工的兼业经营的形态发展起来了。一些没有时间、也没有精力耕种土地的进城务工的农民，通常选择将自家的承包地转包给家里人种，如父母种孩子的地、哥哥种弟弟的地等。[②]

有研究提供了这样一个案例。安徽繁昌县农村一个村民小组共 42 户，主要以种地为生的种地户有 12 户，在这 12 户中，2 家是种自家的 10 亩地，其余的 10 家，除了种自家地，都还种别人家的地，总亩数在 15～30 亩。别人家都不是外人，都是自家人，不是孩子，就是兄弟姐妹。[③] 一项对广西农村的微观调查显示：所调查的村仅有 2.7% 的农户将自己的土地流转出去，其中有 63% 是让亲戚代耕。[④] 有些农户因家庭主要劳动力全都进城打工，而留在家里的弱质劳动力种不了这么多地，也会将自家的全部承包地或部分承包地转包给邻里或本村的关系好的农户种，或者是由与自家承包地相邻的农户帮忙代耕。这种亲戚或邻里之间的土地转包更多的是传统的家庭或村民之间的互助、互惠行为，而不是完全的市场行为，其交易活动主要受本村和家族内部的习俗支配。在多数情况下，亲戚或邻里之间的土地转包规模都比较小。有学者在福建武平县农村田野调研的结果显示，有 38.9% 的农户土地转包面积在 2 亩以下，有 46.7% 的农户土地转包面积在 2～5 亩。[⑤]

在中国农村，亲情和人情是被看得很重的。亲戚和邻里之间、同村人之间不

---

① 有学者研究，村级土地市场已经存在了数百年，而且，在近代中国农村，土地产权交易主要发生在村级土地市场。参见赵晓力《中国近代农村土地交易中的契约、习惯与国家法》，载《北大法律评论》编委会编《北大法律评论》（第 1 卷・第 2 辑），法律出版社，1999。

② 在现实农村中，还存在“分家不分地”的情况。这就是一家几个兄弟分家了，但承包地并没有分，都留给家里的老人耕种。这就相当于土地在大家族内部无偿流转。朱冬亮：《农业治理转型与土地流转模式绩效分析》，中国社会科学出版社，2016，第 67—69 页。

③ 冯小：《去小农化——国家主导发展下的农业转型》，华中科技大学出版社，2017，第 49 页。

④ 孟勤国等：《中国农村土地流转问题研究》，法律出版社，2009，第 189 页。

⑤ 朱冬亮：《农业治理转型与土地流转模式绩效分析》，中国社会科学出版社，2016，第 168 页。

能太斤斤计较，不能太计较金钱，否则就会被视为不讲人情，为村里的乡亲们所不容。[①] 在较长的一段时期，村民之间的土地转包或代耕，通常不收取任何费用，甚至还要“倒贴”。即使收取土地流转费，也是根据本村的习俗象征性地收点“租金”。所谓的“租金”也就是承包地里的收获物。种粮食的就给点粮食，种蔬菜的就给点蔬菜，或者是逢年过节的时候，送些礼物，或者就是请吃顿饭。[②] 至于大家庭内部的土地转包更是很少“算钱”了。将自己的地交给父母种，就相当于给父母一点生计补贴。如果将自己的地交给兄弟种，兄弟就有责任照顾父母。[③] 在一些经济不发达、土地较为贫瘠的地区，种地的收益实在太低了，所以，转出土地的农户有时什么也不收，只要把地看好，别荒了、别毁了就行。[④] 有的农村，当地农民将这种自发的土地流转说成“捡别人的地种”，也就是别人不种的地我来种。

在许多情况下，亲戚和邻里之间的土地转包大多是口头约定，没有签订合同，也没有固定期限，一年一算，转出的土地可以随时收回。到了年底，往往是春节，出外打工的人回家过年，就可以与土地转入户商量。如果外面日子还混得下去，出外打工的人就让亲戚和邻里接着种自己的地。如果外面日子太难了，出外打工的人可以将土地要回去，来年自己种。因此，转出土地和转入土地的农户都不认为这是土地流转。在转出户心里：“承包地还是我的，只是让你帮我打理和照看一下。”有的地方，当地政府将这种土地流转称为“委托经营”或“代耕”。

由于受到亲情、人情、面子等习俗约束，这种乡亲、亲戚之间的口头合约大多是能够有效履行的。所谓的履行合约，主要是指把地让给别人的农户，可以随

---

① 根据《农村土地承包法》第三十九条第二款，“承包方将土地交由他人代耕不超过一年的，可以不签订书面合同”。有些农村地区，地方政府为了规范土地流转行为（因为提高土地流转签约率也是一个政绩考核指标），要求农户之间代耕也要签订“代耕代种委托书”，例如四川，但村民却“不买账”。尚旭东：《农村土地经营权流转：信托模式、政府主导、规模经济与地方实践》，中国农业大学出版社，2016，第137页。

② 严格地说，这里所说的“租金”不是土地租金，只是土地转入户对土地转出户放弃耕作权益的补偿。

③ 冯小：《去小农化——国家主导发展下的农业转型》，华中科技大学出版社，2017，第49页。

④ 在大多数农民看来，特别是中老年农民，土地荒着是败家子行为。只要地有人种，不荒着，钱少点，甚至没有钱都可以接受。有的村组还规定，谁家要是把土地抛荒了，村组就要收回或调整该农户的土地。因此，有的没有能力种地的农户就不得不将其土地无偿地转包给别人种。有的时候，转包户还要“倒贴”。例如，福建将乐县安仁乡一个农户有2亩田垄地，不好种，怕土地撂荒被村组收回，不得不“倒贴”100元请人种。朱冬亮：《农业治理转型与土地流转模式绩效分析》，中国社会科学出版社，2016，第150页。

时把土地要回来，别人也不会赖着不给。这种乡村习俗支配的土地流转，对转入户的好处是流转土地的成本低，对转出户的好处是灵活，地可以随时要回来，心里踏实。许多将土地流转出去的外出打工的农民是临时工，如建筑工、计件工、搬运工、拉货的司机、小店服务员、清洁工等，这些临时工的工作很不稳定。经常是有活就干，没活就得回家。回家以后能干什么呢？只有种地。因此，对他们来说，可以随时把土地要回来，要比多收取土地流转费更为重要。也正因为村民之间的这种转包十分灵活、租期不确定，转入土地的农户也不会在所转入土地上进行投资，也不会改变种植方式。原来种什么，转入后仍然种什么，原来怎么种，转入后仍然这么种。①

例如，湖南汉寿县湖村。湖村常年外出打工的农民也很多。这些常年外出打工的农民顾不上自己家里的地，就把土地交给亲戚代耕，不要钱，只要国家的种粮补贴。外出打工的农民想回家，也可以随时要回土地。但“外来户”要流转土地，农民就要钱了。2001 年，该村村集体向一个“外来户”出租了 130 亩低湖田，该地为村集体的机动地，出租价格为每年每亩 120 元。② 湖南有的农村将村民之间不定期的流转土地称为“借地”。“借地”种的农户种地不交钱，但借出土地的农户可以随时将地收回来。据湘潭县河口镇的调研，2008 年，“借地”流转的土地面积占该镇土地流转总面积的 26%。③

在这一时期，村民之间自发流转土地，不签合同、不定期，不要什么钱的情况应该是很多的。但由于这种流转形式被认为不规范、流转规模也太小，不值得提倡，所以很少见之于报道。

以上说的是流转土地用于种粮、种露天蔬菜等一年生农作物的情况。如果流转土地用于种植果树、苗木、花卉、大棚蔬菜，建鱼塘、建养猪场等，转入土地户需要对土地进行长期投资。为了保障其利益，即使是本村村民、“熟人”之间的土地流转，通常也会签订期限较长的土地流转合同，并明确租金。在现实中，

---

① 有学者在江西农村调研时，问及为什么租期为一年。被调查的农民解释，一是当地有一年一租的习惯，二是别人也不愿长期租田，别人也可能出外打工，长期租下来反而是一个负担。朱冬亮：《农业治理转型与土地流转模式绩效分析》，中国社会科学出版社，2016，第 48 页。

② 邓大才：《农地流转市场何以形成——以红旗村、梨园屯村、湖村、小岗村为例》，《中国农村观察》2009 年第 3 期。另参见徐勇、赵永茂主编《土地流转与乡村治理》，社会科学文献出版社，2010，第 292—293 页。

③ 湖南省人民政府农村工作办公室：《湖南省农村土地承包经营权流转典型 100 例》（内部资料），2009，第 50 页。

流转土地用于这类用途的农户大多是本村的专业户。在村民眼里，他们是生意人，生意人就要按生意场上的规矩办事。

村民之间的流转土地与家庭劳动力配置有一定的关系。一项调查显示，[①] 当家庭劳动力小于或等于 1 人，农户一般会选择流转出土地，很少会转入土地。当家庭劳动力为 2 人，转出土地和转入土地的比例都很高。当家庭劳动力超过 3 人，转出土地和转入土地的比例都降下来了。

值得说明的是，虽然在许多情况下，村民之间流转土地是不算钱的，但在 2000 年农业税费改革以前，转入土地的农户也不是不付出任何代价的。通常，按亩征收的农业税费是要由土地转入户承担的。在个别农村地区，怕因土地撂荒被地方政府罚款，或被村集体收回承包地，所以，土地转出户不仅要承担按亩征收的农业税费，而且还要向土地转入户“倒贴”钱。[②]

（二）“外来户”对村民自发的土地流转市场的冲击

2000 年代中期以后，越来越多的“外来户”[③] 开始加入土地流转交易。对这些“外来户”的土地流转，双方都是要认真讲价的。在这种情况下，原来不算钱的土地流转，现在也要算钱了。原来种别人地的本村农民会说：“现在人家的地都要给钱，你不给的话，怎么好意思。他要是给“大户”种，一亩地也能落下五六百元钱，你总不能让人家吃亏吧?”[④] 这样一来，村民自发的土地流转市场越来越受市场供需关系所支配，市场合约逐渐取代本村习俗，土地流转价格机制开始发挥作用了。但这种作用仍会受到本村习俗的约束，本村人之间的土地流转价格要低于市场价格，而且“租金”还可以商量。如果收成不好或产品价格低，或者家里有事缺钱，流转土地的双方可以商量，或者是减免，或者是欠着。还有一个更为重要的差别是，“外来户”租地要先交租，本村农民之间的土地流转一般

① 张云华等:《中国农地流转问题调查》，上海远东出版社，2012，第 103 页。

② 有学者将这一时期（2000 年以前）村民之间的土地流转收费情况总结为三种形式：第一种形式为有偿转包。土地转入户向土地转出户按每亩 80 ~ 150 元或每亩 100 ~ 300 斤稻谷缴纳土地流转费，土地转入户承担农业税和村提留。第二种形式为无偿转包。土地转入户不向土地转出户缴纳土地流转费，仅承担按亩征收的税费，即农业税和村提留。第三种形式为“倒贴”转包。土地转出户不仅要承担农业税费，而且还要按每亩 50 ~ 100 元“倒贴”给土地转入户。孙佑海:《土地流转制度研究》，中国大地出版社，2001，第 163 页。

③ 在许多农民眼里，多年出外经商或打工挣了点钱返乡租地的本村人也是“外来户”。

④ 张建雷:《发展型小农家庭的兴起——皖东溪水镇的小农家庭与乡村的兴起（1980—2015)》，法律出版社，2018，第 200 页。

就没那么严格。

随着商品经济关系越来越深地渗透到农村地区，[①] 土地流转也就越来越多地出现了以价格为主要考虑因素的情况。[②] 例如，河北威县梨园屯村。2007 年，该村共流转土地 400 亩，土地流转率为 10%。这 400 亩土地都是在本村村民之间流转的，土地流转价格一律是每年每亩 600 元，不管是父母还是亲友，一视同仁。只是在流转对象选择上，还是有亲属优先惯例的。[③]

（三）村民自发的土地流转市场催生了“中农”的发展

所谓“中农”主要指以农业为主要生计来源，而且日子过得还不错的农户。这些农户通常是“一家人种二三家人的地”，也就是说，“中农”土地经营规模为本地家庭承包地的 1～2 倍。例如，本地家庭承包地为户均 10 亩，“中农”土地经营规模为 20～30 亩。“中农”的土地经营规模通常是由自家的劳动力能力所决定的。如果自家的劳动力能力较强，或者小型农机具配置较多，就会多包点地，否则就少包点地。

在安徽繁昌县的农村，根据研究者调查的数据统计，在所调查的 4 个村民小组中，种地户占总农户数的 35.5%，其中“中农”占种地户数的 51.3%；平均每户经营土地面积，全部农户为 6 亩，种地户为 12 亩，“中农”为 18.5 亩，其土地经营面积为全部农户的 3 倍多。[④] 2011 年国务院发展研究中心中国农地流转调查课题组所做的调查也显示，有 50% 以上的转入土地农户的转入土地面积在 2～10 亩。假定转入土地农户的自家承包地也是在 2～10 亩，那么，大多数转入土地农户的土地经营规模扩大了一倍。该调查还显示，愿意转入土地的农户中，意向转入土地面积在 2～50 亩的农户占大多数，占比为 84.3%，只有 12.1% 的农户意向转入土地面积超过 50 亩，平均意向转入土地面积为 57.36 亩。[⑤] 显然，这

---

① 贺雪峰在所著的《新乡土中国》中描述分析了市场经济渗入传统农村地区的种种表现。贺雪峰：《新乡土中国（修订版）》，北京大学出版社，2013。

② 有农民把自己的 8 亩地包给了三个儿子，每年每个儿子给该农民 3 袋麦子作为租金，一共是有大有小的 9 袋麦子。宁夏平罗建立“土地银行”实行集中流转后，该农民将原来包给儿子的地收了回来，转给村里的“土地银行”。村“土地银行”每年给他 3840 元。该农民拿到钱后说，“土地交给‘土地银行’比起交给亲儿子强”。

③ 徐勇、赵永茂主编《土地流转与乡村治理》，社会科学文献出版社，2010，第 287—289 页。

④ 冯小：《去小农化——国家主导发展下的农业转型》，华中科技大学出版社，2017，第 50 页。

⑤ 张云华等：《中国农地流转问题调查》，上海远东出版社，2012，第 158 页、第 173 页。

些有较为强烈转入土地意愿的人是“中农”。“中农”是村民自发的土地流转市场的积极参与者。

值得强调的是，与一般农户以代耕方式流转土地不同，“中农”流转土地不是被动的，而是主动的。也就是说，“中农”不是无计划地被动接受亲戚、邻里或朋友不愿种的土地，而是根据自身条件，有计划性地主动在“熟人”间寻找可以流转的土地。因此，“中农”流转土地一般都会有较长的打算，甚至也会在流转土地上做些必要的农田基础设施投资，如平整土地、开渠打井等。

虽然“中农”可以通过自发村级市场的流转，以较为廉价的方式取得土地，扩大土地经营规模，但是，这种农户之间的自发流转不能解决土地分散化、细碎化问题，还有可能会加重土地分散化、细碎化程度。因为亲朋好友转包给“中农”的地不仅可能与中农自家的承包地不相连，而且各家亲朋好友的地也是分散到各处的，他们的地之间也不相连。土地的分散化和细碎化在很大程度上会削弱“中农”土地经营规模的优势。

在现实中，“中农”在“熟人”间寻找可以流转的土地的例子比比皆是。这里以安徽天长市农村的一户“中农”为例。这个农户有自家承包地 8 亩，他的三个兄弟和姐姐常年出外打工，就把家里共计 18 亩的地交给他来种，这个农户总共经营了 26 亩地，应该属于“中农”了。由于都是自家兄弟姐妹的地，开始两年也没给多少钱，只是象征性地给几百斤粮食，作为他们回家过年的口粮，这是 2009 年的事。之后，越来越多的“外来户”来租地，土地流转市场的价格机制开始形成，该农户觉得也应该付“租金”。到 2013 年，该农户开始按每亩 300 斤稻谷付租金。这个价钱低于当地的市场价。当地的租地市场价为每亩 400 ~ 450 斤稻谷。这户“中农”一年来自种地的纯收入约为 2 万元。[①] 当地另一家农户的情况也类似。这家农户除了自家的 5 亩地，还种了家里其他三个兄弟的地，共 30 多亩。因为都是自家人，所以也没什么租金，就是每年过年时给三个兄弟一点口粮，收成好时就多给点，收成不好就少给点。后来，这家农户又到邻村包了 7 亩地，这 7 亩地就要算钱了，每亩租金 400 斤稻谷。这家农户来自种地的收入为 2

① 张建雷：《发展型小农家庭的兴起——皖东溪水镇的小农家庭与乡村的兴起（1980—2015）》，法律出版社，2018，第 176—177 页。

万～3万元，应该也算是“中农”了。[1]

这种情况在安徽其他地方也有。例如，在安徽繁昌县农村。[2]“中农”转入地大多是本村或本家的地，土地流转价格较低，为每亩100～200元，转入本家地则更低，不少是零租金。如果出租给承包大户，按政府规定，土地出租价格为每亩400斤粳稻。按当年的粳稻最低收购价计算，应在每亩400元以上[3]。随着村民之间转包面积的扩大，转入户对转包期限要求的提高，村民之间的转包价格也会上升，最终可能会接近甚至等于土地租赁市场的价格。

再举一个江西铜鼓县“中农”的例子。2009年，该“中农”户为夫妻两人，丈夫年龄48岁，没有雇工，耕种面积为37～38亩，自有耕地7亩，其余的耕地是从5户邻居朋友那里租来的。差地每亩租金50～60斤，中等地每亩租金70～80斤，好地每亩租金100斤，租期最长的五年到六年。耕种作物为水稻，每亩平均产量800～900斤，共净赚2万斤稻谷，折合现金约1.6万元。[4]

“中农”的年龄大多超过了50岁，不少是60岁以上的老人。由于身体条件限制，而且租来的地通常都不连着，很分散，农机具不好进入，所以他们不可能种太多的地。全国平均来看，“中农”心中理想的经营规模大体上在10～50亩。[5]另据一项研究估算，在农资投入（主要包括种子、化肥和机械作业）费用不断增加的情况下，如果没有外来资金投入，单单靠农业收入的话，一个纯农户平均只能种植22.5亩粮田，养殖7.4头猪。[6]这还不考虑土地流转费用的支出。这就是说，“中农”流转土地的规模是有“天花板”的。

（四）村民之间转让土地承包经营权及其纠纷

除了转包，还存在村民之间转让承包地的行为。《农村土地承包法》对农

---

① 张建雷：《发展型小农家庭的兴起——皖东溪水镇的小农家庭与乡村的兴起（1980—2015）》，法律出版社，2018，第177—178页。

② 冯小：《去小农化——国家主导发展下的农业转型》，华中科技大学出版社，2017，第50页、第59—60页、第78页。

③ 2009年、2010年和2011年，粳稻的最低收购价分别为每斤0.95元、每斤1.05元和每斤1.28元。

④ 朱冬亮：《农业治理转型与土地流转模式绩效分析》，中国社会科学出版社，2016，第85页。

⑤ 张云华等：《中国农地流转问题调查》，上海远东出版社，2012，第176—177页。

⑥ 罗丹、陈洁等：《新常态时期的粮食安全战略》，上海远东出版社，2016，第427页。江西铜鼓县一个农民自己估算，如果儿子这个壮劳力在家，一家最多可以耕种25亩地。朱冬亮：《农业治理转型与土地流转模式绩效分析》，中国社会科学出版社，2016，第84页。

户之间转让承包地是有一定限制的，规定要“经发包方同意”。这就是说，与村民之间转包土地不同，对于村民之间转让承包地，村集体有一定的发言权和裁决权。按照农业部权威人士的解释，转让土地承包经营权应限于本集体经济组织成员之间。“转让后，原承包户相对应的土地承包经营权自然丧失”。[①] 在农民看来，转包与转让的区别是转包是有短期或中期的，按年度交土地流转费，而转包是长期的，期限一直到下次村里重新调地为止，而且是“一手交钱、一手交地”，“一次结清”土地流转费。转让土地承包经营权就是农民所说的“卖地”。

与转让承包地相比，更为普遍的情况是“买卖宅基地”。有关宅基地的内容，不在本书的叙述范围，但在有些农村地区，“买卖宅基地”通常伴随着转让承包地，也可以说，转让承包地伴随着“买卖宅基地”。如果涉及“买卖土地”，村民还是比较重视的，双方要反复商议价格，通常还要到乡镇政府有关部门办理正式的土地承包经营权转让手续。

例如，在湖北江汉平原地区，土地资源较为丰富，一些鄂西山区及四川的农民到这里来“买地”种。由于按法律规定土地不得买卖，按政策土地承包经营权只有村集体组织成员才有资格获取。因此，当地农民要转让承包地，只能通过卖房子的方式进行，因为农民买卖房屋是有法律依据的。而且在农业税费较重的时期，单独转让承包地也没人要。当地人称之为“搭地售房”，即买房子的同时，把承包地也搭上去，一并转让。例如 2001 年一家来自恩施的农户，以 11000 元买下本地农户的房屋，搭上 7.3 亩的承包地。2004 年，来自临县的某村民花了 7000 元买了 3 间瓦房，搭上 3.4 亩承包地。据调查，当地这种“搭地售房”的情况，从 20 世纪 90 年代一直持续到 2000 年代。在当地，土地撂荒现象一度较为严重，撂荒的地有人愿意种，毕竟是个好事，因此，这种“搭地售房”转让承包地的方式也被村集体所认可，乡镇政府也变相承认或默认。在 2004 年土地承包经营权确权时，大部分外来户都得到了土地承包经营权证。到了 2000 年以后，因外来户“搭地售房”而产生的纠纷不断，2007 年，当地政府开始要求村集体

---

① 时任农业部农村经济体制与经营管理司司长陈晓华解释说：“在承包期内，承包方经发包方同意将部分或全部承包土地的使用权让渡给本集体经济组织其他成员从事农业经营。”刘坚主编《〈农村土地承包法〉培训讲义》，中国农业出版社，2002，第 80 页。

停止这种“搭地售房”的交易。[①]

本村村民之间因利用宅基地建房而产生的承包地转让的情况十分普遍。有的农户有宅基地指标，允许建房，但村里没有合适的土地可以分给他，只有占用自家的承包地。但在自家承包地建房往往并不合适，可能是因为距离村居太远，也可能是因为没有通路。所以，必须向有临村或临路承包地的农户“买地”或“换地”。无论是“买地”还是“换地”都是要算钱的，都涉及承包地的转让。正是这种因利用宅基地建房而产生的“土地买卖”，造成中国的许多村庄依国、省、县道一字展开的建设格局。

根据《物权法》，集体土地归“本集体成员集体所有”。这就是说，只要本村村民没有离开本村集体，即没有迁出户口，就有权享受集体土地的土地权益。这就是通常所说的“集体成员权”。土地承包经营权是本村村民一项重要的土地权益。如果转让土地承包经营权后，仍是本村村民，仍然是本集体经济组织成员，这些村民是否还可以再重新“要回土地”呢？如果能“要回土地”，原来受让土地的农户能轻易“撒手”吗？在2006年国家全面取消农业税并增加了种粮补贴以后，这种纠纷在全国各农村地区频发。

例如，江西南昌县黄马村的某村民于1999年，以口头协议的方式，将自家的两块承包地共计1.18亩自愿转让给另一个本村村民。2004年，村里搞土地确权登记时，就将这两块地确权给这个村民，并发放了土地承包经营权证。2010年，转让承包地的某村民回村组要地。虽然看似无理，但某村民抓住了转让承包地没有签订正式合同和没有在村组备案的“漏洞”，迫使受让土地的农户在村组的压力下不得不将土地退还给某村民。[②]

又如，在湖北宜昌某村。该村于1993年因建设石榴园项目，以村民土地入股的方式从村民手中收了300亩地。之后，该项目因投资失败，村委会想把土地退回给村民，因农业税负太重，村民不接。2000年，村委会不得不把土地转让给外村一个人。这个人还是有法律意识的。他不仅与村委会签订了三十年的土地

---

① 郭亮：《地根政治》，社会科学文献出版社，2013，第65—71页。另据调查，在福建，还出现了不少城里的“有钱人”到城市周边“购买”农地情况。这些“买家”并不是要用这些土地经营农业，而是“赌”土地升值，“赌”“购买”的土地能转为建设用地。朱冬亮：《农业治理转型与土地流转模式绩效分析》，中国社会科学出版社，2016，第106—114页。

② 尚旭东：《农村土地经营权流转：信托模式、政府主导、规模经济与地方实践》，中国农业大学出版社，2016，第122页。

承包合同（承包期限到2030年，超出了“第二轮土地延包期”，这实际上就是转让），而且到公证部门公证，村委会还为此召开了村民代表大会，取得了村民代表的一致同意。然而，到了2005年，有些村民就开始反悔了，想要回这些土地。但镇政府不支持这种做法，况且这个人已经在地上有大量投资了，怎么收，也是一个很大的问题。于是村民就集体上访。在镇政府主持下，经反复协商，最后达成了一个妥协方案，即将土地承包期缩短五年，由之前的2030年缩短到2025年，而且，将国家的种粮补贴返还给村组。①

如果发生征地，转让土地承包经营权就更容易造成矛盾了。例如，北京平谷区某农村的一个土地纠纷案。该村侯姓村民在2001年将其所承包的1亩地转让给本村刘姓村民，每年由刘姓村民向村集体交纳土地承包费，转让期到2028年原土地承包合同期满，但只是口头协议。虽然有口头协议，2004年土地确权时，村集体还是将这块地的土地承包经营权确权给刘姓村民。2012年，该块地与刘姓自家的承包地一起因建设被占用。刘姓村民得到了24万元的地上物补偿款，而且还能得到每年每亩1500元的土地补偿款。就在这时，侯姓村民要求刘姓村民归还其所转让的土地。显然，侯姓村民实际上想要得到每年1500元的土地补偿款，由此而产生了纠纷。因为侯姓村民手里有1998年与村里签订的包括这块地的土地承包合同，平谷区政府还向侯姓村民发了土地承包经营权证。最后，当地法院判定，侯姓村民是这块地的承包经营权人，并解除了两人的口头转让协议。②

（五）村民自发土地流转市场的发展概况

由于村民之间土地流转的交易成本低，特别适合于小块土地的流转交易，可以推断的事实是村民自发的土地流转市场应该比较活跃，大部分土地流转交易都是发生在村民之间。以下的一系列调研证明了这一推断。

2000年前后，农业部农村经济研究中心所做的一项调研显示，农户之间转包或代耕有70%以上在村民小组内，有15%以上在组外村内，这就是说发生在村内的比例达85%以上；一些“散村”较多的省份如四川、浙江，发生在村民

① 郭亮：《地根政治》，社会科学文献出版社，2013，第139—147页。

② 吕来明、祖鹏主编《城乡土地纠纷案件法律实务》，法律出版社，2016，第20—26页。

小组内的土地流转的占比达85%以上；农户之间的平均流转规模为2.5亩，其中四川的流转规模不足2亩；有近80%的土地流转是一年期的或不定期的；土地流转费每亩平均为110元，扣除各项农业税费之后，转出户实际收到的土地流转费，每亩平均为60元。[①] 农业部农村经济研究中心这项调查所统计的土地流转费包括转入户为村外的情况，可以推断，如果是村内农户之间的土地流转，其土地流转费会更低。

2003年，国务院发展研究中心农村部曾对福建和黑龙江两地的典型农业县做过一次较为详尽的调查[②]。福建包括尤溪县和建阳市两县（市），黑龙江包括肇东市和绥棱县，调查样本数为704个农户。该项调查显示，福建和黑龙江参与土地流转的农户占比分别为35.41%和12.25%；在参与土地流转的农户中，福建和黑龙江户均土地流转规模分别为6亩和31.01亩。从以上数据看，黑龙江的农户土地流转参与比例较低，但户均土地流转规模要远大于福建。考虑到人均占用土地福建仅为1.25亩，而黑龙江为5.82亩，大约是福建的4.65倍，而且福建农户流转土地主要是用于种植经济作物，而黑龙江是产粮大省，农户流转土地主要是为了种粮。这就解释了为什么两地的土地流转规模存在明显的差异。从两地农户土地流转的动机来看，福建的农户流转土地主要是为了扩大种植规模，其占土地流转户的47.5%，而黑龙江的农户流转土地主要因为存在剩余劳动力，其占土地流转户的60%。该项调查还显示，两地的土地流转绝大多数是在本村内农户之间进行，其中亲戚之间流转土地占了很大比重。在福建，有93.75%的土地流入户的土地是从本村内村民手中流转来的，其中从亲戚流转到土地的占比为33.75%，从邻居家流转到土地的占比为46.25%；有75.55%的土地流出户是将土地流转给本村村民，其中流转给亲戚的占比为17.78%，流转给邻居的占比为35.55%。在黑龙江，有77.5%的土地流入户是从本村内村民手中流转来土地的，其中从亲戚流转到土地的占比为55.5%；有66.67%的土地流出户是将土地流转给本村村民，且都是亲戚。

国务院发展研究中心农村部所做的上述调查还发现，在福建和黑龙江两

---

① 廖洪乐、习银生、张照新等：《中国农村土地承包制度研究》，中国财政经济出版社，2003，第349页。

② 陈和午、聂斌：《农户土地租赁行为分析——基于福建省和黑龙江省的农户调查》，《中国农村经济》2006年第2期。

地，很多农户连流转土地期限都不能明确地讲清楚。在福建，这种不讲清楚的情况，在土地流入户中占比为47.5%，在土地流出户中占比为62.22%。在黑龙江，这种不讲清楚的情况，在土地流入户中占比为35%，在土地流出户中占比为33.33%。在讲好土地流转期的农户中，一年期占很大比重。在福建，一年期的土地流入户占比为78.57%，土地流出户占比为81.81%。在黑龙江，一年期的土地流入户占比为53.85%，土地流出户占比为50%。由于土地流转期限不确定或是期限很短，所以，农户之间也就没有必要签订正式合同了。在福建，绝大多数土地流转为口头合同，很少签订书面合同；在黑龙江，由于土地流入户流转土地规模较大，签订书面合同情况较多，占比为50%。在收取土地流转费方面，两地差异也较大。在福建，农户之间付土地流转费以实物（粮食或其他作物）为主，占比在60%以上，而且有超过10%的农户不收任何土地流转费。在黑龙江，农户之间付土地流转费主要是货币形式，"白白种地"的情况较少。①

2001年、2005年和2008年，中国人民大学与美国农村发展研究所也曾做过类似的调查，但该项调查范围更大。② 2005年的调查样本来自17个省的1773个村、1962个农户。在所调查的农户中，有33%的农户参与了土地流转，或者是转出土地，或者是转入土地。这些土地流转活动，有一半以上是在本村亲戚或邻里之间进行，不收取土地流转费，也没有明确的期限，当然也不会签订书面合同。该调查还显示，在收取土地流转费的农户中，收取现金的占比为33.6%，收取粮食的占比为14%。收取现金的中位数为每亩133元，收取粮食的中位数为每亩691斤。值得一提的是，与2001年的调查相比，2005年收取现金的比例明显提高，没有明确期限的比例有所下降，而且，转出土地的农户要"倒贴"的情况基本没有了。2008年的调查结果表明，村民自发流转土地的情况仍很普遍。该调查显示，大约有一半的土地流转没有约定土地流转期限；约有80%的土地流转发生在本村亲戚和朋友之间；约有三分之一的土地流转是无偿的。但该调查还显示，与2005年相比，土地流转费明显上升，约为每亩248元。

① 陈和午、聂斌：《农户土地租赁行为分析——基于福建省和黑龙江省的农户调查》，《中国农村经济》2006年第2期。

② 叶剑平、蒋妍、丰雷：《中国农村土地流转市场的调查研究——基于2005年17省调查的分析和建议》，《中国农村观察》2006年第4期。

2006 年，国务院发展研究中心农村部启动了样本量为 2749 个村的农村调查。该调查显示，有 63.8% 的土地流转是发生在村内村民之间的，其中东部地区为 55.1%，中部地区为 75.5%，西部地区为 65.8%。除江苏、四川之外，其他省份的土地流转，有 90% 以上是在本村内村民之间进行。[①]

有学者于 2009 年对 5 省（福建、湖北、江西、河南和浙江）、10 县、956 户的调查结果显示，转入土地来源于兄弟叔侄的占比为 53.4%，来源于左邻右舍的占比为 26.8%，来源于其他本村人的占比为 12.9%，而来源于外村的仅占 6.9%；转出土地的情况也大体相似，转给外村人的比例只有 4.2%。该调查还显示，由于土地流转大都发生在本村村民“熟人”之间，所以，流转期大多较短。在转入土地中，流转期为一年及以下的占比 41.4%，一年至三年的占比 36.7%，三年至五年的占比 14%，五年以上的占比 7.9%。[②] 2009 年，安徽六安市人大的一个专项调研显示，该市农村的土地流转，有 90% 以上是发生在本村亲戚、邻居或者是要好朋友之间。[③] 2011 年，有学者所做的全国农户抽样问卷调查，与上述调查的结果差不多。根据该调查，以面积计算，有高达 74.77% 的农户是将土地流转给亲友邻居；村民间自发流转占比高达 89.5%。[④]

有调查对比了《农村土地承包法》实施前后村民之间的土地流转行为变化情况。根据该调查，2000 年，亲戚之间进行的土地流转占比为 66.9%，到 2008 年这一比例下降到 63.7%；2000 年，口头合同占比为 93.8%，到 2008 年这一比例下降到 92.1%；2000 年，无固定期限的合同占比为 89.8%，到 2008 年这一比例下降到 88.4%；2000 年，在有固定期限的合同中，一年及以下的合同占比为 47.2%，到 2008 年这一比例下降到 32.3%。[⑤] 虽然从调查数据上看，《农村土地承包法》实施前后，村民之间的土地流转行为变化并不大，但对于主要受惯例和习俗支配的村民自发的土地流转市场来说，这种缓慢变化是可以理解的，趋势是显著的。

值得一提的是，学者普遍认为村民自发的土地流转市场不规范、地权不稳

① 韩俊等：《破解三农难题——30 年农村改革与发展》，中国发展出版社，2008，第 326—328 页。

② 朱冬亮：《农业治理转型与土地流转模式绩效分析》，中国社会科学出版社，2016，第 45 页、第 47 页。

③ 安徽省人大常委会农业与农村工作委员会编《农村土地流转调查研究》（内部资料），2009，第20 页。

④ 罗必良：《产权强度、土地流转与农民权益保护》，经济科学出版社，2013，第 125 页。

⑤ 郜亮亮、黄季焜、徐志刚等：《中国农地流转市场的发展及其对农户投资的影响》，《经济学（季刊）》2011 年第 4 期。

定，会引起农户之间的纠纷。但实际上，在大多数情况下，村民自发的土地流转市场在乡村习俗的约束下，还是能够正常运转的。有学者于2006年在一项小型调查中向38个农户问及“土地转包是否会引起纠纷”，只有6个农户担心会引起纠纷，大多数农户对此都很坦然。①

到了2014年，村民之间的流转仍然是土地流转的主流。根据表8－3所示，2014年流转给农户的土地面积占总流转面积的58.31%。但总的趋势是其占比下降，2010年为69.35%，占比下降了11个百分点。② 但需要说明的是，这时的村民之间的流转已经不再完全是自发的了，其中一部分已经纳入政府的土地流转市场管理了，一些村民之间签订的较长租期的土地流转合同，也到当地的土地流转服务中心备案了。

二、村集体主导下的土地流转市场

（一）采取土地流转形式的土地集中

如本书第七章所述，进入20世纪90年代，以“两田制”为主要形式的土地集中，在全国各地农村风行一时。在这一时期，土地流转往往是与村集体主导下的土地集中、土地调整混在一起的。当时许多学者把农户自发、自愿的土地流转与村集体主导的土地集中都视为土地流转。例如，有学者曾以江苏无锡县和浙江乐清县为例，分析了依靠社区集体调整和依靠市场机制调节的两种土地流转模式。③ 严格地说，前者应属于土地集中的范畴，后者才是真正意义的土地流转。在现实中，土地流转更是与村集体主导下的土地集中相互交织的。例如，在实行“两田制”的平度县，村集体在责任田发包过程采取现场投标、价高者得的方式，即向村集体给付承包费高的农户，可以优先获得土地承包经营权。这种做法

① 赵阳、王宾、王明昊：《农民对土地承包与流转的看法和意愿调查报告》，《调研世界》2006年第12期。

② 中国人民大学于2016年所做的长期跟踪调查显示，在所调查对象中，有37.3%的受访者表示有“大户”或公司到村里租地，其中大部分是租给“大户”，占比为71%。叶剑平、丰雷、蒋妍等：《2016年中国农村土地使用权调查研究——17省份调查结果及政策建议》，《管理世界》2018年第3期。这预示着，从趋势上来看，外来的“大户”和公司逐渐要“占领”村级土地流转市场，并以正规的土地流转市场替代原有的村民自发的土地流转市场。

③ 根据王西玉的调查，无锡县主要依靠社区集体组织统一进行土地调整，乐清县则主要依靠市场机制调节农户之间的土地流动，这两个模式都在一定程度上扩大了农户的规模经营，提高了土地生产率和劳动生产率，但无锡模式集体经济组织的投入较大，而乐清模式交易费用较低。王西玉：《农村土地流转机制探讨》，《中国农村经济》1993年第10期。另参见张红宇、陈良彪编著《中国农村土地制度建设》，人民出版社，1995，第239—248页。

已经属于依靠市场机制进行土地使用权交易的范围，但土地使用权交易的主导方是村集体。因此，有学者把采取责任田招标承包方式的“两田制”也视为土地流转的一种。[①] 又如，在实施土地集中、规模经营试验的苏南地区，村集体也是将承包地收回来，转包给种植大户。而且，在转包过程中，也会引入市场竞价机制，在村集体主导下进行“一对多”的土地流转交易。

在20世纪90年代，由村集体主导的土地流转是与推行土地规模经营相配套的，土地流转往往伴随着村集体对农户土地承包经营权的集中。在现实中，通常采取转包的方式，即无力耕种的农户，或交不起农业税费的农户，将土地交给村集体，村集体再转包给种植大户或其他农户，即土地集中加土地流转。这种转包有的是有偿的，有的是无偿的。有偿的转包是指村集体从转包的种植户收取土地承包费，将其中一部分作为补偿金，付给转出土地的农户。无偿转包则是指农户无偿地将承包地退回给村集体，村集体再将土地另行发包。从广义上来讲，这种由村集体主导的转包土地也可视为一种土地流转。[②] 土地集中加土地流转即土地集中流转的典型在浙江。

（二）浙江早期的做法[③]

1994年，浙江提出了土地集体所有权、农户家庭土地承包权和土地使用权“三权分离”的改革。[④] 根据“三权分离”的政策，村集体可以收回农户的承包地，但不收回农户的土地承包经营权。主要做法是：或者采取租赁的形式，或者是土地使用权入股的方式，或者向农户发放土地承包经营权证的方式，保留农户的土地承包经营权。村集体收回农户的承包地后，将土地使用权发包给种植大户。

以浙江温州为例。在浙江温州，1994年“第一轮土地延包”陆续到期，在

---

① 赵阳：《共有与私用——中国农地产权制度的经济学分析》，生活·读书·新知三联书店，2007。需要说明的是：当时并不是所有实行“两田制”的村集体都采取责任田招标承包方式。见本书第六章第三节。

② 通常认为，在村集体安排下，农户之间进行调地和换地，这也属于土地流转范畴。参见刘坚主编《〈农村土地承包法〉培训讲义》，中国农业出版社，2002，第80页。但笔者认为，这应该属于村集体主导下的土地调整。

③ 以下资料主要来自罗鉴宇主编《土地适度规模经营——浙江的实践与启示》，浙江人民出版社，1998。

④ 1994年浙江省委、省政府出台的《关于发展粮田适度规模经营的决定》中提出，“‘稳制活田’和‘三权分离’是实行粮田适度规模经营的一项基本政策。在稳定家庭联产承包制的前提下实行土地集体所有权、实施承包权和土地使用权适当分离，搞活土地使用权，建立土地使用权流转机制”。

启动“第二轮土地延包”时，给农户四种选择：一是放弃土地承包权；二是不放弃土地承包权，但暂时放弃土地经营权；三是继续承包经营；四是扩大土地承包经营规模。村集体将放弃土地承包权和不放弃土地承包权，但暂时放弃土地经营权农户的土地集中起来，重新发包。严格地说，对放弃土地承包权的土地重新发包，实际上就是土地调整；对不放弃土地承包权，但暂时放弃土地经营权的土地重新发包，则可以视为土地流转。对扩大土地承包经营规模的农户来说，他们扩大承包地所取得的土地证书是“绿色证书”，承包期为五年。1996 年，温州通过这种方式进行土地调整的有 77 个乡镇，691 个村，面积 17. 82 万亩。温州下辖的乐清县，通过土地调整，新形成的 10 亩以上的规模经营户有 560 户，面积 1. 5 万亩。苍南县也是参照这种方式，重新发包和调整土地。经调整，有 62. 5% 的土地集中到占农户总数 5. 6% 的经营 10 亩以上的“大户”手中。

尽管浙江推行的“三权分离”的制度能够在很大程度上保护农户的土地承包权益，许多农民可以放心地将土地交给村集体，但是，仍有一部分农民心存疑虑。一项小型的问卷调查表明，有 34. 6% 的农户选择农户之间的自由转包；有 28. 6% 的农户愿意实行“两田制”；有 13. 5% 的农户自愿把土地退包给村集体；有 12. 4% 的农户赞同“承包土地入股、股份合作社经营”；有 9. 2% 的农户赞同“由村集体‘反租倒包’”。这项调查还显示，不愿将土地交给村集体的，以及“心里不愿意，但不得不上交土地”的，分别占所调查农户的 6. 4% 和 14. 5% 。[①] 这项调查表明，在浙江，大多数农民是支持将土地交给村集体集中流转土地的，但仍有少部分农户宁愿自找对象转包土地。

要看到，浙江推行的“三权分离”的制度并没有在其他地区普遍推广。在广大传统农村，搞“两田制”就是要收回农户的责任田，缺乏对农户的承包土地权益保护的机制。可以推断，在其他传统农村地区，农民更愿意自找对象转包土地。

将土地交给村集体集中流转土地，还是农户自找对象转包土地，对转出土地农户来说，所取得的收益应该差不多，至少村集体集中流转的不能比农户自找对象的低，否则农户更不愿将土地交给村集体了。应该看到，因为有了村集体的集中流转，土地价格可以充分“发现”出来，与农户自找对象转包土地相比，可以

① 罗鉴宇主编《土地适度规模经营——浙江的实践与启示》，浙江人民出版社，1998，第 128 页。

得到一个“好价钱”。这两种方式的主要区别是期限。将土地交给村集体集中流转土地，农户放弃土地使用权的期限就会较长，甚至可能是永久放弃。农户自找对象转包土地的，农户放弃土地使用权的期限可长可短，很灵活。在价格差不多的情况下，农户当然愿意选择期限灵活、自找对象的转包土地方式了。例如，在河北迁安市农村地区的一个村，有的想搞企业的农户，不愿意把土地荒着，就把土地退给村集体，每年可领到350元，村集体再把他家的地转给别人，也有的农户近期不愿意种地，就把土地直接转给村里别的户，转入户也是给他350元补偿，但土地可以随时收回。①

（三）“反租倒包”②

村集体主导下的土地流转通常会采取“反租倒包”的方式，即村集体以租赁的方式，将土地流转到村集体，村集体再将土地包给本村愿意多包地的农户，或者是外村的种植大户。与前面所述的一般意义的村集体主导下的土地流转有所不同的是，村集体不是收回农户的承包地，而是“反租”农户的承包地，而且村集体为了能获取土地级差收益，通常会对“反租”过来的土地进行整治和归拢，再以高出“反租”的价格将土地“倒包”出去。

案例一，安徽阜阳县程集镇东刘村集体租地办公司。安徽阜阳县程集镇东刘村位于淮河平原中部，东距阜阳市区10公里，有16个村民小组，2036人，其中农业劳动力800人，耕地4010亩。1996年下半年，东刘村村委会成立了鑫鑫农业经济开发公司，主营蔬菜生产和销售。公司为了建立蔬菜种植基地，通过村委会③向原属于两个自然村、4个村民小组的132家农户“反租”承包地600亩。租地价格每亩每年600元。公司收回土地后，投资修建了水利、电力设施和田间道路，减少了垄沟、田埂，然后再将土地“分包”给农户，公司向农户付每亩1000元的管理费。公司将600亩地分成12个生产小组，50亩为一个生产小组，生产小组长负责领导“倒包户”，按公司的要求，统一耕作、播种、施肥、打药。公司提供种子、农机和技术服务，并负责产品销售。公司的每亩毛收入在2000

① 廖洪乐、习银生、张照新等：《中国农村土地承包制度研究》，中国财政经济出版社，2003，第209页。

② 有关地方政府以农业产业化名义推动的“反租倒包”，见本书第十一章第一节。

③ 东刘村村委会和鑫鑫农业经济开发公司是村企合一。

元以上，纯收入每亩500元。[①]

案例二，湖北宜昌猇亭区“大户”租地。1999年，湖北宜昌猇亭区蔡家畈村集体以每年每亩付500元的租金为代价，将农民30亩承包地“反租”回来，再租给浙江的四户农民种草莓，浙江农民当年就取得60万元的收益，并带动了当地农民种草莓。蔡家畈村的这种做法受到当地政府的肯定和支持，并在全区推广。到2001年，猇亭区村集体以“反租”方式流转土地1800亩，涉及3个街道办事处、13个自然村，土地出租的对象有企业、本地农民、外来农民、下岗职工和行政事业单位的人员等。[②]

案例三，云南宣威县老堡村以“反租倒包”方式招“大户”。2000年左右，该村村委会为了发展蔬菜产业，以每亩400元的租金，向本村农户“反租”了集中连片的100亩土地。在镇农技部门的财政支持下，村委会投入150万元进行了基础设施建设，共建设了钢架大棚8个、竹架大棚92个，并做到水、电、路通达到每块土地、每个大棚。村委会在搞好基础设施后，将92个竹架大棚，以每个大棚租金500元的价格，“倒包”给6个种植大户，将8个钢架大棚留给镇农技站和村委会，用作新技术、新产品实验基地。[③]

由于土地流转与村集体主导下的土地集中、土地调整在现实操作中难以区分，在政策上也比较模糊，导致在土地流转中出现了大量的违背农户意愿的现象。有一些地区的村集体为了增加自己的收入，以推动土地流转为名，或者是以农户欠农业税费为理由，用行政的手段强迫农户放弃土地承包经营权，收回土地，再转租给其他农户或企业。例如，余姚市低塘镇平桥村共有耕地830亩、机动地40亩。村集体通过动员农户放弃部分承包地，使村集体直接掌握的地增加到168亩。这些地发包出去的收入全部归村里所有。[④] 在大城市郊区或乡镇工业发达的农村地区，不少村集体在土地流转的名义下收回农户承包地，改变土地用途，发展工商业，建住宅。这些情况引起了中央的高度重视。

---

① 温铁军：《中国农村基本经济制度研究——“三农”问题的世纪反思》，中国经济出版社，2000，第305—308页。

② 陈小君等：《农村土地法律制度研究——田野调查解读》，中国政法大学出版社，2004，第165—166页。

③ 蒋省三、刘守英、李青：《中国土地政策改革——政策演进与地方实践》，生活·读书·新知上海三联书店，2010，第37页。

④ 马晓河、崔红志：《建立土地流转制度，促进区域农业生产规模化经营》，《管理世界》2002年第11期。

2001 年 12 月，中央发文明令禁止上述行为，禁止乡镇政府和村集体以“反租倒包”的方式进行土地流转，并首次明确土地流转的主体是农户。[①] 2003 年《农村土地承包法》实施后，“反租倒包”被视为违法。

（四）“反租倒包”的后续发展

随着中央对土地调整的政策限制越来越严格，以及经过“第二轮土地延包”，农户土地承包经营权的“固化”，在村集体主导下，以土地集中方式进行土地流转，不仅失去了其合法性，而且在现实中操作的难度也越来越大了。另外，到了 2000 年以后，许多村集体负债累累，其日常运作都很困难，在村集体经济实力极度衰弱的情况下，以村集体为主的土地流转，即使没有被严禁，在现实中也很难再推行了。以农户为主体，通过市场交易进行的土地流转，逐渐上升为实现农地使用权再配置的主要方式。这时，村集体越来越多地扮演中介人的角色参与土地流转。村集体作为土地流转的中介人，虽然要以农户意愿为准，但毕竟村集体有乡镇政府的支持，在村里仍有一定的权威。这种权威的大小，因村而异。在一些强势的村集体，村集体作为中介人，往往是一手“收”农户的土地，另一手“卖”农户的土地。对于农户来说，这种做法与“反租倒包”也没有多少差别。

2003 年《农村土地承包法》实施后，村集体参与或主导土地流转主要有两种方式。第一方式是委托流转。村集体或乡镇政府以委托流转的名义，将农户的土地集中起来，“以地招商”，再将土地流转给“大户”或农业企业。例如，安徽涂县户河镇政府和村委会，以委托流转的方式集中了 7200 亩土地，出租给当地的一个粮油企业，租期为三年，租金为每亩 420 元。[②] 委托流转也分两种情况：一种情况是农户只是将土地流转权交给村集体或乡镇政府，村集体或乡镇政府落实了租地“大户”或农业企业后，由“大户”或农业企业与农户签订土地流转协议；另一种情况是“两次流转”。“首次”是本村的农户先将土地流转给村集

---

① 中共中央于 2001 年 12 月发出的《关于做好农户承包地使用权流转工作的通知》中指出，“不准收回农户的承包地搞招标承包，不准将农户的承包地收回抵顶欠款，不准借土地流转改变土地所有权和农业用途”，“土地流转的主体是农户”，“任何组织和个人不得强迫农户流转土地，也不得阻碍农户依法流转土地。由乡镇政府或村级组织出面租赁农户的承包地再进行转租或发包的‘反租倒包’，不符合家庭承包经营制度，应予制止”。

② 安徽省人大常委会农业与农村工作委员会编《农村土地流转调查研究》（内部资料），2009，第 2 页。

体，村集体“再次”将土地流转给土地需求方，一般是“大户”。例如，地处中国西南的贵州铜仁就有这样的案例。[①] 2009年，该地一个种植大户流转土地种植大棚西瓜，每个大棚占地约0.5亩，共有五六十个钢筋水泥的大棚，土地经营规模为30亩，涉及农户十多家。该种植大户与当地村民小组签订土地租赁合同，租期为十年，每亩租金为500元。村民小组根据该种植大户的要求通过调地将土地集中连片成整块地，并负责土地租金的分配。严格地说，这种“两次流转”不能算作委托流转，实际上是“反租倒包”，只是换了个说法。

除了委托流转，村集体参与或主导流转土地的第二种方式是土地股份合作。村集体成立土地股份合作社，以土地入股的方式，将农户的承包地集中起来，由土地股份合作社对外出租土地。由于土地股份合作这种土地流转方式被允许并受到政策鼓励，所以，村集体以土地股份合作方式集中流转土地的情况越来越普遍。[②] 有学者调查表明，在所调查的有土地流转的农户中，通过村集体流转土地的占比为29%，通过土地股份合作社流转土地的占比为16.2%。[③] 可以推断，几乎所有的上规模的土地流转（南方地区10亩以上、北方地区30亩以上、东部地区50亩以上）都要经过村集体才可以达成。

村集体参与或主导流转土地也要承担一定责任。这些责任主要包括租金担保、租金的收取（即转入土地的“大户”将租金交给村集体，村集体再支付给流转土地的农户）、土地整理、土地合并、交换土地等。这些责任通常以签订“双协议”的方式确定下来，即村集体与“大户”签订一份土地流转协议，再与农户签订一份土地流转协议。[④]

需要补充说明的是，除了农户承包地，村集体手里还掌握着一些机动地。[⑤]

---

① 胡戎恩、田涛主编《流动的土地：贵州铜仁地区土地流转调查》，北京大学出版社，2010，第39—46页。

② 有关“土地股份合作社”的叙述，见本书第十二章第一节。

③ 孔祥智、伍振军、张云华：《我国土地承包经营权流转的特征、模式及经验——浙、皖、川三省调研报告》，《江海学刊》2010年第2期。另参见孔祥智、毛飞、伍振军《土地流转与新型农业经营主体培育》，中国农业出版社，2015，第72—73页。

④ 孔祥智、毛飞、伍振军：《土地流转与新型农业经营主体培育》，中国农业出版社，2015，第150—151页。

⑤ 据笔者调查，即使在实行了“增人不增地、减人不减地”的湄潭，许多村集体手里还有一些茶园没有完全下户。这是因为大量的茶园是土地承包到户以后，由村集体组织在原来山坡地上开发出来的，在开发茶园过程中，有的农户出力多，有的农户出力少，如果完全按人头均分的方式分茶园，显然有失公允，所以村集体就留一部分茶园。

这部分土地通常是由村集体以转包和租赁的方式流转出去。例如，河北兴隆的苇子峪村，村集体有500亩板栗园，曾一直采取分段承包的方式经营，即分段承包是包工、包项目，土地经营权还在村集体，但经营得不理想。该村集体在2000年前后以公开招标的方式，将这部分板栗园流转出去。① 据2002年河北省农业区划办公室所做的调查，在河北省，在转出土地中，有25%的土地来自村集体。② 一项对湖北江汉平原西北农村进行的田野调查也显示：到2007年，该乡镇被纳入当地政府统计的土地规模经营户有6户，每户土地经营面积在50～100亩，6户共计经营361亩；这361亩中有39亩是自家的承包地、10亩为转让地、312亩为集体机动地；在流转土地中，集体机动地占大头。③

村集体主导下的土地流转，对村集体也包括对村干部是有好处的。例如，浙江省上虞市小越镇新宅村将414亩耕地租赁给9个专业农户，年租金共85980元，平均年租金约每亩208元。在414亩耕地中，口粮田62亩，每亩每年返还农户200元；责任田352亩，每亩每年返还农户50元，两项共返还农户3万元，剩余的近5.6万元，扣除农业税11240元后，村集体净得约4.47万元。这样算下来，在对外发包的平均208元年租金中，村集体每亩每年可得约108元。在土地收益分配上，村集体占了大头。④ 有些村集体作为农户与"大户"的土地流转中介，还要收取一定的手续费。例如，河北栾城某村与农户和"大户"分别签署土地流转协议，规定要收取12.5%的手续费。⑤ 在一些经济较为发达的地区如成都，政府为了鼓励村集体组织农户流转土地，还会给村集体一定的奖励，或者流转土地的"大户"按每亩75公斤大米的标准，向村集体支付"工作费"。⑥ 值得一提的是，村集体收取土地流转"工作费"的做法曾被中央所明文制止。⑦

---

① 河北省农业区划办公室编《河北省农用土地资源流转调研》（内部资料），2003，第48—49页。

② 同上书，第5页。

③ 郭亮：《地根政治》，社会科学文献出版社，2013，第199页。

④ 马晓河、崔红志：《建立土地流转制度，促进区域农业生产规模化经营》，《管理世界》2002年第11期。

⑤ 孔祥智、毛飞、伍振军：《土地流转与新型农业经营主体培育》，中国农业出版社，2015，第206页。

⑥ 孔祥智、伍振军、张云华：《我国土地承包经营权流转的特征、模式及经验——浙、皖、川三省调研报告》，《江海学刊》2010年第2期。另参见孔祥智、毛飞、伍振军《土地流转与新型农业经营主体培育》，中国农业出版社，2015，第72—73页。

⑦ 2001年12月中共中央出台的《关于做好农户承包使用权流转工作的通知》中规定，"土地流转的转包费、转让费和租金等，应由农户与受让方或承租方协商确定，流转的收益应归农户所有，任何组织和个人不得擅自截留、扣缴"。

（五）村集体主导下的正规村级土地流转市场

在一些经济发达的农村地区，以村集体为主导的正规村级土地流转市场也发展起来了。例如，江苏常熟梅南村。2009 年，梅南村村集体以租赁的方式，集中流转了农户的 1120 亩承包水田，租赁价格为每年每亩 500 斤稻谷。2013 年流转合同到期。流转合同到期后，梅南村村集体采取招标的方式，对外出租土地。招标土地分为五档：一档招标面积 200 亩，招标价 780 元；二档招标面积 260 亩，招标价 800 元；三档招标面积 200 亩，招标价 820 元；四档招标面积 220 亩，招标价 820 元；五档招标面积 240 亩，招标价 830 元。招标对象为种植大户。土地招标流转后所取得的租金全部返还给农户。[①]

又如，江苏泰州农村地区。该地区土地流转市场比较发达，截至 2013 年，土地流转率为 50.4%，其中村集体组织统一流转的占比高达 85.4%。该地区，村集体组织土地流转的主要方式是农地竞投。农地竞投有两种方式：一是明标竞价。即在乡镇政府的主持下，村集体召集全体竞标户参与，在规定的标底价的基础上，竞标户在现场喊价竞标，价高者得。二是暗标竞价。即在规定的标底价的基础上，竞标户将自己的出价写在投标书上，封存好，次日在全体竞标户参与的现场会上开标，价高者得。农地竞投无疑会抬高土地租金。据统计，2008 年之前，当地土地租金大约在每亩 600 元上下，每亩租金 800 元就算高的了。实行农地竞投后，每亩租金 1000 元在该地区已经相当普遍了，土地租金占当地稻麦两季收入的 60% ~70%。在竞标户“斗气叫价、出狠飚价”的场合，发生过竞标户“飙出”每亩 1280 元高价的情况。村集体组织土地流转也是有收益的。每亩 1000 元的土地租金，村集体收 200 元，支付农户 800 元。[②]

另一个由村集体统一组织土地流转并采取市场化运作的突出地区是广东。据统计，到 2002 年，广东全省由村集体统一流转土地的面积占比为 63.4%，其中珠三角地区高达 75% 以上。[③] 土地流转的基本做法是：村集体以土地入股方式将

---

① 神州土地研究院编著《2017 年中国农村产权流转交易市场发展报告》，中国农业大学出版社，2017，第 107—108 页。

② 尚旭东：《农村土地经营权流转：信托模式、政府主导、规模经济与地方实践》，中国农业大学出版社，2016，第 84—87 页。

③ 丁关良：《土地承包经营权流转法律制度研究》，中国人民大学出版社，2011，第 175 页。

农户的土地集中起来，然后采取有偿投包的方式对外发包土地。村集体三年或五年召开一次土地竞投大会，参与竞投的人（可以是本村人，也可以是外村人），按价高者取得土地经营权。村集体取得的竞投收益，作为本村村民股份分红的一个来源。

在安徽，还出现了以土地流转为目的而组建的土地流转合作社。以安徽肥西县山木兰村土地流转合作社为例。木兰村土地流转合作社成立于2006年。该村集体将有土地流转意愿的农户组织起来，组建了木兰村土地流转合作社。土地流转合作社的社员将土地委托给合作社。到2007年，入社的农户有561户，入社土地2100亩。木兰村土地流转合作社将这些入社土地集中起来，并通过土地调整和置换，使入社土地集中连片。再由土地流转合作社以公开招标的方式对外招租，出租土地。土地流转合作社将出租收益按社员入社土地的数量分配给社员。[①]这种形式的土地流转，既可以说是土地股份合作，也可以说是村集体主导下的土地集中流转。

一项调研结果表明，通过村集体集中流转的，其土地经营规模要显著大于农户之间的自发流转。通过村集体集中流转的，户均土地经营规模为50～80亩，而农户之间自发流转的，户均土地经营规模为20～40亩。[②]

三、政府推动下的正规土地流转市场的建设

（一）政府推动正规土地流转市场建设的动因

如果说村民自发的土地流转市场催生了“中农”的产生，那么“富人”或“富农”怎么能得到土地呢？所谓的“富人”，是指有工商资本背景的企业或有钱的个体户；所谓“富农”，则指达到一定经营规模的家庭农场主。习惯上称这类有工商资本背景的企业为农业产业化龙头企业或农业企业，家庭农场主称为家庭农场，有钱的个体户既可以算作农业企业，也可以算作家庭农场。这里将这些“富人”和“富户”统称为“大户”。对于本村村民来说，这些“大户”大多是“外来户”和

---

① 安徽省人大常委会农业与农村工作委员会编《农村土地流转调查研究》（内部资料），2009，第43—44页。

② 田传浩、陈宏辉、贾生华：《农地市场对耕地细碎化的影响——理论与来自苏浙鲁的经验》，《经济学（季刊）》2005年第4卷。

"陌生人"。这些"大户"要想顺利地进入自发的村级土地流转市场就比较困难了。

第一，这些"大户"难以获得土地流转信息，不知道谁家想转出土地，价格是多少。第二，这些"大户"的土地经营规模要比"中农"大得多，而村里的地权分散且地块细碎，要想得到规模且成片的土地，就要与众多的农户打交道，一家一家地谈，一家一家地商量，耗时耗力不说，还未必能谈成。第三，本村村民之间的土地流转，特别是大家庭内部的土地流转，有多种非货币的互惠机制可供选择，而这些"大户"只能有一个统一的土地流转价格，不可能一家一个价。但要想让所有涉及土地流转的农户对统一出价都满意就难了。第四，与村民之间的转包不同，租赁土地的"大户"，一般不会沿用原来的种植方式及品种。种植大田作物的，要引进大型农机具，要平整土地、完善水利设施、修田间路等；种植蔬菜、瓜果的，要建大棚；种植水果的，要整修园子，总之，要投入大量的资金。因此，需要有较长而且稳定的租期，并需要有土地流转合约能有效执行的保证。这些都不是村民自发的土地流转市场所能承担的。

要想打破这种瓶颈，就需要建立正规的土地流转市场。这种正规的土地流转市场的土地流转方式主要是土地租赁，因而也可以称为土地租赁市场。尽管从理论上说，正规的土地流转市场可以从村民自发的土地流转市场发育、成长出来，但这个过程可能是比较漫长的。正规土地流转市场建设的一个"捷径"是政府的积极干预。在中国，土地流转市场正是在中央政府全面肯定和大力支持下，以地方政府主导，用行政力量来推动迅速完成的，并最终上升为国家的制度建设。

地方政府之所以有动力花费人力、物力来积极推动正规土地流转市场的建设，初始动因是化解土地流转纠纷。随着土地流转规模的扩大，涉及农户的增多，农户之间的土地流转纠纷也就多起来了。新中国成立以后，国家行政力量进入乡村基层，地权纠纷一般属于"大纠纷"，村里是解决不了的，人们往往要"见官"。地方政府开始干预村民之间自发的土地流转，将村民自发的土地流转市场正规化。另一个重要原因是，到了2003年《农村土地承包法》正式实施以后，地方政府发现已经不能再采取通过村集体调整土地的方式实现土地集中了，要想以土地招商开发农业项目，就必须通过土地流转，即通过土地流转市场建设，间接地将农户的土地控制在自己的手中。这是2000年代中期以后，地方政府积极推动正规的土地流转市场建设的另一重要的动因。

中央层面特别是那些能够影响中央决策的“农口”研究人士则是更多地看到了村民之间自发土地流转的局限性：一是土地价值难以被发现。这就导致部分本来可以流转出去的农户不愿放弃承包土地，同时，流转进来的农户可能并不是最佳的土地利用者。二是土地流转规模小。一般来说，农户亲戚及邻里之间的土地流转规模都很小，平均只有3.5亩。① 因此，这种土地流转并不能促进土地规模经营。三是产权交易的合约不明晰。由于村级土地流转市场主要是受非市场契约规则支配的，因此，其产权交易的合约是不明晰的。这种状况一方面很容易产生土地纠纷，另一方面转入土地的农户也没有稳定的预期，因而也就不愿意对转入土地进行长期投资。四是“外来户”较难进入这个市场，土地流转交易范围难以扩大。

（二）正规土地流转市场建设的地方实践

正规土地流转市场是一种组织化、有管理的土地流转市场，其一般形态是有管理的土地流转中介组织。较早建立土地流转中介组织的是浙江。

1. 浙江

如本书第八章所述，自出现土地流转以来，浙江的土地流转一直处于全国领先水平。据不完全统计，到2001年，有66.4%的村涉及土地流转，涉及农户20.8%，土地流转面积占承包土地面积的13.1%。土地流转规模的扩大，刺激了土地流转价格的上升。到2001年，土地流转价格从过去的免费甚至“倒贴”上升到每亩100～200元，高的已经接近每亩300元。虽然这一时期，在许多农村，农户之间自发的土地流转仍占大多数，但也有一些企业看到农业或土地发展的机会，下乡“收地”，参与土地流转。如绍兴，在流转的土地中，以工商资本为主体的土地流转占比高达18.1%。② 随着“生人”之间地权交易的增加，以及农户之间土地流转得越发频繁，围绕土地流转而产生的土地纠纷不断，搞得当地政府和村干部很头疼。地方政府力图将村民自发的土地流转市场纳入正规土地流转市场的管理之中，并将土地流转的范围由村扩大到乡（镇）、全县乃至全市。在此背景下，土地流转中介组织也就应运而生。

---

① 叶剑平、蒋妍、丰雷：《中国农村土地流转市场的调查研究——基于2005年17省调查的分析和建议》，《中国农村观察》2006年第4期。

② 浙江大学农业现代化与农村发展研究中心、浙江省农业厅联合调查组：《农村土地流转：新情况、新思考——浙江农村土地流转制度的调查》，《中国农村经济》2001年第10期。

2001年2月，浙江常山县钳口乡成立了钳口乡土地流转服务中心，下辖的各村相应成立村土地托管服务站。乡土地流转服务中心在乡政府领导下开展工作，应该属于行政事业单位。乡土地流转服务中心主要职责：一是根据有关法律、法规和政策，制定本乡相应的土地流转操作规程；二是定期指导、协助、监督、检查各村的土地流转工作；三是协调村与村之间的土地流转，协助各村做好土地租赁的招商引资；四是帮助协调处理土地流转中的各方利益关系；五是规范各村土地流转文书，加强档案管理工作。

村土地托管服务站在村委会领导和乡土地流转服务中心的指导下开展工作。其主要职责：一是接受土地托管农户和土地租赁经营户对包括承包田、承包山、山地等土地的托管和租赁申请；二是科学规划，根据“依法、自愿、有偿”的原则，做好本村土地流转的管理、服务工作；三是依据有关法律、法规和政策，及时调处农户间因土地流转而引起的纠纷；四是做好招商引资，培育种养大户和农业龙头企业，积极推进土地流转工作；五是根据乡土地流转服务中心的要求，规范土地流转文书和档案管理工作；六是做好本村土地流转项目库的储备工作；七是确保土地增值，不断壮大村级集体经济。

根据常山县官方的介绍，该乡农村土地流转中介服务组织的成立，深受广大农民和规模种植大户的欢迎。凡因外出打工、经商办企业等不愿耕种或无能力耕种承包土地的农户，都可以把土地托交给村土地托管服务站，由托管站将托管农户的土地经营权流转给土地租赁经营户，帮助指导托管农户和土地租赁经营户签订租赁协议书。它的成立使土地流转有序规范，解决了有地无人种和有人少地种的矛盾，还壮大了村级集体经济。到2001年底，钳口乡的土地流转面积达到1100亩，占全乡耕地面积的16.1%。

钳口乡土地流转服务的做法很快就在全县推广。到2003年，常山县流转的土地占全部耕地的三分之一，达5万亩。通过土地流转服务中心，引进农业项目25个，涉及土地达1.5万亩。[①]

差不多与钳口乡土地流转服务中心的成立同时，绍兴县柯桥镇设立了土地信托中心。虽然机构的名字叫信托中心，但该中心没有金融牌照，不能将土地产权做成信托产品进行融资，实际上，土地信托中心职能与土地流转服务中心差不

① 有关常山县土地流转服务中心的介绍，来源于常山县官方网站。

多。柯桥镇土地信托中心的职能主要有以下几个方面：一是土地流转的信息登记与对外发布。登记和发布的信息包括可供流转土地的数量、位置和类别，即水田、旱地、山林地、鱼塘等。二是接受土地流转供需双方的咨询，推荐可开发、规模化的农业产业项目。三是土地流转的中介协调和公证。作为中介人，协调土地流转供需双方提出的有关事宜，撮合土地流转合同的达成，并为其办理公证手续。四是土地流转后的跟踪服务和纠纷调解，帮助土地流入方解决信贷、技术和物资方面的困难。具体做法是：村经济合作社对要流转的土地进行登记、汇总，并上报给镇土地信托中心，由镇土地信托中心统一发包或出租，通过村经济合作社将承包费或租金发给原流转土地的农户。

到2001年6月，柯桥镇通过土地信托服务的土地流转，已占全镇可流转土地的53%。柯桥镇土地信托的做法很快就在绍兴县全县推广，建立了县、镇、村三级土地信托服务组织。县成立土地信托中心，镇设立土地信托服务站，村则依托村经济合作组织承担土地信托服务。到2006年，绍兴县土地流转面积为7.25万亩,其中通过土地信托中心实现流转的土地面积达4.92万亩，占流转土地面积的67.9%。[①]

绍兴等地土地信托服务的做法很快就在浙江全省推广开来。截至2008年，浙江共有类似土地信托中心的组织达3063个，其中2910个为村级中介服务组织，153个为乡镇级中介服务组织，土地流转中介服务组织占全部村的比例为7.8%。[②]

2. 湖南浏阳、山东滕州与宁夏平罗

浙江的做法很快传到全国其他农村地区。各地纷纷效仿浙江的做法，建立了土地流转服务中心或土地信托服务中心。其中，比较著名的有湖南浏阳的土地信托服务中心、山东滕州的农村土地流转交易市场和宁夏平罗的“土地银行”。

浏阳市是湖南省的农业和人口大县。进入2000年以来，外出打工一时成了浏阳农村的风潮。随着农村劳动力的外流，大量土地被撂荒，农民之间自发流转

① 有关绍兴县土地信托的介绍，资料来源于绍兴县官方网站。另参见蒋省三、刘守英、李青《中国土地政策改革——政策演进与地方实施》，生活·读书·新知上海三联书店，2010，第43页、第45页；廖洪乐《中国农村土地制度六十年——回顾与展望》，中国财政经济出版社，2008，第128页。

② 董国礼、李里、任纪萍：《产权代理分析下的土地流转模式和经济绩效》，《社会学研究》2009年第1期。

的情况也较多。在浏阳农村也出现了“国家税收任务无着落、公益负费无人担、纠纷裁决无依据、双方扯皮无休止”的现象。针对这种情况，2003 年，浏阳市着手建立规范的土地流转市场，即浏阳土地流转信托服务中心。浏阳土地流转信托服务中心分三级，市（县）一级、乡（镇）一级和村一级。其主要业务包括：流转前的土地供求登记和信息发布，接受土地供求双方的咨询，推荐农业开发项目；流转中的中介协调、签订合同和鉴证；流转后的跟踪服务和纠纷调处。在土地流转方式上，浏阳土地流转信托服务中心推荐三种方式：一是“股田制”，即将土地折股到户，土地变股权、农民变股东；二是土地租赁；三是土地拍卖（土地拍卖主要是针对“四荒地”即“荒山、荒沟、荒丘、荒滩”）。截至 2004 年，浏阳土地流转信托服务中心乡镇级有 40 个，村级有 746 个，通过浏阳土地流转信托服务中心共流转了 51.9 万亩土地，包括耕地、林地和“四荒地”。[①]

2006 年山东省滕州市（县级市）西岗镇在全国设立了第一家有形的农村土地流转交易市场。该交易市场有 240 平方米的服务大厅，提供信息、评估和合同签订等服务。其后西岗镇的做法在全市范围内普遍推开。到 2007 年，已在全市 16 个镇（街）的驻地设立了农村土地流转的交易市场。交易市场建有标准统一的服务大厅和农村土地承包纠纷调解庭。服务大厅内配置大屏幕，显现各种土地流转信息。大厅内设土地流转信息联络、收益评估、合同鉴证等窗口，为交易双方提供“一站式”服务。

滕州农村土地流转交易市场的服务内容主要包括：及时将转出方和受让方供求土地的坐落、面积、价格、流转的方式、期限等资料输入计算机，并在土地流转信息平台上发布；将符合双方土地流转条件的信息及时通知转出方和受让方；指导流转双方签订土地流转合同，并予以鉴证，将合同资料信息输入计算机存档；调解双方发生的土地流转争议或者纠纷。其运作模式是：先由转出户和需地户向村服务站提出申请，说明流转的原因、期限、形式、价格等，以村为单位登记，上报镇街土地流转服务中心，经审查和收益评估后，在交易服务大厅信息电子显示屏公布，然后组织转出方和受让方进行洽谈协商，免费进行流转合同的签订、鉴证、归档管理。

到 2007 年底，滕州农村土地流转交易市场累计发布土地流转供求信息 8670

---

① 熊慈明：《浏阳市创立土地“流转信托”》，《农村工作通讯》2004 年第 11 期。

条，鉴证土地流转合同3650份，评估土地收益76起。流转土地面积达10.8万亩，占总耕地面积的9.4%，其中有28%的土地流入龙头企业和合作组织，有10%是跨村流转的。①

平罗县位于银川平原的北部，属于黄河灌区，水资源丰富，土地平坦肥沃，素有“塞上小江南之称”，是国家商品粮基地县。因为农业资源优质，非常适合大规模生产和大型农机具作业，一些农机大户就因此开始发展起来了。这些农机大户为了扩展业务，有效地利用大型农机具的能力，需要将分散在一家一户的土地集中起来，形成规模化、连片的土地。2005年，平罗小店子村的党支部书记叶立国同时也是农机大户想把土地集中起来，租给一家种子公司，种植优质水稻，于是就以小店子村农机协会的名义将农户的80亩地包了下来，付给农户固定租金。在县政府的支持下，2006年小店子村农机协会改名为小店子村土地信用合作社，俗称“土地银行”。土地信用合作社性质是由村集体和农户发起设立的专门从事土地托管业务的社团法人机构。小店子村的这种做法不仅得到县政府的支持，而且要在全县推广。为了鼓励各村建立“土地银行”，县政府以农经站的名义入股“土地银行”，向每个土地银行注资3万~5万元作为启动资金。到2009年7月，平罗县共挂牌设立“土地银行”45个，“贷出”土地18.5万亩。

平罗土地信用合作社基本运作模式是：本村入社的农户以土地承包经营权作为本金，将土地“存入”土地信用社，每年可以分到480元利息，土地信用社再以每亩500元“贷给”种地大户，中间的利差用于土地信用社的日常运作。土地信用社规避风险，采取“以贷定存”的方式运作，有“大户”需要“贷地”，土地信用社就“存地”。土地“放贷”对象主要是农机大户和种植大户。之后，有些村的土地信用社也出现了一些问题，到2012年，在当地政府的扶持下，平罗各村的土地信用合作社大多由“信贷制”的运作模式改为由村集体主导，农户以土地入股，收益分配采取“保底分红”的土地股份合作社的运作模式，虽然土地信用合作社名称没有变。2012年，平罗有近90万亩耕地，其中有三分之一已经流转出来了。规模化的土地流转大都是通过各村的土地信用合作社办理的。②

① 王忠林、韩立民：《滕州市推进农村土地流转的实践及启示》，《农业经济问题》2009年第2期。

② 参见中国城乡金融记者《宁夏“土地银行”现状调查》，《中国城乡金融》2008年4月23日；另参见王永舵《农村土地信用合作社的实践及启示——以宁夏平罗县为例》，《农村金融》2013年第1期。

3. 四川成都

成都作为统筹城乡发展综合配套改革试验区[①]，在农村土地流转市场建设方面提供了一个典型范例。

2003 年，成都市政府决定在全市推广双流县的经验，在全市范围内实行“三集中”，即工业向园区集中、农地向适度规模集中、农民向城镇和新农村居住区集中。“三集中”的核心是政府要强化对全市各类土地使用的管控力。成都实现“农地向适度规模集中”的基本思路是，通过建立农村土地产权交易市场，将各类农村土地纳入政府的管控，改变土地的空间配置，提高土地利用效率。

2004 年，成都在金堂县栖贤乡试点建立乡一级的土地流转服务中心。2006 年 3 月，成都市农村土地承包流转服务中心正式挂牌成立。该中心的主要职能是：为流转双方提供土地流转信息和政策咨询服务；对流转双方进行资质审查、流转合同的签订和流转价格的确定；代表政府对土地流转进行监督和指导。除市级农村土地承包流转服务中心之外，县、乡镇也设立了本地的土地流转服务中心。

2008 年 10 月，成都成立了全国第一家综合性的农村产权交易所。该交易所分为市、区（县）两级，职能是为林权、土地承包经营权、农村房屋产权、集体建设用地使用权、农业类的知识产权、农村经济组织股权等农村产权流转以及农业产业化项目的投融资提供专业服务。该交易所对家庭承包经营农户的土地流转交易不收取交易服务费。除此之外，2008 年 5 月，成都还成立了农村产权流转担保公司。该公司可以对采取租赁、入股、转让等方式进行的土地承包经营权、林权等流转行为以及农业产业化项目进行担保。到 2008 年 11 月，成都农村产权交易所涉及的流转项目有 12 个，其中土地（农地）流转项目 6 个，流转面积 16557.9 亩；集体建设用地流转项目 3 个，流转面积 153.28 亩；集体林权流转项目 3 个，流转面积 2888 亩。[②] 经过成都农村产权交易所流转的土地面积约占当年成都新增土地流转总面积的 2.8%。[③] 到 2010 年底，成都通过农村产权交易所流转了 26216 亩的建设用地指标和 10000 亩的耕地占补平衡指标。[④] 从以上数据就

① 2007 年国家发展和改革委员会批准重庆市和成都市设立全国统筹城乡发展综合配套改革试验区。

② 丁关良：《土地承包经营权流转法律制度研究》，中国人民大学出版社，2011，第 198—199 页。

③ 据统计，当年成都新增土地流转总面积为 69.41 万亩。参见郭晓鸣等《统筹城乡发展与农村土地流转制度变革——基于成都“试验区”的实证研究》，科学出版社，2012，第 35 页。

④ 郭晓鸣等：《统筹城乡发展与农村土地流转制度变革——基于成都“试验区”的实证研究》，科学出版社，2012，第 45 页。

可以看出，到成都农村产权交易所进行交易的都是“大项目”，而且以涉及建设用地的项目为主。一般情况下，农户承包地的流转还是在土地承包流转服务中心里完成。

按照成都市农业委员会2006年下发的《成都市农村土地承包经营权流转实施细则》的规定，土地流转双方经协商达成初步意向的，要到所在乡镇土地流转服务中心接受审查，同村同组农户之间的相互转包、租赁、互换除外；跨乡镇域流转的，或者土地流转规模达到100亩以上的，要到所在县、乡两级土地流转服务中心接受审查；跨县域流转的，或者土地流转规模达到1000亩的，要通过市、县、乡三级土地流转服务中心的审查；审查通过后，要签订统一印制的土地流转合同，并在相应审查机构备案登记。该实施细则还规定：市、县、乡三级土地流转服务中心负责土地流转信息的公开发布，并负责调解土地流转的纠纷。

2008年，成都市农业委员会又下发了《成都市农村土地承包经营权流转管理办法》，根据该管理办法，土地流转价格既可以由流转双方共同协商确定，也可以在农村土地承包经营权流转市场招标、挂牌、拍卖确定，还可以委托农村土地承包经营权流转价值评估机构确定；土地流转价格原则上不得低于当地同类土地承包经营权流转的基准价格。农村土地承包经营权流转的基准价格由区（市、县）人民政府制定和公布。①

成都土地流转市场的建设促进了土地流转水平的提高，推动了农用地租赁市场的发展。到2008年，成都耕地流转率由2005年的14.7%提高到43.7%，农用地流转率达28.65%；土地流转形式以出租方式为主，出租的土地面积占流转土地总面积的71.%；50亩以上的规模化土地流转面积占总流转面积的65.2%。②

（三）土地流转市场建设被纳入中央的政策安排

各地在土地流转市场建设方面的各种探索，很快就得到了中央的积极回应。2008年中央一号文件首次提出要“健全土地承包经营权流转市场”，“加强土地中介流转服务”。2008年10月，在党的十七届三中全会上通过的《中共中央关

① 有关成都农村土地流转市场运作情况，参见郭晓鸣等《统筹城乡发展与农村土地流转制度变革——基于成都“试验区”的实证研究》，科学出版社，2012，第105—114页。

② 丁关良：《土地承包经营权流转法律制度研究》，中国人民大学出版社，2011，第196—197页。

于推进农村改革发展若干重大问题的决定》中再次明确地提出要建立土地流转市场。[①] 2008 年底，国务院在《关于 2009 年促进农业稳定发展农民持续增收若干意见》中对建立健全土地流转市场提出了明确要求。[②] 2013 年中央一号文件要求各级建立三级土地流转服务体系。[③] 建设规范的土地流转市场被提到各级政府施政的议事日程。

在土地流转市场日趋规范的同时，各地纷纷效仿成都的做法，建立了层级更高的、综合性更强的农村产权交易市场。几乎与成都农村产权交易所成立同时，2008 年 12 月，重庆也成立了农村土地交易所；2009 年，武汉成立了农村综合产权交易所，广州成立了农村产权交易所，上海成立了农村土地交易所；2010 年，北京成立了农村产权交易所，安徽成立了农村综合产权交易所；2011 年，天津成立了农村产权交易所，昆明成立了泛亚农村产权交易所；2014 年，南京建立了“三级市场、两级交易”的农村产权交易市场，即市、区、镇街三级市场，交易活动或者在镇街级的农村产权流转交易中心完成，或者在区级的农村产权流转交易所完成。[④] 这些农村产权交易所交易的品种繁多，包括农地、林地、“四荒地”、集体建设用地、农民房屋、农村集体经济组织股权、水权、农村建设用地增减挂钩指标、耕地占补平衡指标、农业生产设施如水利设施、大型农机具及农业类知识产权等。有的省市的农村产权交易所还将农村的工程建设项目的招投标也纳入交易范围，例如天津农村产权交易所。

土地流转市场有效运作的一个基本条件是保证土地流转双方能够有效地履约合同，特别是保证土地流入户能及时、足额地支付土地租金。在现实中，由于农产品经营存在较大自然风险和市场风险，有些土地流入“大户”自身资金实力不强，遇到经营风险后经常出现欠租甚至欠租后弃地而逃的情况，从而引起土地流转纠纷。

面对这种情况，2012 年农业部出台了《农村土地承包经营权流转规范化管

---

① 该决定提出，“加强土地承包经营权流转管理和服务，建立健全土地承包经营权流转市场”。

② 该意见提出，“鼓励有条件的地方发展流转服务组织，为流转双方提供信息沟通、法规咨询、价格评估、合同签订、纠纷调处等服务”。

③ 2013 年中央一号文件即《关于加快发展现代农业进一步增强农村发展活力的若干意见》中提出，“规范土地流转程序，逐步健全全县乡村三级服务网络，强化信息沟通、政策咨询、合同签订、价格评估等流转服务”。

④ 韩俊主编《农村改革试验区改革实践案例集》，中国财政经济出版社，2019，第 137 页。

理和服务试点工作方案》，全国被列入试点单位的市、县、区市有33个。该工作方案的一项重要内容是建立土地流转风险保证金制度。[①] 例如，武汉市规定在办理土地流转手续之前，土地转入方要交纳3～5倍的年租金，作为土地流转风险保证金，风险保证金由街道（乡、镇）经管站代管；如土地转入方没有违约行为，5年后按信誉程度分批次退还，直到合同到期后全部退还。又如，浙江平湖市。浙江平湖规定土地风险保证金由三家支付、三部分构成：第一部分是市、镇（街道）两级财政土地流转风险补助金，每亩为100元；第二部分是村土地流转风险准备金，按市财政支付的土地流转风险补助金的50%提取；第三部分是土地转入户保证金，每亩不低于300元，土地转入户保证金归村集体管理。[②]

四、正规土地流转市场的运作及其效果

（一）土地流转市场的运作

2010年以后，全国各乡镇陆续建立了农村产权交易市场或土地流转服务中心，土地流转市场服务逐步覆盖到全国各个乡镇，土地流转业务也逐渐成熟并趋于标准化了。

在土地流转市场运作较好的地区，土地流转服务机构一般分县、乡、村三级。县级为农村产权交易市场或土地流转服务中心，通常会设有专门机构、专职人员和办公场所。办公场所内一般都会有电子交易屏幕、交易厅、服务窗口等。电子交易屏幕一般会显示欲交易土地的位置、面积、土地供给方或需求方的姓名、联系方式等。在城市化程度较高的地区，农村产权交易市场或土地流转服务中心的交易以建设用地（包括农民住房）或建设用地指标交易为主，一般是由国土管理部门管理，是国土管理部门下辖的行政事业单位。在传统农村地区，农村产权交易市场或土地流转服务中心以农地交易为主，通常置于农业、农村管理部门之下。

乡镇的土地流转服务通常是挂靠在乡镇某个农业或土地管理部门如乡农经

① 《农村土地承包经营权流转规范化管理和服务试点工作方案》提出，“研究建立和完善土地租金预付制度、提供农业保险补贴和设立风险保证金制度”。

② 孔祥智、毛飞、伍振军：《土地流转与新型农业经营主体培育》，中国农业出版社，2015，第206页。

站、农业服务中心或土地管理站等。除规模较大的土地流转之外，一般性的土地流转业务都是在乡镇完成。村委会是土地流转的重要协调主体，负责土地流转的需求方与土地流转的供给方——农户的对接。无论是“外来户”还是本村村民，只要想长期租赁土地，并在土地上进行投资，一般都会先找到村委会，由村委会与本村的农户协商，谈价钱、谈条件。乡镇主管土地流转服务的部门还会要求村委会收集土地流转的供给信息。不少乡镇土地流转服务中心还在各村指定了土地流转信息员，并给予村土地流转信息员一定的补助。

土地流转业务流程主要包括：一是申请、审核和登记。土地转出方向所在村申请，并经村审核后，到乡镇土地流转中心登记，申请并登记内容包括：姓名、村名、面积、地名、地类、意向价格、期限、联系电话等；土地转入方向乡镇土地流转中心申请、审核和登记，申请登记内容包括姓名、单位、意向面积、意向价格、期限、项目内容、联系电话等。二是确定价格。有协议，评估和招、拍、挂等几种确定价格的方式，一般都采用协议价格方式。三是签订合同、鉴证和归档。转出人和转入人到乡镇土地流转中心，在县政府统一制作的土地流转合同文本上签字、捺手印，合同经乡镇土地流转中心鉴证后归档。有些土地流转服务做得较好的县、乡镇，在土地流转交易之前，要对土地转入方进行风险评估和经营能力审查，并制定土地流转的指导价格或土地流转基价；在土地流转交易之后，还会对土地流转合同执行情况进行监督，并配备专门人员对土地流转纠纷进行仲裁。

土地流转服务中心的另一个重要任务是信息收集，既要收集土地流转供给方的信息，也要收集土地需求方的信息，并主动促成土地流转的供需双方交易。同时，土地流转服务中心也是土地流转信息统计部门，将本地的土地流转信息数据上报给上级主管部门。正是得益于各地土地流转市场建设的不断完善，自2006年开始，全国土地流转的统计数据也越来越完备和精确。

正规土地流转市场除作为土地使用权交易中介之外，还承担着地方政府对土地流转市场的监管职能。大多数土地流转服务中心都会按规定设立交易审查的业务流程。乡镇土地流转服务中心对土地转入方的审查主要是资金实力、投资强度、土地用途等；对转出方的审查主要是是否符合程序、手续是否完备等。对规模大的土地流转如规模在100亩以上的，乡镇土地流转服务中心通常还要向上级县（市）、区有关主管部门报备。不少地区对规模大的土地流转，还实行预付租金或保证金制度。例如，贵州长顺县农业企业要向农户一次性预付三年的租金，每三年预付一次。江西新余市渝水区规定，租赁土地面积在 100 ~ 300 亩的，要按每亩 100 元缴纳保证金；租赁土地面积超过 300 亩的，还要在此基础上加收每亩 50 元的保证金。①

（二）现实表现

正规的土地流转市场体系建设起来后，政府当然就希望能发挥其作用，促进土地流转规模不断扩大，并将农户间的自发的流转纳入正规的土地流转市场体系。在不少农村地区，土地流转率及其规模已成了上级政府考核县农业管理部门和乡镇政府政绩的一个重要指标，对交易量大的农村产权交易市场或土地流转服务中心给予奖励。例如，2008 年，福建武平县政府出台政策，对乡镇的农村土地流转规模进行考核评比。考核结果在前三名的分别给予 3 万元、2 万元和 1000 元的奖励，倒数后三名的给予通报批评。②

在现实中，土地流转市场业务的“弹性”很大。如果坐等着农户或客户上门，负责土地流转市场的人是没有多少事可做的。如果主动下乡去寻找土地流转机会和可能，对接土地流转的供需方，其工作量是很大的。这就需要较多的人力，还要有较充裕的经费。而且，土地流转市场的规模经济性很强，越是交易密度大，其效用就越大。在有些边远的地区，本身就没有多少土地流转需求，在这些地区也建立县、乡、村三级土地流转市场体系，必然会出现“制度闲置”的情况。因此，虽然土地流转市场越来越正规，制度建设上全国已趋于标准统一，但其实际运作效果却千差万别。

从实际运作情况看，农村产权交易市场或土地流转服务中心的日常业务量并不大。到农村产权交易市场进行农用地流转交易的则更少，主要是一些乡镇政府重点推荐的项目。到农村产权交易市场或土地流转服务中心来的农户，往往因为土地流转有纠纷，寻求政府给出一个公正的评判。如果是正常的农户之

---

① 孔祥智、毛飞、伍振军：《土地流转与新型农业经营主体培育》，中国农业出版社，2015，第 204—206 页。

② 朱冬亮：《农业治理转型与土地流转模式绩效分析》，中国社会科学出版社，2016，第 169 页。

间的农用地流转，农户通常不会跑到县、乡镇来交易。如果流转对象是“外来户”，农户往往愿意到农村产权交易市场或土地流转服务中心来交易。一般情况下，土地条件和合同条款都是转出人和转入人事先谈好了，最后再到乡镇土地流转中心签订合同。如果想转出土地的人不在村里，出去打工或跑生意去了，也有人会委托乡镇土地流转中心或村委会为其找“买家”。另外，如果是农民房屋、农村集体经济组织股权、水权等产权交易，农户就要到农村产权交易市场来完成交易。因为这些交易往往涉及产权过户问题，需要政府的认可和批准。

以成都温江区红旗村的土地流转为例。[①] 红旗村位于成都的城市郊区，以种植花卉、苗木为主。到2007年，该村流转土地约400多亩，其中300多亩是流转给“外来户”的，这些土地大多是通过当地乡镇土地流转服务中心完成流转的；另外100多亩是农户之间的流转，大多是私下协商的。租给“外来户”的土地，其租期为二十年到三十年，农户之间流转土地，大多数是不定期的。这种不定期的土地流转交易被视为“不规范”，农户自然就不会到规范的土地流转中心去交易。

即使农户是将土地流转给“外来户”，往往也不会直接与“外来户”做交易。通常的做法是：农户将土地交给村组，村组再交给村委会，由村委会将土地集中起来，与“外来户”协商谈判，并一起到乡镇农村产权交易市场或土地流转服务中心办理流转手续。土地流转合同的签订双方，或者是“外来户”与村委会签订，或者是在村委会和村组的召集下，“外来户”与每个涉及土地流转的农户签订，村委会和村组作为“丙方”，监督双方合同的执行。可见，在县（包括地级市及以上）、乡镇、村三级土地流转市场中，村级是基础，乡镇是核心，县（包括地级市及以上）的土地流转市场主要是监督和管理。到县（包括地级市及以上）土地流转市场交易的主要是成片的土地，包括集体农（林）场、国有农（林）场以及整村流转[②]的耕地等。

---

① 邓大才：《农地流转市场何以形成——以红旗村、梨园屯村、湖村、小岗村为例》，《中国农村观察》2009年第3期。另参见徐勇、赵永茂主编《土地流转与乡村治理》，社会科学文献出版社，2010，第285—286页。

② 在不少城市，对已划入城市规划区内的村，当地政府或开发企业在征地之前，往往会采取整村流转的方式，将土地控制起来，防止农民乱种高价值作物，以索要高额的青苗补偿费，防止有人借机囤地。

根据国务院发展中心对浙江、黑龙江、贵州所做的抽样调查，到2014年，所调查土地流转户中，村民自行协商流转的占比为48%，村集体统一流转或村集体统一协调流转的占比为34%，通过土地流转市场流转的仅占4%。[①] 该调查表明，土地流转市场的交易中介服务职能并不强，最多只能起到土地流转的鉴证、备案作用，土地流转市场尚处于初级发展阶段。

（三）成效

正规土地流转市场建设的首个成效是促进了土地流转规模扩大。例如，福建武平县。该县在设立土地流转服务中心以前（2006年）的土地流转率为13.25%，参与土地流转的农户占比为19.4%；到2009年5月，该县设立土地流转服务中心不到半年，土地流转率就提高到18.24%，参与土地流转的农户占比上升到33.84%；到2011年，该县的土地流转率高达41.94%，参与土地流转的农户占比进一步提高到44.22%。另外，正规土地流转市场建设还促进了土地流转规模的扩大。据统计，到2012年4月，该县50亩以上规模化的土地流转占全县土地流转面积的32.3%。[②]

正规土地流转市场建设的另一个直接结果是，提高了土地流转合同的签约率，流转期限一般都在五年以上。在地方政府的积极推动下，越来越多的本村村民之间的土地流转也被纳入正规的土地流转市场。仍以福建武平县为例。2005年，该县农户间自发土地流转的规模占比高达91.7%，到2013年这一比例大幅下降到36.1%。[③] 另据学者于2009年对5省、10县、956户所做的调查，本村村民之间的流转所占比例为92.1%，只有口头协议的占比为57.1%。[④] 这说明，大约有35%的本村村民之间的土地流转是签订了书面协议的，但这些书面协议可能大多并没有在村里或乡镇备案。

签订土地流转合同无疑会降低土地流转的履约成本，一方面能够减少土地流转纠纷，另一方面也促进土地租赁市场的发展。与转包、互换相比，土地租赁是土地流转更高级的形态，土地租入方通常是外来的"大户"或农业企业，土地

---

① 程郁、王宾:《农村土地金融的制度与模式研究》，中国发展出版社，2015，第91页。

② 朱冬亮:《农业治理转型与土地流转模式绩效分析》，中国社会科学出版社，2016，第175—176页。

③ 同上书，第166页、第177页。

④ 同上书，第49页。

流转规模就更大，流转期更长，土地使用权也更加稳定、更有保证。土地租赁市场的发育程度决定着土地流转市场的交易深度和交易广度。据农业部经管司统计，自2010年以来，在各种流转形式中，出租形式的土地流转增长得最快；到2014年，出租面积增长了约24.1%，所占比重由2010年的26.34%上升到33.17%。[①] 另见表8-2。同时也要看到，由于“土地知识”具有难以克服的分散性和地域性，所以，正规土地流转市场的建设，对于普通农户来说，降低交易成本的程度是有一定限度的；能超出地域限制，大范围地流转土地的主体是“大户”，而不是普通的农户。[②]

土地租赁市场发展扩大了交易范围，也会提高土地流转价格。[③] 与村民之间的自发转包相比，土地租赁市场的租金明显要高出许多。据笔者在2010年前后的实地调查和网上资料检索，在这一时期，租地的租金一般为村民之间转包价的2~3倍。村民之间转包为每亩200元左右，而租地的租金为每亩600~800元。有学者运用计量经济分析技术，对比了自发农地流转市场上的租金与政府主导下正规土地流转市场的租金水平，其结论是：自发农地流转市场上的租金为每亩220.3元，标准差为15.1元；政府主导下的正规土地流转市场的租金水平为每亩560.39元，标准差为60.84元。[④] 另一项学者的计量经济分析也得出了类似的结果。该结果表明，流转给父母兄弟的价格要比流转给其他人的每亩低49.09元，

---

① 农业部农村经济体制与经营管理司、农业部农村合作经济经营管理总站编《中国农村经营管理统计年报（2015年）》，中国农业出版社，2016，第5页。

② 有学者从交易成本的角度，比较了2000年和2008年的转入户与转出户在土地流转市场上实现土地调整意愿的程度。该研究的基本结论是：第一，在土地流转市场上，不能使农户完全实现调整意愿。2000年和2008年转入户能实现土地调整意愿的比例分别为24%和37%，但转出户能实现土地调整意愿的比例基本没有变化，分别为19%和18%。这表明，与2000年相比，土地流转市场发展更有利于转入户流转土地。第二，土地流转市场存在明显的进入门槛。2000年，能够克服土地流转市场固定交易成本的规模“阈值”，转出户与转入户分别为8.79亩和12.58亩。这个规模“阈值”，各地差异较大。浙江的转出户只有0.64亩，而陕西的转出户则为14.26亩。到2008年，转出户和转入户的规模“阈值”分别为9.59亩和9.83亩。第三，土地流转市场交易成本的变化存在非对称性。与转出户相比，土地流转市场的发展更有利于转入户节省交易成本，降低转入户的土地流转的规模“阈值”。第四，农户流转土地更多的是考虑与难以分割的农资设备投资相匹配，这就是说，农户为了充分利用农资设备，就要扩大土地经营规模。参见郜亮亮《中国农户在农地流转市场上能否如愿以偿——流转市场的交易成本考察》，《中国农村经济》2020年第3期。

③ 2008年，四川金科农业公司通过成都农村产权交易所，以公开电子竞价的方式，竞拍取得郫县安德镇泉水村570亩土地，合同期限为二十年，租金为每亩每年1000斤大米，价格比竞拍起价高出25%。参见张云华等《中国农地流转问题调查》，上海远东出版社，2012，第66页。

④ 尚旭东：《农村土地经营权流转：信托模式、政府主导、规模经济与地方实践》，中国农业大学出版社，2016，第56页。

村组内流转比村组外流转的每亩低 72.68 元。[①] 为了保证农户流转土地后仍能获得亩均纯收益，不会因为通货膨胀而贬值，土地租赁价格通常按当地生产的粮食斤数来标价，如 400 斤稻谷、500 斤小麦、1000 斤玉米等，并折合成现金支付。

土地租赁市场租金价格较高的主要原因是：第一，租期因素。土地租赁的租期较长，一般都在五年以上，甚至有些租期定至土地承包期的剩余年限，这相当于“买断”。而村民之间的转包一般是一年一定，在许多情况下是不定期的。在租期较长的情况下，农户就要把未来可能发生的土地增值收益，以及由于失去了土地所引起的收入下降的风险打到当前的租金上去。第二，租地规模因素。村民之间的转包一般规模不大，而租赁土地的规模要大得多。这对租金水平产生两个效应：一是规模化的土地比分散化的土地绝对地租水平要高；二是租金水平是在边际上确定的，也就是说，由最后一个出价农户决定的。随着租地规模扩大，租赁户必须吸引更多要价高的农户加入竞价，从而导致边际租金水平上升。由于租金水平是由边际租金水平所决定的，所以，租地规模的扩大势必要推动租金水平上升。第三，租地农户户数因素。随着租地规模扩大，租地的农户数量也增多，这也提高了农户的议价能力。第四，级差地租因素。理论上说，农户应该获得绝对地租，因经过土地规划和整理，以及设施条件改善所带来的收益即级差地租归投资者，也就是租地户。但由于级差地租往往很大，对此，农民也可以很清楚地计算出来。租地户为了消除农民由此产生的不平衡心理，往往也会向农民让出一部分级差地租。

在现实中，土地租赁价格通常是由土地承包农户的亩均纯收益决定的，即扣除了生产资料成本之后的纯收益。政府在动员农户土地流转时，经常给农民算这笔账：“你将土地流转出来，不用你辛苦下田，还得同样多的收益，多划算啊！”然而，也应该看到，即使正规的土地流转市场上租金较高，仍有不少农户宁愿“少收点钱”，把土地包给“熟人”种，也不愿意将自己的土地长期流转给“生人”。因为大多农户只有三五亩地，多收点租金，也不过千元，这对改善自家生

---

① 邓大才：《土地政治：地主、佃农和国家》，中国社会科学出版社，2010，第 275—276 页。但也有调查不支持这种结果。该调查显示，亲友邻居间流转土地，每亩租金为 610.22 元；本村一般村民流转土地，每亩租金为 223.09 元；流转给“大户”的每亩租金为 748.17 元；流转给合作社的每亩租金为 558.07 元；流转给龙头企业的每亩租金为 396 元。罗必良：《产权强度、土地流转与农民权益保护》，经济科学出版社，2013，第 446 页。亲友邻居间流转土地的租金居然高于本村一般村民、合作社和龙头企业。这个结果与现实的观察相差较大。

活的作用并不大。把土地包给“熟人”种，一来是送个人情，二来也是给自己留个“后路”，比较“保险”。

（四）土地流转价格

前面已经提及土地租金的提高，这里有必要更为系统地介绍这一时期土地流转价格的一般水平。根据2006年国务院发展研究中心农村部启动的农村调查，①全国土地流转价格平均为每亩293元，东部地区明显高于中西部地区，为每亩417元，其中江苏苏州和上海金山区的价格最高，分别为每亩595元和每亩468元；中部地区和西部地区的相差不大，分别为每亩185元和每亩171元，其中中部地区属河南省价格最高，达每亩336元，西部地区四川和重庆最高，分别为每亩396元和每亩354元。

2011年，国务院发展研究中心中国农地流转调查课题组采取问卷调查的方式，对569个农户2010年的农地租金状况进行了一次较为系统的调查。② 该项调查显示：土地租赁的加权平均地租为每亩277元，其中租入户加权平均地租为每亩259元，租出户加权平均地租为每亩332元。从地区分布来看，仍是东部地区的土地租金最高，中部地区次之，东部地区为每亩408元，中部地区为每亩307元，西部地区为每亩182元，东北地区为每亩169元。对于支付地租的形式，该项调查显示，绝大多数都是付的货币租，租出户收现金的占比为81.7%，租入户付现金的占比为80.5%。简单地说，付货币租的有八成，付实物租的有两成。

该项调查还显示：截至2010年，尚有一部分农户流转土地是不收钱的，转出土地不收钱的农户约占流转土地农户的14%，转入土地不给钱的农户约占流转土地农户的16.61%。③ 但不要钱的土地面积都不大，转出土地不收钱的农户，平均转出土地的面积为3.88亩，转出土地不给钱的农户，平均转出土地的面积为3.9亩，而该项调查的户均流转面积为8.53亩。另一项小型的农户调查显示，

---

① 韩俊等：《破解三农难题——30年农村改革与发展》，中国发展出版社，2008，第326—328页。

② 张云华等：《中国农地流转问题调查》，上海远东出版社，2012，第97—111页。

③ 另一项小型的农户调查显示，1995年，本村内农户之间无偿转包土地的占比为45.3%，到2008年，这一比例下降到不足5%。参见杨学成、赵瑞莹、岳书铭《农村土地关系思考——基于1995—2008年三次山东农户调查》，《管理世界》2008年第7期。

到 2008 年，村民之间转包土地的平均价格为每亩每年 261 元，对外出租土地的平均价格为每亩每年 377.6 元，两者差别只有 100 多元。[①] 这表明，村民自发的土地流转市场正逐步与正规的土地租赁市场接轨。

另据 2011 年国务院发展研究中心中国农地流转调查课题组的计算，地租率[②]在 10%以下的占比为 43%，地租率在 10% ~20%的占比为 29%，地租率在 20% ~30%的占比为 19%，地租率超过 30%的占比为 9%。这就是说，绝大部分的土地流转的地租率不高于 20%。再来计算地租在农户纯收入中的比重。根据该项调查计算，地租在农户纯收入中的比重低于 20%的占比为 40%，比重在 20% ~50%的占比为 33.5%，比重超过 50%的占比为 26.5%。这就是说，绝大多数农户的地租占其纯收入的比重不超过 50%。最后再计算地租在生产成本（包括地租成本）中的比重。根据该项调查计算，地租占生产成本的比重不超过 10%的占比为 12.7%，比重在 10% ~30%的占比为 49.2%，比重在为30% ~50%的占比为 27.1%，比重超过 50%的占比为 11%。这就是说，对大多数农户来说，地租占生产成本的比重不超过 30%。[③]

同期（2011 年），由中央农村工作领导小组办公室的研究人员主持的另一项更大规模的调研则与上述的调查结果略有不同。根据该调查，全国平均土地转出价格为每亩 407.53 元，其中，东部七省最高，为每亩 670.49 元，西北六省最低，为每亩 159.13 元，中部六省、西南六省（区）和东北三省，分别为每亩 392.33 元、每亩 273.54 元和每亩 448.38 元；全国平均土地转入价格为每亩 231.83 元，其中东北三省最高，为每亩 412.37 元，西北六省最低，为每亩 105.70 元，东部七省、中部六省和西南六省（区）分别为每亩 306.04 元、每亩 146.70 元和每亩 146.30 元。与转出价格相比，转入价格明显较低，平均转入价格仅为转出价格的 56.89%。[④] 之所以会出现这种情况，是因为该项调查的范围是种粮农户。所调查的种粮农户，其转出土地的对象包括公司、合作社和种粮大户，而这些转入土地的主体不在该项调查范围内，只有所调查转入土地农户包括

---

① 杨学成、赵瑞莹、岳书铭：《农村土地关系思考——基于 1995—2008 年三次山东农户调查》，《管理世界》2008 年第 7 期。

② 地租率 = 地租额/土地产出额。

③ 以下计算不含零地租的农户。

④ 罗丹、陈洁等：《中国粮食生产调查》，上海远东出版社，2014，第 439 页、第 442 页。

在该项调查范围内。由此可以推断，农户转出给公司、合作社和种粮大户的价格偏高，而农户之间流转的价格偏低。[①] 这一调查也与笔者多年的现实感受相符。也就是说，该项调查的转入价格基本上能够反映农户之间流转土地的价格。另外，该项调查还显示，转出土地不收钱的农户占比为12.05%，占转出土地面积的7.03%；转入土地不付钱的农户占比为6.19%，占转入土地面积的2.93%。[②] 之所以会出现转出土地不收钱的比例高于转入土地不付钱的农户的调查结果，可能与农户对无偿流转的认知不同，对转出土地的农户来说，只要对流转费用没有什么固定说法，就算作无偿了；对转入土地农户来说，虽然对流转费用没有什么固定的说法，但每年实际上还是要付出一定费用的，这就不能算作无偿的。

在一些南方粮食主产区，还出现了季节性租地的方式，即农户只种一季，而把另外一季的土地使用权租给“大户”，这些“大户”大多是将土地用于种植粮食。例如，福建沙县益鑫农业专业合作社的水稻种植“大户”，以这种方式流转了5000多亩土地。[③] 土地租赁的形式呈多样化发展。

---

① 有学者于2009年所做的局部地区调查显示，农户之间无偿转入土地的占比为16.4%，每亩租金小于等于100元的占比为50.9%，每亩租金小于200元大于100元的占比为23.6%，每亩租金大于200元的占比仅为9.1%。由于该项调查的对象大多为普遍农户，所以土地租金较低。朱冬亮：《农业治理转型与土地流转模式绩效分析》，中国社会科学出版社，2016，第55页。

② 罗丹、陈洁等：《中国粮食生产调查》，上海远东出版社，2014，第439—441页。

③ 朱冬亮：《农业治理转型与土地流转模式绩效分析》，中国社会科学出版社，2016，第104页。

第十一章　地方政府直接推动土地流转

如本书第十章所述，土地流转本质上是农地使用权的交易。随着土地流转市场的发育和成熟，这种地权交易越来越多地体现出其市场行为的特征。但是，这种市场交易往往并不完全是农户的“私人行为”。在土地仍属于集体所有的制度环境下，农户的地权交易不仅要受到政府的管制，而且要受到村集体的制约，村集体对农户的土地流转仍然具有很强的控制力和影响力，特别是当土地流转的交易达到一定规模时，地方政府就会通过村集体利用和借助这种控制力和影响力，在土地流转中扮演着积极的角色。地方政府积极推动土地流转，也是地方政府将发展地方经济作为自己的重要职责使然。

长期以来，我国始终将农业视为立国之本，即使进入工业化社会，农业在国民经济中的比重不断下降，[①] 我国政府仍将农业发展、实现农业现代化放在十分重要的地位。[②] 通过引进资本、技术等现代要素，提高土地产出率被公认为是农业现代化的一个基本特征。[③] 对于地方政府来说，要发展地方经济，就要招商引资。具体到农业大县或农业乡镇，就是要通过招商引资，将城里的资金引到农村，并投到土地上，增加产值，创造税收。然而，如本书前面各章所述，实行家庭土地承包经营制以后，土地使用权和支配权已经掌握在农户的手中。2003 年

---

① 自 1982 年实行家庭土地承包经营制以来，农业在国民经济中的比重不断下降，从 1982 年的占比 32.8% 下降到 2014 年的占比 9.1%。参见国家统计局《2016 年中国统计年鉴》，中国统计出版社，2016，第 60 页。

② 邓小平曾说，“中国有 80% 的人口在农村，中国稳定不稳定首先要看这 80% 的人稳定不稳定。城市搞得再漂亮，没有农村这一稳定的基础也是不行的”；江泽民在党的十五届三中全会上指出，“农业、农村和农民问题是关系改革开放和社会主义现代化建设全局的重大问题，没有农村的稳定就没有全国的稳定，没有农民小康就没有全国人民的小康，没有农业的现代化就没有整个国民经济的现代化”；胡锦涛在 2003 年 1 月召开的中央农村工作会议上曾提出，“为了实现十六大提出的全面建设小康社会的宏伟目标，必须统筹城乡经济社会发展，更多地关注农村，关心农民，支持农业，把解决好农业、农村和农民问题作为全党工作的重中之重，放在更加突出的位置，努力开创农业和农村工作的新局面”。引自韩俊等《破解三农难题——30 年农村改革与发展》，中国发展出版社，2008，第 85—86 页。

③ 中国著名的“三农”问题专家陈锡文曾将现代化农业概括为“农业现代化是动态的过程，其基本特征包括：通过增加现代要素投入提高土地产出率；通过机械化提高劳动产出率；通过组织化提高农户适应市场的能力；通过健全完善教育科技体系提高农业的科技水平；通过专业化和商品化提高农业的效益；通过发展清洁生产减少农业生产对环境的影响；通过加强国家的支持保护加强农业的基础”。参见陈锡文、赵阳、罗丹《中国农村改革 30 年回顾与展望》，人民出版社，2008，第 531 页。

实行《农村土地承包法》以后，村集体通过调整土地，扩大土地经营规模，引进外来资本和技术的这条路也基本被堵住了。在这样的制度约束下，地方政府要想发展现代农业，促进农业产业化，除了将土地流转纳入正规市场，还要以各种方式，借助行政、财政、宣传以及村集体的力量，积极主动地参与和推动土地流转，促使土地向有资本、有技术的人手里集中。

一、农业产业化下的“反租倒包”

（一）农业产业化的兴起与发展

农业产业化兴起于山东。1986 年，山东招远县在农村商品流通体制改革的大背景下,① 开始将计划经济时形成的分块管理的供销、商业、粮食、外贸等部门统合起来，组建农产品“产供销一体化”的服务体系。之后，诸城市将其概括和深化为“贸工农一体化”，并将其誉为“诸城模式”。② 1993 年初，潍坊市政府提出“确立主要产业，实行区域布局，依靠龙头带动，发展规模经营”的农业发展新方略。在山东省主要领导的关注下，山东省提出了“按产业化组织发展农业”的新思路，并得到了国务院领导和有关部委的高度重视。③ 1995 年 3 月 22 日，《农民日报》发表一篇题为《产业化是农村改革与发展的方向》的会议综述。同年 12 月 11 日，《人民日报》发表了社论《论农业产业化》。1996 年 1 月，《中共中央、国务院关于“九五”时期和今年农村工作的主要任务和政策措施》中首次明确提出发展农业产业化。1997 年 9 月召开的党的十五大正式提出要“积极发展农业产业化经营”。④ 1998 年中央出台文件，将农业产业化放到“推进

① 1983 年中央一号文提出“改革国营商业体制”。1984 年 7 月，国务院转批并下发了国家体改委、商业部和农牧渔业部提交的《关于进一步做好农村商品流通工作的报告》。该报告提出了农产品流通体制改革的总体方案，包括“发展国营、集体、个体多种经济形式，多种经营方式，实行多渠道流通”“继续减少统购、派购品种”“改革价格管理办法”“改变农副产品按行政区划、行政层次统一收购和供应的批发体制”“改革供销合作社体制”“积极发展农副产品加工业，全民、集体、个人一齐上”“大力发展交通运输业和商业联营设施，合理组织现有的社会运输工具，以市、县为单位组织联营”7 个方面的改革。由此拉开了农产品流通组织市场化改革的序幕。

② 关锐捷主编《中国农村改革二十年》，河北科学技术出版社，1998，第 592 页。

③ 王庆新主编《山东农村改革二十年（1978—1998）》，人民出版社，1998，第 79 页。

④ 党的十五大报告提出：“积极发展农业产业化经营，形成生产、加工、销售有机结合和相互促进的机制，推进农业向商品化、专业化、现代化转变。”

农业向商品化、专业化和现代化转变的有效途径”的新高度。[①]

农业产业化是指按照现代企业的经营方式，对农业生产和销售中的各环节进行有效地组织，以区别于一家一户的小农经济的经营方式。农业产业化主要有两个特征：一是产业链延长，即通常所说的“种、养、加”（种植、养殖、加工）、“产、供、销”（农业生产、生产资料供应、农产品销售）、“贸、工、农”（贸易、工业、农业）一体化经营；二是规模大、投入高，资源整合能力强。

农业产业化有多种形式，有龙头企业带动型、中介组织带动型和专业市场带动型，其中与土地流转有较强关联的是龙头企业带动型。龙头企业带动型是指：以从事农产品经营的企业为龙头（即通常所说的龙头企业），将农户的小规模的生产纳入公司的经营管理体系。如何才能将农户的小规模的生产纳入公司的经营管理体系呢？龙头企业通常采取“公司＋农户”的形式。之后又发展出来诸如“公司＋基地＋农户”“公司＋合作社＋农户”“公司＋中介组织＋农户”“公司＋种植大户”“公司＋家庭农场”等与农户连接的形式。在20世纪90年代直至2000年代中期，农业产业化龙头企业的主要经营领域是蔬菜、果品、畜牧、水产等产业，从事大田作物的较少。

到了20世纪90年代中期，在各级政府的大力支持下，农业产业化迅速发展起来了。据统计，从1996年到2000年，农业产业组织增加了5倍，连接带动农户增加了3倍。[②]

进入2000年以后，农业产业化进入快速发展阶段。据农业部统计，到2005年底，全国各类农业产业化组织[③]总数达到15.48万个，其中龙头企业7.17万个，占比为46.3%，国家级重点龙头企业580多家，省级重点龙头企业2000家；各类农业产业化组织带动种植业生产基地10亿亩、养殖基地9570万亩，带动牲畜饲养量14.7亿头、禽类饲养量113.4亿只；各类农业产业化组织带动农户

① 1998年出台的《中共中央国务院关于一九九八年农业和农村工作的意见》提出，“农业实行产业化经营，形成生产、加工、销售有机结合和相互促进的机制，是推进农业向商品化、专业化和现代化转变的有效途径，也是调整和优化农村经济结构，提高农业整体素质和效益的有效途径”。

② 宋洪远主编《农村改革三十年》，中国农业出版社，2009，第89页。

③ 按农业部的分类，农业产业组织包括龙头企业、各类中介服务组织包括以服务为经营内容的农民专业合作社和农产品专业市场。

9098户，占全国农户的36.7%。[①]

2010年中央一号文件提出要“建立农业产业化示范区”。[②] 农业产业化集群式发展的态势更为明显。据统计，截至2012年，在首批国家认定的76个农业产业化示范区中，共集聚了3796个龙头企业，采购额2367.9亿元。[③] 到2014年，全国各类农业产业化组织总数达到35.42万个，其中龙头企业12.55个；农业产业化组织以订单、专业合作、股份合作等方式带动农户1.24亿户。[④] 可以说，在优势农产品区域，几乎所有的农业经营活动在不同程度上都被纳入农业产业化组织体系了。

（二）农业产业化企业与基地建设

根据农业部有关专家的分类，到2000年，参与农业产业化经营的企业大体主要为三类：第一类是原来隶属轻工业部门的、以农产品为主要原料或经营对象的企业，包括纺织、食品、烟酒、糖茶、造纸、油脂、饲料、外贸等行业的企业；[⑤] 第二类是原来隶属农、林、牧、渔管理部门的企业；[⑥] 第三类为改革开放以后发展起来的综合性企业。[⑦] 开始时，这几类企业都被称为工商企业。后来又将前两类农业产业化企业称为龙头企业，而将第三类即以私人资本为主导、以投资农业资源为其主要经营内容的企业称为工商资本。如果工商资本不仅仅是投资

---

① 宋洪远主编《农村改革三十年》，中国农业出版社，2009，第90—91页。

② 2010年中央一号文件即《关于加大统筹城乡发展力度进一步夯实农业农村发展基础的若干意见》中提出，“支持龙头企业提高辐射能力，增加农业产业化专项资金，扶持建设标准化生产基地，建立农业产业化示范区”。

③ 农业部产业化办公室等编《农业产业化探索与实践》，中国农业出版社，2015，第10页。

④ 农业部编《2015年中国农业发展报告》，中国农业出版社，2015，第57页。

⑤ 这一时期这类企业较为著名的有玉溪红塔集团、鄂尔多斯羊绒制品公司、鹿苑羊绒纺织集团、山东省丝绸总公司、菱花集团、华润金玉、希望集团、六合集团、德大公司、春都集团、中国得利斯集团、张裕集团、广西贵糖集团、江西东乡糖厂、福源食品集团、宜宾实业公司、诸城对外贸易集团公司等。参见关锐捷《大中型工商企业推进农业产业化的实践与思考》，载关锐捷主编《探寻农业产业化之路》，暨南大学出版社，1997，第58—60页。

⑥ 这一时期这类企业较为著名的有如意集团、北京西洋参联合开发总公司、长城种子集团、山东金森集团、山东临沂华蒙集团、龙山鳗业联合公司、金鳗集团、山东裕鲁集团、山东石岛水产供销集团公司、山东风祥集团、广西贵宝集团等。参见关锐捷《大中型工商企业推进农业产业化的实践与思考》，载关锐捷主编《探寻农业产业化之路》，暨南大学出版社，1997，第58—60页。

⑦ 这一时期这类企业较为著名的有三九企业集团、长江农业集团、新疆德隆国际实业总公司、西部农业发展公司、新希望农业控股公司、海南恒泰集团、海南兴宝集团、深圳好威实业发展公司、门山园集团、赛格实业公司、中原牛业集团、亚欧企业集团、浙江宏业集团、顶新国际集团、中南企业集团、广州汇海新技术开发集团、沈阳蓝田股份公司、大北农集团、珠源实业公司等。参见关锐捷《大中型工商企业推进农业产业化的实践与思考》，载关锐捷主编《探寻农业产业化之路》，暨南大学出版社，1997，第58—60页。

农业资源，而且有农业产业化实体经营，工商资本也就变成龙头企业了。[①] 下文对这三种类型的企业统称为农业产业化企业。

农业产业化企业的优势是在市场开拓、农产品加工、品牌打造、新技术新产品开发与引进等方面。在发展初期，农业产业化企业一般并不直接介入与土地经营有关的种养植领域。种养植生产还是由分散的农户来完成。农业产业化企业以“订单农业”即“公司＋农户”的形式，与农户建立合作关系。也就是说，公司与农户之间是农产品收购与被收购关系，只不过收购价格、数量和质量等条款是事前定好的，收购的不是“现货”而是“期货”。[②] 然而，仅仅是“订单”关系，企业与农户之间的利益连接关系是不稳定的。农户和企业双方都有“违约”的机会主义动机。从长期来看，“违约”行为对农户和企业双方都有伤害，但由于农业产业化企业投资大、沉没成本高，“违约”对农业产业化企业的伤害更大。因此，随着农业产业化企业经营规模的扩大、技术升级，以及越来越重视商誉及品牌，“公司＋农户”这种初级、松散的合约结构就不适应了，从而发展出来一种更为高级的合约结构，即“公司＋基地＋农户”，力图通过建设种植基地，将农户与公司更为紧密地联系起来。

对不同类型的农业产业化企业，在不同的地区，建设种植基地的方式是不同的。前面所说的第一类和第二类农业产业化企业大多是脱胎于计划经济体制，原来都隶属于国有企业管理部门，与当地的县、乡镇政府有着紧密的行政关系，通常都有自己传统的种植基地的渠道，即原料生产地。即使后来在市场经济下发展起来的，或由国有企业改制而来的当地经营农产品的私人企业，也与当地的县、乡镇政府业务上有着紧密联系。因此，这些企业通常可以通过县、乡镇政府推动村集体组织农民建基地，落实其对种植生产的需求。

自20世纪90年代以来，在一些农业大省，如山东，当地各级政府都在力推“一村一品”“一县一业”，这与农业产业化企业建设生产基地的目标是高度一致

---

① 除上述三类企业之外，还有一类是金融性企业以及从事电力、石油、化工、钢铁、煤炭、汽车、机械的大型企业。这些企业在20世纪90年代也不同程度地介入农业产业化经营领域，但之后，随着国家对国有资产的管理越来越规范，对大型国有企业和金融企业开展多元化经营和对外投资采取了严格的限制政策，这一类企业很快就退出了农业产业化领域。

② 在计划经济体制下，国营商业或工业部门收购农产品，实质上也是“期货交易”。国营商业或工业部门在上年年底或当年年初通过公社，向生产大队下达当年的生产计划，生产大队按计划安排生产队生产。只不过这种“期货交易”是指令性的，生产大队和生产队没有议价权，也没有退出权。因此，在许多农产品生产优势区和特色区，农户对“订单农业”的交易方式并不陌生。

的。而且，推行“一村一品”“一县一业”的地区，当地县、乡镇政府也要为农户生产的农产品找出路、找买家，需要与农业产业化企业联合。具体来说，就是乡镇政府根据农业产业化企业提出的种植品种、收购量、质量要求以及种植面积等，结合本地的实际，划定区域，通过集体将分散的农户组织起来，实行统一种植、连片种植。如果需要进行农田设施建设和改造，县、乡镇政府和农业产业化企业还要按一定比例投入资金给村集体或农户。种植基地的日常管理主要是在乡镇政府的监督下，由村集体承担。在这种情况下，这些农业产业化企业通常不需要大规模地流转土地，就可以实现自己的建设生产基地的目标。比较典型且著名的是山东寿光的蔬菜种植基地。

除了当地政府主导建设的种植基地，有些农业产业化企业还会有自己经营的生产基地，通常用于种植示范和新品种、新技术试验，也可以用于对外展示，也是企业接待各级领导视察的重要场所。这些土地通常由乡镇政府和村集体负责协调解决，或者是来源于乡镇政府和村集体所属的农场，或者是村集体向农户租用的承包地。

（三）企业自建基地与“反租倒包”

通常被称为工商资本的企业介入农业领域的运作方式，与前两类农业产业化企业有所不同。这类企业是改革开放以后新发展起来的“外来户”，不仅没有自己的传统商贸渠道，而且也没有现成的原料生产基地，但这些企业通常具有强大的资本运作和融资能力。这些企业通常要从源头做起，一开始就要介入种植领域，实行大规模土地经营。例如，当时的新疆德隆国际实业总公司是一家集工业、农业、能源、交通、商贸、餐饮、娱乐、金融等产业于一体的多元化经营的企业集团，具有很强的资本运作能力。1994 年，该企业集团成立了新疆农牧业发展有限公司，规划在新疆投资 5 亿元，分两期开发 30 万亩荒地，在乌苏、呼图壁、昌吉和塔城建设四个大型农场，主要用于种植番茄、红花、胡萝卜的作物，以及经营肉牛、育肥羊和大棚蔬菜。[①] 又如，当时的深圳好威实业发展公司。该公司在 20 世纪 90 年代中期，计划与黑龙江、广东两省有关部门联合投资 3 亿元，开发东北三江平原 37. 5 万亩荒地，建设以粮食种植为主，农、林、牧、副、

① 关锐捷：《大中型工商企业推进农业产业化的实践与思考》，载关锐捷主编《探寻农业产业化之路》，暨南大学出版社，1997，第 64 页。

渔综合开发的大型现代化农场。[①]

在现实中，单纯以投资为目的的工商资本还是少数。大多数工商资本之前的主营业务都是与农业紧密相关的，或处于农业产业化链条的“下游”，或处于农业产业化链条“上游”。这类工商资本也可以叫农业产业化龙头企业，投资农业的主要目的是延伸其产业链条。

工商资本投资农业一般都是采用“高举高打”的策略。首先要找地方政府的主官。毕竟商场与官场之间有着千丝万缕的联系，这对于工商资本来说不是什么难事，也符合商场与官场双方的做事风格。在这一时期，许多传统的农业地区，政府税源严重不足，创造税收和收税是地方政府特别是乡镇级政府工作的“重中之重”。不少乡镇政府为了完成上级下达的税收指标任务，被搞得焦头烂额。[②] 这些工商资本能，至少“号称”能为本地带来投资，创造 GDP、税收和就业，当然会是当地政府竞相追逐的招商引资的对象。

要想引入工商资本，地方政府就必须负责项目“落地”。对于投资种植业的项目来说，就是要为工商资本提供种植基地。如果地方政府不能组织农民，为这些企业建设配套的种植基地，就要组织农民和村集体为这些企业提供土地。提供土地的方式就是“反租倒包”。即在地方政府的组织和协调下，由工商资本向村集体或农户租地；租地后，由于企业自己经营的管理及监督成本太高，通常会再把土地“倒包”给农户。在许多并没有类似山东寿光等地那样的区域化、特色化种植基础的地区，这是企业大规模扩张土地，自建种植基地的通常做法。

值得说明的是，在 20 世纪 90 年代一直到 2003 年《农村土地承包法》正式实施以前，参与“反租倒包”的不仅有工商资本，还有一些有一定资本或政府关系的个人。这些个人资本与工商资本以下统称为“外来资本”。

地方政府参与或主导推行“反租倒包”的通常做法是：地方政府对外招商，引入“外来资本”到本地投资；“外来资本”向地方政府提交项目建设方案，并提出土地、税收减免或财政补助等优惠政策的要求；当地政府出面做工作，向所在的村集体“协调用地”，也就是租赁土地；“外来资本”租赁土地时通常首先

① 关锐捷：《大中型工商企业推进农业产业化的实践与思考》，载关锐捷主编《探寻农业产业化之路》，暨南大学出版社，1997，第 64—65 页。

② 有关这一时期乡镇财政税收的实况描写，参见田毅、赵旭《他乡之税——一个乡镇的三十年，一个国家的“隐秘”的财政史》，中信出版社，2008。

会选择尚在集体手中经营的土地，包括乡镇农场、村办农场或集体机动地。如果不够，就要依靠当地政府和村集体，向农户租赁土地。

下面就列举几个案例，具体介绍“外来资本”是如何在当地政府的组织和协调下，以“反租倒包”的方式下乡租地的。

（四）“反租倒包”的若干典型案例

案例一，烟台中粮公司。烟台中粮公司位于山东省蓬莱市，是中国粮油食品（集团）有限公司的控股企业，生产、销售中国葡萄酒著名品牌“长城”系列干红、干白葡萄酒。作为一家专门从事葡萄酒生产及销售的企业，优质葡萄的规模化供应一直是决定企业发展的一个关键环节。

烟台中粮公司在发展初期，主要采用“订单农业”的方式，企业与农民签订葡萄收购合同。但要生产出高品质的葡萄原料，就要求农户限制产量，限制亩株数，控制采摘时间。这种短期的、不稳定的合约，很难让农民认真地遵守和履行。很快葡萄原料治理问题就暴露出来了。为了克服这一发展瓶颈，2000 年，烟台中粮公司决定投资建设规模为 5000 亩的酿酒葡萄生产基地。在基地建设过程中，烟台中粮公司采取“反租倒包”的方式，向农民承租土地。具体做法是：第一，由几个乡镇政府联合组建基地公司，以土地入股基地公司的方式，收回农户的承包地。第二，烟台中粮公司以每亩 420 元的租金，向乡镇政府组建的基地公司租赁土地。土地租赁期为三十年。第三，基地公司负责处理与农民的关系，并统筹管理葡萄生产基地的事务。烟台中粮公司按每亩 50 元付给基地公司，作为基地公司的管理费用，如人员工资、办公费用等。第四，在基地公司的统筹安排下，与 1000 多户农民签订葡萄种植合同，并将烟台中粮公司租用的土地再“倒包”给农民种植葡萄，但农民种植葡萄必须严格按照烟台中粮公司农技人员的要求去做。葡萄成熟后，全部由烟台中粮公司收购。第五，烟台中粮公司负责种植葡萄基地的水、肥、苗、种、电等其他设施的供应，对土地进行统一规划和整治。第六，公司与“倒包”葡萄园的农户收益分配方式是按亩付给农户劳务费和葡萄超产时，对达到标准的超产部分公司按市场价收购。[①]

---

① 秦业权：《“反租倒包”中国农业产业化结构调整的新思路——烟台中粮建设葡萄基地》，《商业时代》2001 年第 3 期。

到了2002年，烟台中粮公司再次扩大葡萄种植基地时，这种“反租倒包”的方式也遇到了一些问题：一是基地生产主要采取工厂化管理方式，农民生产自主性较小，不能充分调动农民生产积极性；二是“反租倒包”的做法与国家现行土地政策和上级精神不相符。在此形势下，烟台中粮公司不得不寻找他路。①

案例二，野力公司。野力公司是秦皇岛市一家生产葡萄酒的企业。起初，公司曾与昌黎县的农户签订了3000多亩的葡萄收购合同，每亩付给农户基础投资300元，试图以“公司+农户”的方式解决葡萄原料来源问题。但实际运作过程中，公司对农户种植的葡萄质量很难控制，而且，公司要面对几百个农户，也很难保证农户认真履行收购合同。在此情况下，公司在当地政府协调和支持下，于1997年11月通过乡政府和村委会，在昌黎县向4000多个农户（以村委会为代表）租赁了1万亩土地，建立了葡萄种植基地。葡萄种植基地的租期为十年，每亩租金为每年600元，其中500元付给农户，50元付给乡政府，50元付给村委会。由乡政府和村委会负责土地的水、电、路的设施建设。

在这个案例中，地方政府是如何组织村集体及农户流转土地的，这里就不得而知了。但有一点是可以肯定的，野力公司作为一家城里的企业，是无法直接与村集体及一家一户的农民打交道的，况且，野力公司租赁土地的规模这么大，肯定是要跨村的，甚至要跨乡镇的。没有当地政府出面组织和协调，仅靠野力公司自己是办不到的。

公司获得土地使用权后，将租赁的土地进行改造和平整，将万亩葡萄种植园分为两大片、12个区、43个小组，以劳务定额合同的形式，分包给农户。公司

---

① 据笔者调研了解与收集到当地政府的总结材料，种粮公司在计划建设二期10000亩葡萄基地时（实际建设5716亩），采取了农民土地股份合作社的形式。具体运作方式是：首先，对用于基地建设的土地进行价值评估，农民以土地承包经营权折价入股，户均入股土地5.8亩，平均每户折合入股资金9.22万元，入股农户共992人。企业以整治开发葡萄基地的投入入股，入股资金数量根据土地开发的实际数量进行确定。其次，在此基础上，成立土地股份合作社，共组建了14个葡萄种植合作社。土地股份合作社的运作包括以下几个方面：第一，土地再分配。合作社将农民入股的土地开发为葡萄基地以后，按照“入股社员优先”的原则，进行土地再分配。入股社员如果不愿从事种植管理，其入股土地由合作社另外安排经营，合作社保证按其入股资金数量分红，保证其享受有关优惠政策。第二，组织标准化生产。实行标准化生产管理模式，划片管理、责任到户，统一技术标准，统一苗木栽培，统一采购、供应农业生产资料，统一管理与技术服务，统一组织收购葡萄。第三，考核结算。以每个葡萄种植管理户为基本核算单位，合作社与社员签订葡萄经营管理合同，实行户交售、户结算方式。合作社内部流通采用经济往来手册与分户账相结合方式，动账不动钱，日清月结，年终结算。第四，收益分配。合作社的收益按照以下原则进行分配：一是公益金，用于社员的养老金、农村合作医疗补助、子女助学金等福利事业支出；二是社员股息分红；三是社员生产经营管理奖励；四是公积金，按照合作社当年收益提出的用于发展再生产和以丰补歉部分。

委派专家和经营管理者，对葡萄生产基地实行统一管理和技术指导，包括统一引进种苗、统一进行田间管理、统一收获等，并将葡萄种植分为补苗喷药、架线绑苗、追肥浇水、扶芽定梢、松土除草、采收冬剪、下架防寒等28个操作环节，对每个操作都做出了劳动定额和质量的规定。农户要按照公司的要求进行操作，公司根据分包土地的数量、农活的质量、产品产量向农户支付报酬。农户成为向公司包地、包活、包产的农业工人。①

案例三，安徽润禾棉业公司。安徽润禾棉业是一家主营棉花加工的企业，该企业与安徽灵璧县冯庙镇某村合作，建立5000亩的棉种产业化基地。具体的做法是：村里先召开村民代表会议、村民大会、一事一议会议等，组织农民将土地出租给润禾棉业公司，出租价格为每亩每年300元，公司将土地集中起来，再以每亩250元反租给愿意种棉种的农户，反租面积不超过15亩。这每亩50元的租金差价作为扶持资金。② 显而易见，这笔钱实际上是归村集体掌握。这种“外来企业”联合村集体，通过村集体租地，并通过村集体“分包”给农户的做法比较普遍。

上述的介绍可以看出，从形式上看，由“外来资本”主导的“反租倒包”与第十章第二节所叙述的在村集体主导下的“反租倒包”以及“两田制”没有什么区别，这两者的区别主要在内容上：一是在村集体主导下的“反租倒包”以及“两田制”的情况下，土地承包人通常是本村的农户或外来的专业种植户，承包土地的主体是农户，大多是“自耕农”，这些农户仍具有独立自主的经营权；而“外来资本”主导的“反租倒包”，主要采用雇工经营，或者“倒包”土地给农户，但“承包”的农户也要服从“外来资本”的经营安排，农户没有自主经营权。二是在村集体主导下的“反租倒包”以及“两田制”的情况下，一般其土地集中的规模较小，而由“外来资本”主导的“反租倒包”，其土地集中的规模较大，且租期较长。三是在村集体主导下的“反租倒包”以及“两田制”，基本上是村集体说了算，而由“外来资本”主导的“反租倒包”通常是在

① 韩俊等：《野力集团对农业产业化的新探索》，《中国经贸导报》2000年第6期。另参见农业产业化经营模式课题组《野力模式：农业产业化的新探索——工商企业进入农业领域的研究报告》，《中国农村经济》2000年第2期。

② 蒋省三、刘守英、李青：《中国土地政策改革——政策演进与地方实施》，生活·读书·新知上海三联书店，2010，第37页。另参见安徽省人大常委会农业与农村工作委员会编《农村土地流转调查研究》（内部资料），2009，第35页。

乡镇或县级政府的支持和推动下进行的，甚至是由乡镇政府出面直接向农户收地，村集体并没有多少发言权，只是起到“配合政府工作”的作用。

许多情况下，村集体主导的“反租倒包”与“外来资本”主导的“反租倒包”往往是混在一起操作的。村集体将承包地划分为“口粮田”和“责任田”，将“责任田”以“反租”的方式集中起来，再出租给“外来资本”。总之，无论是村集体主导下的“反租倒包”，还是“外来资本”主导的“反租倒包”，或是实行“两田制”，都是要收回农户的承包地，都有“强迫”农民流转土地的“嫌疑”。因此，在中央政策制定者看来，这些都属于一类问题。

（五）“反租倒包”总体发展状况

自 20 世纪 90 年代中期，在地方政府的积极推动下，“反租倒包”一度在全国部分省份的农村流行。据中央财经领导小组办公室于 2001 年上半年对全国 13 个省所做的调查，在山东、浙江、河北三省，“反租倒包”占土地流转总量的比重分别为 32.6%、25% 和 11.4%。[①] 另据农业部的调查统计，全国“反租倒包”涉及面积 29.7 万公顷（445.5 万亩），其中天津、河北、上海、江苏、浙江、山东和河南 7 个省（直辖市）涉及土地 20.7 万公顷（310.5 万亩）。[②] 值得说明的是，这里所统计的“反租倒包”很有可能既有“外来资本”主导的，也有村集体主导的。

（六）“反租倒包”所产生的问题

由于“反租倒包”能够吸引外来投资、助推农业产业化，为当地政府和村集体带来可观的收益，农业税费有了着落，村集体收入有了保障，而且“反租倒包”在一定程度上还能避免土地撂荒，所以，“反租倒包”得到了不少农村地区的地方政府特别是乡镇政府的青睐，村集体也有足够的动力去积极推动。有些地方还由乡镇政府出面，直接向农户租地，乡镇政府成为土地转包的主体。例如，江西永丰县曾推广“乡镇示范基地”模式和“科技示范园”模式。这两种模式

---

① 丁关良：《土地承包经营权流转法律制度研究》，中国人民大学出版社，2011，第 90—91 页。另参见张红宇《中国农地调整与使用权流转：几点评论》，《管理世界》2002 年第 5 期。

② 刘坚主编《〈农村土地承包法〉培训讲义》，中国农业出版社，2002，第 82 页。

都是当地乡镇政府直接向农户租地，或者转包给乡镇干部，或者转包给乡农业技术部门。①

应该说，“公司+基地+农户”是小农户对接大市场的一种有效途径，成功的案例不在少数。但是这种经营方式有一个致命的弱点。这就是农户能否从中获益，完全依赖于农业产业化企业的运作。如果企业盈利，运作顺利，这种经营方式就能够顺利地运转下去；如果企业亏损，运行不利，农民就要承担较大的风险。农民完全没有自主选择能力。另外，在现实的运作中，企业与农户双方都存在投机取巧的动机，其利益很难平衡。

为了推行“反租倒包”，当地政府都会大力宣传会给农户带来如何大的好处，如农户可以得到固定的土地租金，还可以到农业经营企业或“大户”打工挣工资，或者向农业经营企业或“大户”“分包”土地，赚取收益，挣“两份钱”，但实际情况往往并非如此。这是因为，与一家一户“小农”相比，农业经营企业对劳动力的使用更集约，根本用不了这么多的劳动力。据调查，江西省南昌蒋巷镇出租给广东企业的5万亩地，涉及8000多农户，4万多人。在企业分包种地的只有约300人，其中本镇农民也只有160人。其他农民想要去种田，必须再到这些分包户那里做短工。该镇仅三洞村就有约200户农户没有了地。当地媒体说该镇政府负责让3000名无地农民再就业。但在实地调查过程中，情绪激动的农民将调查人员围起来，纷纷诉说他们现在无地可种，而当地干部也说不清楚把农民从地里赶出来后可以让他们到什么地方去搞二三产业。② 这就是说，实行“反租倒包”后，绝大多数农户不仅失去了对土地的经营权，也丧失了耕种权。

还有一些农业经营企业不能兑现对原承包农户的租金承诺，造成原承包农户与农业经营企业的矛盾，甚至发生冲突。例如，福建省长乐市将一块位置优越、土质肥沃的土地包给外商，租金只有每亩每年180斤稻谷，引发村民多次上访。又如，一家外商在福建省长乐市猴屿乡租赁的2000亩地，协议约定一次性付给当地政府20万元，另外每年还要支付租金。两年过去后，外商仅付了3万元，

① 吴杰、胡小泉、李永生等：《探索土地流转机制，促进农业跨跃发展——对永丰县农村耕地“反租倒包”发展情况的调查》，《金融与经济》2001年第9期。

② 马晓河、崔红志：《建立土地流转制度，促进区域农业生产规模化经营》，《管理世界》2002年第11期。

还将土地转租他人，转租不成则成了撂荒地。当地政府拿不到租金，无法给农民兑现，一些农民以此为由拒交税费。①

更有甚者，一些乡镇政府和村集体为了在“反租倒包”中获得利益，往往会动用行政的力量强行以较低的租金回租农户的承包地，再以较高价转包给农业经营企业或种植大户，将“反租倒包”作为创收的手段。这种做法引起农民的强烈不满。例如，浙江丽水市的一个村。2001 年春，该村要搞“反租倒包”，将村里的承包地都租出去。村里曾开了一次生产队长会和一次党员会，会上大家一致反对把土地租出去。后来，镇干部到村民家做“工作”，但还是有一半的农户不同意。在此情况下，当地政府调集了区、镇、村干部和公、检、法部门人员，共 300 多人，排成长队，拉起警戒线，让两台大铲车开进地里铲庄稼，强行收地，引起现场一片混乱。有的农民冲到田里，试图阻止大铲车铲庄稼，但不是被推倒就是被抓起来。②

（七）中央对“反租倒包”的政策态度

按照学者们所倡导的模式，“反租倒包”是农业经营企业或“大户”从农户手中把土地租过来以后，还要将土地“倒包”给原来的农户。只有这样做，原来的农户才不会丧失耕种权。因此，有学者认为“反租倒包”是“不动摇农民土地承包权的基础上，通过土地流转制度的创新，可以形成农业增长的新动力”，③是“土地制度的创新”。④ 也有具有官员身份的学者将“反租倒包”作为农业产业化发展的形式。⑤ 许多地方的农业政策研究人士，根据本地的实践，对“反租倒包”更是持积极赞扬的态度。1998 年中央出台文件也提出，“鼓励国内外大型

① 马晓河、崔红志：《建立土地流转制度，促进区域农业生产规模化经营》，《管理世界》2002 年第 11 期。

② 蒋省三、刘守英、李青：《中国土地政策改革——政策演进与地方实践》，生活·读书·新知上海三联书店，2010，第 38 页。

③ 韩俊等：《野力集团对农业产业化的新探索》，《中国经贸导报》2000 年第 6 期。

④ 郭书田：《反租倒包土地制度的创新》，《农村合作经济管理》2000 年第 7 期。

⑤ 曾任全国政协常务、全国政协经济委员会常务副主任王郁昭曾撰文将“反租倒包”作为农业产业化的一种类型。根据王郁昭对“反租倒包”的描述，“反租倒包”是龙头企业或单位，为了扩展新的生产领域，把农户的土地使用权租过来，按龙头单位的规划统一种植、统一经营，然后再返回去承包给农民，进行专业化生产，如搞良种基地、特种作物生产等，使资源得到了重新配置，既解决了龙头单位的需要，农户又可增加收入。参见王郁昭《用邓小平“两个飞跃”的思想积极稳妥地推进农业产业化进程》，载关锐捷主编《探寻农业产业化之路》，暨南大学出版社，1997，第 17 页。

工商企业进入农业领域投资开发”，但也反对强制推行土地规模经营的做法。①

1998年6月23日，由国务院发展研究中心主办的《中国经济时报》对一些乡镇政府强行收回农户的承包地引发农民的激烈抗争的事件做了报道。这一报道在社会各界产生较大的反响。② 这些都被认为是实行“反租倒包”的结果。

随着“反租倒包”暴露出的问题越来越多，更为重要的是“反租倒包”有可能动摇家庭土地承包制这一农村基本经济制度，一些学者对“反租倒包”的做法提出了否定意见。2001年11月，当时在农村政策研究界有重要影响的陈锡文发表文章，对“反租倒包”的做法提出了质疑。③ 按照当时农业部主管农村经济体制与经营管理司负责人的归纳，“反租倒包”存在以下三个问题：一是操作过程缺乏群众监督，没有充分尊重承包农户的意愿；二是农户流转收益增加不多，集体倒包收益难以惠及流转农户，其收支管理常流于形式；三是农村集体经济组织往往迁就受让方的意愿，对流转土地用途监管不力，易导致耕地占用管理失控。④ 这些观点和看法直接影响到中央高层的决策。

2001年12月，中共中央发出了《关于做好农户承包地使用权流转工作的通知》，该通知明确指出“由乡镇政府或村级组织出面租赁农户的承包地再进行转租或发包的‘反租倒包’，不符合家庭承包经营制度，应予制止”，并提出“中央不提倡工商企业长时间、大面积租赁和经营农户承包地”。2002年5月，农业部下发了《关于贯彻落实〈中共中央关于做好农户承包地使用权流转工作的通知〉的通知》，该通知对工商资本经营农业的范围加以限定，对工商资本下乡租赁的行为给予规范，并要求各地方政府对不符合中央政策精神的“反租倒包”

① 1998年出台的《中共中央国务院关于一九九八年农业和农村工作的意见》中提出，“实行土地适度规模经营必须坚持具备条件和群众自愿，不许强制”，“鼓励国内外大型工商企业进入农业领域投资开发”。

② 1996年12月云南省呈贡县曾发生一起因公司与农户的租地纠纷，导致数千农民包围村办事处，上百人抄砸涉事公司的事件。参见温铁军《中国农村基本经济制度研究——“三农”问题的世纪反思》，中国经济出版社，2000，第402—406页。2001年浙江丽水市某村也曾发生因“反租倒包”而引发的群体性事件。参见蒋省三、刘守英、李青《中国土地政策改革：政策演进与地方实施》，生活·读书·新知上海三联书店，2010，第38页。

③ 陈锡文在《慎重对待农地流转》一文中指出，“目前采用的‘反租倒包’存在不少问题”，“鼓励公司提供农业的产前产后服务和投资开发非耕地农业资源，限制公司直接从事农业生产活动及大量占有耕地”。参见《经济参考报》2001年11月28日。陈锡文之前曾在中央财经领导小组办公室任职，主要负责“三农”政策的研究和制定工作，时任国务院发展研究中心副主任。

④ 刘坚主编《〈农村土地承包法〉培训讲义》，中国农业出版社，2002，第82页。

做法进行清理和规范。[①] 很明显，中央的政策导向是支持农业产业化企业开展社会化服务经营，反对其介入种植领域。曾作为中央农村政策的主要专家之一的陈锡文曾明确表示龙头企业定位是为农户提供产前、产中、产后服务，而不是大规模经营土地。[②]

（八）中央对“反租倒包”“表态”之后

2002 年 3 月爆发了震惊中国证券市场的“蓝天事件”。中国第一批农业产业化国家级龙头企业——湖北蓝天集团公司因财务造假被媒体曝光。该公司通过湖北洪湖市政府“圈占”农民土地达 5000 多亩。“蓝天事件”后，有 7000 名农民失去土地也失去了工作，没有了生活来源，由此引起的纠纷和冲突不断。2003 年 2 月，新华网发文称“农业产业化不能让农民失去土地”。2004 年 5 月，号称要投资 5 亿元，在新疆开发 30 万亩荒地、建设高效现代化农业的德隆集团公司，因资金链断裂，遭遇股市崩盘，轰然倒塌。[③] 工商资本大肆下乡圈地，成了公司炒作股票的题材。农业产业化也因此受到质疑。“反租倒包”失去了农业产业化的光环，一时成为“禁区”。

然而，到了 2000 年以后，“反租倒包”这种土地流转形式不仅没有绝迹，而且以发展现代农业、都市农业、高效农业、高科技农业等各种名目继续“蓬勃发展”。在操作上，与之前有所不同的是：第一，地方政府更加注重对大规模土地流转项目的“把关”和风险的防范；第二，按照现行的土地流转政策，该办的手续要尽量办齐，只要项目能够顺利运作，“不出大乱子”，即使有“反租倒包”

---

① 该通知提出，“工商企业或单位投资开发农业，有利于引进资金、技术、管理经验和优质品种，开拓市场，促进农业的发展。但工商企业或单位随意租赁和经营农户承包地隐患很多，要按通知要求规范境内外工商企业和单位租赁农户承包地，不提倡工商企业长时间、大面积租赁和经营农户承包地，不要动员和组织城镇居民到农村租赁农户承包地。要鼓励各类工商企业采取公司加农户和订单农业等方式，带动农户发展产业化经营；鼓励工商业、科研单位等社会力量在农业的产前、产后服务和‘四荒’资源利用等方面投资开发农业。农业加工、流通企业和农业科技单位，发展设施农业，应当尽量与乡镇企业示范场或国有农场结合，利用其设施和土地，也可以小范围向农户租赁承包地。外商在我国租赁农户承包地，必须是农业生产、加工企业或农业科研推广单位，其他企业或单位不准租赁经营农户承包地。已经租赁农户承包地的，要进行清理和加以规范”。

② 2010 年 8 月 7 日在海南海口市举办的一个国际论坛上，时任中共中央农村工作领导小组副组长、办公室主任陈锡文曾说：“我们鼓励工商资本和社会资本下乡，鼓励他们对农业产前、产中、产后进行服务，鼓励开展农产品加工营销，鼓励开发农村集体组织和农户没有能力开发的闲置资源，但不鼓励工商资本长时间大规模地直接参与农业经营。”参见《中国证券报》2010 年 8 月 9 日。

③ 虽然德隆集团公司的新疆农业项目不了了之，但新疆的番茄产业却迅速发展起来了，新疆的昌吉州成为全国最大的番茄生产基地。

之嫌，也不会有人追究。农业治理项目化成为地方政府积极参与和推动土地流转的重要“抓手”。这就是本章下节要叙述的内容。

2010 年 7 月，中国著名的计算机设备企业——联想控股成立农业投资事业部，高调进入现代农业投资领域，一时引起了社会各界的广泛关注。2012 年，联想控股正式成立联想佳沃集团，在青岛、成都等地建立了蓝莓和猕猴桃种植基地。联想成为工商企业投资现代农业、涉足农业种植领域的一个代表。①

2012 年 3 月，国务院办公厅下发了《关于支持农业产业化龙头企业发展的意见》。这是农业产业化发展 20 多年来，中央政府首次出台的全面系统的政策性文件。农业产业化龙头企业被认为是规模经营的带动者。② 随后，在现实中已经存在多年的工商资本下乡流转土地的行为终于得到了中央政策上的承认。③ 在各级地方政府的大力支持下，投资农业的“外来资本”以新型农业经营主体的新身份进入土地流转市场。④

二、项目制推动下的土地流转

（一）农业治理项目化的起因

有学者观察到，进入 2000 年代以后，中国政府治理社会的方式发生了一个根本的转变，即由项目制取代了单位制。⑤ 在计划经济时期，国家治理经济是通过向国有企业也包括城镇集体企业（即单位）下达各项经济计划来实现的。这就是所谓的“单位制”。中国进入市场经济时代后，计划经济时期的计划主要执

① 有关对联想佳沃进入种养业的调查，见农业部产业化办公室等编《农业产业化探索与实践》，中国农业出版社，2015，第 231—243 页。

② 2012 年 3 月国务院办公厅下发的《关于支持农业产业化龙头企业发展的意见》中提出，“支持龙头企业带动农户发展设施农业和规模养殖，开展多种形式的适度规模经营，充分发挥龙头企业示范引领作用”。

③ 2013 年中央一号文件即《关于加快发展现代农业进一步增强农村发展活力的若干意见》提出，“鼓励和支持承包土地向专业大户、家庭农场、农民合作社流转，发展多种形式的适度规模经营。……探索建立严格的工商企业租赁农户承包耕地（林地、草原）准入和监管制度。……鼓励和引导城市工商资本到农村发展适合企业化经营的种养业”。这实际上间接地认可了农业企业下乡流转土地的行为。2013 年 11 月召开的党的十八届三中全会通过的《中共中央关于全面深化改革若干重大问题的决定》中将农业企业包括在规模经营主体之内，提出“鼓励承包经营权在公开市场上向专业大户、家庭农场、农民合作社、农业企业流转，发展多种形式的规模经营”。这是中央在政策上首次认可和鼓励农业企业下乡流转土地。

④ 有关对此的叙述，见本书第十二章第四节。

⑤ ［美］黄宗智：《中国的新型小农经济：实践与理论》，广西师范大学出版社，2020，第 355—383 页。

行者——国有企业全面从竞争性行业退出，国家指令性的计划被指导性规划替代。国家通过编制各种规划来表明自己的执政意图和目标。在这些规划中，最重要的是每五年编一次的规划。在“五年规划”中，经济发展规划也就是通常所说的产业规划是重头。在单位制解体的情况下，政府规划如何落实就成了一个问题。项目制由此应运而生。项目制成了落实政府规划的主要手段。

项目制是指地方政府为了落实产业规划或上级下达的任务，将规划或任务“组合和包装”成若干项目，向社会推介，吸引社会资本及个人进行项目投资的制度安排。这就是通常所说的招商引资。实行招商引资要具备三个基本条件：一是要符合国家的产业政策；二是要有国家的政策支持，主要是财政支持和金融支持；三是地方政府要能提供土地，即项目落地。对于种植类的农业投资项目来说，在这三个基本条件中，项目落地最为重要。

长期以来，“稳定和完善以家庭承包经营为基础、统分结合的双层经营体制”是中央制定农村各项政策的一个基本出发点。[①] 政策界的主流坚持认为，发展现代农业要建立在农户的家庭承包经营的基础上。[②] 显然，家庭土地承包经营主体是指“小农”。因为只有“小农”才会与村集体发生土地承包经营关系，才能成为家庭土地承包经营户。中央的政策导向也是扶持“小农”，即通过制定和实施各种有利于调动家庭土地承包户的种植积极性的政策，稳住“小农”、稳住粮食生产和其他农产品供应、稳住农村社会。然而，地方政府官员在实践过程中深深地体会到，发展现代农业是不能靠一家一户的“小农”的。

2000 年前后，各地方政府为了落实中央提出的农业结构调整战略，[③] 纷纷制定了“一村一品”“一县一业”发展高效益的特色农业的规划，要求当地农户种

---

① 党的十七届三中全会通过的《中共中央关于推进农村改革发展若干重大问题的决定》对此的完整表述是“以家庭经营为基础、统分结合的双层经营体制，是适合社会主义市场经济体制、符合农业生产特点的农村基本经营制度，是党的农村政策的基石，必须毫不动摇地坚持”。到 2012 年党的十八大以后，该政策口径有所变化，改为“稳定农村土地承包关系”，在农业经营体制上，也改为“要尊重和保障农户生产经营的主体地位，培育和壮大新型农业生产经营组织”，见 2013 年中央一号文件即《关于加快发展现代农业进一步增强农村发展活力的若干意见》，用更为广义的“农户生产经营”替代了“家庭承包经营”。2013 年党的十八届三中全会通过的《中共中央关于全面深化改革若干重大问题的决定》更明确地用“家庭经营”替代了“家庭承包经营”，具体表述为“坚持家庭经营在农业中的基础地位，推进家庭经营、集体经营、合作经营、企业经营等共同发展的农业经营方式创新”。

② 陈锡文：《在家庭承包经营的基础上逐步实现农业现代化》，《求是》1998 年第 20 期。

③ 2000 年中央农村工作会议上针对农产品生产过剩情况，特别是农民“卖粮难”的问题，提出“大力推进农业和农村经济结构战略性调整，全面提高农业和农村经济的素质和效益，增加农民收入”。农业结构调整的实际内涵是发展高值高效农业、发展出口创汇农业。

这个、种那个。一时间，在全国农村，蘑菇、木耳、葡萄、西瓜等所谓的“高价值农产品”到处都是，供大于求，导致产品价格大跌，害了不少农户，也损伤了政府的形象。

2003 年 1 月，农业部印发了《优势农产品区域布局规划（2003—2007 年）》。该规划提出要在每个优势农产品的产区建立优势产业带和产业区。① 根据这个要求，各地方政府纷纷编制了发展优势农产品的区域发展规划。② 但如何要求分散“小农”按照政府的规划实施，就成了地方政府特别是乡镇政府最为“头疼”的问题。经过了几轮折腾之后，大多数地方政府官员都明白了一个道理，在短期内，“小农”是发展不起来的，要想发展现代农业，而且要“加快”，必须依靠“大户”和“老板”，最好的方式是通过招商引资，将城里的资本引到乡下来，做大项目投资。③ 这就是说，能够承接和落实地方政府发展现代农业项目的主体是“大户”和“老板”，这些“大户”和“老板”主要指企业农场或农业企业，也包括资本实力较强的个体户。

（二）项目化的运作方式

地方政府以地招商的方式是将农业产业项目化，即将本地特色农产品或有潜力成为本地特色农产品（通常不是大田作物）的生产和经营“包装”成项目，配套一系列优惠政策，向外推介。农业产业项目名目繁多，如现代农业产业示范园（基地）、现代农业科技示范园（基地）、××品种种植（生产）基地、农业生态园、现代农庄等。这些项目是地方政府进行招商引资的“载体”。同时，地方政府可以把这些项目申报成为省级或国家级的农业项目，例如，现代农业示范区、现代农业产业示范园、产粮大县、高标准基本农田示范基地等，并通过各种渠道，争取省或中央的财政支持。对于地方政府来说，能争取到这些省级或国家级的农业项目，可以改善本地政府的财政状况。在现实中，这些项目制的运作大

---

① 该规划提出，“在每种优势农产品的优势产区，选择若干重点地区，面向优势农产品整个产业发展的需要，采取一种优势农产品制定一个战略，明确主要目标市场，选择一批龙头企业，推广一套实用技术，制定一套扶持政策，实施项目带动等措施，大力推行规模化生产、标准化管理、专业化服务和产业化经营，以提高优势产区的生产和管理水平，辐射带动形成一批优势产业带和产业区”。引自宋洪远主编《农村改革三十年》，中国农业出版社，2009，第 90 页。

② 2003 年，笔者曾主持过一项关于福建漳州市发展特色农业规划的前期研究。

③ 在以农业为主的地区，地方政府发展经济普遍秉持着农业产业化、土地经营规模化、土地要素市场化的理念。

体可以分为企业主导型、政府主导型和企业与政府合作型。

企业主导型项目通常做法是：第一，企业先向当地政府提出一份项目建设规划或计划，表明投资和租地的意愿。项目建设规划或计划包括经营内容、项目选址、土地经营面积、投资规模和投资计划等，并与当地政府沟通。第二，如果当地政府认可该项目，双方达成合作意向，签订协议。当地政府负责协调土地流转事宜，并争取上级的财政支持，企业负责筹集资金。第三，当地政府责成专人或组织专门班子协调此事，与企业一起到现场勘查、调查农户流转土地的意向、考察周边的环境等。第四，项目基本确定后，就开始启动土地流转工作。企业着手进行项目规划建设。

政府主导型项目通常做法是：第一，由政府相关部门编制项目规划，确定用地规模和位置、经营内容，投资计划和融资方案等。第二，由政府出面参照征地方式，将土地长期流转到政府的手中。第三，政府对土地进行整理和区分，完善基础设施，如水利、道路等。第四，政府组织对外发包，将土地发包给符合政府规划的企业或“大户”承包经营。第五，政府成立管理机构，对项目实行统一管理。

政府与企业合作型的通常做法是：第一，由政府相关部门编制项目规划，确定用地规模和位置、经营内容、投资计划和融资方案等。第二，政府以项目规划对外招商引资，政府与有投资意向的企业签订合作协议，政府负责流转土地，企业负责出钱。第三，政府向村集体下达土地流转任务，当地乡镇干部与村干部一起做农户的工作。待农户的工作做通后，在签订土地流转合同环节，或者是由企业与农户签订流转合同，或者是企业与村集体签订流转合同。

在现实中，除一些具有示范意义的项目如“新品种示范”“新技术示范”项目之外（这类项目要依托农业大专院校或科研机构，当地政府要为这些农业大专院校或科研机构提供土地），真正由政府主导的项目并不多。不少名为政府主导型项目，背后都是企业投资的。对有些占地较大且跨乡镇的土地流转项目，需要县级或地市级政府来协调，通常会采取政府与企业合作的方式，实际的投资主体还是企业。

值得强调的是，与一般的建设项目不同，农业项目也是国家财政及金融重点支持的项目，特别是粮食生产项目。[①] 对于许多农村地区的县、乡镇政府来说，

① 除农业项目之外，国家在财政及金融上重点支持的项目还有高新产业项目、战略性新兴产业项目、军民融合项目等。

农业项目的招商引资目的不是增加当地政府的税收，[①] 而是向上级政府特别是向中央政府争取财政支持，即通常所说的“跑项目”。在经国家认定的产粮大县，招商引资项目也是国家的农业财政补贴项目。[②] “跑项目”和招商引资实际上是一回事。由于国家农业财政补贴项目是落实到县级政府的，所以，有国家农业财政补贴的招商引资项目一般都是在县级政府主导下进行的。有学者将之称为“‘以县为主’的项目化治理”。[③]

（三）项目制推动了土地流转

“大户”或“老板”进入农业领域，承接当地政府规划的农业项目，首先要的是土地，而且是一定规模、连片的土地，这就说明项目要“落地”。但大部分土地是掌握在承包农户手中的，小部分土地是在村集体手里。因此，“大户”或“老板”要想获得土地，就必须通过土地流转。

在这一时期，中央一直对“反租倒包”、企业下乡大规模租地持反对态度。[④] 与此同时，在农业、农村发展政策上，中央鼓励社会资本投资经营现代农业、建设新农村。[⑤] 中央对农地管理的政策取向与对农业发展的政策在现实中是有矛盾的。地方政府官员心里都十分明白“发展是硬道理”。这个“硬道理”的一个现实体现是，招商引资已经成为这一时期考核地方政府官员政绩、决定地方政府官员升降的硬指标。[⑥] 到了2000年以后，大多数地方政府官员已由以前的“包

---

① 事实上，地方政府在农业项目上的招商引资，不仅不能增加当地政府的税收，而且政府在财政上还要“倒贴”。

② 2005年中央一号文件即《关于进一步加强农村工作提高农业综合生产能力若干政策的意见》提出，“为了调动地方政府发展粮食生产的积极性，缓解中西部地区特别是粮食主产区县乡的财政困难，中央财政要采取有效措施，根据粮食播种面积、产量和商品量，对粮食主产县通过转移支付给予奖励和补助”。同年，财政部下发了《中央财政对产粮大县奖励办法》，对产粮大县奖励标准和奖励资金的分配及管理做出了具体规定。

③ 参见龚为纲《农业治理的逻辑——农业项目的运作机制分析》，华中科技大学出版社，2018。

④ 2008年中央一号文件即《关于切实加强农业基础建设进一步促进农业发展农民增收的若干意见》再次重申：“坚决防止和纠正强迫农民流转、通过流转改变土地农业用途等问题，依法制止乡、村组织通过‘反租倒包’等形式侵犯农户土地承包经营权等行为。”

⑤ 2005年中央一号文件提出，“继续加大对多种所有制、多种经营形式的农业产业化龙头企业的支持力度”。2007年中央一号文件即《关于积极发展现代农业扎实推进社会主义新农村建设的若干意见》提出，“鼓励农民和社会资本投资现代农业。……综合运用税收、补助、参股、贴息、担保等手段，为社会力量投资建设现代农业创造良好环境”。2013年中央一号文件提出，“鼓励社会资本投向新农村建设”。

⑥ 当时，在不少经济欠发达的地区，县级政府将年度的投资计划指标分解到乡镇和县经济主管部门的官员个人，甚至扩大到所有政府部门的官员，规定必须完成的招商引资的项目金额，如乡镇书记的金额为1000万元，多了给予奖励，少了挨批评，甚至要被调离关键岗位。

税”，改为“包招商”“包投资”了。在招商引资考核的巨大压力下，地方政府努力平衡“鼓励社会资本投资经营现代农业、建设新农村”与“反对企业下乡大规模租地”的关系，并极力推广能得到中央政策认可和支持的方式，以土地入股和组织农民专业合作社的方式流转土地。以地招商，扩大土地流转规模，一时成为许多农村地区的县、乡镇级政府的一项重要任务。[①]

为了促进土地规模化流转，不少地方政府还竞相出台旨在刺激土地流转的优惠政策。例如，2008 年，福建武平县政府出台政策规定：凡土地流转连片达到 500 亩以上的，除了享受市级每百亩补助 5000 元，列入县政府示范片，县政府还给予每亩 200 元的补贴；对土地流转连片规模在 100 亩以上、列入县政府示范片的，县政府给予每亩 200 元的补贴；对土地流转连片规模在 50 ~ 100 亩的，县政府给予每亩 100 元的补贴；对每完成一宗连片土地流转面积在 50 亩以上的，给予村委会每亩 5 元的一次性奖励。[②]

除了财政奖励，地方政府推动土地流转的另一个重要“抓手”是土地整理、农田基本建设、农田水利建设等项目的财政投入。有些土地整理、农田基本建设、农田水利建设等项目就是地方政府为招商引资、推动土地向“大户”集中流转而“量身定做”。

例如，安徽繁昌县。该县平铺镇自 2007 年到 2014 年，用于各类土地整改的项目投资达 3.2 亿元，整改的土地总面积达 10 万亩，其中耕地 4.6 万亩。整改后的耕地主要用于“省级现代农业示范区”建设，整改土地的设计标准是按照“大户”规模经营的要求制定的。整改后的耕地具有以下几个特点：一是地块大。地块面积一般在 10 亩左右，最大的地块有 50 亩。二是提水灌溉的泵站大，涵洞和防水口少，原有的坑塘被填。三是田间道路得到了较大的改善。但实际上，这种土地整改对“大户”有利，而对“小农”是不利的。一是整改后的土地，“小农”浇地不方便了，无法就近取水了；二是地块太大，地不平、更费人力，“小农”家里的小型农机具也不好操作了。然而，这些对“大户”都不是问题。只要土地经营规模足

---

① 有些农村地区的县、乡政府将土地流转规模作为考核干部的重要指标，年初下任务，年终考核。2014 年中共中央办公厅和国务院办公厅下发的《关于引导农村土地经营权有序流转发展农业适度规模经营的意见》中规定，“严禁通过定任务、下指标或将流转面积、流转比例纳入绩效考核等方式推动土地流转”。这就说明，将土地流转规模作为考核指标的情况不是少数。

② 朱冬亮：《农业治理转型与土地流转模式绩效分析》，中国社会科学出版社，2016，第 174 页。

够大，“大户”可以用抽水设施直接从当地大、中水利系统中引水，不怕距离远；用大型拖拉机耕地，不怕地不平。这种整改土地的方式，就导致“小农”种地困难，迫使“小农”放弃自家的承包地，将土地流转给有实力的“大户”。①

另外，繁昌县政府为了推动土地向“大户”和农业企业集中流转，对整理后的土地实行“虚拟”确权的方式，即以原土地承包合同为依据，确定农户土地承包面积和大概的位置，但不明确“四至”。同时，将土地整理区划分为两大块，一块留给想继续耕种土地的农户，另一块是农户想参与土地流转的承包地。这块参与土地流转的承包地，由村集体统一对外出租，出租给当地的一家米业公司。以沈弄村和风形村为例。这两个村共整理土地1200亩，其中100亩留给本村农户耕种，其余的1100亩出租给当地的这家米业公司。②

据农业部有关人士调查，到2010年，全国有11%的县（市）安排了专项财政资金用于土地流转的土地整治和农田基础设施建设，有5%的县（市）安排专项资金对土地流转方给予财政奖励和补贴。③ 正如有学者所说：“如果没有政府牵头和主导，土地流转是很难发展起来的，或者说，土地流转是不可能这样快发展起来的。”④

（四）项目制下的土地流转操作方式

与一般农户之间的土地流转不同，农业大项目所占用的土地规模较大，动辄上千亩，而且土地要集中连片。在这种情况下，“整村流转”这样的方式就开始发展起来了。

要想实现“整村流转”，首先要获得地方政府的规划支持。通常，地方政府

---

① 孙新华：《再造农业——皖南河镇的政府干预与农业转型（2007—2014）》，社会科学文献出版社，2017，第83—115页。

② 安徽省人大常委会农业与农村工作委员会编《农村土地流转调查研究》（内部资料），2009，第125—126页。

③ 宋亚平：《“祸兮福所倚、福兮祸所伏”——政府主导下的农村土地流转调查》（内部研究报告），2012，第14页。

④ 张曙光：《博弈：地权的细分、实施和保护》，社会科学文献出版社，2011，第185页。中国人民大学于2016年所做的长期跟踪调查显示，对“大户”流转土地，有40.1%的受访者表示是在村里或乡镇干部协调下进行的，其中找农民商量的占比为43%，另有6.1%受访者表示根本没有与农民商量；对公司流转土地，有64.2%的受访者表示是在村里或乡镇干部协调下进行的，其中找农民商量的占比为49.3%，另有14.9%的受访者表示根本没有与农民商量。叶剑平、丰雷、蒋妍等：《2016年中国农村土地使用权调查研究——17省份调查结果及政策建议》，《管理世界》2018年第3期。

会通过编制各种形式的农业产业发展规划，将整村的土地都“包在”这个规划中。地方政府为落实规划，极力说服和动员农民将整村的土地流转出来。

“整村流转”过程中，地方政府通常是将村委会视为第一责任人，把土地流转任务压在村干部身上，并限期完成。如果项目较大，上级领导比较重视，乡镇政府还会派干部“包村”，“包村”的干部入住到村里，直接参与土地流转工作。

在现实中，“整村流转”主要有以下四种方式：

第一种方式是企业或“大户”直接流转农户的土地。具体做法是：在当地乡镇政府的协调下，企业或“大户”通过村干部与本村农户协商和谈判，确定土地面积和位置、土地租金、租地年限、地上物补偿标准以及用工条件等；村干部通过召开各种形式的村民代表大会，动员农户支持和配合政府的招商引资工作，并采用各种方式做通农户的思想；企业和“大户”希望土地集中、连片，村干部还要负责协调农户调换土地；做通农户的思想工作后，企业或“大户”逐一与农户签订土地流转合同；通常村集体作为合同的丙方，为合同的执行做担保，并负责合同的落实；土地流转合同签订后，企业或“大户”要向农户支付部分租金。如果采取这种方式，企业或“大户”就要直接面对各家农户，各家农户的想法和意愿往往不一致，因此，达成“整村流转”土地的签约成本就会较高。但一旦达成合约，只要企业或“大户”能够履约，农户通常不会反悔。

第二种方式是企业或“大户”间接流转农户土地。具体做法是：村干部先与企业或“大户”谈好价钱；谈好价钱后，村干部根据企业或“大户”提出的土地流转方案，召集村民大会或村民代表大会，与全村村民商议，动员农户参与土地流转；做通农户的思想工作后，以村集体的名义将农户的土地流转过来，村集体与农户签订土地流转协议或土地流转委托协议，村集体出面与企业或“大户”签订土地流转合同；企业或“大户”先将土地流转的钱打给村集体，村集体再把钱打给农户。对于企业或“大户”来说，采取这种方式的好处是，土地流转谈判对象单一，只有村集体，比较容易达成土地流转交易。但也有坏处。村干部 5 年选举一次，如果上届签约的村干部被选下去，下届村干部就有可能反悔，造成土地流转合约的执行不稳定。如果村集体手中的机动地较多，或者是经济实力较强，村干部的威望较高，通常会采取这种方式。在一些宗族势力较大的村，往往采取“两次流转”的整村流转方式，即农户先将土地交给村民小组，村民小组再将地交给村委会，委托村委会流转。

第三种方式是土地入股。具体做法是：在乡镇政府或县农业主管部门的协助下，由村集体牵头组织成立土地股份合作社，与农户签订土地入股收益分配的协议，将全村的土地以土地入股的方式集中起来；土地集中到村集体后，由土地股份合作社与企业或“大户”签订土地流转合同。采取这种方式，需要村集体有一定的经济实力和较强的组织力。其好处是土地流转合约关系比较稳定，企业或“大户”与农户之间可能的外部矛盾或冲突被内部化了，因此比较容易化解。通常在企业或“大户”需要扩大土地流转规模时，会采取土地入股方式。因为这时企业或“大户”的经营已经起步了，取得效益了，农户也看到土地流转的好处了。农户就更愿意以土地入股的方式流转土地。

第四种方式是企业或“大户”发起组建农民专业合作社。具体做法是：由企业或“大户”发起，吸收被流转土地的农户参加，组建农民专业合作社；农户以土地入股的方式将土地流转给合作社，并作为合作社社员，参与合作社的经营、享受合作社的分红。流转给合作社的土地实际上是由企业或“大户”支配。采取这种方式的好处与第三种方式差不多，往往是在企业或“大户”需要扩大土地流转规模时采取这种方式。由于土地入股和组建农民专业合作社方式流转土地更符合中央的政策，更容易创造“改革亮点”，所以，地方政府就更倾向于这两种土地流转方式，对企业或“大户”采取这种方式流转土地的，地方政府给予其更多的支持。

在已经建立农村产权交易市场或土地流转服务中心的地方，流转双方在场外交易意向达成后，通常要到当地的土地流转服务中心签订合同、鉴证并备案。政府发包的农业项目和较大的农业项目要在土地流转服务中心“招标”“挂牌”。

在现实中还有另一种形式的“整村流转”。在一些城市规划区或规划的新区、各类园区内，根据目前的土地利用规划，部分土地还属于农用地，但如果有开发项目“落地”，就可以通过“调规”，将这部分农用地转为建设用地。虽然“调规”能否“成功”是不确定的，但至少当地政府是这么期望的。在这种场合，地方政府往往就会引入地产开发商前期介入，或者设立园区开发投资公司，以发展现代农业项目的名义将规划区内的所有村庄的土地都流转过来，控制起来，并按建设用地开发的模式，进行“七通一平”或“九通一平”。这就是通常所说的土地“预征”。待“调规”得到上级主管部门批准后，再办理征地、转地、土地出让等手续，将这部分农用地正式地转为建设用地。

还有一种政府直接流转农村土地的情况。在不少已经建成的城市规划区内，尚有不少的农用地。按照城市总体规划，作为城市景观用地的土地，应属于建设用地。但由于建设用地指标的紧张，地方政府往往不会将其转为建设用地，而仍保留其农用地的土地性质，并以土地流转的方式，将这些土地控制下来，用于苗木、花卉、果园等园艺类种植项目。有调查显示，在所调查的城市中，在城市或道路绿化项目中大约有60%的土地，是通过“以租代征”方式占用的耕地。①

（五）若干实例

在许多大城市，农业项目的产业定位与空间布局被纳入城市总体规划。当地政府为实施和落实城市总体规划，参照引进工业、商贸、物流等国有建设用地项目的方式引进农业项目。在这些地区，几乎所有上规模的土地流转都是以政府“规划项目”名义进行的。

例如，北京通州区于家务乡。2007 年，在通州区政府的统筹规划下，该乡结合都市农业河、路综合治理工程，在凤港碱河南岸规划建设了南瓜主题农业观光园、台湾精品观光园等都市农业项目。为了实施这些农业项目，大量的土地被流转。其中一个较大的项目是由神农河谷公司开发的、占地面积为 2000 亩的航天育种的甜高粱项目。该项目是当地政府的一个招商引资项目。在与神农河谷公司签约前，乡党委组织部长、主管农业的副乡长、村党支部书记等相关人员先到神农河谷公司进行项目考察，并拿到了神农河谷公司提出的《生物能源研发种植基地可行性报告》。乡、村干部一致认可该项目后，随即展开与神农河谷公司的租地谈判。与该公司初次磋商的结果是，公司给农户的租金每亩 700 元。回去以后，乡、村两级干部挨家挨户征求意见做工作，但只有 50% 的农户同意。后又与公司进行一轮谈判，公司将租金提高到每亩 800 元，在这租金水平下，农户的同意率达到 70% 。不同意的主要是 40 ~ 60 岁的农民。因为这部分人较少，村里可以通过土地调换，将项目规划区外愿意流转的农户的土地调换到项目规划区内，将项目规划区内不愿流转的农户的土地调换到项目规划区外。这样村集体就可以

① 朱明芬、常敏：《农用地隐性市场特征及其归因分析》，《中国农村经济》2011 年第 11 期。

有效使用2000亩土地，占全村大部分土地，相当于“整村流转”。之后，村集体与村民代表和全体党员签订了“土地流转委托合同”、与神农河谷公司签订了“土地租赁合同”。合同规定，一次性将该村2000亩耕地流转给神农河谷公司，租期为十八年，每亩租金为1000元，其中付给农户800元，支付村集体农业设施服务费200元。这两份合同都在乡经管站登记备案，并经律师事务所和公证机构公证。[①]

福建武平县黎明村是另一个在政府推动下的“整村流转”的案例。黎明村是一个行政村，全村总共有耕地909亩。当地政府为了引入福建金福龙农业科技公司，建设红豆杉和金银花种植基地，动员该村以村集体名义将全村的绝大部分土地（791亩）流转给该公司，租期为十九年，租金为每亩500斤稻谷。为此，政府还配套投入50万元，完善农田水渠、机耕道建设。以上都是比较典型的由当地乡镇政府主导和推动的土地流转案例。

有的地区，政府推动土地流转是通过村集体进行的。例如江苏常熟市。该市根据《苏州市农业布局规划》的要求，于2008年编制了《苏州市常熟（古里坞坵）现代农业示范区建设规则》。根据该规划，常熟市要在古里镇规划建设“万亩生态水稻示范区”，总规划面积1.5万亩。为了落实这个规划，促进土地规模化流转，2008年，常熟市出台了力度较大的土地流转补贴政策，即达到一定土地流转规模，政府每亩提供各种补贴350元。具体操作实施主体是村集体。其基本操作过程是：在规划区内即古里镇，由村干部上门发动农户将土地流转出来，向农户许诺以每亩600元租金的高价（当时市场上的租金为每亩200～300元，高出的部分实际上是由政府出的）；村集体将分散的土地集中起来，按政府规划要求，对外发包。对外发包的方式是竞标。具体的竞标过程是：第一，规定竞标参与者需要流转的土地的规模，必须在100亩以上，租期为五年（达到此条件才能获得政府的土地流转补贴）；第二，竞标参与者必须是“有资金自筹能力、有水稻种植经验、有社会良好信誉、在村里无欠款记录”的自然人或企业；第三，竞标参与者要按每亩600元预交土地租金；第四，如果参与竞标人多于实际可流转土地的数量，就采取抓阄的方式选定实际土地租赁户；第五，土地租赁户与村集体签订土地流转合同。通过这种地方政府与村集体合作的方式，到2011年，

① 张曙光：《博弈：地权的细分、实施和保护》，社会科学文献出版社，2011，第153—156页。

古里镇的土地流转率高达 89.4%，土地规模经营大户 148 个，村办农场 10 个。政府累计向示范区投资 6000 多万元。[①]

还有的重点农业项目的土地流转是由县、市级政府直接主导和推动的。例如，山东朝日绿源农业高科技公司。该公司是一家有日资背景的公司。2006 年，该公司与山东莱阳市政府签订项目合作协议，租地 1142 亩，用于种植玉米和草莓、养殖奶牛。当地政府与该公司的合作方式是：农户将土地流转给以村为单位组建的土地合作社，再由土地合作社将土地流转给该公司。比较特别的是，这份土地租赁合同是与莱阳市政府签订的。土地租期为二十年，租金为第一个五年每亩 800 元，此后，每五年递增 200 元。[②]

（六）项目制下的土地流转普遍存在的问题

农业项目有一个重要特点是它的"小区位"没这么重要。企业或"大户"所提出的农业项目在这个乡镇没谈成，还可以到另外一个乡镇，甚至到别的县去谈。这就导致各个地方政府对农业项目的竞争十分激烈，特别是在传统农业地区。当时在政绩考核的巨大压力下，有些地方政府为了吸引大企业的投资，避免"钉子户"的干扰，不惜采取征地的方式，按自然村或行政村，实行整村拆迁、整村流转，强制农民"城市化"变为城镇居民；或者是由村集体出面，强行将农户的土地承包经营权收回，再将土地转租给企业。这种做法也引起了农民的不满和抗争。[③]

2005 年中央一号文件[④]再次强调，"承包经营权流转和发展适度规模经济，必须在农户自愿、有偿前提下依法进行，防止片面地追求土地集中"。在现实中，也会出现变相"强迫"流转的情况。通常，地方政府主推的土地流转项目用地面积都较大，少则几百亩，多则上千亩、上万亩，涉及农户少则几十户，多则上百户甚至上千户。让这么多的农民全部自愿放弃土地，把土地都交出来，这是不可能做到的。因此，乡镇干部和村干部必须采取各种"软硬兼施"的办法，给那些不愿意参加流转的农户"做工作"。通常是争取大多数，孤立少数"钉子户"，

① 樊平、宓小雄、吴建瓴等：《农地政策与农民权益》，社会科学文献出版社，2012，第 133—144 页。

② 朱冬亮：《农业治理转型与土地流转模式绩效分析》，中国社会科学出版社，2016，第 125 页。

③ 2015 年公映的一部反映农村土地流转乱象的电影《土地志》，就是讲了一个这样的故事。

④ 2005 年中共中央、国务院下发的《关于进一步加强农村工作提高农业综合生产能力若干政策的意见》。

迫使少数“钉子户”就范。毕竟农户在申请宅基地、改扩建住房、申请医药费报销和其他补贴方面，都要经过乡镇政府和村委会。在这种形势的压迫下，往往那些不自愿的农户，最后也不得不自愿了。

当然，地方政府“强迫”或“半强迫”农户流转土地也是有代价的。如果政府引进的企业经营不善，不能按时向农户支付租地，农民就会找政府解决问题。这时，政府就不得不“兜底”，垫付租金，赔付农户的损失，将土地先托管到自己名下，再另行积极招商。在万不得已情况下，就只能把土地退还给村集体和农户了。

另外，地方政府以规划为手段，以落实项目为目的的土地流转是否符合当地的实际也是一个问题。规划的园区动辄几千亩，甚至上万亩，划区、划片规定种植品种。这么大面积的土地不仅涉及不同的村，有的还跨乡镇，所面临的土地流转问题，其复杂程度可想而知。对这些复杂难题的解决，最后会落到乡镇干部和村干部身上，而这些人对规划和项目并没有多少发言权，只能是被动的执行者。而对实际情况最了解的往往就是这些人。最后，就有可能会出现规划或项目“水土不服”的问题。

三、项目制下的农业治理——湖南省衡阳县“产粮大县”项目的运作①

（一）基本情况

湖南衡阳县是农业大县，下辖26个乡镇、891个村，总人口122.3万人，其中农业人口96万人，耕地面积104.5万亩，其中水田90.1万亩、旱地14.4万亩。2005年中央提出对“产粮大县”实行财政补贴政策。2006年，衡阳县入围国家“产粮大县”，之后又连续被评为“全国粮食生产先进县”“全省粮食生产标兵”。从2006年到2010年，该县累计获得“产粮大县”奖励资金1.27亿元。2011年，该县被国务院授予“全国粮食生产先进县”的殊荣，获得奖金1000万

① 本案例资料来源于龚为纲所著《农业治理的逻辑——农业项目的运作机制分析》，该书由华中科技大学出版社在2018年出版。按照学术惯例，这部农村社会学著作对所研究的县、乡镇和村用的是化名，给衡阳县起了个化名：平湖县。本书作为一部历史学著作，须引用真实的地名。

元，并得到中央财政转移支付6000万元。2012年，该县又获“产粮大县”奖励资金3000万元。用该县县委书记的话来说：“发展粮食生产已经成为本县财政增收的核心动力。”①

衡阳县争取中央、省财政支持是通过县政府相关部门向上级政府对口部门申请立项，即通常所说的“跑项目”实现的。这些项目包括产粮大县项目（中央财政）、产油大县项目（中央财政）、集中育秧项目（省财政）、农技推广项目（省财政），以及其他一般性农业项目如农田小水利项目、农田整治项目等。该县政府得到这些项目资金后，以打造各种“示范工程”的名目划分示范片，将任务分解到乡镇，乡镇再落实到行政村，并分项向乡镇拨付资金。这些项目资金作为乡镇、村奖励及工作经费部分占大头。这就激励了乡镇、村干部推动项目的落实。该县粮食生产重点打造的是以推广双季稻种植为主要内容的示范工程。②

传统上，该县占主导地位的种植模式是“稻—稻—油”或“稻—稻”的双季稻种植模式。2000年代中后期以后，由于人工成本大幅上升，以及高产一季稻的引入，导致种植双季稻的收益大大低于一季稻。据调查，每亩的纯收益一季稻为406元，而双季稻仅为284元。显而易见的是，农户放弃了种植费工、费力、费钱的双季稻，转而种植相对较为划算的一季稻。③

虽然在经济收益上，种植双季稻并不划算，但双季稻的产量大大高于一季稻。据调查，每亩产量一季稻为650公斤，而双季稻产量高达950公斤。中央及省考核“产粮大县”主要指标是粮食产量，因此，地方政府想要保住“全国粮食生产先进县”的名誉和地位，就必须大量推广双季稻种植。在双季稻与一季稻的比较收益如此悬殊的情况下，即使种植双季稻有一定的补贴，当地政府向众多分散的小农户推广双季稻种植的难度也很大。当地政府的一个必然选择是扶持“大户”。毕竟政府与“大户”打交道的成本要远远低于与“散户”打交道的成本。政府可以集中财政资金，补贴“大户”（种植双季稻每亩补贴250元）。

---

① 龚为纲：《农业治理的逻辑——农业项目的运作机制分析》，华中科技大学出版社，2018，第23页、第37页。

② 同上书，第40—41页。

③ 同上书，第163—166页。

对于“大户”来说，因为要额外支出土地流转费用（每亩租金200～300元），“大户”种植双季稻的成本要比“散户”高，但“大户”可以采取“薄利多销”的策略，发挥经营规模的优势，况且，土地流转费用基本上可以用种植双季稻每亩的补贴来抵消。加之，“大户”的农机化水平高，农资购买成本也较低。如果算总账，这些“大户”种植双季稻还是划算的。[①] 对于超级“大户”农业企业来说，还可从政府那里获得额外的好处，例如获得农机补贴、育秧补贴、测土配方项目资金、农业新技术支持，以及农业产业化奖励、土地整理和农田水利项目支持及低息银行贷款等。但问题来了，如何将土地从农户手中流转过来呢?

（二）当地政府如何培育土地流转的“大户”

当地政府如何培育土地流转的“大户”，这里以当地一家做农资生意起家的公司（化名为安农公司）为例。

安农公司主营农资销售和稻谷收购业务，与当地政府有许多业务上的联系。2009年，该公司开始大规模参与政府推动的双季稻种植项目。该公司有一定的资金实力，可以对大块农田进行投资建设，如建设绿色农产品示范基地，施用有机绿肥、养殖稻田鸡、用诱蛾灯杀虫等。这些高标准双季稻示范基地，大多临靠大路边，很方便接待上级领导的考察，也易于应对农业部、省农业厅的考核。虽然这些示范基地有很多“作秀”的成分，但毕竟连成大片的绿油油的水稻田，比起农户分散种植的水稻田，要好看得多。因此，安农公司就成了该县推广双季稻重点依靠的对象。然而，安农公司下乡流转土地并不顺利。该公司派业务员到村里与农民谈租地的事，往往会被当地农民“骂走”。当地农户之所以不愿把土地租给该公司，主要因为：一是认为他们不会种地，把地租给他们，就会把地种坏了。二是该公司给的租金太低。该公司给出的租金为每亩200元，但有些“大户”的租金为每亩300元。即使该公司能流转到一些土地，也是一些排灌条件不好、土质差、不好耕地的“差地”。[②]

---

① 龚为纲：《农业治理的逻辑——农业项目的运作机制分析》，华中科技大学出版社，2018，第167—173页。

② 同上书，第238—242页、第269页。

为了解决土地向安农公司及“大户”集中流转的困难，该县政府采取了一系列相关政策措施。这些政策措施主要包括：一是制定区域种植规划。将该县涉及7个重点粮食生产乡镇，共6万亩耕地，按照连片的要求规划成为双季稻生产中心园区。在规划区内的农户要按“龙头企业+基地+农户”的模式，实行农业产业化经营。这样在规划区内的农户只有两种选择，或者是放弃一季稻种植，转而种植不划算甚至亏钱的双季稻，成为安农公司收购稻谷的生产基地；或者是将土地流转给安农公司或“大户”。这样就迫使不少农户不得不将土地流转出去。二是规定统一的土地流转价格，即每亩租金100~300斤稻谷，山地每亩租金50~100元。这样就省去了安农公司或“大户”一家一户进行租金谈判的不少麻烦。三是制定“大户”奖励标准，即对流转土地在50亩以上的双季稻种植大户，县财政给予每亩50元的土地流转补贴，每亩100元的种植双季稻补贴。四是项目投入。县政府相关部门整合项目资金，规划实施包括土地整理、农业开发、农田小水利等农田基础设施建设，并与安农公司联合建设全国农业科技示范园和绿色食品基地等。五是组织动员。该县主管领导挂帅，成立了县农村土地流转工作领导小组，组成由县政府相关部门配合，乡镇政府负责实施的“班子”，将土地流转任务分解到这7个乡镇，作为乡镇政府绩效考核的重要指标，并将考核指标落实到个人（正科级干部的任务是400亩，副科级干部的任务是200亩）。[①] 在实际操作过程中，乡镇的土地流转任务还是要按面积分解到村。

对于村干部来说，与动员农户种植双季稻相比，动员农户将土地流转出来要容易得多，况且还有县、乡镇的双季稻生产中心园区规划。另外，当地还实施了大规模的国土整治项目。在这个过程中，原有的耕地边界被打破了，分散的小块土地被合并为大块。村委会可以按照乡镇政府要求，将愿意流转土地的农户的土地集中起来，将不愿意流转土地的农户集中到另一处，避免了“插花地”，也易于实行土地流转。

政府的行政推动力还是很强的。据统计，到2012年，全县流转土地50.32万亩，土地流转率高达56.16%，其中安农公司流转土地3.5万亩；2013年，在

① 龚为纲：《农业治理的逻辑——农业项目的运作机制分析》，华中科技大学出版社，2018，第225—229页。

项目规划的示范区内，“大户”流转土地1.2万亩，其中种植双季稻的耕地7537亩。[①] 但能取得这一成果，当地县政府也付出了不小的代价。据统计，2009年，该县用于“大户”的补贴仅8.4万元，到2012年，补贴金额上升到430万元，其中安农公司获得补贴金额为268万元。在实际运作中，政府补贴“大户”的政策，也会被当地的村干部和村里的“能人”所利用，这些人用“散户拼大户”或上报“假大户”的方式，套取政府的“大户”补贴资金。[②] 政府对“大户”实行补贴政策还产生了另一个效应，这就是推动了土地租金的上涨。据调查，实行“大户”补贴之前，每亩土地租金为100元左右；实行“大户”补贴之后，每亩土地租金上涨到200元。[③]

四、土地信托

（一）土地信托的兴起

为了增强政府对土地的掌控力，发展规模化的现代农业项目，一些地方政府开始探索以土地信托的形式，凭借政府的财力和强大的行政动员力，将分散在农户手中的土地掌握在自己的手中，直接参与和介入土地流转市场。[④] 土地信托这种土地流转模式一出现就引起一些学者的热切关注。[⑤]

最早提出土地信托概念的是浙江绍兴。本书第十章第三节叙述过，2001年，绍兴县柯桥镇设立了土地信托中心。之后，绍兴县在全县建立了县、镇、村三级土地信托服务组织。但是，这些名为“土地信托中心”所办理的业务，并不是真正意义的信托业务。根据《中华人民共和国信托法》，信托行为的一个核心要件

---

① 龚为纲：《农业治理的逻辑——农业项目的运作机制分析》，华中科技大学出版社，2018，第258页、第239页、第231页。

② 同上书，第284—286页。

③ 同上书，第305—306页。

④ 在国外，信托业务普遍存在于金融投资和房地产物业运作领域。1979年10月中国国际信托投资公司的成立，标志着中国信托业发展的新开始。但中国信托业的发展并不顺利，曾乱象丛生，其间经历了5次清理整顿，关闭或破产了如中农信、广信这样大的信托金融机构。到2004年以后，中国信托业的发展开始步入正轨，并有较快的发展。以土地、房产为信托资产的业务，开始发展起来。参见李利明等《1979—2006中国金融大变革》，上海人民出版社，2007，第446—479页。

⑤ 有学者认为，土地信托模式是“地方政府+公司+村集体+农户+流动农业劳动力”的组织模式，建立了政府、市场、农户三方协作共赢的土地流转治理模式。参见朱冬亮《农业治理转型与土地流转模式绩效分析》，中国社会科学出版社，2016，第144页。

是受托人即信托机构要以自己的名义进行自主经营。[①] 这就是说，土地信托机构要有对土地使用的控制权和支配权，并能够通过对土地资产的运营获取利润。也就是说，土地信托是一种商业行为。显然，绍兴的土地信托中心缺乏这个核心制度要件。绍兴县设立的土地信托中心只是土地流转中介，主要是为土地转出户和转入户提供信息和鉴证服务，没有土地运营的功能，也不能从中获利。严格地说，这些信托机构是土地流转托管服务机构，即农户将有关土地流转的事务托管给政府办理。

如前所述，土地信托的一个显著的特征是受托人在很大程度上可以自由支配土地。正是利用土地信托制度这样的特点，地方政府可以通过建立土地信托公司，以土地信托公司的名义，将农户的土地流转到自己的名下，再由地方政府主导，进行对外招商引资，发展规模化的现代农业项目。同时，由地方政府掌控的土地信托公司也是承接上级政府财政投入，以及向银行融资的一个平台。虽然这些土地信托公司大多是国有独资企业，以公司化方式管理和运作的，但其自身“可盈利性”不确定。从其职能和发挥的作用来看，这些土地信托公司实际上是政府“收储”农用地的机构。福建沙县和湖南沅江市是全国最早开展土地信托业务的两个县（市）。[②]

（二）福建沙县和湖南沅江市土地信托的运作

福建沙县是全国闻名的“沙县小吃”的发源地。该县外出经营“沙县小吃”的农户多达 1.3 万户，约 6 万人，占全县农村人口的 30%。劳动力的大量外迁，直接导致出现“人走地荒”的现象。2006 年，福建沙县开始建立县、乡镇两级土地流转市场服务组织，出台政策，大力促进土地流转。到 2012 年，沙县流转土地规模达 13 万亩，土地流转率高达 65%。

2011 年，沙县政府提出了《沙县农村土地承包经营权信托试点工作方案》。

① 2001 年 4 月全国人大公布的《中华人民共和国信托法》第二条规定，“信托是指委托人基于对受托人的信任，将其财产权委托给受托人，由受托人按委托人的意愿以自己的名义，为受益人的利益或者特定目的，进行管理或处分的行为”。

② 有关福建沙县土地信托的资料来自朱冬亮《农业治理转型与土地流转模式绩效分析》，中国社会科学出版社，2016，第 131—132 页；蒲坚《解放土地：新一轮土地信托化改革》，中信出版社，2014，第 179—182 页。有关湖南沅江市土地信托的资料来自尚旭东《农村土地经营权流转：信托模式、政府主导、规模经济与地方实践》，中国农业大学出版社，2016，第 1—7 页。

根据该工作方案，由县政府出资，依托县农业局成立了沙县丰源农村土地承包经营权信托有限公司（县级）和沙县金茂农村土地承包经营权有限公司（镇级）。丰源信托公司下属11个乡镇分公司。

沙县土地信托公司运作的基本流程是：一是信托申请。由村委会向土地信托公司提出书面申请。信托申请书要注明地块地名、面积（连片的土地面积不少于100亩）、土地状况、委托价格、可经营的范围、涉及的农户数等。二是实地调查和评估。土地信托公司在收到申请书3日内，派工作人员到现场进行调查、核实，7日内提出评估意见，决定是否可以接受信托。三是土地委托。双方达成信托意向后，村委会与农户签订由县政府统一制作的“农村土地承包经营权委托协议”。四是土地受托。村委会与土地信托公司签订“农村土地承包经营权信托合同”，信托期限一般到2028年，也就是“第二轮土地延包”的终止年限。合同生效后，村委会负责将分散在农户手中的土地交给土地信托公司支配和运营。土地信托公司可以对土地进行整理，并建设农业附属设施。五是对外招租。土地信托公司拿到土地经营权后，采取各种方式对外招租，并与土地意向租赁户展开协商和谈判。招租的对象是种养大户、农民专业合作社、农业企业等。六是签订土地租赁合同。土地信托公司与土地租赁户签订租赁合同，并在县农业局登记备案。土地信托公司将土地交给租赁户经营。

沙县土地信托收益分配的一般规则是：土地信托公司与村委会达成信托意向后，土地信托公司通过村委会向农户支付10%～20%的定金；土地信托公司与土地租赁户签订土地租赁合同后，定期向农户支付土地租金，同时向土地租赁户收取一定数额的服务费；土地信托公司负责向县、市政府申请各类财政配套的项目资金；项目资金到位后，其中60%无偿投给项目投资方即土地租赁方，40%作为土地信托公司的投入；土地信托公司按土地租赁年限，逐渐收回土地投资收益，土地投资收益的60%归村集体，另外40%的收益归土地信托公司的收益。

沙县政府所承办的土地信托业务是与土地融资担保相联系的。2011年12月，沙县被列为全国6个农村金融改革试验区之一。农村土地承包经营权抵押融资是该改革试验区的主要试验内容。这样，土地信托公司就可以联合土地租赁户，以土地经营使用权为抵押物，向银行申请较为优惠的贷款。

与沙县类似，湖南沅江市土地信托制度也是当地较为发达的土地流转市场环境下催生出来的，被称为全国农村土地信托公司第一家的湖南沅江市草尾镇，到2012年，土地流转规模达8.4万亩，土地流转率高达56%。

2010年，经沅江市政府批准，由草尾镇政府出资200万元，成立了沅江市香园农村土地托管投资公司。2012年，该公司更名为沅江香园农村土地承包经营权信托公司。该公司的业务经营内容和基本流程与沙县的土地信托公司业务大同小异。主要区别是：一是沅江草尾镇的土地信托公司在拿到土地经营权后，由土地信托公司对所受托的土地进行统一整理，包括打破田埂、平整土地，整理土地的比例从20%到60%不等；二是在签订信托合同的环节，土地信托公司是通过村委会与农户签订信托合同，信托合同签约方不是村委会，是农户；三是土地信托公司是先找到了土地租赁户，然后再与农户签订信托合同，这样土地信托公司就不必先行垫付土地流转费用。与沙县土地信托公司相似，沅江土地信托公司向土地租赁户收取租金，每亩500斤稻谷，全部返还给流转土地的农户，同时，土地信托公司向土地租赁户收取每亩100元的风险金和每亩10元的服务费。这些费用就是土地信托公司的主要经营收入。该土地信托公司的另一个重要收入来源是承接国家各类涉农项目。

在农户眼里，与市场上的土地租赁户相比，政府的公信力更高，土地租金更有保障。因此，农户更愿意将土地流转给土地信托公司。以沅江草尾镇的土地信托公司为例。到2013年，在草尾镇全部流转的土地中，有50%是流转给土地信托公司的。当地政府通过土地信托公司，也部分实现了对农业项目招商引资的目的。到2013年，全镇经营50亩以上土地的农户有400户，其中经营100亩以上的200户，经营500亩以上的30户，经营1000亩以上的12户；沅江草尾镇政府通过土地信托公司，引资3000万元，其中沅江大地农业发展公司租赁土地1536亩，投资近1000万元。同时还引入不少种植大户。沙县的情况也差不多。到2014年，沙县夏茂镇通过土地信托公司引进14个由龙头企业带动的农业产业化项目。

（三）中信信托公司介入农村土地信托领域

另外一个曾在全国产生一定震动的“新闻事件”是中信信托公司[①]在安徽宿

① 中信信托公司是一家大型的中央企业，隶属中信集团公司，主营各类金融投资信托业务。

州介入农村土地信托业务。可以说，中信信托公司在安徽宿县介入农村土地信托业务的主导者是中信信托公司董事长蒲坚。蒲坚是一个学者型企业管理家，不仅具有丰富的企业管理经验，而且对信托制度，特别是土地信托制度有很深的研究，并长期关注中国农村土地制度改革问题。2014 年，蒲坚出版一部名为《解放土地：新一轮土地信托化改革》的专著，在社会产生较大影响。蒲坚在该书提出了“信托共有制”的概念，并认为土地信托化是农村土地流通的新体系。在蒲坚的积极推动下，中信信托公司开始了在安徽宿州的土地信托的业务实践。①

2011 年，一家农业企业帝元农业公司落户宿州。该公司计划投资 10 亿多元，建设现代农业循环经济产业园，规划用地耕地面积 2 万多亩、灌溉养殖水面 1000 多亩和配套建设用地 2000 亩。按该公司的经营内容来看，这家企业应该属于与当地政府合作的农业产业园区项目的土地开发与运营商。该企业经营了两年，投资数千万元，但招商引资并不顺利，并遇到了融资困难，后续建设资金跟不上。在这种情况下，帝元农业公司开始积极寻求与有强大融资能力，并有央企背景的中信信托公司合作。2013 年，帝元农业公司与中信信托公司签订了框架性合作协议，确定共同以土地信托方式流转土地。

2013 年 10 月，宿州市埇桥区政府与中信信托公司签订了正式的信托合同。根据该合同，埇桥区政府将通过村委会、乡镇政府逐级流转的土地 5400 亩的土地经营权作为信托资产，委托给中信信托经营，委托期限为十二年；租金为每亩 1000 斤小麦，区政府将这部分租金如数返还给流转土地的农户，如土地有增值收益，扣除土地开发投入后的 70%，也通过区政府返还给流转土地的农户。

中信信托公司拿到土地后，以租赁方式转交给帝元农业公司经营。租金同样是每亩 1000 斤小麦，同时，中信信托公司还要向帝元农业公司支付每亩 50 元的服务费。作为附加条件，中信信托公司还承诺给帝元农业公司 1 亿元的贷款。

中信信托公司如何经营和营利呢？按照中信信托公司编制的项目可行性报告，该项目分三期投资建设。第一期投资建设园区基础设施和高科技设施；第二期投资建设农业科技示范园、现代综合物流园、生态养殖园和设施农业示范园

① 有关中信信托公司在安徽宿县开展土地信托情况的资料来源于蒲坚《解放土地：新一轮土地信托化改革》，中信出版社，2014，第 219—247 页；尚旭东《农村土地经营权流转：信托模式、政府主导、规模经济与地方实践》，中国农业大学出版社，2016，第 13—15 页。

等；第三期投资建设基地社会服务项目。共计投资 9. 41 亿元。按照该可行性报告，该项目预期年营业收入（不含税）93. 55 亿元，预期项目利润 1. 62 亿元，预期投资回收期 7. 53 年，预期投资利润率为 17. 35%。有了如此之高的项目投资回报收益，中信信托公司计划向社会发行信托投资产品。该项目以及该信托投资产品融资进展如何就不得而知。

第十二章　新型农业经营主体与土地流转

在中央的政策层面，类似新型农业经营主体的提法早已有之，只是没有明确的政策导向含义，属于“可以”的范畴，也就是允许发展，但“不支持”或“不扶持”。[①] 2010年以后，随着农村劳动力“大流动”的浪潮一浪高过一浪，进城打工或做买卖已经成为年轻农村劳动力的首选，农村中从事农业的劳动力老龄化、妇女化、弱质化的趋势越来越明显，在社会舆论界，越来越多的人担忧“谁来种地，谁来养猪”的问题。[②]

2012年3月，“两院”[③] 的15位院士联名上书中央提出了“谁来种地”问题。一时间，“谁来种地”问题成为社会各界热议的话题。很快，中央高层对此问题就做出了回应。2012年11月召开的党的十八大明确提出了“新型经营主体”和“新型农业经营体系”的概念。[④] 2013年中央一号文件对新型农业经营主体作出了更为清晰的界定，并将发展新型农业生产经营组织作为“创新农业生产

---

① 在2005年通过的《中共中央关于制定国民经济和社会发展第十一个五年规划建议》中提出，“培养有文化、懂技术、会经营的新型农民”；2008年召开的党的十七届三中全会通过的《中共中央关于推进农村改革发展若干重大问题的决定》提出，“发展多种形式的适度规模经营。有条件的地方可以发展专业大户、家庭农场、农民专业合作社等规模经营主体”。规模经营主体实际上就是之后所说的新型农业经营主体，但没有包括农业企业。时任中共中央农村工作领导小组副组长、办公室主任的陈锡文曾发文指出，“要在家庭承包经营基础上实现农业现代化”，反对“大资本直接和农民争耕地的经营权”。参见陈锡文《要在家庭承包经营基础上实现农业现代化》，《农村工作通讯》2010年第1期。陈锡文的这种观点，很大程度上代表了当时中央决策高层的想法。

② 有调查发现，务农劳动力的平均年龄在50岁以上，在上海等经济发达地区，务农劳动力的平均年龄在60岁以上。张红宇：《“老年农业”难题可以破解》，《农村工作通讯》2011年第14期。另据湖南宁乡县农业局的调查，从种粮人员的年龄结构看，20～29岁的占比为3.5%，30～49岁的占比为25.3%，50岁以上的占比为63%；从年龄比例看，男性占比为34.3%，女性占比为65.7%。颜珂：《明天，谁来种地》，《人民日报》2012年12月23日。

③ 即中国科学院和中国工程院。

④ 党的十八大报告提出，“发展农民专业合作社和股份合作，培育新型经营主体，发展多种形式规模经营，构建集约化、专业化、组织化、社会化相结合的新型农业经营体系”。在学术界较早系统研究新型农业经营主体的是黄祖辉所领导的研究团队。该研究团队提出：专业大户、家庭农场、农民专业合作社和农业企业是中国现阶段农业发展的中坚力量。黄祖辉、俞宁：《新型农业经营主体：现状、约束与发展思路》，《中国农村经济》2010年第10期。另参见黄祖辉、陈龙《新型农业经营主体与政策研究》，浙江人民出版社，2010。

经营体制”的重要内容。[①] 2014 年中央一号文件系统地提出了“扶持发展新型农业经营主体”的政策，并首次在中央文件中提出“新型职业农民”的概念。[②]

新型农业经营主体是相对于一般家庭承包经营户而言的。有学者将农业经营主体分为四类[③]：第一类是“小农”，指的是以留守农村的老年人和妇女为主要劳动力主体，经营“不足 10 亩”自家承包地的农户；第二类是“中农”，指的是土地经营规模在 15～50 亩，或者是经营着少量温室大棚的农户，其主要收入来源于农业，至少是农业收入占其总收入的比重较大；第三类是家庭农场主，指的是土地经营规模较大，一般超过 100 亩，或者园艺类设施经营超过 10 亩的“大农”。农民通常将其称为“大户”；第四类是企业农场主或农业企业[④]，指的是采用雇工方式的，土地经营规模一般大田超过 1000 亩、园艺类设施经营超过 100 亩的企业农场。农民通常将其称为“老板”。

按照政策口径，新型农业经营主体包括农民合作社、龙头企业、专业大户和家庭农场四种类型。[⑤] 这是一个政策概念。对应学者对农业经营主体的分类，家庭农场主和农业企业属于新型农业经营主体，如果将“小农”及“中农”组织起来成立农民合作组织，这个农民合作组织也属于新型农业经营主体。专业大户则是指从事农业经营的“大户”，即通常所说的个体户。专业大户与家庭农场的不同之处是，专业大户的经营范围更广，如农产品运销专业户、农资销售专业

---

① 2013 年中央一号文件即《关于加快发展现代农业进一步增强农村发展活力的若干意见》中将新型农业经营主体（该文件称为“新型农业生产经营组织”）具体化为专业大户、家庭农场、农民合作社和龙头企业，并提出“培育和壮大新型农业生产经营组织”。

② 2014 年中央一号文件即《关于全面深化农村改革加快推进农业现代化的若干意见》中提出，“扶持发展新型农业经营主体。鼓励发展专业合作社、股份合作等多种农民合作社，引导规范运行，着力加强能力建设。允许财政项目资金直接投向符合条件的合作社”，“按照自愿原则开展家庭农场登记。鼓励发展混合所有制农业产业化企业，推动集群发展，密切与农户、农民合作社的利益联系”，“鼓励地方政府和民间出资设立融资性担保公司，为新型农业经营主体提供贷款担保服务”，“加大对新型职业农民和新型农业经营主体领办人的教育培训力度”。

③ 桂华：《“没有资本主义化”的中国农业发展道路》，《战略与管理》2013 第 6 期。另参见张建雷《发展型小农家庭的兴起——皖东溪水镇的小农家庭与乡村的兴起（1980—2015）》，法律出版社，2018，第 172—192 页。

④ 按照官方的口径，农业企业又可分两类：一类是农业产业化龙头企业，另一类是工商资本。前者是指为农户提供产前、产中、产后服务的从事农产品加工、农资供应、农产品销售的农业企业，后者是指来自制造业、能源矿产业、房地产业、电子信息产业、服务业等其他非农领域，转而投资于现代农业的公司或投资者。

⑤ 在现实中，各类新型农业经营主体之间的界限并不是十分分明。家庭农场也会采取合作经营或企业经营的方式，农民合作社也会采取家庭农场或企业经营的模式，农业企业也会采取家庭农场或企业经营的模式。有学者将其称为“新型农业经营主体的异化”。参见钟真《中国新型农业经营主体发展的逻辑：内在机制与实践案例》，经济科学出版社，2020，第 284—286 页。

户、农机服务专业户、养鱼专业户、养鸡专业户、养猪专业户、养牛专业户、植树专业户、种果专业户、种花专业户等，而家庭农场特指以家庭为生产单位，主要从事种植如粮食、蔬菜等大宗农产品的种植专业户。[①]

以上四类新型农业经营主体中，除了家庭农场是以种植经营为主的，不少农民合作社、龙头企业和专业大户也介入种植经营环节，通过土地流转获得土地，成为土地规模经营的主体。2013 年 11 月召开的党的十八届三中全会上通过的《中共中央关于全面深化改革若干重大问题的决定》提出，“鼓励承包经营权在公开市场上向专业大户、家庭农场、农民合作社、农业企业流转，发展多种形式的规模经营”。各类新型农业经营主体大规模地参与土地流转，获得了中央政策上的认可和支持。

一、土地股份合作制的发展

（一）概述

2008 年土地入股得到政策上的承认后，[②] 土地入股合作这种土地流转形式就较快地发展起来了。据农业部经管司统计，以土地入股合作方式流转的土地，由 2010 年的 1100 万亩增长到 2014 年的 2700 万亩。

2013 年 11 月党的十八届三中全会通过的《中共中央关于全面深化改革若干重大问题的决定》更为明确地表态，提出“允许农民以承包经营权入股发展农业产业化经营”。土地股份合作和土地入股的形式得到了中央政策层面的肯定和支持。

在政策所界定的各类新型农业经营主体中，农民合作社一直最为中央高层决策者所看好。2007 年《农民专业合作社法》实施以后，中央一号文件每次都要提扶持和支持农民合作社的发展，[③] 鼓励土地向农民合作社流转。

作为新型农业经营主体的农民合作社大体上可以分为三类：第一类是村集体

① 按照政策口径，除了种植业，新型农业经营主体也包括从事养殖业的规模经营户。这里仅叙述与土地流转有紧密关系的从事种植业的规模经营户。

② 有关对“土地入股政策变化”的叙述，见本书第八章第三节。

③ 2013 年中央一号文件首次提出农民合作社的概念。按照该文件的精神，农民合作社包括农民专业合作社、股份合作社和其他形式的以农民为主体的合作社。

为主导的社区土地股份合作社；第二类是以农户为主体的农民土地股份合作；第三类是农民专业合作社。虽然在现实运作中，这三种类型的农民合作社互有交叉，但各自的特点还是比较分明的，需要分开叙述。本节叙述第一类和第二类土地股份合作社，第三类农民专业合作社则放到本章第二节叙述。

需要说明的是，土地股份合作既是一种土地流转形式，也是土地经营的一种组织方式。本节重点介绍作为土地经营组织方式的土地股份合作。

（二）社区土地股份合作社

早在20世纪90年代，在广东珠三角及浙江杭州、宁波、绍兴、台州等工业化和城镇化快速推进的农村地区，土地股份合作制就开始发展起来了，其中发展较早且最有名的是广东南海的土地股份合作社[①]。2000年代初，国务院发展研究中心所做的一项调研更使南海的土地股份制模式为大家所熟知。[②] 但需要指出的是，在南海，大多数土地股份合作社入股的土地实际上是建设用地，即使是农用地，也是择机变成建设用地的农用地，真正以土地农业利用为目的的土地股份合作社较少[③]。通常的做法是，农户以土地承包经营权入股组成经济合作社或经济联社，经济合作社或经济联社将土地集中起来，再以各种合法的或非法的方式将土地变成建设用地，进入土地租赁市场或房产租赁市场，流转集体建设用地。本书叙述的是农用地的制度变迁史，以土地入股的方式流转集体建设用地不在本书的叙述范围。可以说，在农地农用方面，南海土地股份合作社并没有什么突出的表现。

在一些集体经济发展基础较好的地区，也有一些经营农用地为主的社区土地股份合作社。这些土地股份合作社不少是以经营农用地为主的。浙江社区土地股份合作社的发展轨迹比较有代表性。

浙江是社区土地股份合作社发展较早的地区。社区土地股份合作社是将农户手中的土地承包经营权收回，并将土地和其他集体资产按人折股，即“人头股”，确股给农户或个人。社区土地股份合作社实行统一经营和管理。开始时，

① 刘宪法：《“南海模式”的形成、演变与结局》，载张曙光等编《中国制度变迁的案例研究（土地卷）第八集》，中国财政经济出版社，2011，第68—137页。

② 蒋省三、韩俊主编《土地资本化与农村工业化——南海发展模式与制度创新》，山西经济出版社，2005。

③ 在南海，农用地以鱼塘为主，也有少量的菜地、果园和种植花卉的农地。

社区土地股份合作社既经营农地，也开发建设用地。如温岭市牧南村土地股份合作社。①

温岭市属台州市，个体经济极为发达，大多数农户都是个体经商户，在家务农的人很少。1998 年实施“第二轮土地延包”时，牧南村没有把土地承包经营权完全确权到农户，而是将部分土地集中起来，组成土地股份合作社。当年入股的农户 193 户，占全村农户的 57.3%，入股土地 202.65 亩，每亩土地折 10 股，共计折约 2027 股。在 202.65 亩地中有 150 亩用于种植大棚蔬菜，包给 5 个种植大户经营，其余土地用于其他建设开发项目。

2000 年以后，浙江东部的农村地区进入高速工业化和城镇化阶段，以经营物业为主的土地股份合作社迅速发展起来了。这些社区土地股份合作社通过土地入股、集中土地方式，建设标准厂房或者酒店、农贸市场、超市等，以出租物业，收取租金和管理费为主营业务。② 仍以牧南村土地股份合作社为例。到 2007 年，几乎全村的农户都是该土地股份合作社的股东，该社集中了全村的土地，用于工商业项目。全村共有工业企业 58 家，商贸、服务业企业 100 余家。由此可知，绝大部分土地已经转为建设项目用途了。

与此同时，在浙江的一些纯农业或保留农用地较多的农村地区，也有的社区土地股份合作社是主要经营农业的。例如，绍兴县南岸村土地股份合作社。2006 年，南岸村集体以土地入股的方式，将全村 1300 亩水田集中起来，涉及农户 440 户，设立南岸村土地股份合作社。该社将土地出租给一家种植大户，租期为十年，用于蔬菜生产和加工，每亩租金 500 元。农户按一亩折一股，按股分红。

又如，浙江德清县一些农村地区的村集体探索实行“股票田制”。具体做法是：村委会先将农户的承包地“倒包”过来，再以投标的方式出租给经营大户；经营大户将土地整理后，打破地界，变成标准的“股票田”，并以股权收益的形式，按土地面积向原承包户付租金；村集体也从中获得一定比例的“股票田”的收益。③

---

① 丁关良：《土地承包经营权流转法律制度研究》，中国人民大学出版社，2011，第 160 页。

② 这一时期浙江农村土地股份合作社发展情况，参见赵维清等《浙江省农村社区（土地）股份合作制改革问题研究》，浙江人民出版社，2007。

③ 董国礼、李里、任纪萍：《产权代理分析下的土地流转模式和经济绩效》，《社会学研究》2009 年第 1 期。

这一时期，社区土地股份合作社制度发展的主轴是股改。所谓股改是将村集体的资产，主要是土地资产折算为股份，再按一定标准将股份配给符合条件的集体经济组织成员，集体经济组织成员据此获得股份收益，并按规范对原有的集体经济组织进行改制。这是上海、北京、广东、浙江、江苏等省（直辖市）以及一些大城市农村地区较为普遍的做法，其中浙江的股改做得最早[①]，上海的股改做得最彻底[②]。股改的前提是村集体已经将包括土地资源（主要是建设用地）在内的经营性资产集中在手中，而且运作管理多年了。股改需要做的事情有：一是清产核资，设置股份；二是确定谁能够享受股份，即界定股东身份；三是确定有资格享受股份的集体经济组织成员享受多少股份，按什么标准计算每个股东应得的股份；四是如何分配股权收益，即股东分红的比例是多少，是否设集体股等；五是确定股份合作组织的组织形式和经营方式，是采取公司制还是合作制，或者是合作制的公司，是投资实业经营还是单纯的资产经营；六是建立农村股份合作组织的监督机制。显然，这些已经不仅仅是以土地入股方式进行土地流转的问题了，而更多地属于农村集体产权改革的范畴。这里就不再详述了。

值得强调的是，社区土地股份合作社名为合作，实际上是集体经济的一种经营形式，本质上是集体经济，而不是合作经济。[③] 而且，大多数社区土地股份合作社虽然名为土地股份合作社，但实际上并不是按土地入股，而是按“人头”入股，即村集体经济组织成员“天然”享受土地股份，不管该成员是否分过或种过承包地。有的社区土地股份社如广东南海除了设置按“人头”的基本股，还设置了承包权股和劳动贡献股。[④] 再有，绝大多数社区土地股份合作社本身并不参与农业生产经营，只是村集体整合土地资源的组织，是对外流转土地的平

---

① 2005 年，浙江省委、省政府出台了《关于全省农村经济合作社股份合作制改革的意见》，由此拉开了农村社区股份合作制改革的大幕。

② 参见上海市农村经济学会、上海市松江区农业委员会主编《农民的呼唤——上海松江区农村集体产权制度改革的实践》，上海社会科学院出版社，2016。

③ 根据国家通行的合作社原则即“罗虚代尔原则”，合作社具有三个基本的制度特征，即自愿入社、民主控制和按惠顾额分配盈余且资本报酬有限。参见柳岩《农民合作扶持政策与制度研究：基于 120 家合作社调查》，中国发展出版社，2016，第 23 页。中国现行的集体经济与合作经济的最大区别是：一是集体成员资格是“天然的”，具有很强的身份性质，即只要是本村村民就“天然地”获得了集体成员身份，无须“加入”，也就谈不上什么“自愿加入”了；二是集体财产不可分割，是成员的共有财产，而合作社的社员通常是带着私人财产（可以是货币，也可以是土地使用权）入社的，社员退社时，属于私人财产可以带走或转让。参见国务院发展研究中心农村经济研究部《集体所有制下的产权重构》，中国发展出版社，2015，第 86—99 页。

④ 蒋省三、韩俊主编《土地资本化与农村工业化——南海发展模式与制度创新》，山西经济出版社，2005，第 57 页。

台。因此，严格地说，大多数社区土地股份合作社并不能算作新型农业经营主体。

（三）农民土地股份合作社

除了上述以村集体主导的社区土地股份合作社，这一时期，农民自愿合作而组建的土地股份合作社也逐步发展起来了。这些土地股份合作社主要有两种运作模式：一种模式是土地股份社自己不经营，土地股份合作社与“大户”签订合作出租土地或土地入股的合同，将土地交给“大户”经营。这种土地股份合作社实际上是土地流转的中介；另一种方式是土地股份合作社自己经营、自行管理，或者是与“大户”合作经营。无论采取何种运作方式，对于土地收益分配，土地股份合作社通常都是采取保底加超额分红的方式。先来看土地股份合作社发展最为成熟的浙江和苏南。

1. 浙江与苏南

早在20世纪90年代初，浙江就出现过经营性的股份合作农场，如温州市瓯海区任桥村[①]。1993年，瓯海区的农业局技术人员与该村经济合作社和农民共同组建了瓯海工农贸有限公司，总股份为1万股，每股50元，共计50万元。该公司的股权设置为：直接参与经营的7个农民每人1000股，每人出资5万元，共计7000股、35万元；该村经济合作社出资10万元，计2000股；农业局技术人员技术入股，折合300股；200个农户以344亩土地入股，折合700股。该公司将344亩土地化为8个作业区，由7个经营者负责田间管理。瓯海工农贸有限公司负责产前、产中、产后服务。从该公司股权设置来看，这一时期土地还不值钱，344亩土地所折的股份仅占总股份的7%。与瓯海工农贸有限公司相比，更具农民土地股份合作社的特征的是海盐县双桥村土地股份合作社[②]。

2007年底，海盐县双桥村124户农民自发地将402亩土地作价入股，设立了海盐县第一家农民组织的土地股份合作社。2008年，该社进行了增股扩社，自愿入股农户达267户，土地面积增至716亩，每亩为1股，共716股。该社以土地引进葡萄种植大户，与多名种植大户签订土地租赁合同。该社采取保底分红加

① 罗鉴宇主编《土地适度规模经营——浙江的实践与启示》，浙江人民出版社，1998，第30页。
② 张云华等：《中国农地流转问题调查》，上海远东出版社，2012，第60页。

利润分配的方式。具体是：葡萄园每年每股保底分红 500 元，其他土地的保底分红从 200 元到 450 元不等，超额部分 80%，按股分红，20% 留给合作社。

2009 年，浙江省工商局出台了《浙江省农村土地承包经营权作价出资农民专业合作社登记暂行办法》，允许农民以土地承包经营权作价出资，组成农民专业合作社，并在工商管理部门注册登记。① 这是全国首个对农民专业合作社土地入股进行规范的政策文件。与浙江、江苏大多数以土地出租为主要经营方式的社区土地股份合作社不同，以土地入股方式组建的农民专业合作社，所集中的土地主要是用于合作社自己经营。例如，嘉兴市秀洲区农民钱少华出资 8 万元，与另外以土地出资的 14 个农民合资设立晓玲果蔬专业合作社，合作经营水果和蔬菜。②

与浙江一样，苏南地区社区土地股份社也很发达，但也出现了由农民自发组织的土地股份合作社。例如，江苏太仓市荡茜村的土地股份合作社。③ 2008 年，荡茜村 179 户农民自发组建了荡茜农地股份合作社，入股土地 1105 亩。该社以公开招标的方式招揽租户。2008 年，该社保底分红为每亩 500 元，利润分红每亩 89. 14 元。到 2010 年，该社保底分红不变，仍为每亩 500 元，利润分红达每亩 200 元。到 2010 年底，苏州累计设立土地股份合作社 671 家，入股土地面积达 98 万亩，平均每个土地股份合作社集中土地 1460 亩，占土地流转面积的 52. 6%。④ 荡茜村这种以土地股份合作形式将农户承包地集中起来，再将土地租赁出去的做法，在苏南其他地区如常州、南通、苏州等地比较普遍。⑤

与此同时，在全国其他省份的农村地区，农民土地股份合作社不同程度上都有发展，其中以成都农村地区的农民土地股份合作社较为著名。

2. 四川成都⑥

成都农民土地股份合作社的试验开始于 2010 年，在全市许多县市都有分布，

---

① 丁关良：《土地承包经营权流转法律制度研究》，中国人民大学出版社，2011，第 167—169 页。

② 张云华等：《中国农地流转问题调查》，上海远东出版社，2012，第 60 页。

③ 同上书，第 85—86 页。

④ 同上书，第 84 页。笔者推测，这个统计数据，既有农民自愿组织的土地股份合作社，也包括集体社区土地股份合作社。

⑤ 孙中华、罗亚汉、赵旭：《关于江苏农村土地股份合作社发展情况的调研报告》，《农业经济问题》2010 年第 8 期。

⑥ 有关成都土地股份合作社的介绍，主要取材于刘守英所著《中国土地问题调查》的第四章，北京大学出版社，2017。

其中以崇州推进的力度最大。成都农民土地股份合作社的基本做法是：农户以土地承包经营权和出资相结合的方式入股土地股份合作社。土地股份合作社的股权可以继承，经合作社同意后，也可以转让和抵押。土地股份合作社的经营方式多种多样。一种方式是以土地入股的方式，与农业生产经营者合股成立新的经营实体。农业生产经营者出现金和技术，土地股份合作社出土地，并交由新的经营性实体经营，经营收益按股分配。土地股份合作社再将所获收益的绝大部分分配给入社的农户。

以大邑县的伍家土地专业合作社为例。伍家土地专业合作社设立于2010年12月，由8个农户发起设立，入社农户42个，入社土地77.97亩。伍家土地专业合作社与几个专业花农组成的咏春花卉种植合作社合股设立成都市源艺农业开发有限公司，主营非洲菊种植。成都市源艺农业开发有限公司的股权比例是：咏春花卉种植合作社占比为85.02%，伍家土地专业合作社占比为14.98%。2012年5月，公司经营的纯利润为88.5万元，每亩纯利润约为1.14万元，按股分给伍家土地专业合作社的收益约为13.26万元，入社的农户每亩获得收益约为1700元，大大高于当地市场的土地流转价格水平。

还有一种方式是合作社聘请农业职业经理人，委托其经营，如崇州杨柳土地股份合作社。杨柳土地股份合作社设立于2010年5月，入社农户为31户，入社土地95亩，每亩折100股，另外，每亩出资100元作为生产启动资金，主营业务为“大春”种水稻，“小春”种小麦、羊肚菌和油菜①。该社聘请职业经理人周维松负责经营管理。合作社与职业经理人签订保底产量、增产提成的协议。具体内容是：保底产量为800斤干谷，扣除了公积金后，增产部分，合作社与经理人对半分。2010年“大春”，周维松的增产提成为6000元，农户每亩分红58.84元；2011年“小春”，周维松的增产提成为2660元，农户每亩分红491元；2011年“大春”，周维松的增产提成为10400元，农户每亩分红为705元。据调查统计，农业职业经理人每年花在合作社经营管理的时间大约为2个月；一个农业职业经理人管理100亩水稻田，其提成收入为4000～5000元，如果农业职业经营人能管理300亩水稻田，提成收入达10000元。以此计算，农业职业经理人的月收入为3000～5000元，高于当地普通农民工的工资水平。除了杨柳土地股份合

① 在南方水稻种植区，春种秋收期为“大春”，秋种春收期为“小春”，“大春”种水稻，“小春”种小麦或油菜。

作社，崇州其他土地股份合作社也采取了类似的做法。2013 年，崇州市政府出台文件支持土地股份合作聘请农业职业经理人的做法，给予从事规模化水稻种植的农业职业经理人每亩 40 元的水稻种植补贴，农业职业经理人还可以享受社会保险优惠政策。[①]

有的村还采取联社的方式，如崇州新念土地股份合作社。新念土地股份合作社位于崇州新华村。2011 年 3 月，新华村 8 个村民小组成立了土地股份合作社，同年 12 月，这 8 个土地股份合作社联合起来，组建了新念土地股份合作社，其后又将村民小组的土地股份合作社数量扩大到 11 个，入社土地共 889.46 亩，入社户数为 277 户。新念土地股份合作社主营业务为“大春”种水稻，“小春”种小麦、油菜。该社的经营方式是，新念土地股份合作社负责品牌经营和产品的对外推广，以村民小组为单位的 11 个土地股份合作社各自种自己的地，各自聘请自己的农业职业经理人，独立运营、独立核算。新念土地股份合作社统一主打品牌是优质富硒水稻，并与崇州市国家粮食储备库签订了稻谷收购的订单。

成都农民土地股份合作的特点是发展高附加值的品种，粮食生产适度规模经营。高附加值的品种主要是花卉、草莓、西瓜、食用菌、蔬菜等；粮食生产的规模经营为 100 ~ 300 亩。

成都的农民土地股份合作特别是崇州的做法引起中央农村农业主管部门和相关研究人员的广泛关注，崇州模式被总结为“土地股份合作社 + 农业职业经理人 + 农业综合服务”“三位一体”的农业共管制。崇州这种农业共管制实现了粮食的规模化种植，特别适合农业机械化经营。到 2015 年，崇州土地股份合作社数量达 246 个，入社土地面积 31.06 万亩，入社农户 9.09 万户，占全市耕地面积及全部农户的 59%，适度规模经营率达 70% 以上。2015 年，崇州全市的农业机械化水平达到 78.3%，农业标准化服务覆盖面为 85.2%。[②] 同期全国耕种收综合机械化水平为 63%，崇州的农业机械化水平在全国处于领先地位。

3. 山东东平[③]

山东东平县也是发展农民土地股份的一个典型。东平县属山东省泰安市管

---

① 见《四川省崇州市 2013 年规范化土地股份合作社专项扶持实施方案》，载国务院发展研究中心农村经济研究部《找准转变农业发展方式的支点》，中国发展出版社，2016，第 216—217 页。

② 韩俊主编《农村改革试验区改革实践案例集》，中国财政经济出版社，2019，第 12—14 页。

③ 有关山东东平农民土地股份合作社的介绍，参见邓大才、赵德健、胡平江等《东平崛起：土地股份合作中的现代集体经济成长》，中国社会科学出版社，2015。

辖，位于山东省中部。东平农民土地股份社有土地租赁和自营。首先看农民土地股份合作社自营的案例。

东平的农民土地股份合作社是从银山镇南堂子村发展起来的。从2008年初到2009年底，村支书郑灿宾陆续将农户承包的坡地流转到村集体名下，流转土地大约为1200亩，流转土地的农户每人每年有200元的保底收入。以村集体的名义统一经营林果业。2009年，南堂子村注册成立了七星林果专业种植合作社，负责林果业的经营，种植品种有石榴、桃子、核桃、油杏等。由于林果种植周期长，直到2013年前合作社都没有盈利。2013年合作社开始盈利，收入如何分配就摆到合作社和流转土地农户的面前。为了解决流转土地农户分红的依据问题，村集体决定成立最美乡村土地股份合作社。最美乡村土地股份合作社的股权设置是原始股3018股，其中土地股1453股，每人一股，其余的为资金股，资金股每200元为1股，村集体投入了13.3万元，折股为665股，剩下的900股由村里的60个农户出资认购。最美乡村土地股份合作社负责日常的经营和林间管护，七星林果专业种植合作社负责技术开发、引进和推广。收益分配上，首先是确定保底收入，保底收入为每个农民200元，超过保底收入的为超额利润。超额利润部分按股权比例进行分配，经营者还有提成。[①]

东平接山镇后口头村土地股份合作社是土地出租的案例。后口头村有283户，耕地1349亩，户均土地3~6亩，分成4块或5块。该村大多数农民都外出打工了，流转的土地较多。到2011年，全村有1000多亩耕地包给了3个“大户”，但由于土地不连片、租金不高，有些分散的土地没人愿意要。为了解决土地分散问题，也是为了增加村集体收入，2012年10月，后头村成立了炬样土地股份合作社。后口头村土地股份合作社有17个农户股东，流转了202亩承包地，这202亩承包地涉及85家农户。有的农户不愿把土地交给合作社，合作社就采用转租和互换的方式与他们交易，共交易了25亩。除了承包地，后口头村集体还有350亩河滩地，加上农户的承包地总共552亩。后口头村土地股份合作社的股权设置是农户1亩折1股，集体地质量较差，2亩折1股，农户的每股保底分红为每股每年1000元。2012年，后口头村土地股份合作社与东平县的一家经营

① 显然，南堂子村集体组建的最美乡村土地股份合作社具有社区土地股份合作的性质，但不同点是，这个土地股份合作社是建立在农民自愿的基础上的。

苗木花卉的专业合作社合作，建设苗木种植基地，共出租土地 302 亩，其中 202 亩为农户承包地，100 亩为集体的河滩地。农户承包地按每亩 1000 元付租金，集体的河滩地按苗木收入对半分成。除了后口头村，梯门镇西沟流村也是类似做法。西沟流村通过土地股份合作社集中了农户的承包地 824 亩，集体的坡地 876 亩，以土地为“资本”与一家农业龙头企业合作，将土地出租给这家公司，发展林果业和乡村旅游业。

东平这些村的做法很快就得到当地各级政府的认可和支持，在政府的积极推动下，土地股份合作制逐步在全县推广。到 2015 年，东平县共设立土地股份合作社 51 家，入社农户 7797 户，集中经营土地 41778 亩。

（四）农民土地股份合作的运作特点以及与社区土地股份合作的区别

从以上介绍的地方案例可以看出，绝大多数农民土地股份合作社采取的土地入股的方式与土地租赁相差并不大，合作社的发起人往往也是实际出资人承担着土地流转的风险，入股农户不管合作社的经营好坏，都要至少得到固定回报，不少合作社还约定了入股期限。如果说有差别，这主要体现在：一是入股的农户除了能得到保底分红之外，有相当多的合作社还会给入股的农户分配盈余；二是土地入股年限要比土地租赁年限长；三是土地入股一般要作价，将土地亩数作价为股金，这样做主要是便于分红；[①] 四是土地入股较容易取得当地政府的支持和村集体的配合；五是土地入股通常是“秋后算账”，而土地租赁是“春前结账”，因此，土地入股的方式较容易将农户的土地流转过来，并减轻了土地流入户的资金压力。有些从事农业生产经营的土地股份合作社还可以通过合作社的统一经营和运作，带动入社的当地农民发展生产。

值得强调的是，农民土地股份合作社是在村民小组或村委会范围内，按照农户自愿入社、退社自由、利益共享、风险共担的原则建立的。与广东、浙江以及上海、北京等地的社区土地股份合作组织最大的不同点是“自愿入社、退社自由”。广东、浙江以及上海、北京等地的社区土地股份合作组织所经营的大多数是集体建设用地及在其上所建设的物业，是不可分割的资产，无法做到自由进入

① 钟真：《中国新型农业经营主体发展的逻辑：内在机制与实践案例》，经济科学出版社，2020，第 53—57 页。

和自由退出，即使能退出，退出的也只能是股权，而不是土地。农民土地股份合作社则不同，其入社的资产是农用地使用权，是可以分割的；如果社员要退出合作社，合作社就要将社员的承包地退回。理论上说，农民土地股份合作社是可以做到“自愿入社、退社自由”的。

二、农民专业合作社名义下的土地流转

（一）农民专业合作社与土地流转

按照2006年10月出台的《农民专业合作社法》，农民专业合作社是服务于农民的互助性的经济组织，主要是为农户提供产前、产中和产后服务。[①] 土地股份合作社是种植经营的主体，主要不是为农户提供服务，土地股份合作社是否属于农民专业合作社组织，在法律上的表述是比较模糊的。[②] 在现实中，土地股份合作社与农民专业合作社并没有什么区别，土地股份合作社大多也是按照农民专业合作社注册和经营的。

例如，河北省临城绿泉薄皮核桃专业合作社。该社成立于2008年，主营核桃种植、销售和加工。该社以土地作价入股的方式，共流转了380亩土地，每亩作价1万元，入股土地的收益分为租金和分红。2008年每亩租金为800元、分红为50元；2010年，每亩租金和分红分别提高到1万元和100元。[③]

然而，从概念上还是可以将农民专业合作社与前述的土地股份合作区分开来。就一般而言，农民专业合作社与土地股份合作社主要有三点不同：第一，土地股份合作社的运营主体是集体或农民，而农民专业合作社的运营主体是“大

① 根据2006年10月出台的《农民专业合作社法》第二条，“农民专业合作社是在农村家庭承包经营基础上，同类农产品的生产经营者或者同类农业生产经营服务的提供者、利用者，自愿联合、民主管理的互助性经济组织”，“农民专业合作社以其成员为主要服务对象，提供农业生产资料的购买，农产品的销售、加工、运输、贮藏以及与农业生产经营有关的技术、信息等服务”。

② 根据《农村土地承包法》第四十二条，“承包方之间为发展农业经济，可以自愿联合将土地承包经营权入股，从事农业合作生产”。但是，2006年全国人大公布的《农民专业合作社法》对土地入股并没有给以规定。2017年新修订的《农民专业合作社法》为此增加了一条即新第十三条，该条规定，“农民专业社成员可以用货币出资，也可以用实物、知识产权、土地经营权、林权等可以用货币估价并可以依法转让的非货币财产，以及章程规定的其他方式作价出资”。这就是说，直到这时，在法律上才对农民专业合作社的土地入股行为给以明确的承认。

③ 钟真：《中国新型农业经营主体发展的逻辑：内在机制与实践案例》，经济科学出版社，2020，第521—523页。

户”或农业企业；第二，土地股份合作社是在农村社区内运作的，农民专业合作社流转土地是跨社区的、跨村的；第三，土地股份合作社流转土地以入股为主，农民专业合作社流转土地则以土地租赁期为主、土地入股为辅。

例如，安徽五河县的新时代农业服务合作社。该合作社成立于2008年，合作社成员80名，其中核心成员12员，社员入股土地为310亩，租赁土地1030亩，为社员提供农机等服务的土地面积达5000多亩。[①] 又如，吉林九台伟信种植业农民专业合作社。该农民合作社成立于2012年，发起人为当地的一对农民夫妇，有5个股东，其中一个股东是发起人自己，其余4个人以土地入股，入股土地面积为532亩。之后几年，该合作社又以租赁方式取得一些土地，土地经营规模达扩大数倍，全部用于玉米种植。再举一例，山东沂水县绿平花生专业合作社。该社成立于2010年，经营土地1900亩，其中1500亩为合作社成员入股的土地，另外的400亩为租赁的土地，全部用于花生的种植。[②] 显然，这些农民专业合作社流转土地是跨社区的，而且流转土地是以土地租赁为主。

有的从事种植的专业合作社，其经营土地全部通过租赁方式取得。例如，湖南湘潭县春静水稻种植专业合作社。[③] 该合作社于2010年由姐弟三人发起设立，其全部土地都是通过租赁方式流转而来。2010年，该合作社租赁土地400多亩，第二年又租赁了5300亩，租赁价格分别为每亩500元和每亩420元。该县的全丰蔬菜专业合作社则是另一种做法。2012年，该合作社共经营土地2400亩，其中有一半土地是租赁而来的，另一半土地则是以土地入股的方式取得的。[④] 也有的合作社所流转到的土地，名义上是土地入股，实际上是土地租赁。例如，安徽宁国县天目山农林合作社。该社成立于2006年，主要从事山核桃生产。该社以土地入股的方式，分两次共流转入土地2050亩，土地租金每年每亩150元。[⑤] 显然，这不能说是土地入股，而是土地租赁。

---

① 安徽省人大常委会农业与农村工作委员会编《农村土地流转调查研究》（内部资料），2009，第89页。

② 以上两个案例来自钟真《中国新型农业经营主体发展的逻辑：内在机制与实践案例》，经济科学出版社，2020，第679—683页、第478—480页。

③ 通过租赁取得土地的农民专业合作社的案例很多，参见钟真《中国新型农业经营主体发展的逻辑：内在机制与实践案例》，经济科学出版社，2020。

④ 刘守英：《中国土地问题调查》，北京大学出版社，2017，第105—106页。

⑤ 钟真：《中国新型农业经营主体发展的逻辑：内在机制与实践案例》，经济科学出版社，2020，第555—557页。

比较“标准”的农民专业合作社，即完全符合《农民专业合作社法》[①]的宗旨，不直接经营土地，只是为社员提供产前、产中和产后服务的农民专业合作社，在现实中也是存在的。例如，山东沂水县金果果品专业合作社。该社成立于2008年，主要为苹果树种植户提供技术服务和农资采购服务，并为种植户搭建土地流转平台。该社的土地大约有11000亩，其中约2000亩的土地属于农户或“大户”自己的承包地和自己流转的土地，其余9000亩由合作社按照“统一流转，分户经营”的模式运作。合作社主要负责统一规划和建设田间基础设施，这包括土地整治、修建水利设施和田间道路，以及改良土地等。所投入的资金大部分来自合作社向当地政府争取的项目资金，部分由经营户自筹。

又如，陕西眉县三星猕猴桃专业合作社。该合作社成立于2009年，发起人23人，社员676户，主要从事猕猴桃种植。该社采取“合作社+基地+农户”的模式运作，所经营的土地4000多亩，全部是社员的承包地，土地由社员自己经营，合作社主要负责提供技术指导服务。[②]

（二）“大户”和农业企业以农民专业合作社为名义参与土地流转

更为常见的情况是，由“大户”或农业企业发起，联合当地农户合作组建农民专业合作社。[③]这些“大户”或农业企业以农民专业合作社的名义租赁土地。严格地说，这种合作社是“大户”或农业企业借农民合作社这个“壳”，对上套取政府的优惠政策，对下便于与分散的农户打交道的“假合作社”。[④]这种合作社又可以分为以下类型。

---

① 指符合2006年全国人大公布的《农民专业合作社法》。

② 钟真：《中国新型农业经营主体发展的逻辑：内在机制与实践案例》，经济科学出版社，2020，第505—508页、第591—593页。

③ 严格地说，这样做是不合法的。根据全国人大法律制定者的权威解释：土地入股“不包括将土地经营权量化为股份，投入从事农业生产的工商企业或公司，也不包括将土地承包经营权作为投资成立农业经营公司”。胡康生主编、全国人民代表大会常务委员会法制工作委员会编《中华人民共和国物权法释义》，法律出版社，2007，第291页。

④ 另外一种普遍存在的“假合作社”是村干部牵头搞的合作社。这些村干部组建的合作社主要目的是“套取”政府补贴。例如，浙江安吉县政府出台政策，给每个新成立的合作社5万元的无偿资金；该县几乎每个村都有以村集体名义成立的合作社，这些合作社不少是“空壳”，没有实质的经营内容。这类“假合作社”如果说有什么作用，主要是能起到协调农户专业化种植的作用，符合当地政府推进农业产业化的政策目标。朱冬亮：《农业治理转型与土地流转模式绩效分析》，中国社会科学出版社，2016，第97页。

一种类型是“大户”或农业企业是农业原料需求方，“大户”或农业企业牵头组建农民专业合作社，农民专业合作社的支出由“大户”或农业企业承担，农民专业合作社租赁土地所生产的农作物，全部由“大户”或农业企业收购，收购价格由“大户”或农业企业制定。有些合作社只是个牌子，是土地流转名义上的主体，并没有实际运作，实际运作的主体还是“大户”。例如，吉林九台晓文农机合作社。该社共有社员 61 名，理事长是种植玉米的大户，并具有一定的农机服务能力，是合作社的主要出资方，出资比例占 60%。该社理事长以合作社的名义，向入社的社员农户流转了 1790 亩土地（该社土地经营面积总共为 1800 亩），流转价格为每亩 800 元。入社的社员农户除了每年领取土地租金，几乎不参与合作社的任何经营活动。所谓的“参与”也只是少数社员在耕种收的“忙季”给理事长打短工而已。合作社的所有经营事务都是理事长夫妻说了算。[①] 前面所述的吉林九台伟信种植业农民专业合作社也属于这种情况。严格地说，这种农民专业合作社实质上是家庭农场。

另一种类型是“大户”或农业企业专营于农业机械服务。这些农业机械专业户或农业企业，通过组建农民专业合作社，为农户提供农机作业服务，与此同时，也会向农户租赁土地，自己经营。例如，吉林九台庆山农业机械化专业合作社。该社发起人是个农机大户，为了扩展农机服务业务，这个农机大户于 2009 年成立了九台庆山农业机械化专业合作社，出资比例占 55%。在政府的扶持下，该社共购置各种各样的农机近 90 台，农机作业服务覆盖 5000 户，同时，该社还流转了 6000 亩土地从事玉米经营，每亩租金 530 元。[②] 再如，吉林九台雨田水稻农机化生产专业合作社。该社于 2008 年由九台雨田生态米业公司发起成立，主要从事普通水稻和有机水稻种植。九台雨田生态米业公司通过合作社共流转入土地 1.2 万亩，平均每亩租金 740 元。该合作社拥有拖拉机 40 台、收割机 30 台、烘干机 1 台、运输车辆 7 辆，水稻生产全部实现了机械化。[③]

还有一种是“大户”联合起来租赁土地，实现土地规模经营的合作社。例

---

① 钟真：《中国新型农业经营主体发展的逻辑：内在机制与实践案例》，经济科学出版社，2020，第 646—650 页。

② 同上书，第 673—678 页。

③ 同上书，第 720—724 页。

如，吉林农安县亚宾农机专业合作社。该合作社成立于2013年，合作社成员为7名种植大户，并具有一定的农机装备。这个由7名种植大户组成的合作社直接经营的土地面积并不大，只有125亩。这125亩直接经营的土地都是通过村集体从熟人手中租赁而得。因为是熟人的地，所以租金较低。每亩租金为500元。该合作社以农业机械服务于社员的土地有1200多亩，总共有1350亩。在东北农村，这种以农户专业合作社为载体，“大户”凭借自身农业机械化的实力租赁土地、扩大经营规模的做法比较普遍。值得一提的是，在现实中，是农户联合组成合作社租赁土地，还是“大户”以农民专业合作社的名义租赁土地，这是很难说清楚的。因为“大户”也可以说就是当地的富裕农户。

东北平原地势平坦，地块大，地块之间的差异不大，而且主要以粮食种植为主，比较利于实行统一的田间管理，因此，在东北平原，以合作社的名义，由企业或“大户”自营实行规模种植的比较多。而在全国其他地区则不同。这些地区地形复杂且地块分散，而且劳动力成本高，不适合大规模种植粮食作物。这些合作社就往往会放弃单纯的“租地＋雇工”的模式，转而探索其他与农户联系更为紧密的模式。

例如，福建沙县益鑫农业专业合作社。该合作社成立于2008年，由一个兼任村支书的“大户”牵头领办，拥有收割机、拖拉机、插秧机、烘干机、植保机等各类农机具95台。到2012年，该社共流转土地5328亩用于种植水稻、烟叶，流转103亩用于淡水养殖。在办社之初，该社也是采取“租地＋雇工”的模式，每天给雇工80元，但很快就出现雇工“出工不出力”的现象。2011年开始，该社改为“入股＋‘倒包’”的模式，吸引社员股东59户，合作社将土地“倒包”给社员股东，包干的产出标准为每亩900元，并按每亩900元标准支付成本费。如果社员股东的每亩产出超过900元，超出部分按社员70%、合作社30%的比例分配；如果社员股东的每亩产出低于900元，“亏损”部分按社员70%、合作社30%的比例承担。社员股东也是种植大户，其中经营面积在50亩以下的有11户，经营面积在50～100亩的有26户，经营面积在100～200亩的有18户，经营面积在200亩以上的有5户。①

① 朱冬亮：《农业治理转型与土地流转模式绩效分析》，中国社会科学出版社，2016，第102—104页。

三、农业企业介入土地流转[1]

（一）概况

如本书第十一章所述，早在20世纪90年代，就有一些农业企业以农业产业化名义将其业务扩展到种植领域，开始介入土地流转。虽然中央对农业企业“下乡”流转土地十分“警惕”，并采取严格的限制性政策，但在项目制的制度背景下，农业企业流转土地还是能够取得地方政府的支持的。农业企业以各种名义流转土地，成为土地流转市场的主要需求方，并刺激土地租赁市场的发展。2013年中央一号文件事实上承认了农业企业的流转土地行为，[2] 农业企业作为新型农业经营主体介入土地流转就没有什么障碍了。

根据农业部经管司统计，到2014年，农业企业流转土地规模达3900万亩，占土地流转总面积的9.68%。[3] 具体数据见本书第八章表8－3。

（二）农业企业进入大田种植领域

2000年以前，农业企业和“大户”主要是经营高附加值的水果、蔬菜类的产品。在“食物消费革命”的大背景下，[4] 高附加值的水果、蔬菜类的价格在总体上呈现上升趋势。如果市场行情稳定，高附加值的蔬菜、水果类的项目，一般3～5年就能回本。这就刺激了不少企业和个人纷纷下乡租地，经营高附加值的水果、蔬菜类的产品。这些企业或“大户”流转土地的规模通常不大，小的有百亩，大的也不超过千亩。

---

① 值得说明的是，注册了公司、雇佣工人，不一定就是农业企业。不少“大户”为了对外“开票”和签合同也注册了公司，也要雇佣工人。农业企业与“大户”的主要区别：一是土地规模经营规模；二是经营管理方式。因土地经营规模大，农业企业往往采取现代企业管理方式，聘请专业经理人和专业技术人员管理农场，田间作业由雇佣工人完成，雇佣的工人有长工也有短工。而“大户”则是本人和家庭成员直接管理和经营农场，并是田间作业的主要劳动力。如果“大户”家里人手不够，也会雇佣1～2名长工，在农忙时也会雇佣短工。

② 2013年中央一号文件提出，“探索建立严格的工商企业租赁农户承包耕地（林地、草原）准入和监管制度”。这实际上就认可了工商企业流转土地的行为。

③ 根据前面对“假合作社”的分析，显然这一数据是被大大估低了。至于流入企业的土地是多少，也无从知晓，应该不会低于土地流转总面积的15%。

④ 有关对“食物消费革命”的讨论，参见［美］黄宗智《中国的隐形农业革命》，法律出版社，2010，第127—137页。

2000 年以后，国家的农业政策越来越倾向于粮食生产，对粮食生产的财政补贴和项目支持力度不断加大，特别是农机补贴的加大。加之，国家大规模实施土地整理，建设高标准的基本农田，大量的土地被整治成“田成块、路相连、渠相通、林成网、旱能灌、涝能排”的大块土地，多年来制约大田作物①规模化生产的土地细碎化问题得到很大程度的缓解。一些从事粮食加工、销售、农机服务、良种开发和推广的企业或“大户”看到了其中的商机，纷纷转向投资大田生产领域。大田作物规模化生产从土地资源条件较好的东三省主要是黑龙江开始，逐步扩大到广大的平原地区和一些平坝地区。这些企业或“大户”需要流转土地的规模通常都较大，少则几千亩，多的有几万亩。下面就以湖北春晖集团为例，简要介绍一下农业企业是如何在大田生产领域流转土地、进行土地规模经营的。②

湖北春晖集团是一家起家于房地产的民营企业。2007 年开始涉足农业经营领域，起先是买断了湖北孝感的国家粮食储备库，经营国家粮食收购和储备业务。在经营国家粮食收购和储备业务过程中，该公司的管理者发现，孝感农村地区农民撂荒的情况很普遍，土地撂荒的比例高达 35% ~40% 。当地政府对解决土地撂荒问题也很头疼。2009 年，春晖集团提出了“万亩稻香生产示范基地”项目，计划进入大田种植领域。该项目很快被纳入当地各级政府支持的重点项目。为了落实春晖集团的项目，县、乡两级政府先后成立服务于该企业的专门办公室，配备了专门人员。2010 年，在当时政府的大力协调下，春晖集团向该市孝南区龙岗村的农户租赁了 1356 亩土地，租金为每亩 310 斤中籼稻（折价）。但在土地流转过程中，有些农民提出“宁可抛荒、不可失地”。土地流转遇到了阻力。针对这种情况，2011 年，在湖北各级政府的大力支持和当地政府的介入下，春晖集团发起组建了湖北龙岗土地股份合作社。该社由春晖集团下属的湖北春晖米业公司、4 个村集体（龙岗、同旭、东桥和彭桥）和 685 户农民共同组建。4 个村集体和 685 户农民分别以集体机动地、农户承包地折价入股，流转土地 6000

---

① 大田作物包括稻米、小麦、玉米、大豆、棉花、油菜和甘蔗等。

② 有关春晖集团土地流转的运作情况，主要依据《春晖集团龙岗模式：向引领农业第三次飞跃奋进》，《农民日报》2011 年 12 月 29 日；沈翀《龙岗模式展示农业现代化的前景——湖北春晖集团发展农民专业合作社纪实》，《学习月刊》2012 年第 5 期；宋亚平《“祸兮福所倚、福兮祸所伏”——政府主导下的农村土地流转调查》（内部研究报告），2012。

亩，占合作社总股份的51%，入股期限到2028年，湖北春晖米业公司以100多台农机具折价入股，占合作社总股份的49%。对流转土地的分红协议是“360+X”，即每亩固定分红360斤中籼米（折价）加上浮动分红X。浮动分红只能是正数，不能是负数。春晖米业公司还承诺入股农户可以选择在合作社打工，日工100元，管理人员工资每月1500元。[①] 除了龙岗土地股份合作社，春晖集团还发起组建了春晖农机专业合作社、春晖糯米生产合作社和春晖香米生产合作社。春晖集团以这些农民专业合作社为载体，继续扩大土地流转规模。

春晖集团这种“公司+合作社+基地”的做法，得到从中央到省的政府官员的认可和支持，被业界称为“龙岗模式”。2011年，春晖集团制定了涉及孝感市孝南区、云梦县、孝昌县、大悟县、应城市、安陆市、汉川市“一区三县三市”总面积达10万亩的土地流转计划。为了落实该项计划，孝感市政府向所属的各市县区下达了土地流转任务，要求成立农村土地流转工作专班负责此事，“实行县乡干部包责任制，县干部包乡镇，乡镇干部包村，村干部包户，形成了上下联络、齐抓共管、整体推进的工作局面”。2012年5月，湖北省委、省政府在春晖项目所在孝南区召开全省农村土地经营体制机制创新现场会，时任湖北省委书记李鸿忠高度表彰了春晖集团创造的“龙岗模式”，并决定在全省推广。在湖北各级政府的大力支持和直接协助下，到2013年，春晖集团以土地入股、土地租赁和季节性流转等方式流转土地面积达12.3万亩。

作为一家经营国家储备粮的企业，春晖集团进入大田种植领域的主要目的：一是保障能收购到优质粮源；二是以种植基地为基础，公司主营业务向粮食深加工领域延伸；三是享受当地政府给予的各种财政和金融优惠政策。据介绍，孝感市孝南区为了支持春晖项目，积极向上争取项目资金，包括商品粮基地改造项目资金350万元、土地整理项目资金1460万元、粮食直补项目资金250万元、农机购置补贴资金520万元，并协调落实贷款600万元，共计3180万元。春晖集团公司的董事长谭伦蔚先后成为省人大代表和全国人大代表。

① 据调查，到2012年，春晖米业公司实际雇佣工人仅30名，季节性的临时工100多人，大量入社的农民并没有被雇佣。

应该说，春晖集团在大田经营上取得如此“成功”是个案，[①] 况且，春晖集团的“成功”也是要打引号的。据研究人员在2012年所做的实地调研，当地农民说，“春晖集团规模经营完全是粗放经营，几个重要生产环节都没人把关，田间管理更是外行；公司老板谭伦蔚说他的亩产有1200～1500斤，那是忽悠你的‘鬼打架’，我看最多有800斤，每亩付385.2的租金，外加41元的‘红利’，明显是‘打肿脸充胖子’”。春晖米业公司的管理人员也向该研究人员证实，公司付这么多的租金，确实在亏本。春晖集团董事长谭伦蔚也说，“360＋X”也并非是自己情愿的，是政府有关领导一再劝导下不得已而为之。[②]

类似春晖集团这样的粮食收储企业进入粮食规模化种植领域的情况并不在少数，这些企业主要目的都是保障质量较高的“粮源”供给。例如，四川崇州粮油储备公司依靠桤泉镇政府，通过村集体向农户租赁的2000亩土地，每亩租金为600斤大米。公司在种植环节的经营基本上能做到不亏不赚。公司的盈利主要还是靠粮油产品加工。[③]

太多的实践证明，以企业农场的方式经营大田作物，在经营上是很难成功的。不少经营大田作物的企业农场不是因亏本而退出，就是转而采取公司控制下的家庭农场方式，将土地转包给家庭农场主或种植大户。即使像春晖集团这样的企业，到2013年以后也不得不放弃“派工制”，即企业聘请管理人员，管理人员根据需要招农工并负责派工，而采取“基地＋家庭农场”的方式，引入了35个“夫妻档”农户，承包公司流转的11000亩耕地。每个“夫妻档”农户经营土地规模从150亩到350亩不等。[④]

（三）土地流转“非粮化”

由于大田作物的经营很难盈利，有不少粮田通过土地流转，被转为效益更

① 另一个湖北省土地规模经营的标志性人物是种粮大户侯安杰。侯安杰是湖北大冶市的一个农民，曾以种植土地近2万亩创下了全国农民种田面积第一的记录，被誉为“全国种田冠军”。参见余爱民《农地流转与规模经营：侯安杰与刘文豹个案》，转引自徐勇、赵永茂主编《土地流转与乡村治理》，社会科学文献出版社，2010，第248—262页。

② 据春晖集团内部人士讲，“龙岗模式”这样不计成本种地是给官员看的“政治田”，不可能再扩大了。实际上，在孝感其他地区的土地流转还是采取土地租赁和季节流转的方式。参见宋亚平《“祸兮福所倚、福兮祸所伏”——政府主导下的农村土地流转调查》（内部研究报告），2012。

③ 张曙光：《博弈：地权的细分、实施和保护》，社会科学文献出版社，2011，第170—171页。

④ 胡祥修、吴文娟：《春晖以家庭农场取代派工种田》，《湖北日报》2013年9月26日。

好的“非粮”用途，如种植蔬菜、花卉、水果、茶叶、药材等。根据农业部的典型调查，农户之间流转土地中用于种粮的比重为72%，而转入方为企业或其他经营主体的，土地流转后用于种粮的比重仅为6%。吉林延吉市的一项调查表明，该市大规模流转土地的工商企业和各种协会占该市总土地流转面积的19.6%，流转后的土地全部用于“非粮”作物的种植。甘肃农村经济管理总站所做的一项对兰州、天水、武威和金昌的土地流转调查表明，土地流转“非粮化”的比重达到84.8%。[①] 据调查，在成都，农户之间的土地流转用于种粮的比重为72%，而流入农业企业等规模经营主体的土地，用于种粮的比重则只有6%。[②] 从全国的总体情况来看，到2010年，农户流转出的承包耕地中，用于种植粮食的耕地占流转总面积的54.7%。[③] 下面就举两个公司流转土地经营“非粮”作物的案例。

例如，成都郫县凌云村。传统上，该村主要种植稻麦两季，小麦亩产600斤，稻谷亩产1000斤，应属于高产农田。粮食高产，但收入并不高。扣除了化肥、农药、种子等费用后，“大春”收入仅为每亩100多元。自2008年开始，该村陆续将土地流转给60多家从事种植和销售花卉苗木的企业，其中实力较大的企业有成都森禾现代农业科技公司、成都苗夫现代苗木科技公司和上海精文绿化艺术发展公司。在这些企业的带动下，该村成了远近闻名的“西部花乡”。[④]

又如，福建将乐县万安村。福建将乐县利农农业技术公司是一家有港资背景的公司。2011年，该公司开始与万安村的村干部接触和协商，计划建立蔬菜生产基地，产品主要销往广东和香港。与村干部协商的结果是，由村干部负责将农户的土地流转到村集体，然后，由村集体将土地流转给该公司。土地流转规模为1500亩，租期为十六年，租金为每亩650斤稻谷折现金，租金每三年一调整。村干部得到的“好处”是公司按每亩每年50元向其支付“管理费”。[⑤] 在现实中，类似这样的“非粮”化的土地流转案例可以说是数不胜数。

---

① 罗丹、陈洁等：《新常态时期的粮食安全战略》，上海远东出版社，2016，第433—434页。

② 郭晓鸣等：《统筹城乡发展与农村土地流转制度变革——基于成都“试验区”的实证研究》，科学出版社，2012，第111页。

③ 国务院发展研究中心农村经济研究部课题组：《稳定与完善农村基本经营制度研究》，中国发展出版社，2013，第46页。

④ 张曙光：《博弈：地权的细分、实施和保护》，社会科学文献出版社，2011，第161—163页。

⑤ 朱冬亮：《农业治理转型与土地流转模式绩效分析》，中国社会科学出版社，2016，第120页。

值得说明的是，“非粮化”并不是农业企业流转土地的特有倾向，土地流转给其他“大户”或合作社，通常也会改变原有的粮油种植，将土地用于种植盈利较高的品种上，这种现象在非粮食主产区和城镇周边的农村更为普遍。有学者在广东的调查表明，流转土地后，仍维持原来种植品种的主要是种植粮油的农户，占比为56.4%，调整种植品种，从事“非粮化”种植的，即由种植粮油转为种植蔬菜、水果、苗木等的农户占比为43.6%。[①] 现实观察还表明，小规模的亲戚邻里之间具有代耕性质的土地流转，一般不会改变原来的种植结构。但只要土地流转具有一定规模，转入户一般都会重新选择种植品种。

如果说“非粮化”是土地流转的一般倾向的话，那么土地流转“非农化”通常是只有农业企业才能做的事情。

（四）土地流转的“非农化”

在许多大城市周边的农村，农业企业或“大户”租地成本较高，这些租地户要想取得较高的经营利润，就必须在非农领域上“做文章”。这些农户企业或“大户”往往会在种植附加值较高的水果、蔬菜、花卉、苗木等作物的同时，以“设施农用地项目”或者“建温室大棚”的名义开发一些与种植相关的乡村旅游项目，如采摘、休闲娱乐、餐饮、住宿甚至私人会所等。这些名为“现代农庄”“生态园”“采摘园”的项目，建设用地占比超标情况严重，不少属于非法建筑。[②] 大量的实际观察发现，以土地农业利用为主的土地股份合作社，所种植的几乎都是高档蔬菜、花卉、苗木等高附加值的品种，而且，休闲农业、观光农业、农家乐等乡村旅游的经营也占很大的比重。

例如，陕西杨凌海棠果农庄。该农庄的老板是个建筑工程承包商。自2012年开始，该老板在临近咸阳和宝鸡的大揉镇分三批租赁了540亩土地。第一次租赁土地100亩，租金为每亩230元；第二次租赁土地220亩，租金为每亩580元；第三次租赁土地220亩，租金为每亩800元。所租赁的540亩土地，有300多亩

---

① 罗必良：《产权强度、土地流转与农民权益保护》，经济科学出版社，2013，第615页。

② 根据2010年9月国土资源部、农业部颁布的《关于完善设施农用地管理有关问题的通知》，“进行规模化种植的附属设施用地规模原则上控制在项目用地的3%以内，但最多不超过20亩”。该通知还规定，“在以农业为依托的休闲观光项目以及各类农业园，涉及建设永久性餐饮、住宿、会议、大型停车场、工业化农产品加工、中高档展销等用地，不属于设施农用地范围，按非农建设用地管理”。

土地用于种植海棠果，其余用于建设加工海棠果酵素厂房，以及餐厅、宾馆和办公用房等配套设施建设。该农庄全部建设完成后，将形成集种植、养殖、加工、餐饮、休闲和住宿为一体的现代农庄。计划日饱和接待能力为 150 人，如能达到平均接待量 80 人，就可实现年利润 100 万元。①

还有一些企业租地的真正目的并不是搞农业，而是圈地，是以建设现代农庄的名义搞房地产开发。例如，重庆九龙坡区的博士园项目。该项目位于金凤镇，由重庆市天五农业科技有限公司开发，2006 年被列为九龙坡区重点项目，2007 年又被列为重庆市城乡统筹重点项目。该项目 2005 年启动，主要建设内容是：建设田园式的社区，该社区规划面积 1000 亩，均为农用地。2007 年底已开发了 200 多亩，共建成 140 座独立单元；每个单元配有标准温室大棚、独立庭院及独立管护房，占地约 1 亩，独立管护房实际上就是两层别墅；两层别墅的建筑面积在 120 ~ 195 平方米，售价在 35 万 ~ 50 万元。按照开发商的要求，每个单元必须租用温室大棚，租金每年为 1000 元，土地不能荒废，可以种菜、种花、种树、建鱼池等。独立庭院也要求绿化，但也可以用于停车。社区配有小区管理，小区内道路通达，服务设施完备。该项目名义上是农业产业化项目，采用所谓“公司 + 基地 + 投资者 + 农户”的模式，但实际上是房地产开发项目。投资者均为重庆城市居民，也有少数外地投资者，投资的主要目的是居住和房产的保值增值。该项目在 2007 年 10 月国土资源部进行的“百日行动”中，被国土资源部叫停。②

重庆九龙坡区的博士园项目绝非个案，企业下乡租地后土地“非农化”的情况在这一时期十分普遍，即使在经济不太发达的地区也同样存在。2011 年，甘肃省农村经济管理总站曾对兰州、天水、武威、金昌等地的 10 个乡镇、28 个村进行专项调查。调查结果显示，土地流转后“非农化”的比重达 7.21%，其中涉农企业“非农化”使用的占比为 53%，非农企业“非农化”使用的占比为 47%。在农地“非农化”使用中，用于工业的占比为 51%，用于旅游业经营的占比为 47%。③

① 钟真：《中国新型农业经营主体发展的逻辑：内在机制与实践案例》，经济科学出版社，2020，第 747—751 页。据该调查，该项目的建设用地手续并没有完全办下来。

② 重庆九龙坡区的博士园项目的基本情况是笔者于 2010 年到现场调查所得。另参见张曙光《集体建设用地地权的实施和保护——兼及“小产权”房问题》，《中国社会科学辑刊》2009 年冬季号。

③ 朱姗：《农村土地非粮化趋势分析》，《农村经济管理》2013 年第 1 期。

针对以上情况，农业部门有关人士曾多次呼吁警惕和防止工商资本参与土地流转所导致的“非粮化”“非农化”趋势。[①]

2015年中央一号文件首次认可了“农村一二三产业融合发展”的概念，各类集种植、加工、餐饮、休闲、住宿为一体的“现代农庄”再次成为社会资本下乡投资、流转土地的一个热点领域。不久就引起了中央高层的关注。有关之后的发展，已经超出了本书的时间叙述范围，这里就不叙述了。

四、家庭农场的兴起与发展

（一）家庭农场的兴起

家庭农场是个舶来词，意思是以家庭为单位从事农业的农场，是西方国家在农业生产经营领域广泛存在的一种组织形式。在中国历史上，家庭农场这种组织形式也长期存在，被称为“富农”。与“富农”相应的是“小农”和“中农”。一般认为，“富农”与“小农”和“中农”的主要区别是：“富农”的土地经营规模较大，产品的商品化率高，有较高的资本投入，有雇工，其经营目的是盈利；而“小农”和“中农”的土地经营规模较小，主要是以生计为目的。“小农”也是“富农”雇工的主要来源。按照传统马克思主义的阶级划分，有雇工的“富农”属于农业资本家，“小农”是农民阶级的主体和农村中的雇佣劳动者，“中农”是农村中的小资产阶级。回到中国的当代农村现实，如本书第三章所描述的，实行家庭土地承包经营制的直接结果是产生了2亿多“人均不足一亩，户均七八亩”的“小农”。

早在实行家庭土地承包经营不久的20世纪80年代，这些“小农”就开始出现了分化现象。一些有能力、有资源的“小农”发展为专业户或种田能手，成为农村中第一批“万元户”。这一现象很快就引起了中央决策层的注意，并及时出

① 2014年10月17日，时任农业部部长韩长赋在答记者问时指出：“有的工商企业长时间、大面积租赁农户承包地，‘非粮化’‘非农化’问题比较突出。这些问题如果不解决好，会影响到农村土地有序流转和农业适度规模经营的健康发展。”韩长赋还说：“中央态度十分明确，就是要加大粮食生产扶持力度，鼓励和支持流转土地用于粮食生产，遏制‘非粮化’、严禁‘非农化’。”引自叶兴庆《农村集体产权权利分割问题研究》，中国金融出版社，2016，第131页。2015年第6期的《农村经营管理》发表题为《引导农村土地流转坚决防止“非粮化”“非农化”》的本刊评论员文章。

台文件，给予积极肯定和支持。[①] 这时已经出现了家庭农场形式的种粮专业户。如位于辽宁沈阳郊区的浑河堡村，1985 年，6 家农户承包了村里的水田 1000 亩，承包土地面积最多的有 295 亩，最少的也有 110 亩。这 6 家农户自筹资金 12.5 万元，购置了插秧机、手扶拖拉机、催芽机、秧盘、打稻机等农机具。[②] 1985 年 12 月 30 日，《人民日报》记者以"家庭农场是农业下一次飞跃的重要动力"为题，报道了四川新都县两个种粮户的事迹。这两个种粮大户承包的土地面积分别为 25 亩和 24 亩，大约是当地农户承包土地面积的 10 倍。[③]

然而，在较长的一段时期，种植大户主要是从事水果、蔬菜、药材、花卉、茶叶等经济作物的种植，较少种植如粮、棉、油等大田作物。进入 2000 年代中期以后，农村中的一些"大户"开始进入以粮食生产为主的大田作物经营领域，发展为日后所说的家庭农场。粮食生产的规模经营一直是农业生产中的一个难点，[④] 特别是对于中国这种人多地少，而且农村人口仍占较大比重的国家来说，更是如此。因此，在大田作物经营领域引入家庭农场的经营模式，其意义重大。在本节将重点描述粮食种植型家庭农场。

2008 年，中央首次在官方文件中提出家庭农场的概念，与专业大户并列。[⑤] 2013 年中央一号文件将家庭农场列为新型农业经营主体。[⑥] 2014 年，农业部出台了《关于促进家庭农场发展的指导意见》，进一步明确了对家庭农场的奖励补贴、土地流转、社会化服务、人才培训等扶持政策。在国家政策的刺激和引导

---

① 1983 年中央一号文件即《当前农村经济政策的若干问题》中指出，"近年来随着多种经营的开展和联产承包制的建立，出现了大批专业户（重点户），包括承包专业户和自营专业户。它们一开始就以商品生产者的面貌出现，讲究经济效率，充分利用零散的资金和劳力，发挥了农村各种能手的作用，促进了生产的专业分工和多样化的经济联合"。1984 年中央一号文件即《关于一九八四年农村工作的通知》中提出，"鼓励土地逐步向种田能手集中"。

② 中共中央农村政策研究室、国务院农村发展研究中心农村社会经济调查办公室编《向商品经济轨道的转移——全国农村固定观察点调查报告（1987 年）》，农村读物出版社，1988，第 282—283 页。

③ 沈冲、向熙扬主编《十年来：理论·政策·实践》，求实出版社，1988，第 576—579 页。

④ 除了粮食生产的其他种植业，规模经营相对比较容易做到。有些林果业主要使用非耕地，非耕地比耕地更容易集中成规模。还有一些种植瓜果、蔬菜的大户，采用温室大棚的种植方式，不需要很大规模的土地，经营 10 亩的温室大棚光投资就超过 50 万元了，就算"大户"了。种植葡萄园均不超过 3 亩，一个家庭农场经营 10 亩葡萄园就算是很大了。徐振宇：《小农—企业家主导的农业组织模式——天星葡萄业技术与市场演化》，社会科学文献出版社，2011，第 144 页。

⑤ 2008 年召开的党的十七届三中全会通过的《中共中央关于推进农村改革发展若干重大问题的决定》提出，"有条件的地方可以发展专业大户、家庭农场、农民专业合作社等规模经营主体"。

⑥ 2016 年中央一号文件即《关于落实发展新理念加快农业现代化实现全面小康目标的若干意见》将家庭农场列入新型农业经营主体之首，提出，"积极培育家庭农场、专业大户、农民合作社、农业产业化龙头企业等新型农业经营主体"。

下，家庭农场在全国农村特别是在土地资源条件较好的平原、平坝地区快速兴盛起来。

根据2013年农业部办公厅下发的《关于开展家庭农场调查工作的通知》，家庭农场的界定标准如下：一是家庭经营者应具有农村户籍；二是以家庭成员为主要劳动力；三是家庭收入以农业收入为主，农业净收入占家庭收入的80%以上；[①] 四是粮食生产“一年两熟”的地区，土地经营规模为50亩以上，“一年一熟”的地区，土地经营规模为100亩以上。[②] 另外，按照该调查标准，家庭农场还包括经济作物的种植及养殖和种养结合的“大户”。

有些地区，为了防止有人以家庭农场的名义套取政府补贴，还制定了家庭农场的准入制度，规定家庭农场的主要经营者必须取得“职业农民证书”。有些地区，为了防止有人以家庭农场名义流转土地，自己不经营，而是转包土地，还对家庭农场的规模进行限制，规定家庭农场规模上限和下限。一般上限为500亩，下限为100亩。[③]

按照农业部调查标准的统计，到2012年底，家庭农场总计为87.7万个，平均劳动力数量为6个，其中家庭劳动力4.33个；在所调查的家庭农场中，从事种植业的占比为46.7%，从事养殖业的占比为45.55%，种养结合的占比为6%，从事其他产业的占比为1.73%；家庭农场的平均土地经营规模为200亩，其中50亩以下的占比为55.5%，50～100亩的占比为21.8%，100～500亩的占比为

① 在现实中，许多家庭农场主都是农业“兼业户”。他们除了租地经营，还有自己的小买卖，如在村里或镇上开个农资店、小卖部、棋牌室、小饭馆、修理店、小加工厂等，也有的还会承接一些建筑工程，跑运输等，还有的是农机手，到处承揽农机业务。这与农业机械化水平提高，大大缩短了大田作业时间有直接的关系。一项田野调查显示，除了日常田间管理，种植稻麦两季作物所需耕、种、收的时间，仅为15天。参见张建雷《发展型小农家庭的兴起：皖东溪水镇的小农家庭与乡村变迁（1980—2015）》，法律出版社，2018，第141—143页。即使是规模经营户，一个职业农民全年在农业上的投入时间大约为2个月。参见刘守英《中国土地问题调查》，北京大学出版社，2017，第86页。家庭农场主要劳动力利用其他剩余时间找点其他活计，其他家庭成员负责日常的田间管理，这是很自然的事情，也是家庭劳动力的最优或较优配置。

② 各地政府制定的家庭农场界定标准相差很大。例如，对家庭农场的土地经营规模的要求，黑龙江为种植面积不低于1000亩；山东为粮食种植面积在300亩及以上，其中小麦或水稻的种植面积在150亩及以上；安徽为粮油或露地蔬菜种植面积在200亩或以上，设施蔬菜种植面积在20亩以上；上海为粮食种植面积在100～150亩；重庆为“一年两熟”的粮食种植面积在50亩以上，“一年一熟”的粮食种植面积在100亩以上，蔬菜种植面积在30亩以上；天津为粮食种植面积在100亩以上，蔬菜种植面积在10亩以上，果品种植面积在20亩以上；湖南为粮食种植面积在150亩左右等。参见农业部农村经济体制与经营司编《家庭农场政策与案例汇编》，中国农业出版社，2016。

③ 孙新华：《再造农业：皖南河镇的政府干预与农业转型（2007—2014）》，社会科学文献出版社，2017，第146页。

19.7%，500~1000亩的占比为2.2%，1000亩以上的占比为0.8%。[①]

（二）家庭农场迅速发展的原因

家庭农场既是土地规模经营的主体，也是土地流转市场的重要参与者。据2014年农业部对2826个家庭农场监测户的统计，家庭农场平均土地经营规模为334.17亩（劳均55亩），种植业家庭农场平均土地经营规模为367.53亩，粮食种植型家庭农场平均土地经营规模为428.8亩，其中黑龙江的粮食种植型家庭农场平均土地经营规模达到915.97亩。在这些家庭农场中，有36.53%的土地来自家庭承包或其他方式的承包，有63.47%来自流转土地，其中粮食种植型家庭农场的土地，有34.78%的土地来自家庭承包或其他方式的承包，有65.22%来自流转土地。该项统计还显示，流转地块的平均租期为12.6年，其中租期小于1年的占比为6.41%，大于1年小于5年的占比为66.19%，大于5年小于13年的占比为13.67%，大于13年的占比为13.73%；土地流转平均租金为每亩501元，其中种植业土地流转租金为每亩522元，粮食生产的土地流转租金为每亩514.38元。[②]

2000年代中期以后兴起的粮食型家庭农场，主要得益于农业机械化水平的提高与快速普及。农业机械化快速普及无异于在大田作物生产领域出现了一场"生产革命"。2000年，中国农业（主要是粮食）的耕种收综合机械化水平为32.3%，到2014年这一指标提高了近1倍，达到61.6%，其中机耕水平达到77.5%，机播水平达50.8%，机收水平达51.3%。[③] 在国家农机补贴力度不断加大、农机具产业蓬勃发展的形势下，农户购置农机具的成本大幅下降，不少农户成为装备齐全的农机户。与此同时，农机社会化服务业也迅速发展起来了，使得即使装备不够齐全的农户，也可以通过扩大土地经营规模，发展成家庭农场。加之，之前所说的国家广泛实施的土地综合整治计划，这一切都使大田种植变得更容易了，从而为大田种植规模化经营、家庭农场的兴起提供了物质和技术基础。除此之外，部分农户通过非农就业有了一定的资金积累，也是家庭农场迅速发展的一个

---

① 宋洪远、赵海等：《中国新型农业经营主体发展研究》，中国金融出版社，2015，第60页。

② 农业部农村经济体制与经营管理司、中国社会科学院农村发展研究所编《中国家庭农场发展报告2015年》，中国社会科学出版社，2015，第11—12页。

③ 国务院发展研究中心农村经济研究部：《找准转变农业发展方式的支点》，中国发展出版社，2016，第184页、第196—197页。

重要的经济条件。以土地租金每亩400元计算，加上用工、用水、用电、用油，以及化肥、种子、农药等生产资料，每亩流动资金至少需千元，种植百亩大田所需的流动资金就要到10万元以上。安徽繁昌县的某个家庭农场就是这样的一个“富户”，也是凭借着拥有大型农机具进入大田规模经营领域的典型案例。[①]

安徽繁昌县的这个家庭农场主在进入大田经营以前是个“小老板”，曾从事过饮料加工和销售业，投资过房地产业，有了一定的资金积累。2009年，这个“小老板”房地产投资失败后，转入大田经营，流转土地873亩，后又转包出去460亩，自己经营410多亩，成为一个家庭农场主。该家庭农场主在用工越来越难的情况下，开始使用大型农机具进行田间作业。据研究人员的调查比较：在耕地环节，“小农”使用小型拖拉机每天可耕地6~7亩，而该家庭农场主使用大型拖拉机每天可耕地70~80亩；在播种环节，“小农”采取的是“手撒”方式，每人每天只能播种15亩，而该家庭农场主使用点播机，每天可播种100亩；在施肥环节，“小农”也是采取“手撒”方式，每人每天施肥20亩，而该家庭农场主使用施肥机每天可施肥200亩；在打药环节，“小农”使用手动喷雾器，每人每天打药15亩；而该家庭农场主使用打药机每天可打药200亩（需要4个人协作，每人每天打药50亩）；在灌溉环节，“小农”使用潜水泵从塘里打水，水量有限，而该家庭农场主则是通过镇水利站泵站，从漳河提水，一天可灌溉200亩；在收割环节，该家庭农场主与“小农”一样，都是用收割机收割，该家庭农场主计划购置一台带粮仓的收割机，这样就可以省4个运输工。

从这个家庭农场的案例就可以看出，当农户的农机具装备到一定水平，势必要有一定规模的土地要素与之相匹配，否则大型农机具的优势难以发挥。根据某学者于2010年到2014年在安徽繁昌县农村所做的调研，按照当时的农业技术装备水平和当地的劳动力市场条件，大田作物的合理土地经营规模为100~300亩。[②] 以亩均纯收入300~500元计算，家庭农场的年收入在5万~10万元。除了

---

① 孙新华：《再造农业：皖南河镇的政府干预与农业转型（2007—2014）》，社会科学文献出版社，2017，第61—63页。

② 周娟：《家庭农场的本土化实践与发展》，华中科技大学出版社，2016，第40页。另据湖南衡阳县某个家庭农场主估计，一对夫妇种植水稻100亩，每亩年纯收入可达700~800元，该家庭农场的年纯收入为7万~8万元；种植规模扩大到200亩，每亩年纯收入为600元，该家庭农场的年纯收入可达12万元左右；如果种植规模扩大到300亩，每亩年纯收入会降到300元，该家庭农场的年纯收入也会降到9万元。因此，该家庭农场主认为土地经营规模在200亩最为合算。参见陈义媛《资本主义式家庭农场的兴起与农业经营主体的再思考——以水稻生产为例》，《开放时代》2013年第4期。

黑龙江，全国其他农村地区大约也是如此。总之，大田经营的“生产革命”直接推动了土地规模经营的发展和家庭农场的兴起。许多家庭农场主同时也是农机大户，有些是从大型农机手转为家庭农场主的。

（三）家庭农场在土地流转市场上的竞争优势

与农业企业所办的企业农场相比，家庭农场在土地流转市场上更有竞争力，拥有承包地的农户更愿意将自家的土地流转给家庭农场主。这主要有两个原因：一是家庭农场的租期较短。根据以上农业部所做的调查，家庭农场的租地年限大多不超过五年，而企业农场租地年限一般要超过十年，不少企业租地的年限都是到“第二轮土地延包”期的结束年份，即 2028 年。对许多转出土地的农户来说，土地租期较短对其是一个很大的心理安慰。一些农民会想，趁现在年纪还不大，赶紧出去找事做，等过几年老了，回家了，土地出租也差不多到期了，还可以继续种地。二是家庭农场主与当地乡村社会融合较为容易。许多家庭农场主本身就是当地农民，在村里长大的。这些农民，有的是一直在家里种地，也有的是曾外出打工回乡，这些人都是当地乡村社会的中坚人物。除了个人原因，这部分群体基本上不存在与当地乡村社会的融洽问题。有些“外来”的家庭农场主虽然不是本乡本土的人，但大多也是农民出身，知道如何与当地农民打交道，也很容易融合到当地的乡村社会。而企业农场的“老板”和管理雇员大多居住在城里，这些人更愿意和习惯与当地乡镇干部和村干部打交道，很难被当地普通农户所认同。有些农户特别是“中农”，对企业农场是否能把地种好往往持深深的怀疑态度，认为这些城里的“老板”早晚干不下去，早晚会“拍屁股走人”。因此，当农户面对着企业农场和家庭农场两个土地流转对象的选择时，农户更愿意把自己的地租给更可靠的家庭农场主，而不愿意租给企业农场。这也迫使农业企业不得不提高土地租金，以高租金吸引农户。这就是企业农场的土地租金普遍高于家庭农场的一个重要原因。

在流转的土地来源方面，家庭农场主除了向农户租地，还可以向村集体租地。在这一时期，不少村集体仍常年持有一部分机动地。在实施了土地整理项目的村，通过整理土地，打掉了不少田坎和田间小路，集体的机动地增加了。一些村里的“中农”可以向村集体申请包地，扩大土地经营规模，上升为家庭农场主。不少承包集体机动地的家庭农场主本身就是村民小组或村委会的干部。

（四）家庭农场对“小农”及“中农”的“排斥”

家庭农场的兴起在不同程度上挤压了“小农”，特别是“中农”的经营空间。家庭农场开出较高的土地租金，对缺乏家庭劳动力的“小农”，以及对家庭收入主要来自非农产业的非农兼业户来说，是有较大吸引力的。这些“小农”将土地流转出去，不仅可以获得一定的土地收益，而且，家庭的主要劳动力也可以更安心做自己的“主业”了，不必家里外面“两头跑”。家里的闲散劳动力也可以选择“小地主 + 农业工人”的模式，将其土地流转给“老板”或“大户”，自己有地租收入，如有机会还可以为流转土地的“老板”和“大户”打工，获得劳动收入。对于不少“小农”来说，这样的家庭劳动力的配置更合理。

家庭农场的兴起对“中农”经营的影响则较大。首先，家庭农场开出市场价租金，使原来村里较低的“习俗价”难以继续维持，“中农”流转土地的租金也要提高。其次，在农机具利用方面，“中农”也是处于不上不下的状态。由于土地经营规模太小，购置大型农机具不划算。农机社会化服务企业也不愿接“中农”所经营的零散地块的业务，即使接了，也要加钱。地块小了，浇水也不划算。水从河里的泵站放下来，5 亩的地块和 10 亩的地块，其浇水的时间和所付出的精力是差不多的，因此，大地块的浇水成本就会更低。再有，在雇工方面，在农忙季节，家庭农场农机具装备齐备或者可以充分利用农机社会化服务，工人的劳动效率较高。因此，家庭农场可以开出比“中农”更高的工钱。在雇工市场上，“中农”也处于劣势地位。在这种情况下，有的“中农”就会选择退出农业经营领域，把土地流转给“大户”，有的“中农”会选择退回“小农”经营。[①] 也有不少“中农”继续坚守自己的经营，往往也是政府推动的土地流转的“钉子户”。[②] 总之，家庭农场“挤压”了“小农”和“中农”的生存空间，既获得

① 有学者提出“中农”的地位最不稳固，是一种过渡性的农业经营形态。参见陈义媛《资本主义家庭农场的兴起与农业经营主体分化的再思考——以水稻生产为例》，《开放时代》2013 年第 4 期。

② 在现实中，“中农”往往也是在政府推动土地流转过程中最“顽固”的阻力。有当地政府干部说：“他们是我们发展规模经营中最大的绊脚石。土地流转前他们种了很多亲朋好友的田，现在只能种自家的田了，他们肯定不高兴，因此跟政府对着干，这些人是土地流转中最难做工作的。”参见孙新华《再造农业：皖南河镇的政府干预与农业转型（2007—2014 年）》，社会科学文献出版社，2017，第 204 页。

了所需的土地，也得到了所需的劳动力。

然而，也应该看到家庭农场要完全“打败”自耕农即“小农”及“中农”也是不可能的。虽然自耕农在经营规模上处于劣势，但自耕农也有其自身的优势。首先，“小农”的土地是自己的，“中农”所转包的土地是亲戚朋友的。亲戚朋友之间含有大量互惠关系，且土地转包期限灵活，因此，转包土地的价格较低，而且转包土地的价格也不是刚性的。收成不好时，转包费也可以打折，且通常是秋后或年底才付租金。而家庭农场不仅土地租金高，不管其经营好坏，都要刚性兑付，而且要付“押租”。其次，自耕农利用的是家庭闲散劳动力，其机会成本几乎等于零。[①] 最后，自耕农的土地经营规模小，他们就可以做到精耕细作，单位土地的产出相对较高。

一项抽样调查表明，租地“佃农”的亩均纯收益要大大低于自耕农。自耕经营的亩均纯收益为 207 元，而租地“佃农”只有 119 元。[②] 即使扣除了地租，自耕经营的亩均纯收益也要高于租地“佃农”。扣除地租后，自耕经营的亩均纯收益为 135 元。另一项个案调查详细计算对比了家庭农场与自耕经营两季种植的成本和收益。计算对比结果表明，家庭农场的亩均产出为 1600 斤，自耕经营的亩均产出为 1700 斤；家庭农场的亩均投入为 1247～1347 元，自耕经营的亩均投入为 923～853 元；家庭农场的亩均纯收入为 535～635 元，自耕经营的亩均纯收入为 1282～1352 元。即使不考虑地租支出，家庭农场的亩均纯收入为 1035 元，仍低于自耕经营。[③] 有学者曾对河南郸城县一个村不同经营模式下的成本收益进行比较分析。该分析结果表明，自耕经营的每亩纯收入为 1800～1900 元，而雇工机械化经营的每亩纯收入为 1400～1600 元（不算地租），自耕经营的每亩收益高出雇工机械化经营 300～400 元。另一项田野调查还显示：自耕农在农药、化肥和种子等生产资料上的投入要低于家庭农场。在农药使用方面，家庭农场一般会选择价格高的大品牌农药，自耕农则倾向选择药效并没有那么好的小品牌，而且用药量也少；在化肥使用方面，家庭农场要比自耕农多施肥料 1/4～1/3；在种

① 随着大规模农机具及农药、化肥的广泛使用，农活的劳动强度大大降低了。对于一些身体健康、勤劳的老人来说，田间劳动不仅不是负担，而且还能带来乐趣，能带来自食其力的心理安慰。而且，除了大田作物的收获，“小农”还可以利用田间地头，种点瓜菜、养几只鸡，也能给自己提供点新鲜食物。

② 张云华等：《中国农地流转问题调查》，上海远东出版社，2012，第 108 页。

③ 周娟：《家庭农场的本土化实践与发展》，华中科技大学出版社，2016，第 37 页。

子方面，家庭农场都是买种，而自耕农则是以留种为主、买种为辅。[①] 虽然自耕农在农药、化肥和种子等生产资料上的投入少，其效果就会差，但如果自耕农肯付出辛苦、勤于田间管理的话，其生产资料投入不足的缺陷就可以得到弥补。

然而，随着越来越多的农民流入城镇，将其主要精力放在非农产业上，自耕农的劳动力机会成本快速上升，以精耕细作的田间管理来维持自耕经营的基础就会受到动摇。对“小农”，特别是对“中农”影响较大的是政府主导下的土地流转政策。

首先，政府对土地流转租金标准的干预。在一些土地流转比较活跃的农村地区，不少地方政府为了避免因租金产生的纠纷，规范土地流转市场秩序，规定了土地流转价格最低价。例如，安徽繁昌县平铺镇政府规定土地流转的最低租金就为每亩400斤稻谷，折合现金约400元。[②] 地租“显性化”使得“中农”获得廉价的土地越来越难了，这就加快了土地从“中农”那里流向“大户”的速度。其次，在项目制的推动下，政府更倾向于对家庭农场的支持。在不少地区，地方政府为了促进家庭农场的发展纷纷出台了土地租金补贴政策。例如，武汉市新洲区政府出台文件规定：凡签订五年以上土地流转合同，土地流转面积达到500亩的项目，每亩可获得200～600元的区财政补贴。[③] 上海、天津、江苏等地的县（市、区）政府也出台了按土地流转规模给予补贴的政策。土地流转补贴金额大体上等于或略低于土地租金。这样就大大弥补了家庭农场在亩均效益的“缺口”，提高了家庭农场的竞争优势。再有，家庭农场是农机购买、良种购买的大户，政府的农机补贴、良种补贴政策也有利于家庭农场。这些因素都会加速自耕经营的解体和自耕农的分化。另外，家庭农场主在资金实力、农业技术和产品销售方面都有一定的优势，他们往往是农民专业合作社的发起人和实际管理人，可以借助农民专业合作社获取政府的资金支持和补助。到2010年以后，在一些地区，自耕经营的解体和自耕农的分化趋势已经开始显现。

① 孙新华：《再造农业：皖南河镇的政府干预与农业转型（2007—2014）》，社会科学文献出版社，2017，第67—69页。

② 冯小：《去小农化：国家主导发展下的农业转型》，华中科技大学出版社，2017，第217页。

③ 宋亚平：《“祸兮福所倚、福兮祸所伏”——政府主导下的农村土地流转调查》（内部研究报告），2012，第13页。

有学者对安徽繁昌县农村所做的田野调研显示，[①] 在2008年，政府没有大力推行土地规模流转之前，该地农业经营主体的结构是："小农"占地60%、"中农"占地40%；到2012年，该地农业经营主体的结构变为："小农"占地40%、家庭农场占地41%、农业企业占地19%。"中农"不是被"消灭了"，就是"升级"为家庭农场了。自耕经营的解体和自耕农的分化会将越来越多的土地释放出来，增加了土地流转市场的供给。

也应该看到，在幅员辽阔的广大中国农村地区，特别是山区和丘陵地区，由于土地、水利、气候和其他地理资源条件较差，较少有"大户"和"老板"到这些地区大规模地流转土地、发展农业项目。这些地区仍是自耕农的"天下"。[②]

（五）家庭农场是如何发展起来的

在政府的大力干预和支持下，家庭农场是如何发展起来的呢？这可以归纳为以下几种形式的家庭农场的发展"通道"。

家庭农场第一个发展"通道"是"中农"升级为家庭农场。有一些偏年轻、身体条件较好、家庭劳动力较为充裕的"中农"，因耕种经验丰富又吃苦耐劳，逐渐扩大其土地经营规模，升级为"富农"，即家庭农场主。家庭农场所流转的土地主要来源于村级土地流转市场，但一旦从"中农"升级为"富农"，土地流转双方就要按市场上的规则办事了，市场价是多少就要收多少，而且双方要签订通常是三年以上的长期合同，土地也不能说收回就收回了。下面就以湖南衡阳县三湖村农民王某为例。[③]

2001年，正值壮年的王某（30多岁）尝试在自家4亩承包地上引进新的水稻品种，由单季稻改为双季稻加油菜，当年收益近万元。之后王某开始想扩大土地经营规模。2003年，王某无偿从本村3家农户那里流转土地12.8亩。2004年，王某又从本村8家农户那里无偿或低价流转土地31亩。这时，经营的土地

① 冯小：《去小农化：国家主导发展下的农业转型》，华中科技大学出版社，2017，第189页。

② 以当地政府大力推动土地规模化流转的湖南衡阳县为例，到2012年，该县"小农"占有耕地为73.3万亩，"中农"为6.4万亩，家庭农场为5.2万亩，企业农场为4.3万亩。可见，"小农"和"中农"仍占有绝大部分的土地。引自陈义媛《资本主义式家庭农场的兴起与农业经营主体的再思考——以水稻生产为例》，《开放时代》2013年第4期。

③ 湖南省人民政府农村工作办公室：《湖南省农村土地承包经营权流转典型100例》（内部资料），2009，第24—25页。

从4亩扩大到47.8亩，王某也从“小农”变为“中农”。之后，王某还要扩大土地经营规模，这是要由“中农”升级为“富农”。“富农”就不可能无偿或低价取得土地了。2005年，王某从本村13家农户手中租赁土地52.7亩（其租赁价格不详，但肯定不是无偿的，也不太可能是低价的，很可能是市场价，或与市场价相差不多）。之后，王某继续扩大土地经营规模，所租赁的土地不仅局限在本村，而且向外村扩展。到2008年，王某所经营的土地规模已经扩大到315亩，涉及2个村5个村民小组共38户，并拥有大型收割机2台、旋耕机1台、大小电灌设施5套、汽车1台和拖拉机1台。除了插秧，所有的耕作全部实现了机械化。王某已经变身为典型的“富农”即家庭农场主。

在现实中，像王某这样由“中农”升级为家庭农场主的情况很多。2010年以后，不少地方政府为了刺激土地的规模流转，出台了按土地流转规模补贴农户的政策。例如，土地流转达到了一定规模（通常在50亩以上），就可以获得一定金额的土地流转补贴。在这一政策的刺激下，一些有能力的“中农”就有动力扩大土地流转规模，由“中农”升级为家庭农场主。例如湖南衡阳县的一个农户，1982年分田到户时分得承包地9亩，之后近20年，该农户又陆续无偿从本村村民那里流转了部分土地。到2009年，该户土地经营规模为29亩，是个典型的“中农”。2009年，当地政府出台“大户”种稻补贴政策，对种植双季稻的土地经营规模达到50亩以上的“大户”给予每亩150元的补贴。2010年，该“中农”为了争取政府的补贴，开始租赁土地种植双季稻，将土地经营规模扩大55亩，2011年又扩大到110亩，2012年达到131亩，该农户由“中农”升级为家庭农场主。[①]

家庭农场第二个发展“通道”是“返乡创业”租地。2010年以后，一些在外打工和经商的农民感到外出打工不稳定，赚钱也不容易了，特别是年纪偏大的农民，工作不好找，即使能找到工作，工资也较低。这些农民在外打工多年，小有积蓄，就会选择返乡创业。有些在县城和集镇上做小买卖、小生意的小业主，也会因为生意不好做转而返乡租地，投资农业。“返乡创业”的地点有的是在本村，也有的是在本乡（镇）、本县其他村。这些返乡创业的农民，种地收益的心

① 陈义媛：《资本主义式家庭农场的兴起与农业经营主体的再思考——以水稻生产为例》，《开放时代》2013年第4期。

理预期往往是跟打工或做小买卖的收益比较，希望能得到与打工或做小买卖差不多的收益。这一时期打工年收入在 3 万～5 万元，以亩均净收入 300～500 元计算，能达到打工收入水平的土地经营规模应在 100 亩以上。因此，他们就不会仅仅守着家里的承包地，会倾向于租赁更多的土地，扩大土地经营规模，成为家庭农场主。值得一提的是，不少返乡农民的父辈或兄长原来就是“中农”，这些返乡农民可以在继承父辈或兄长土地的基础上扩大土地经营规模，上升为家庭农场主。[①] 有些“返乡创业”的“大户”租赁土地较多，就会采取雇工经营或发包经营的方式，成为企业农场主。

家庭农场第三个发展“通道”是农资销售商或农机手租地，这些人也可以说是“返乡创业”。在广大农村，从事农资销售业务的群体是颇为庞大的，并活跃着一批技术熟练的农机手。这些人大多具有丰富的农业生产专业知识，人际关系广泛、头脑灵活，农产品市场信息也灵通，并对中央各项支农政策有较深的理解。这些人也有一定的资金实力，不少人在 2010 年前后就“嗅到了”种地“商机”，开始纷纷下乡租地。这些人“出手”都不会是“小打小闹”的，一般都是租地上百亩；同时也会积极向当地政府争取家庭农场的资质，获取政府的政策扶持。但这种家庭农场是否“真的”令人存疑。因为这种人所办的家庭农场一般都是副业，也就是说，农资销售商或农机服务仍然是其家庭收入的主要来源。对种植业，通常也仅仅是负责经营管理，其他大部分农活包括田间管理都要靠雇工。因此，这部分人所办的家庭农场应该归为种植大户，即农业个体户类。

家庭农场第四个发展“通道”是“外地包地户”租地。“外地包地户”是指常年在外包地的农户。自 20 世纪 90 年代中期以来，在长三角和珠三角沿海经济发达的农村地区就活跃着一批“外来包地户”。这些“外来包地户”主要来自内地农村，如安徽、四川、河南等农业大省，是中国第一批职业农民。开始时，这些“外来包地户”是给当地农户打“零工”。后来这些农户有了一些积蓄，买了一些农机具，就开始到处“包地”种，“包地”规模由小到大。据调查，这些“外来包地户”的土地经营规模，小的有数十亩，大的有 400～500 亩，大多在

---

① 外出打工农民返乡租地创业的例子很多。有社会学者曾对安徽天长县郑集镇做田野调查，发现了不少外出打工农民返乡租地创业的情况。参见张建雷《发展型小农家庭的兴起：皖东溪水镇的小农家庭与乡村变迁（1980—2015）》，法律出版社，2018，第 183—187 页。

200～300 亩。有学者称这些“外地包地户”为“流动性家庭农场”。[①] 有些“外来包地户”扩大租地规模后，就会在当地乡镇买房子，把家搬过来，融入当地乡村社会。[②] 由于这些“外来包地户”是外来户，很难从当地农户或村集体那里直接流转到成规模、成片的土地，这些“外来包地户”要想扩大土地经营规模，不得不从土地流转“大户”那里转租土地，成为所谓的“二包户”。例如，安徽繁昌县的一个“大户”在 2009 年流转土地近 1100 亩，自己经营 3 年，亏损上百万元；2011 年，该“大户”将土地全部转租给 9 户从安徽巢湖来的农民，之后，这 9 家农户又将土地转租给 4 家巢湖老乡耕种，这 4 家来自巢湖的农户，每家耕种面积在 200 亩左右。[③] 也有学者将“外来包地户”称为“租地农”。在安徽繁昌县，这些“租地农”从“大户”手里转租土地，要加上每亩 80～135 元不等的“转包费”。[④]

家庭农场第五个发展“通道”是企业农场转为家庭农场。企业农场从农户手中流转来大量的土地后，一开始都是采取公司化的管理，即“老板”聘用管理人员，管理人员聘用长工和临时工。每个管理人员一般要管几百亩、上千亩的土地，根本就管不过来。由于种种原因，公司的投入不少，但产出不高，很快公司就陷入亏损的困境。为了改变这一困境，一些农业企业就调整了经营方式，将大块的土地转包给农户种，公司按约定的价格和数量收购产品。这些农户就成了家庭农场主。与上述“租地户”不同的是：这些家庭农场的经营是纳入农业企业经营体系之中的，是农业企业经营链条中的一个环节，是依附于农业企业的，而不是独立经营的。

如本书第十一章第三节中所述的安农公司。该企业在开始时，采取层层包产、包地、分级负责的方式直接经营土地。[⑤] 但事实证明，这种由企业直接经营

---

① 余炼等：《流动性家庭农场：中国小农经济的另一种表达》，《南京农业大学学报》2013 年第 6 期。

② 大多数“租地农”会因当地家庭农场的兴起而被排挤出当地的土地流转市场。安徽繁昌县平铺镇的“租地农”曾说过：“明年（2015 年）要是当地人都种的话，我们就没地种了，我们就得滚蛋。”事实证明的确如此。参见陈英航《中国农业转型及其动力机制再思考——基于皖南河镇的经验研究》，《开放时代》2018 年第 3 期。

③ 冯小：《去小农化：国家主导发展下的农业转型》，华中科技大学出版社，2017，第 101 页。

④ 陈航英：《中国农业转型及其动力机制再思考——基于皖南河镇的经验研究》，《开放时代》2018 年第 3 期。

⑤ 即由公司将土地承包给以村为单位的作业组，作业组再包给农户或耕种小组，公司按产量计酬，生产每百斤稻谷付 15 元，超额有提成。这种经营管理方式类似于 20 世纪 70 年代末 80 年代初曾实行的生产责任制。

管理土地的方式遇到了激励不足以及与当地农民在用水、用工、用地等方面相互冲突的社会问题，导致该企业无法继续经营下去。于是，该企业就调整了经营方式，采取了土地承包制，将土地承包给农户，即“代管户”。“代管户”是以家庭为生产单位的农户，其经营面积在 200～1000 亩。“代管户”必须向该企业购买农药、种子和化肥以及机耕、机插和机收等服务；收获的粮食要按事先规定的价格卖给该企业。该企业为“代管户”垫付每亩 530 元的农资购买和农机服务资金，以及每亩 200 元的土地租金，还可以为“代管户”提供每亩 200 元的贷款。这些垫付的资金和贷款在收获时，在该企业向“代管户”收购粮食的价款中扣除，剩余的归“代管户”。[①] 实际上，“代管户”所拿到的收入是雇佣劳动的工资。有学者将“代管户”与企业之间的关系称为“隐蔽的雇佣关系”。[②] 如果“代管户”有一定的资金实力，或自家拥有农机具，也可以不向企业贷款或购买农机服务，在这种情况下，“代管户”与企业就不仅仅是劳动力雇佣关系了，有了一定的合作关系的成分。即使这样，“代管户”也摆脱不了对资本的依赖。

在现实中，也有的家庭农场是在企业资本和业务渠道的支配下，以组建农民合作社方式运行的，即“合作社＋家庭农场”。例如，安徽郎溪县绿色糯米专业合作社。该合作社成立于 2009 年，由安徽谷南丰黄酒厂领办，谷南丰黄酒厂以合作社名义向农户流转了 3000 亩土地，平均流转费用为每亩 840 元，主要用于生产糯稻。该合作社将这 3000 亩土地分 10 片，承包给 10 个家庭农场主。该合作社以每亩每年 450 元的工钱支付给这些家庭农场主，同时为这些家庭农场主提供农资和农机服务。这些家庭农场主必须按小麦每亩 630 斤、水稻每亩 940 斤的定额上交给合作社，超过定额部分由合作社与家庭农场主平分。这些家庭农场主收入最多的能达到每年 4 万元，最少的也有每年 3.5 万元。该合作社以低于市场的价格，将所生产的全部水稻及小麦都“销售”给谷南丰黄酒厂，[③] 作为谷南丰黄酒厂加工黄酒的原料。从这个案例也可以看出，在企业主导下的家庭农场，无论采取什么形式，其本质都是资本雇佣劳动。

---

① 龚为纲：《农业治理的逻辑——农业项目的运作机制分析》，华中科技大学出版社，2018，第 244—245 页。

② 陈义媛：《资本下乡：农业中的隐蔽雇佣关系与资本积累》，《开放时代》2016 年第 5 期。

③ 这里所说的销售之所以是带引号的，因为合作社财务运作并不独立，合作社的各项支出都是由谷南丰黄酒厂承担，销售价格也是由谷南丰黄酒厂决定。调查数据显示，合作社账面上是亏损的。本案例引自钟真《中国新型农业经营主体发展的逻辑：内在机制与实践案例》，经济科学出版社，2020，第 544—547 页。

另外，2013 年，中央明确支持家庭农场以后，一些地方政府出台了支持职业农民的政策。有些城里有学历的白领、大学毕业生在政策刺激下也有下乡包地的，成为新一代的家庭农场主。其中以浙江宁波大学生下乡办家庭农场比较知名。① 这些以大学生为主体的家庭农场，其主要经营特色是借助互联网的平台打造品牌，广泛开拓营销渠道，形成销售上的规模经济性。② 但也应看到，从全国范围来看，截至 2014 年，这部分人搞的家庭农场虽然名声很大，但实际上成功的并不多。

据农业部 2014 年启动的调查监测，家庭农场主为本村户籍的占比为 81.78%、本乡外村的占比为 10.19%、本县外乡的占比为 6.62%、本省外县的占比为 1.1%、外省的占比为 0.32%。该项调查监测估计，"中农"升级为家庭农场和"外出打工、经商农民"返乡租地发展家庭农场的，应该占家庭农场总数的 90% 以上。③

（六）家庭农场的"标杆"——上海松江区家庭农场

需要再次强调指出的是：2010 年以后家庭农场的快速发展，并不完全是自发生成的产物，而更多的是地方政府着力打造的结果。地方政府着力打造的家庭农场的典型是上海松江区家庭农场。④

松江区位于上海市西南部，传统上是江南著名的鱼米之乡。改革开放以后，松江进入工业化、城市化快车道，大量农民脱农务工、经商。由于本地人在上海务工、经商的比较容易，收入也较高，所以在家务农的人很少；加之，上海郊区农民的社会福利保障也较高，因临近大城市生活条件也比较优越，在家的老人也不愿意种地。大量土地都是包给外地的农民种，包不出去的地就撂荒了。外地农民包地也不种粮食，大多是在田间搭个窝棚种蔬菜，东一块、西一块的十分凌乱。由于外地农民包地的租期都不长，所以，掠夺式的经营也很严重。

针对上述情况，2004 年，松江区开始探索以粮食生产为主的土地规模经营

---

① 2009 年，宁波市政府出台了鼓励大学生从事农业的政策，对大学生兴办家庭农场、农民专业合作社和农业企业的，给予每人每年 2 万元的补贴。

② 赵慧丽：《宁波家庭农场模式的形成、特色和挑战》，《台湾农业探索》2013 年第 3 期。另参见孔祥智、毛飞、伍振军《土地流转与新型农业经营主体培育》，中国农业出版社，2015，第 239—240 页。

③ 农业部农村经济体制与经营管理司、中国社会科学院农村发展研究所编《中国家庭农场发展报告 2015 年》，中国社会科学出版社，2015，第 38—39 页。

④ 有关上海松江家庭农场的资料来源于上海市松江区农业委员会、上海市农村经济学会编《田野的希望——上海松江区家庭农场的实践与创新》，上海社会科学出版社，2015。

途径，发展家庭农场。到 2012 年，松江区的家庭农场从最初的 20 多家发展到 1206 家，经营粮田 13.7 万亩，占水稻种植面积的 80%。松江区发展家庭农场的基本做法可以概括为以下五个方面。[①]

第一，村集体集中流转土地。村集体所集中的土地包括农户流转给村集体的承包地、农户放弃的承包地、老人享受退休补助后退出的承包地和村集体的机动地。到 2011 年，村集体所集中的土地达 252524 亩，其中农户流转给村集体的承包地为 90184 亩，占比为 35.71%；农户放弃的承包地为 16219 亩，占比为 6.42%；老人享受退休补助后退出的承包地为 32773 亩，占比为 12.98%；享受城镇保险所退出的承包地为 86218 亩，占比为 34.14%；村集体机动地为 27130 亩，占比为 10.74%。这些村集体所集中的土地中，有 73% 流转给农户，其中流转给家庭农场的占 53%；另外 27% 的土地则是流转给农业企业。

第二，确定家庭农场土地经营规模的“度”。在区政府的统一指导下，各镇按照家庭农场的主要劳动力 2～3 人、家庭年收入 4 万～5 万元计算，确定的家庭农场土地经营规模为 80～150 亩。从实际情况看，到 2011 年，家庭农场土地规模为 80～100 亩的占 45.9%，100～150 亩的占 38.1%，150～200 亩的占 14.6%，200 亩以上的仅占 1.4%。可见，80% 以上的家庭农场都是在区政府确定的家庭农场土地经营规模“度”的区间。

第三，确定家庭农场的土地流转的资格和条件。按照松江区政府对家庭农场及成员的界定：家庭农场是本村农户，且具有本村户籍的常年务农家庭成员在 2～3人，特殊情况下，常年务农家庭成员可以是本区户籍；常年务农的男性家庭成员的年龄在 25～60 岁，女性家庭成员的年龄在 25～55 岁，在特殊情况下，经村民代表大会讨论，年龄可以适当放宽；常年务农家庭成员必须具备生产经营能力和一定的农业生产经验，掌握必要的农业种植技术，能熟练地使用农机具；家庭农场的经营必须主要依靠家庭内的劳动力，不得将土地转包、转租给任何无直系亲属关系的第三方经营者；家庭农场经营的土地只能用于粮食生产。与此同

① 对上海松江家庭农场做法的概括，主要参考刘守英教授对上海松江家庭农场的总结。参见刘守英《上海市松江区家庭农场调查》，《上海农村经济》2013 年第 10 期，转引自上海市松江区农业委员会、上海市农村经济学会编《田野的希望——上海松江区家庭农场的实践与创新》，上海社会科学出版社，2015，第 3—13 页。

时，区政府还统一规定家庭农场的筛选程序。首先，由村集体制定种植计划和实施方案，确定家庭农场的数量、户均经营规模、经营者条件等，并向全体村民张榜公示；其次，符合条件的农户提出申请，村集体审核，集体决定，并公示签约。

第四，确定土地流转租金和租期。区政府规定土地流转租金的上限为500斤稻谷，下限由各镇政府制定，但不得低于400斤稻谷。家庭农场的租期为三年到五年，一般为三年。

第五，建立家庭农场的考核和退出机制。家庭农场的考核内容包括种植作物的茬口安排、农田外围沟渠的清理、秸秆还田、夏熟作物的生产管理、水稻种植管理、向区国有粮库交售稻谷等。设置考核分值，满分为100分。考核达标的家庭农场享受区、镇发放的补贴。对考核连续两年不及格的或连续三年为基本合格的，对不符合家庭农场土地流转的资格和条件的，或拖欠土地流转费的，或不服从种植作物的茬口管理的，或不按要求向区国有粮库交售稻谷的，以及有其他种植不规范的行为的，将被取消家庭农场的资格。对表现优秀的，每年都能参加专业农民培训并获得培训证书的，拥有农机驾驶证的家庭农场，在土地续包时，享有续包的优先权。

据统计，到2013年末，松江区的家庭农场发展至1267户，户均土地经营规模为130.1亩，家庭农场的土地经营面积占全区粮食生产面积的89.8%，是松江粮食生产的主力。据抽样调查，从2008年到2013年，当地主要作物水稻的亩产量从1076斤增长到1158斤，高出当期全国平均的水稻亩产量约260斤，[①] 应该说属于高产田了。

更令人惊叹的是松江区家庭农场的收入水平。据抽样调查，到2013年，种粮的家庭农场的户均收入水平达11.6万元；如果是“种养结合”的家庭农场，仅生猪代养的收入，户均收入达7.8万元；如果是“机农一体”的家庭农场，仅农机服务费，户均收入就达6.26万元。据当地政府的介绍，松江区的家庭农场户均年收入普遍在10万元以上，其中“种养结合”的家庭农场户均年收入达16万元，高于非农就业的平均工资水平2~3倍。

---

① 2013年全国水稻的每公顷产量为6717公斤，折成市亩和市斤即每亩为895.6斤。参见中华人民共和国农业部编《2014年中国农业发展报告》，中国农业出版社，2014，第166页。

农业收入与非农就业收入的差距持续扩大，种植大田作物的农民收入水平更低，从而导致城乡发展不平衡，这是长期困扰中国经济发展的一个问题。松江区家庭农场发展模式似乎预示着中国农业、农村和农民发展的一个新出路和新方向，从而受到中央农村工作领导小组、农业部和国务院发展中心的有关领导和专家的高度赞扬和青睐。在某种程度上说，松江区家庭农场的成功直接或间接地促使中央决策层将发展家庭农场提高到“引领适度规模经营、发展现代农业的有生力量”的高度,① 将发展家庭农场作为政府扶持新型农业经营主体的“首选项”。

然而，松江区家庭农场的成功也是有严苛的限定条件的。首先是依赖政府高投入的补贴。据抽样调查，按稻麦亩均总收入计算，政府的财政补贴收入占比达21%；按稻麦亩均净收入计算，政府的财政补贴收入占比高达60%。除了上海、北京等少数大城市，在现阶段，能够有财力付出这么大补贴金额的地方政府很少的。其次是政府在农民社会保障方面的高投入，使大量的农户承包地被村集体收回。从前面的数据可知，由松江区村集体直接控制的土地占比高达64.29%，其中占很大比重的土地来源于享受城镇保险所退出的承包地和老人享受退休补助后退出的承包地，实际上这是松江区政府以社保换来的土地。这些土地被村集体收回，并在当地镇政府直接控制下进行规模化流转。这也是其他农村地区难以企及的。最后是政府在社会化服务方面的支持力度也很大。仅以晒粮为例。晒粮一直是粮食种植型家庭农场发展的一个瓶颈。“小农”产量小，晒粮可以在自家场院或公共场地完成；企业农场产量大，可以自购烘干机。但家庭农场的产量不大不小，自家的晒粮空间不够，自购烘干机又不划算。为了解决这个瓶颈问题，松江区所属的粮食局购置大小烘干机多部，为家庭农场提供粮食烘干服务。② 以上所说的这些条件是这一时期全国其他农村所不具备的。至于说松江区家庭农场的模式是一个特例，还是松江区在全国“先行一步”，是未来全国其

① 参见2014年农业部出台的《关于促进家庭农场发展的指导意见》。

② 据上海松江区农委介绍，截至2013年，松江区粮食局系统配置了30～50吨级大型烘干成套设备，在粮食种子基地配置了6～12吨级小型烘干机，逐步形成了全区2000吨装机容量的烘干能力，基本满足了全区粮食烘干的需求，极大地消除了马路晒场带来的安全隐患，解决了家庭农场晒粮难、用工大的实际问题。参见上海市松江区农业委员会、上海市农村经济学会编《田野的希望——上海松江区家庭农场的实践与创新》，上海社会科学出版社，2015，第65页。

他农村地区可以跟随的“榜样”，目前尚难以下定论。[①]

五、土地托管

（一）土地托管的兴起

进入2000年代中期以后，随着农业机械化服务，以及其他现代农业技术综合服务，如良种推广服务、病虫害统防统治服务、仓储运输服务等的蓬勃发展，另一种新的土地集中方式也开始出现，即土地托管。与土地股份合作不同，土地托管一般不涉及地权交易，土地承包经营权还在农户手中，农户只是把农业经营业务托管给托管主体，这是一种新型的代耕形式。[②]

所谓的“新型”是指代耕的主体不再是本村、本家的小农户，而是拥有各类农机具装备、掌握现代农业生产技术、市场渠道畅通的专业合作社或公司。这些专业合作社或公司在政府的农机补贴政策的强力支持下，大规模地购置大型农机。[③] 农机数量越多、服务能力越强，越需要更多土地可供其服务，而且，需要可供服务的土地要长年稳定不变，否则就会造成设备和人员闲置或季节性能力不足。在这一背景下，土地托管业务应运而生。土地托管成为新型农业经营主体介入土地规模经营的新形式。

（二）土地托管的运作

土地托管是在什么时候、在哪里开始的，笔者无从考证。笔者所看到的最早开展土地托管业务的是在宁夏贺兰县。2005年，贺兰县通昌村农机大户杨金平等7个农机大户牵头承办了贺兰县金贵镇优质稻麦产销合作社，吸引了131个农户参加。2006年，该合作社在县政府的大力支持下开展了土地业务。其做法如

① 有学者基于“松江经验”，将其概括为“地方政府—村社集体—农户”阶梯型合约结构，认为这是对农业经营组织的重构，改变了农业经营基本单位的特征，引发了农业经济组织的系统改变，开启了第三次农业经营体制变革。参见刘守英、颜嘉楠、冀县卿《集体地权制度下农地合约选择与经营体制变迁——松江集体村社型家庭农村的案例分析》，《中国农村经济》2021年第2期。

② 与前述的绍兴土地托管中心、浏阳土地流转信托服务中心完全不同，这里所说的土地托管不是土地流转的托管，而是农业经营业务的托管。

③ 有学者调研，由一家电力工程公司牵头领办、投资800元的黑龙江肇东市五里农机作业专业合作社，政府财政补贴就有1200万元。尚旭东：《农村土地经营权流转：信托模式、政府主导、规模经济与地方实践》，中国农业大学出版社，2016，第69页。

下：一是签订托管合同。农户与合作社签订托管合同，将自己的耕地交给合作社代为耕种，托管耕地面积为5000亩，全部用于种植水稻。合作社保证亩产1200斤。二是土地整理。合作社接管了托管的耕地后，对农户托管的土地进行丈量，并建立土地档案；经农户确定后，合作社对土地进行统一整理，打破原来的田埂和地界；经过土地整理多出的土地，按比例分摊到农户。三是托管服务。在合作社的统一管理下，向托管土地的农户提供良种以及育秧、插秧、收割等机械化服务和技术服务。托管费为每亩160元。四是田间管理。日常的田间管理包括浇地、打药、除草等，由农户负责，并承担相关的费用支出。按托管协议，农户所打的稻草要上交合作社。合作社以稻草为原料，生产稻草编织物。五是统一收购。合作社按高出市场价0.06元的价格向农户收购稻谷。据测算，托管土地的农户可增收1倍左右。[①]

明确提出建立托管机构的是在湖南邵阳县鸟山村。鸟山村有耕地1141亩，其中水田923亩、旱地218亩。由于缺乏劳动力，2007年，该村农户撂荒土地达110亩，没有撂荒的耕地，有85%耕地只种单季稻。2008年，县种子公司的下岗职工李建民在县、镇、村的支持下成立了鸟山稻田托管中心。该中心为种水稻的农户提供两种托管服务——全托管和半托管。全托管是该中心与农户签订土地流转合同，农户将承包地交给该中心管理，该中心按每年每亩280斤稻谷或280元付给农户托管费（实际上是租金），剩下的是该中心的收益。半托管是该中心按协议为农户提供有偿服务，并收取费用，其中翻耕每季每亩80元、收割每季每亩80元、病虫害防治每亩75元。2008年该中心成立时，共托管土地794亩，其中全托管土地426亩。2009年，托管土地增加394亩，总托管土地面积达1188亩。鸟山稻田托管中心接受农户的土地托管后，采取如下几个措施提高种植效益：一是通过互换土地的方式，使土地相对集中连片，利于规模经营；二是引进中高档的良种水稻；三是病虫害统防统治；四是实行农业机械化作业；五是与湖南浩天米业公司合作，浩天米业公司下订单，按市场价收购托管中心所生产出的稻谷。[②]

---

① 农业部农村经济体制与经营管理司等编著《农民专业合作社案例评析》，中国农业出版社，2009，第292—299页。

② 湖南省人民政府农村工作办公室：《湖南省农村土地承包经营权流转典型100例》（内部资料），2009，第65—66页。

安徽凤台县店集村的土地托管合作社也是这样的新型代耕主体。[①] 凤台县店集村位于淮河北岸的西淝河边上，全村有农户2746人，耕地5053亩，是一个典型的农业村。该村有840个劳动力常年在外地打工，还有500多个劳动力就近务工。随着劳动力不断转移，在家种地的人越来越少。针对这种情况，在当地政府的支持下，该村成立了沿淝糯米专业合作社，组织劳动力统一代耕缺乏劳动力农户的土地，收获作物出售后，合作社与农户分成利润。刚开始是采取随行就市的方式，“一事一议”，代耕服务不够标准，质量也没有承诺，合作社和农户之间自然会产生矛盾。为了解决这些问题，2010年该村成立了土地托管中心，通过土地托管中心将土地集中起来，合作社与农户签订土地托管协议，合作社承诺按“十统一”的标准为托管土地的农户提供服务，并对每项服务明码标价。“十统一”包括：一是供种，按县种子公司原种价格确定；二是供肥，按县农业推广中心专用肥价格确定；三是旋、耕、深松，每亩50元；四是播种、开沟，播种每亩10元、开沟每亩5元；五是机插秧，每亩160元（包括秧苗和运输）；六是统防统治，每次每亩10元（含药物）；七是统一收购，小麦和水稻每斤的收购价格分别比市场价高出0.06元和0.02元；八是统管统水，水稻每亩10元，小麦每亩5元；九是统一收割、秸秆粉碎，每亩50元；十是秸秆综合利用，运输到指定的地方，每亩补助土地托管户30元，统一秸秆还田，每亩补助土地托管户20元。

对土地托管服务也有多种方式可供选择。加入店集村土地托管中心的农户可以选择全托管或者是半托管。所谓全托管，是指农户不再参与种地了，全部由合作社代耕。合作社对农户保证一定的产量，收获后，农户获得约定的产量，或者是把粮食全部都给农户，农户按标定的价格支付服务费，也可以由合作社统一收购。所谓半托管，是指农民根据需要选择托管服务项目，按标定的价格向合作社付费。到2012年，沿淝糯米专业合作社托管土地5000亩，入社社员800人。

除了以合作社形式从事土地托管业务，还出现了从事农产品加工的企业，以土地托管的方式建立生产基地。例如，安徽五河县双丰面粉公司。该公司是一家生产挂面的企业，需要质量稳定的小麦供应来源。为了实现这一目的，2007年，该公司将当地农户的500亩耕地作为公司的小麦种植基地。在小麦种植过程中，

① 有关店集村的土地托管合作社的介绍，主要来自国务院发展研究中心农村经济研究部课题组《稳定与完善农村基本经营制度研究》，中国发展出版社，2013，第214—219页。

公司实行统一种植、统一质量的管理，实行产前、产中、产后全程代管代收，并垫付生产费用。小麦收获后，公司按每亩800斤的标准收购小麦，在收购小麦的价款中扣除了公司垫付的生产费用后的剩余部分支付给农户。因为公司只需要一季小麦，小麦收割后，农户仍可以在自己的承包地上自行安排其他作物的种植。①

（三）土地托管成为土地流转的一种新形式

严格地说，土地托管不是土地流转。参加土地托管的农户要向承揽托管业务的企业或专业合作社支付托管费用，而土地流转是土地转入方要向转出方交地租。参加土地托管的农户对种什么、种多少有很大的决策权，对托管服务也有监督权。同时，参加半托管的农户是按照作业标准自行完成田间作业和进行田间管理。而土地流转是土地转入方获得了对土地的完全经营权，土地转出方无权过问土地转入方的经营情况。然而，如果农户长期将土地托管出去，对土地经营的情况不再过问了，只是按收获收益比例参与分配，那么，土地托管与土地流转就没有什么区别了。在现实运作中，往往是土地托管主体既流转土地，也接受农户的托管业务，提供土地托管服务。例如，湖南衡南县泉湖农技农机作业专业合作社。②

泉湖农技农机作业专业合作社成立于2007年，是一家提供农技农机服务的农民专业合作社。该合作社对农户的经营服务有三种方式：一是承租经营。即农户将土地流转给合作社，合作社付农户租金。2008年，合作社承租土地1500亩，每亩租金120元，涉及农户255户。二是委托管理。即合作社以生产资料入股，农户以土地入股。合作社负责日常的田间管理，提供农机服务，农户负责提供种子、肥料和农药等。种植什么、怎么种植由合作社与农户商量决定，双方风险共担、利益共享。这实际上是一种采取分成租形式的土地流转。2008年，这种分成租形式的土地流转有700亩，涉及农户90个。三是有偿服务。农户可以根据需要购买合作社的农机服务。具体收费标准：机耕每亩50元、机插每亩40元、机收每亩65元。2008年，合作社与551个农户签订了有偿服务协定，涉及土地2800亩。

---

① 安徽省人大常委会农业与农村工作委员会编《农村土地流转调查研究》（内部资料），2009，第88—89页。

② 湖南省人民政府农村工作办公室：《湖南省农村土地承包经营权流转典型100例》（内部资料），2009，第16—17页。

还有的农民专业合作社是采取土地股份合作形式，但土地入股仅仅是社员的一种作价出资的方式，并不真正发生土地使用权的转移，实际目的是展开集中土地托管业务。例如，河北清河县增容油葵种植专业合作社。该社于2013年成立，“治下”的土地有4800亩，其中1000亩是合作社董事长通过租赁方式取得，另外的3800亩是合作社成员以每亩每年300元作价入股。但这3800亩的实际经营权仍在农户的手中，合作社以土地托管服务的方式，为社员提供机械耕种、播种、施肥、病虫害统防统治等服务。合作社收取的土地托管服务费标准为小麦每亩300元，玉米每亩248元。①

进入2010年以后，随着农机农技社会化服务产业的高速扩张，土地托管业务规模越来越大，出现了一些上万亩规模的土地托管合作社。例如，河北武强县心连心合作社②。河北武强县心连心合作社成立于2010年，是一家农业技术推广专业合作社。2010年，该合作社从当地农户那里流转土地180亩，作为试验田，实验粮食新品种和新的种植技术。2011年开始，该社开始以180亩试验田为基础，向周边村的农户推广新品种、新技术，并接受农户的土地托管。到2013年，该社土地托管的面积达20112亩，涉及15个自然村、入社1479户。合作社负责种子购买、秸秆粉碎、翻耕、播种、化肥购买和施用、间苗、中耕、防虫防病等农业种植环节。该合作社不以营利为目的，收入主要来源于农资供应价与市场价的差价。农机也是入社社员的，合作社主要的作用是统一协调农机的使用。

在土地托管方面，更为有名的是黑龙江省克山县仁发农机专业合作社。③ 克山县仁发农机专业合作社成立于2009年，2011年以前，该合作社主要业务是为农户提供农机服务，农机服务面积达6万亩，并租赁当地农户1100亩土地种植大豆。由于土地分散、大型农机优势不明显，加之，种植大豆市场行情不好，导致2010年合作社亏损187万元。2011年开始，合作社以土地入股的方式开展土地托管业务。具体的做法是：入社的社员将土地托管给合作社，合作社按每亩

① 钟真：《中国新型农业经营主体发展的逻辑：内在机制与实践案例》，经济科学出版社，2020，第527—529页。

② 柳岩：《农业合作社扶持政策与制度研究：基于120家合作社调查》，中国发展出版社，2016，第129—131页。

③ 同上书，第118—121页。

350 元作为社员的保底分红，合作社如盈利社员可以获得二次返还。通过这种方式，2011 年，合作社接受土地托管 15000 亩，到 2014 年达到 54000 亩。合作社拥有大型农机具 130 台。

除了农机合作社和从事农机服务的企业，有些农业“大户”也开始介入土地托管业务。例如山东莒南县的一个种粮大户。该“大户”最初从事农资供销业务。2012 年，该“大户”通过土地流转租入土地 310 亩，其后又以农民专业合作社名义流转了 270 亩，经营规模达到 580 亩，并注册成立了博丰家庭农场。该“大户”农机服务能力较强，拥有大型农机具 30 多台，还有 1500 平方米的农机库房。为了避免出现农机具“能力过剩”的现象，该“大户”在流转土地的同时，还为当地农户提供了除浇水之外所有的耕种、管理、收获全套服务业务。土地托管面积达 1600 亩。[①]

与单纯的土地股份合作相比，土地托管在经营上更为灵活，可以涉及地权交易，也可以不涉及地权交易；涉及地权交易的，可以采取固定租，也可以采取分成租，还可以采取固定租加分成租方式；而且特别适合标准化、规模化的大田作业，新型农业经营主体的优势更容易发挥。同时，土地托管同样也能实现土地流转所能实现的对土地规模经营的目的。土地托管合作社或者是参与土地托管的农机服务企业为了方便农业机械的进入和操作，通常要对原来分散的、不规则的土地进行整理，平整土地、铲平不必要的水沟和田垄，小块地并成大块地。

土地托管的实践很快就进入中央政策制定界的视野，国家制定并发布了相关政策文件，土地托管呈现蓬勃发展之势。

① 钟真：《中国新型农业经营主体发展的逻辑：内在机制与实践案例》，经济科学出版社，2020，第 311—313 页。

非耕地篇

第十三章　“四荒地”使用权制度的建立与地方实践

根据《土地管理法》对土地利用的分类，农用地包括耕地、园地、林地、草地及其他用于农业生产的土地。[①] 通常将除耕地之外，用于林业、牧业、水产养殖的土地或水面，以及未开发的荒地称为非耕地。

几乎与农区耕地广泛推行家庭土地承包经营制同步，非耕地的开发与利用也逐步由集体或国家统一经营，转向为以家庭或私人承包为主的分散经营。与耕地相比，各类非耕地的开发与利用方式相差很大，因而，各类非耕地的使用权制度的演进方式和路径各有特点。本书将用三章内容，分别叙述“四荒地”、林地和牧草地（草原）的土地使用权制度的形成和建立过程。

根据2002年8月通过的《农村土地承包法》第三条，“四荒地”是指荒山、荒沟、荒丘、荒滩。[②] 通常将“四荒地”称为“四荒资源”或“四荒”。从土地利用角度分类，“四荒地”属于可利用尚未利用的土地。按照土地调查的分类标准，[③] 未利用地包括荒草地、盐碱地、沼泽地、沙地、裸土地与石砾地等。根据1996年第一次全国土地资源调查，未利用地总计36.76亿亩，其中可利用尚未利用的土地有9.03亿亩，约占已利用的农用地的9.5%。[④] 除了可利用尚未利用的土地，通常将现状利用不充分的土地也称“四荒地”，这包括疏林地、杂灌林地、

---

① 1998年修订的《土地管理法》第四条规定，“农用地指直接用于生产的土地，包括耕地、林地、草地、农田水利用地、养殖水面等”。1996年第一次全国土地资源调查显示，全国有耕地19.51亿亩、园地1.5亿亩、林地34.14亿亩、草地39.91亿亩，农用地总量为95.06亿亩。参见李元主编《中国土地资源》，中国大地出版社，2000，第105页。2009年第二次全国土地资源调查显示，全国有耕地20.31亿亩、园地2.11亿亩、林地38.0亿亩、草地43.21亿亩，农用地总量为103.63亿亩。参见国土资源部、国务院第二次全国土地调查领导小组办公室编《第二次全国土地调查——农村土地调查数据集》（内部资料），2016。

② 有一段时间，“四荒”指哪些“四荒”，其叫法并不统一。有的是称为“荒山、荒水、荒地、荒滩”，有的是称为“荒山、荒坡、荒沟、荒滩”，但实际含义都差不多。

③ 这里对土地利用的分类，按照第一次全国国土资源调查的分类方法。有关第一次全国国土资源调查的分类方法的说明，参见李元主编《中国土地资源》，中国大地出版社，2000，第100—104页。

④ 李元主编《中国土地资源》，中国大地出版社，2000，第105页、第299页、第290页。根据1996年第一次全国土地资源调查，在未利用土地中，国有未利用土地的占比为76.57%。这些国有未利用土地主要分布在新疆、西藏、青海等地的戈壁、沙漠和高山地区，是难以利用的土地。可利用尚未利用的土地大多为集体所有土地，少量的国有土地也是归集体长期使用。

采伐迹地、火烧迹地等。[①] 开发后的“四荒地”可以变为林地（既有林地）、耕地、牧草地和养殖的水面等。[②] 本章重点介绍非传统林区[③]的“四荒地”的治理与开发制度。对于传统林区的“四荒地”，则归类为山林地利用与开发，放在本书第十四章另行叙述。由于非传统林区的“四荒地”的治理与开发主要是围绕着治理水土流失而展开的，有一段时期，将这些地区的“四荒地”治理与开发叫作小流域治理。

与具有现实价值的生产要素的耕地不同，“四荒地”只是有潜在价值的生产要素，要使“四荒地”变为有现实意义的生产要素，必须经历一个较长的治理与开发过程。“四荒地”的治理与开发过程就是土地资产化、土地要素价值化的过程。也就是说，通过土地开发整治，使没有经济价值或经济价值很低的土地，变成经济价值较高的土地。“四荒地”治理与开发的周期长、收益也不确定，这就决定了对“四荒地”的治理与开发需要更可靠的产权制度保证，要赋予开发者更稳定的土地产权权益的预期。与耕地的另一个不同点是，通常认为耕地既是农业生产资料，也是农民生活保障的重要来源，而“四荒地”则具有更多的经济性。用农民的话来说，“吃饭要靠田，赚钱要靠山”。因此，在很长一段时期内，在政策口径上，“四荒地”治理与开发被视为开发性生产项目。既然“四荒地”治理与开发是“项目”，这就意味着对“四荒地”的治理与开发投入较大，单靠一家一户很难完成，难有成效，需要在更大范围内整合社会资源。

在中国传统社会中，对荒地的开垦，主要采用屯田和徙民的方式，国家和军队的力量深入地介入其中。新中国成立以后，对大面积荒地的开发，也主要采取与此相类似的方式。中国进入了以市场化为导向的改革开放时代以后，国家迅速从农业经营性开发领域退出。与此同时，市场机制的引入为“四荒地”治理与

---

① 根据1996年6月国务院出台的《关于治理开发农村“四荒”资源进一步加强水土保持工作的通知》，“四荒地”不包括林地。但实际上在南方集体林区，大量的疏林地、未成林地和杂灌林地，也被当作“四荒地”处理了。

② 有研究估计，在“四荒地”中，宜农的“四荒地”为1.4亿亩，宜园的“四荒地”为1.1亿亩，宜林的“四荒地”为4.23亿亩，宜牧的“四荒地”为4亿亩，宜养（养殖）的“四荒地”为4500万亩。参见綦好东、史建民、岳书铭《制度创新与可持续利用——四荒资源的产权运作及管理模式》，经济管理出版社，2002，第6—10页。

③ 传统林区主要包括南方十省（浙江、安徽、福建、江西、湖北、湖南、广东、广西、贵州和云南）和东北三省及内蒙古东北部的林区。

开发在更大范围内进行资源整合提供了更多的机会。“四荒地”使用权制度就是建立在市场机制的基础之上的。这就是说，与耕地相比，“四荒地”使用权制度更接近于市场竞争制度，“四荒地”的治理与开发更接近于商业性的活动，更多地受商业合约的制约。

一、“四荒地”治理与开发及“四荒地”使用权制度的形成

（一）“四荒地”治理与开发

自人类进入农业社会以来，开荒造田就从来没有停止过，对于中国这样的农业大国更是如此。1949 年中华人民共和国成立以后，中国政府动员大量的人力，主要是转业军人、知识青年和志愿者创建了军垦农场、国营农场、建设兵团等，在新疆、黑龙江、云南等地开垦了大量的“处女地”。与此同时，在农村也发动了规模浩大的集体开荒造田运动，其中以山西昔阳县大寨大队最为出名。在人民公社时期，开荒造田、植树造林、打坝治水、农田改造是农闲时生产大队和生产队组织社员下地出工的一项主要内容。经过长期的土地开发，大量的荒地变良田，“生地”变“熟地”。据统计，自 1949 年到 1995 年，全国耕地开发和复垦总面积高达 10.62 亿亩，相当于 1949 年全国耕地总面积的 72.3%。[①] 到 1996 年，中国的土地利用率高达 72.8%。[②] 中国的土地垦殖率高于世界平均水平。[③]

由于长期以来中国都特别重视粮食生产，开荒造田也是为了多打粮食，这就造成了对土地的“过度开发”。毁林开荒破坏了地表覆盖植被，导致水土流失；滥垦、滥伐导致土壤退化、土地沙漠化；围湖造田导致水患频发、生态平衡被破坏。许多“四荒地”实际上就是在开荒造田的过程中形成的，是开荒造田的负面结果。

1978 年中国结束了“农业学大寨”运动后，仍基本延续之前的鼓励开荒的

---

① 李元主编《中国土地资源》，中国大地出版社，2000，第 89 页。

② 同上书，第 117 页。

③ 世界土地垦殖率为 11%，中国土地垦殖率为 14.21%。参见周立三主编《中国农业地理》，科学出版社，2000，第 89 页。

政策，将开垦荒地的责任放在国营农场和人民公社，但也做出了适当的政策调整。[①] 1982 年中央一号文件在宣布“双包”“合法化”的同时，也强调了村集体对包括“四荒地”在内的集体所有土地的控制权。[②] 在现实中，20 世纪 80 年代初广泛推行的“分田到户”的土地主要是耕地，而大量属于“四荒地”范畴的土地并没有分到户。这些“四荒地”名义上仍由村集体经营，而实际上没有人经营。究其原因是这类土地利用价值不高，主要用于村民砍柴、采果、采药、采菇、放羊、放牛等。村民只管利用，不管治理，“四荒地”治理的责任在村集体和当地政府，出现了“四荒地”利用与治理的权责不对等的问题。

（二）地方探索与政策导向

面对这样的问题，不少地区开始探索新的解决出路。在传统林区，有些村集体利用“林业三定”政策[③]，将宜林的荒山包给农户。例如，安徽舒城县西港公社，以划定自留山的方式，按每人一亩的标准，将所有的荒山都包给农户。[④] 在传统农区，则援引承包耕地的方式，将“四荒地”治理的权责包给农户。在中央政策层面，也是将联产承包作为“四荒地”开发的主要形式，并肯定了扩大自留山造林的做法，“明确宣布，林木谁种谁有；个人所造林木有继承权”。[⑤]

这一时期农村集贸市场十分活跃，核桃、红果、酸枣、板栗、蘑菇、竹笋等各种山货在市场上大受欢迎，价格大幅上涨。这就激发出农户包山、护山、养山的积极性。各地报纸不时出现有关专业户、重点户或者是普遍农户承包“四荒

---

① 1979 年 9 月党的十一届四中全会通过的《中共中央关于加快农业发展若干问题的决定》提出，“要在充分利用现有耕地的同时，在有条件的地方，由国营农场和人民公社有计划地开垦荒地。社、队新造耕地，从收获之年起，五年不计征购。垦荒不准破坏森林、草原和水利设施，不准妨碍蓄洪泄洪。有条件的地方，也可以围海造田，但是不能影响和破坏海盐生产，用于生产养殖和其他生产更为有利的内湖和海涂，不要围垦”，“对一切可能绿化的荒山荒地，各地都要从实际出发，订出切实可行的规划，限期绿化”。

② 1982 年中央一号文件即《全国农村工作会议纪要》提出，“集体所有的耕地、园地、草地、水面、滩涂以及荒山、荒地等的使用，必须服从集体的统一规划和安排，任何单位和个人一律不准私自占有”。

③ “林业三定”政策是指“稳定山林权、划定自留山、确定林业生产责任制”。对此的介绍见本书第十四章第一节。

④ 中共安徽省委农村工作部编《安徽省农业生产责任制资料选编》（内部资料），1983，第 286 页。

⑤ 1983 年中央一号文件即《当前农村经济政策的若干问题》提出，“林业、牧业、渔业、开发荒山、荒水以及其他多种经营方面，都要抓紧建立联产承包责任制”，“要适当扩大自留山，积极扶持育苗造林的专业户”，“明确宣布，林木谁种谁有；个人所造林木有继承权”。

地”致富的报道，其中山西吕梁、忻州等地“户包治理小流域”的做法[①]特别引人注目。

1983年4月19日，《人民日报》发表社论，高度赞扬了山西吕梁、忻州等地“户包治理小流域”的做法。同年4月22日，《人民日报》刊发了题为《开发性承包要进一步放宽政策》的评论员文章。该文认为，目前出现以各种形式承包“四荒地”的做法“是联产承包责任制的新发展”，提出要给予农户更为宽松的“四荒地”承包政策，如有的地区采取的三五年内免征免购、三五年后将土地使用权归承包户的政策；荒山所有权属集体，开发使用权归个人，造林有继承权的政策，总之，“承包的期限宜长不宜短”。[②] 刚成立不久的中国农村发展研究中心设立课题，委托中国人民大学师生赴山西吕梁和临汾，进行现场深入调查。[③]这些地方探索及其经验总结，为中央明确与调整“四荒地”治理与开发政策提供了重要的依据。

1984年中央一号文件提出，“生产周期长的和开发性的项目，如果树、林木、荒山、荒地等，承包期应当更长一些”，也就是“四荒地”的承包期可以超过十五年，并提出“在荒山、荒沙、荒滩种草种树，谁种谁有，长期不变，可以继承，可以折价转让”，“专业户承包小流域治理，更应保证他们的应得利益”。1984年9月，中共中央、国务院下发的《关于帮助贫困地区尽快改变面貌的通知》中提出，“荒山多的地方，可以独户或联户承包经营，承包期不少于五十年”。这是首次在中央文件上对“四荒地”承包期给出具体说法。1986年4月，国务院办公厅转发了中央书记处农村政策研究室和全国水土保护工作协调小组上报的《关于加强黄河中游地区水土保持工作的报告》。该报告提出，“户包小流域治理属于周期长或开发性项目，建议将承包期延长至三五十年或更长时间”，“退耕土地应由原耕者还林、还牧，可以长期经营，允许继承”。需要说明的是，这些文件中所说的“继承”和“折价转让”都指的是地上物，并不是土地本身。

在现实中，以吕梁地区为代表的户包小流域方式治理“四荒地”的做法，也很快就在水土流失比较严重的地区，主要是黄河中游地区普及开来。据1985

---

① 有关对吕梁地区“以户承包”治理小流域做法的介绍，见本章第二节。

② 沈冲、向熙扬主编《十年来：理论·政策·实践》，求实出版社，1988，第240—242页。

③ 该项研究的成果为两部调查集，即《吕梁地区以户治理小流域调查报告》（油印本）和《临汾地区治理小流域调查报告》（油印本）。

年5月8日《农民日报》的报道，我国治理水土流失已经实现了四个转变：一是由过去的统一治理、集体经营，逐步转向以户或联户承包治理；二是由过去单一、分散治理，转向按小流域为单元，综合、集中治理；三是由过去单纯治理，转向经营开发治理，使治理和合理开发利用、致富结合起来；四是由过去的边治理、边破坏，逐步转向防治病种、管治结合。[①] 治理“四荒地”似乎已经找到了一个新的解决途径。

（三）“四荒地”使用权制度的初步形成

1990年7月，“四荒地”治理与开发被纳入全国农业开发重点项目。[②] 1990年12月，在中央中央、国务院下发的《关于一九九一年农业和农村工作的通知》中，将“四荒地”治理与开发作为农业综合开发的一项重要内容。[③] 1991年6月，全国人大通过了《中华人民共和国水土保持法》，“四荒地”治理与利用受到法律的“敦促”和约束。1998年11月，国务院公布了《全国生态环境建设规划》。该规划分阶段提出了荒漠化治理、水土保持、提高森林覆盖率、治理草原“三化”等目标。“四荒地”治理上升到国家生态环境保护战略的层面。

然而，“四荒地”治理与开发需要投入大量的人力和物力，钱从哪来，谁能来投资投劳的问题，就摆到了肩负“四荒地”治理责任的各级政府的面前。20世纪80年代一度盛行的户包小流域方式治理“四荒地”的做法也出现了很大的问题。农户只管利用，不愿承包，或者即使包了，也是“包而不治”的情况普遍存在。事实证明，“四荒地”治理与开发仅限于本村农户是不行的，必须找出新的办法。对于地方政府来说，可选择的办法只有一个，这就是对外“承包”“给政策”，将“四荒地”包出去，包给所有愿意投入的个人和单位，不仅限于本村农户，并且要把承包期定长，五十年、七十年，甚至一百年。这就是农民所说的“买断荒山”。另外，到了这时，村集体手中掌握的资源已经不多了，只有不好分

① 农业农村部农村经济研究中心编著《中国农业大事记（1978—2017）》，中国农业出版社，2019，第75页。

② 1990年7月，国务院办公厅转发了农业区划委员会《关于编制农业区域开发总体规划的工作要点》。该工作要点提出了七类农业区域重点开发项目，其中开发“四荒地”是其中的一个。

③ 该通知提出，“我国人口众多，现已利用的农业资源不足，必须重视和抓好农业综合开发。重点是改造中低产田，同时开发一些宜农、宜牧、宜林、宜渔的荒地、荒山、荒坡、荒滩和荒水，扩大可供利用的新资源”。

到户的“荒地”了。如果“荒地”能卖出钱来，有人能出高价，村集体更准确地说是村干部何乐不为呢。在这一时期，林木、山货的价格总体看涨，而“荒地”承包费低、承包期长，特别是“四荒地”治理与开发的总的投资规模虽然不小，但可以分期投，而且钱多可以多投，钱少可以少投。这对有些赚了些钱，正在寻找投资机会的人还是有吸引力的。加之，分布在县、乡镇的大批农林技术人员，由于机构的撤并，有的人面临着下岗和转岗的境遇，急于寻求新的创业机会。不少地方农林科研院所及农林院校的老师也在寻找机会“下海”。这些投资人和专业技术人员相结合，成为积极参与承包“四荒地”的新的主体。

1992年9月21日，《光明日报》在头条位置刊发了题为《欲要山长树，先让人恋山》的文章，报道了山西吕梁地区岚县拍卖荒山、荒沟使用权的做法和成效。虽然这时对城市土地已经有了“拍卖”使用权的先例，[①] 但对农村土地还没有这么做的。山西吕梁地区向社会公开拍卖荒山、荒沟使用权的做法尚属首例，从而引起了舆论界和各地政府的广泛关注。“四荒地”使用权流转一时成为中国土地制度创新的热点话题，引起学术界的广泛讨论。[②]

这些制度实践和理论上的讨论，促使国家制定更为明确的“四荒地”使用权政策。1993年1月，国务院发出了《关于加强水土保持工作的通知》，该通知提出，“要多形式、多渠道增加投入，大力开展水土保持工作”，提出“对以户包为基础，集体、个人相结合的多种形式承包治理的荒山、荒沟、荒丘、荒滩的使用权，要长期稳定不变”。1993年11月，中共中央、国务院出台的《关于当前农业和农村经济发展的若干政策措施》中在提出农业用地主要是指耕地的承包期“再延长三十年不变”的同时，也提出“开垦荒地、营造林地、治沙改土等从事开发性生产的，承包期可以更长”。“四荒地”使用权制度初步形成。

但也应该看到，这时的中央政策还是比较保守的。第一，虽然允许个人参与（隐含着个人可以是非本村村民）治理“四荒地”，但仍坚持以农户为基础，对山西吕梁地区向社会公开拍卖荒山、荒沟使用权的做法，在政策上并没有明确的肯定；第二，虽然强调承包“四荒地”要“长期稳定不变”，承包期要“更长”，

---

① 1987年12月1日，深圳在全国首次以拍卖的方式出售了一块面积为8588平方米的国有建设用地使用权。黄小虎主编《新时期中国土地管理研究》（下卷），当地中国出版社，2006，第125页。

② 这一时期，对“四荒地”的理论和政策讨论，参见杜受祜、郭晓鸣编著《“四荒”资源流转：理论、政策、实践》，中国大百科全书出版社，2000。

但是究竟有多“长期”，“更长”有多长，这还是一个悬而未决的问题。

（四）“四荒地”使用权制度的确立

1994年1月春节前，时任中共中央总书记江泽民到山西吕梁地区进行考察。江泽民在听完拍卖荒山、荒沟使用权做法的汇报后说，拍卖“四荒”不错，“卖掉的是使用权，得到的是农民治山治水的积极性”。[①] 吕梁地区拍卖“四荒地”使用权的做法得到了最高的肯定。与此同时，被列入全国农村改革试验区的陕西延安地区拍卖“四荒地”使用权的做法[②]也初见成效。中央决定在全国其他地区普遍推广山西吕梁和陕西延安拍卖“四荒地”使用权的经验，将这些实践经验上升为国家政策。

1996年6月，国务院出台了《关于治理开发农村“四荒”资源进一步加强水土保持工作的通知》，该通知确定了“四荒地”治理与开发的基本政策框架。第一，再次明确“谁治理、谁管护”的政策；第二，明确了“四荒地”治理的主体，除农村集体成员之外，其他社会单位和人员也可以参与“四荒地”治理开发；第三，将“拍卖”作为取得“四荒地”使用权的重要方式；第四，明确规定“四荒地”使用权最高期限为五十年；第五，允许“四荒地”使用权流转。[③] 该文件还规定了“四荒地”使用权的拍卖程序及对其资金管理。

1998年10月党的十五届三中全会上通过的《中共中央关于农业和农村工作若干重大问题的决定》提出，“制定鼓励政策，推进荒山荒沟荒丘荒滩使用权的承包、租赁和拍卖”。1998年11月，国务院公布的《全国生态环境建设规划》对“四荒地”治理和开发提出了更为明确和宽松的“五个允许”的政策。[④] 1999

---

① 王茂修：《拍卖“四荒”是吕梁农村的第二次伟大变革》，《炎黄春秋》1997年第4期。

② 有关延安地区拍卖“四荒地”使用权做法的介绍，见本章第三节。

③ 该文件提出，“治理和开发农村集体所有的‘四荒’，应根据群众的意愿和当地的实际情况，实行家庭或联户承包、租赁、股份合作、拍卖使用权等多种方式”，“承包、租赁、拍卖‘四荒’使用权，最长不超过50年。在规定的使用期限内，对于实行承包、租赁和股份合作方式治理的，可以继承、转让或转租；对于购买使用权的，依法享有继承、转让、抵押、参股联营的权利”，“拍卖使用权的，要标定拍卖底价，实行公开竞价，拍卖后买卖双方要签订拍卖协议，办理交款手续，由县级人民政府依法核发或更换土地使用权证书。拍卖金可一次支付，也可在规定的期限内分期支付”。

④ 该规划提出，“各地区要对‘四荒’的治理开发进行合理规划，把治理‘四荒’与经济开发结合起来，保障投资治理开发者的合法利益。允许打破行政界限，允许不同经济成份主体购买‘四荒’使用权；允许购买使用权的经济主体按照股份制、股份合作制等新的形式经营‘四荒’土地；允许‘四荒’使用权一定五十年或更长的时间不变。治理开发成果允许继承转让”。

年12月，国务院办公厅发出了《关于进一步做好治理开发农村“四荒”资源工作的通知》，对“四荒地”的承包、租赁和拍卖使用权的方式进一步做出了规定和规范，并“强化”了对“四荒地”对外承包、租赁和拍卖的管理，但“弱化”对“四荒地”流转的限制。[①] 2002年8月全国人民代表大会通过的《农村土地承包法》，将“四荒地”招标、拍卖和公开协商作为有别于家庭土地承包的其他承包方式，并设立专章即第三章给以规定。至此，“四荒地”使用权制度基本确立。

值得一提的是，在《农村土地承包法》中，并没有对“四荒地”的承包期限或使用期限做出明确的规定。根据权威立法人士的解释，“四荒地”的承包期限应该由双方当事人协商确定，但不得超过国家规定的期限，即1996年《关于治理开发农村“四荒”资源进一步加强水土保持工作的通知》中所规定的五十年。对于之前已经签订的“四荒地”承包、租赁或拍卖合同，而且合同期限超过了五十年的，权威立法人士认为该合同仍然有效。[②] 根据1998年新修订的《土地管理法》，村集体对外发包、从事农业利用的集体土地的承包期限，由土地承包合同来约定。[③] 这就意味着，在法律上，“四荒地”承包期限不给予限定，仅仅受商业合同条款的约束。

总结起来，“四荒地”使用权制度主要有五个有别于耕地的特征：第一，“四荒地”使用权的取得是“敞开的”，除本村集体成员之外，其他人或单位或企业都可以取得“四荒地”的使用权；第二，“四荒地”使用权取得方式除承包之外，还有租赁、拍卖买断等其他方式；第三，“四荒地”使用权的期限比耕地要长；第四，对“四荒地”流转的限制更少，并允许抵押；[④] 第五，对非本村集体成员来说，“四荒地”治理、开发和利用行为主要是受商业合同规范和保护

---

① 在1996年的《国务院办公厅关于治理开发农村“四荒”资源进一步加强水土保持工作的通知》中规定：对购买“四荒地”使用权的，“在进行转让、抵押、参股联营时，要经过农村集体经济组织同意”，而1999年的《国务院办公厅关于进一步做好治理开发村“四荒”资源工作的通知》则取消了这一限制，但规定了在“四荒地”对外拍卖之前，“必须经村民会议三分之二以上成员或者三分之二以上村民代表的同意”。这就是说，外来社会投资人只要取得了“四荒地”的使用权，之后如何流转无须通过村集体同意了。

② 王宗非主编《农村土地承包法释义与适用》，人民法院出版社，2002，第117—118页。

③ 1998年新修订的《土地管理法》第十五条规定，“农民集体所有的土地，可以由本集体经济组织以外的单位或者个人承包经营，从事种植业、林业、畜牧业、渔业生产。发包方和承包方应当订立承包合同，约定双方的权利和义务。土地承包经营的期限由承包合同约定”。这条法律规定是否意味着“四荒地”承包期可以超过五十年。

④ 1995年10月1日起施行的《中华人民共和国担保法》第三十四条规定的可以抵押的财产包括，“抵押人依法承包并经发包方同意抵押的荒山、荒沟、荒丘、荒滩等荒地的土地使用权”；该法第三十七条规定不得抵押的财产包括“耕地、宅基地、自留地、自留山等集体所有的土地使用权”。

的。总之，“四荒地”使用权制度的市场化程度更高。

也应看到，虽然市场化运作是“四荒地”使用权制度的一个“亮点”，但在现实中，仍有相当比例的“四荒地”使用权是以非市场化方式取得的。一项小型的问卷调查显示，到2000年，在所调查的农户中，以拍卖方式取得“四荒地”使用权的占比仅为11.3%，以承包方式取得“四荒地”使用权的占比为79%，其中以竞标承包方式取得“四荒地”使用权的占比为32.7%。[①] 以此估算，采用市场化运作的“四荒地”使用权占比不到40%，而其余超过60%的“四荒地”使用权主要通过协议承包或租赁的方式取得。该调查还显示，在所调查的农户中，“四荒地”使用权超过三十年的占比仅为16.1%。[②]

二、从“户包小流域治理”到“四荒地”拍卖——吕梁山区建立“四荒地”使用权制度的实践

（一）“户包小流域治理”[③]

山西吕梁地区地处晋西北黄河中游东岸，全地区总面积为2.1万平方公里，山区半山区约占92%。该地区丘陵起伏、沟壑纵横，地表被“切割”得支离破碎，水土流失严重，水土流失面积占山区半山区面积的68%，年均流入黄河的泥沙1.68亿吨，占山西全省的45.9%。经过常年的雨水、洪水冲刷，大量的土壤微量元素流失，导致大量土地肥力下降、土壤贫瘠，贫瘠土地占全地区土地的比重达49%。[④] 有的县到处都是裸露的秃山、秃岭和荒沟。

自新中国成立以来，包括吕梁在内的黄河中游地区一直是国家实施治理水土流失工程的重点地区。[⑤] 在人民公社时期，山西作为“大寨经验”的发源地，以

---

① 岳书铭、綦好东、史健民：《关于“四荒”资源治理开发制度建设的调查》，《中国农村经济》2000年第12期。

② 同上。

③ 除了特别引注，有关吕梁地区“户包小流域治理”的资料主要来自中国农村发展研究中心联络室印《吕梁地区以户治理小流域调查报告》（油印本），1983。

④ 候文正等主编《山西省户包治理小流域十年纪实》，山西经济出版社，1993，第412—413页。据统计，吕梁地区可以利用还未开发的非耕地资源有408万亩，低效利用的土地785万亩，两项合计1193万亩，超过了全区的耕地面积，占全区土地总面积的37.4%。参见王西玉《山地开发中的制度、政策和农户行为》，《中国土地科学》1994年第6期。

⑤ 1983年，地处吕梁地区的三川流域被列入国家八大重点治理区。候文正等主编《山西省户包治理小流域十年纪实》，山西经济出版社，1993，第423页。

“战天斗地”“敢教日月换新天”的形象享誉全国，是全国治山治水的一面旗帜。[①] 实行家庭土地承包制以后，以“大兵团作战”的方式治山治水已经很难再继续下去了。治山治水的出路何在，就不可避免地摆在包括吕梁地区在内的山西省各级政府的面前。

1980 年 4 月，水利部在山西吉县召开了十三省区保持小流域治理座谈会。会后，水利部下发了《水土保持小流域治理办法（草案）》。这是在国家政策层面上第一次提出小流域治理的概念。1982 年 6 月，国务院颁布了《水土保持工作条例》。该条例明确规定山区、丘陵地区的水土流失治理应以小流域为单元。[②]

1981 年，山西河曲县[③]农民苗混瞒首创“户包小流域治理”。[④] 苗混瞒的事迹经媒体报道后，在山西造成很大影响，并引起了山西省各级政府的重视。1982 年，吕梁地区开始全面推广“户包小流域治理”。到 1982 年底，吕梁、忻县两地“户包小流域治理”的户数已经占农户总数的 10% ~20%，面积占总面积的 20% ~30%。[⑤] 吕梁等地“户包小流域治理”的做法很快就引起学者的注意，[⑥] 主流媒体也做出积极反映。[⑦] 与此同时，山西省各山区县也掀起了一轮“户包小流域治理”的高潮。1983 年 8 月，山西省政府出台了《关于户包小流域治理的几项政策规定》，对“户包小流域治理”的做法给予了政策上的大力支持。[⑧]

吕梁地区“户包小流域治理”的具体做法及主要政策如下：一是由社员申

---

① 之后的调查表明，“大寨时期”的山西，上报的治山治水的统计数据水分很大。以吕梁地区的柳林县为例。该县上报的造林累计数据为 33.63 万亩，但实际调查的造林数为 15.55 万亩，上报的种草累计数据为 2.64 万亩，实际不足 1 万亩。

② 汪洪清等编著《小流域治理开发》，人民出版社，1995，第 25 页。

③ 河曲县属于忻州地区，地处山西的中西部，吕梁地区的北面。

④ 苗混瞒当时是河曲县旧县乡小五村生产大队的大队长。1981 年，该村实行了“分田到户”，将耕地全部承包给社员，但荒山、荒沟无人问津。离村有 5 里地的新尧沟已经治理多年，尚未完工，如不继续治理，只能半途而废。在这种情况下，苗混瞒向公社党委提出申请，自愿承包新尧沟的治理。随即公社、大队和苗混瞒签订了承包合同，承包土地面积 250 亩，治理期限为三年。1982 年 7 月 16 日，《山西日报》头版头条刊登了苗混瞒以户包治理小流域的报道，在山西乃至全国产生了很大的影响。苗混瞒成为全国“户包小流域治理”第一人。候文正等主编《山西省户包治理小流域十年纪实》，山西经济出版社，1993，第 575—577 页。

⑤ 候文正等主编《山西省户包治理小流域十年纪实》，山西经济出版社，1993，第 13 页。

⑥ 1983 年 3 月，中国农村发展问题研究组发表了《以户承包小流域治理的启示》，《农村经济问题》1983 年第 3 期。

⑦ 1983 年 4 月 13 日，《人民日报》就此发表了社论。

⑧ 根据该规定，“四荒地”的承包期可以根据情况确定为十五年、二十年或三十年、五十年不变；“四荒地”上所造的林草所有权归承包户所有；原有的林草地可承包给农户，农户负责管护或继续治理，所产生的收益，集体与承包户分成。参见候文正等主编《山西省户包治理小流域十年纪实》，山西经济出版社，1993，第 25—27 页。

请，承包面积不限，可以独户承包，也可以联户承包。二是承包户与生产大队签订由县政府统一印制的小流域承包合同。有的县政府还印制了小流域使用证书或林权证，以县政府的名义发放给承包户。三是治理期限一般为三年，最多不超过五年，如不能按期完成治理，生产大队有权收回。四是治理后的土地，经营权归承包户，经营权长期不变，但不能买卖和出租。五是治理后的土地，十年内集体不收提留，也不承担国家征购任务，收益全部归承包户。六是治理前土地上的林草，可以归承包户管理，集体和承包户按比例分成，也可以作价转让给承包户。对已挂果和将要挂果的果园，以有偿承包的方式包农户。七是小流域治理的承包人主要是本村社员，也允许本村的干部和在外的职工回家参加小流域承包。八是允许承包小流域治理的大户退出承包的责任田，专搞小流域治理。承包小流域治理的专业户不交集体提留、不承担国家征购任务。九是造林验收合格后，承包户可得每亩4元的国家造林补助和每亩3元的苗木费，县政府对承包小流域治理成效好的农户给予奖励。如被纳入政府水土保持项目，则以国家投入为主。值得一提的是，由于小流域治理要服从当地政府的统一规划，所以，虽然小流域治理的承包户形式上是与生产大队签订承包合同，实际上“户包小流域治理”的主导权在公社（之后的乡镇），生产大队只是执行者。

小流域相对于位于山区的大江大河的大流域而言，包括干沟、支沟和毛沟及其周边区域。一般情况是干沟汇入河流、支沟汇入干沟、毛沟汇入支沟。吕梁地区在小流域治理过程中，通常是生产大队负责干沟治理，支沟和毛沟由农户承包治理。具体可以分为以下五种形式：一是独户承包。独户承包的小流域一般是1公里左右的小沟小岔，治理期限一般是二年到三年。二是分段承包。在生产大队的统一规划下，将独户承包有难度的3～5公里的中沟分成若干段，分段承包给若干户。三是联户承包。对比较大的沟，往往是由生产大队干部牵头，组织几户或十几户联合承包，划片由各户分别治理。四是集体治理和农户治理相结合。对面积较大的流域，由生产大队组织全体社员共同整地造林，然后分给各户分别管护，集体和承包户按比例分成林木收益。五是专业队承包。对5～10公里的大沟，由生产大队组织专业队，由专业队承包治理。通常，每条干沟涉及的流域治理面积100～500亩不等，支沟涉及的流域治理面积通常在100亩以下；普通农户承包的流域治理面积为10～50亩，专业承包户所涉及的流域治理面积一般为

100 亩以上，有的典型专业承包户涉及的流域治理面积达上千亩。

吕梁地区小流域治理后的土地用途主要包括：一是造林，即在荒山上种树，条件好的山地种果树，条件差的山地种用材林；二是种草，即在荒坡上造草场，用于放牧；三是造梯田，即在土壤条件较好的缓坡地上修造梯田，对原有的陡坡的梯田，退耕还林、还草；四是淤地，即深挖沟渠，将沟渠中的淤泥分到沟渠边，再打坝抬高地面，防止雨水冲刷、水土流失。农民“户包小流域治理”可以得到的主要利益有：一是增加耕地，主要是打坝淤地所造的耕地；二是获得造林收入，包括木材收入、国家造林补贴，如果种经济林，还可以有卖果实的收入；三是获得国家水土保持项目的补贴和当地政府的小流域治理的奖励。

（二）“户包小流域治理”的问题与局限

吕梁地区在推行“户包小流域治理”过程中也暴露出一些问题。第一，小流域治理的难度不同，可能会产生的收益相差很大。好的小流域有人包，不好的小流域没人包。另外，开发“四荒地”费工很多，只有耕地少，而且家里有剩余劳动力的农户才有能力干这件事。有些村耕地较多，或者靠城镇，这些村就没有多少人愿意承包小流域，开发荒沟。第二，即使农户在当地政府干部下村强力发动下签订了小流域治理承包合同，也不都是真的去治理。据对某个生产大队的调查，在签订小流域承包合同中，积极治理的农户占 50%，有 30% 的农户对治理没什么想法，只是随大流签了合同；还有 20% 的农户，签订合同只是为了占着地，并不是真想治理。这也与当时刚刚实行家庭土地承包经营制，农户普遍存在怕政策变的心理有一定的关系。第三，农户所能承包的小流域都是比较容易治理的小沟，主干沟的治理还是要靠政府资助，并要由村集体组织实施，组织专业队或全体村民共同出工、出力和出钱。这就要求村集体管理班子能力很强，而且还能争取到县、乡镇各级政府的资金投入。但在现实中，并不是所有的村都能做到这一点。另外，主干沟的治理往往涉及的不是一个村，甚至会涉及多个乡镇，其治理资金主要靠国家投资。如果没有国家投资，就要靠地方政府，但吕梁地区的县、乡镇几乎都是“穷县”和“穷乡”，地方政府很难筹集出大量资金，支持和补助小流域治理。主干沟的治理遇到了较大的困难。第四，因为单个农户劳力、资金有限，治理小流域、开发荒沟通常都要联户承包。联户承包需要参与治理的农户一致行动，也需要村里的“明白人”或村干部亲自组织协调。但在现实中，参与治理的农户各家有各家的情况，治理小流域的积极性也不一样，要做到农户的一致行动是较难的。如果一条沟上游段不治理，或者治理不到位，下游段治理了、打上坝了，遇到洪水，下游段所打的坝就可能会冲垮。第五，在吕梁地区，放羊是农民的一个重要收入来源，种粮需要施肥，施肥主要靠羊粪，但羊会到处啃树，会啃死树苗。林、牧、粮之间就产生了矛盾。[①] 这些问题也是山西其他山区“户包小流域治理”中普遍存在的问题。

到了20世纪80年代末90年代初，社会经济环境出现了很大的变化。一方面农民的就业门路多了，家中有剩余劳动力的农户可以外出打工挣钱，没精力也没动力继续治理小流域了。另一方面村集体实力，特别是村干部的威信也大大下降了，大多数村集体没能力组织村民出工、出力和出钱治理小流域了。另外，最为农户看重的、能够通过打坝淤地造耕地的小流域已经很少了，剩下的大多是难以治理、短期又没有什么经济效益的荒山秃岭。据统计，到了1991年，在吕梁地区，参与“户包小流域治理”的农户仅占全区农户的17.9%，实际参与治理的农户仅有8%左右。[②] 即使包山了，“包而不治”的情况较为普遍。1992年，吕梁地区做过一次全区抽样调查。调查结果显示，到1992年，“包而不治”的农户占49.2%。这些“包而不治”的农户中，有45%的农户认为，包山没有效益，也没有其他好处，有18.3%的农户也是因为这个理由根本就不包山；有30%的农户怕变，怕有了收益以后遭人嫉妒，怕村集体会像调整耕地那样调整“四荒地”；有25%的农户因缺少资金，也没技术，或者是经营不佳而放弃了对“四荒”的治理。[③] 再有，“户包小流域治理”并没有从根本上解决长期存在的“边治理、边破坏”的问题。从根本上说，农户对“四荒地”的产权预期尚不稳定。

---

① 中国农村发展研究中心联络室：《吕梁地区以户治理小流域调查报告》（油印本），1983。

② 张红宇、陈良彪编著《中国农村土地制度建设》，人民出版社，1995，第470页。1988年时任水利部长钱正英在一次讲话中就提到，山西“户包小流域治理”的高潮是从1983年到1985年，之后就冷了下来。1991年，时任山西省副省长郭裕怀在一次讲话中也注意到了“群众愿意承包的近沟、肥沟都包出去了，剩下的都是群众不愿承包的远沟、瘦沟了，户包的发展已经饱和”的现象。虽然钱正英和郭裕怀都认为“户包小流域治理”大有可为，但这也说明，到这时“户包小流域治理”已经难以继续推行下去了。候文正等主编《山西省户包治理小流域十年纪实》，山西经济出版社，1993，第208页，第296页。

③ 张红宇、陈良彪编著《中国农村土地制度建设》，人民出版社，1995，第470页。另据估计，承包后真正治理的只有20%～30%，绝大多数承包小流域的农户并没有治理。参见王西玉《山地开发中的制度、政策和农户行为》，《中国土地科学》1994年第6期。

(三)“四荒地”拍卖实践[①]

吕梁地区面临的问题是山西全省普遍存在的。为了进一步激发农户承包小流域治理的积极性，1989年以后，山西省政府连续出台政策，进一步放宽“户包小流域治理”的政策。[②] 这些政策的核心是延长“四荒地”的使用权、放开“四荒地”的流转权。此后，“户包小流域治理”逐步转为“四荒地”拍卖。在“买断”“四荒地”即当地称之为“购荒”方面，吕梁地区之前已有先例。

1983年，柳林县龙门垣乡中垣村李马才通过投标承包，以投标价1750元，买下了本村45亩荒沟，五十年不变。之后，李马才又陆续承包荒坡、荒沟160亩。[③] 到了1992年，李马才已有上万元的收入。李马才成为全国购荒第一人。之后，临县农民也有类似的做法。从1988年到1992年，临县曲峪乡村集体卖掉的“四荒地”有3.2万亩，占全县“四荒地”的91.7%。购荒户在这些“四荒地”上累计投资12万元，投工60多万个，栽树3000多亩，其中栽植枣树2600多亩、22万株，木材树400亩、3万株。

很快，在山西省政府放开“四荒地”流转政策的鼓励下，农民自发兴起的拍卖“四荒地”使用权的做法就由私下变为公开进行在吕梁地区蔓延开来。

1990年，中阳县城关镇武润锁和杨凤平[④]向沙焉村村集体承租了700亩山坡

---

① 除了特别引注，有关吕梁地区“四荒地”拍卖实践的资料主要来自张红宇、陈良彪编著《中国农村土地制度建设》，人民出版社，1995，第469—477页。另参见刘启明《关于吕梁地区拍卖“四荒”使用权情况的调查》，《农业经济》1995年第1期。

② 1989年2月，山西省出台了《关于户包治理小流域政策的补充规定》。该规定提出，“户包小流域按劳平均在一百亩以上的承包户，从承包年算起，三年内每年可少投部分劳动积累工”；对国家、集体集中统一治理的“四荒地”成果，“允许对其使用权有偿出让、转让或抵押给户包经营，并发给《小流域治理开发使用证》。经营年限五十年不变”；对已经承包到户的小流域，“允许有偿转让或拍卖给他人经营”，“承包户在承包小流域内利用荒山荒坡盖房、碹窑用地，向乡政府备案登记即可，免征耕地占用税，其规模不限”；鼓励干部、职工回乡，承包治理或指导小流域治理。1990年10月，山西省政府又出台了《关于进一步落实户包治理小流域政策规定的通知》。该通知明确规定，对“户包小流域治理”的资金扶持数量，要占国家水土保持投资的30%；“鼓励和支持乡村集体企业、农户和国营厂矿、企业、机关、学校、部队采取股份制形式，联合承包治理开发小流域，收益按股分成”。同年同月，山西省政府转发了省水利厅《关于用股份制形式开发治理小流域的试行办法》。时任山西省副省长郭裕怀在1992年9月召开的全省第四次小流域治理工作会议上发表讲话说：“我们重申：户包小流域政策长期不变，而且还要放得更开放些、更优惠些。承包经营权可以延长到100年以上，并且可以继承，可以转让，可以租赁，可以拍卖，所得归己。”参见候文正等主编《山西省户包治理小流域十年纪实》，山西经济出版社，1993，第70—71页、第84—86页、第341页。

③ 李马才承包荒坡、荒沟之所以要通过公开投标方式，是因为所承包的荒坡、荒沟内有385株桃、杏、杨、柳等树木。候文正等主编《山西省户包治理小流域十年纪实》，山西经济出版社，1993，第609页。

④ 武润锁和杨凤平是沙焉村原村民，后迁入县城，从事承揽水泥活和打铁、维修汽车等活计，有了一定的资金积累。

地，租赁期为三十年，租赁费总共为46万元，三十年后，山上的一切都归村集体，并协助解决村里的通水、通电和通路的问题。他们以承租方式治理开发“四荒地”的做法，得到当地政府的支持。租赁合同签订后，武润锁和杨凤平自投18万元，贷款10万元。到1992年，新建梯田570亩，并全部栽上了苹果、梨、桃、葡萄等果树。1992年，武润锁和杨凤平又一次性购买了村里除村民口粮田之外的2800亩荒山、荒坡的使用权，使用期为二十八年。武润锁和杨凤平的做法引起了中阳县政府的关注。时任吕梁地区地委书记王文学到中阳县考察时，对这种做法给予了肯定和支持，并决定在全地区推广。①

1992年8月，吕梁地区政府出台了《关于拍卖荒山、荒坡、荒沟使用权，加速小流域治理的意见》，各县也先后据此文件制定了更为具体的规定。由此，在吕梁地区再次掀起了以拍卖方式承包小流域治理的高潮。到1993年，全区共拍卖“四荒地”145万亩，参与购买的农户5.4万户，参与购买的其他单位、企业62个，签订拍卖合同3.47万份，拍卖资金316.18万元。到1994年，吕梁地区全区470万亩的“四荒地”已有280万亩被拍卖了，占比近60%；在已拍卖的“四荒地”中，已进行初步治理的占比为35%。②

吕梁地区“四荒地”的拍卖一般是以流域为单位，所拍卖的是“四荒地”的使用权，也包括部分地上的林木、牧草所有权和零星的耕地，但不包括地下矿藏。在使用权期限上，根据治理开发的难易程度，“四荒地”的使用权年限分三十年、五十年、七十年和一百年不等，但一般都在五十年以上。当地政府还给购荒户一些优惠政策，如在“四荒地”上可以盖房子，可以发展农产品加工业；对“四荒地”不征购、不提留，也不交农业税和特产税；允许“四荒地”继承和转让等。在拍卖合同中，除了明确土地“四至”，还规定了“四荒地”治理要求和治理期限，并规定对“包而不治”的，拍卖方或发包方有权收回其土地，重新拍卖或发包。为了防止炒卖荒山，拍卖合同还规定，买方在使用期限内转让土地使用权的，治理程度必须达到30%以上，并必须经过原卖方同意。③

吕梁地区的拍卖主要有三种形式，即竞标拍卖、招标拍卖和协议拍卖。拍

① 郝天喜：《山西省中阳县拍卖治理“四荒”的调查》，参见张红宇、陈良彪编著《中国农村土地制度建设》，人民出版社，1995，第461—462页。

② 张红宇：《中国农村的土地制度变迁》，中国农业出版社，2002，第128页。

③ 王西玉：《山地开发中的制度、政策和农户行为》，《中国土地科学》1994年第6期。

卖底价由当地政府人员、村干部和农民组成的评估组确定，并张榜公布。竞标拍卖主要是在本村内部进行，约占全部拍卖面积的35%。招标拍卖是对外公开招标，约占全部拍卖面积的30%。协议拍卖主要适于交通不便、治理开发难度大的“四荒地”，以及原来已经包山，并愿意将承包变为拍卖的农户；协议拍卖约占全部拍卖面积的35%。拍卖成交后，由县政府发放“四荒地”使用权证。

按购荒户分类，参与吕梁地区“四荒地”拍卖的大体分为三类。第一类是独户购买。采取这种形式的主要是一般农户。到1994年底，独户购买的农户有38856户，户均25.5亩，约占全区购荒户的72%，约占购荒总面积的67%。在独户购买中，有些是曾从事过个体工商业的“大户”，这些“大户”的购买面积从300亩到上千亩不等。例如，离石县马家村的郭七保兄弟7个人曾经做过建筑，赚了5万元。1992年，郭七保兄弟7个人花了6.3万元买下了本村的8000亩荒坡的使用权。据统计，“大户”购买的面积占独户购买总面积的30%左右。第二类是联户购买。一般是由本村内本家、亲戚或农户自愿联合起来组成一个共同体，共同购买，联劳、联产、联技术共同治理开发。到1994年底，联合购买的有4522个，涉及农户15400户，约占全区购荒户的28%，约占购荒总面积的26%。联户购买的面积一般在500亩以上，联户数为2~3户，联户数再多就难以维持了。第三类是政府机关及团体、企业和事业单位购买。政府机关及团体、企业和事业单位购买的“四荒地”，通常面积都较大，是一些农户不愿或没有能力治理开发的“四荒地”。例如，临县林业局出资1.1万元购买了程家塔乡的2400亩“四荒地”；交口县5个县直属单位购买了“四荒地”1.3万亩；方山县下昔供销社投资万元购买了庙地村的4500亩荒山。政府机关及团体、企业和事业单位购买的“四荒地”的面积约占全区购荒总面积的7%。

吕梁地区“四荒地”使用权拍卖的交款方式有以下几种。一是当场交款，即拍卖成交后，当场交款，当场签发“四荒地”使用权证。当场交款的占一半左右。二是交付抵押金，即购荒者与村集体签订“四荒地”拍卖合同后，购荒者不仅要向村集体交付拍卖金，而且要交抵押金。如果购荒者不遵守合同，村集体就要将抵押金变为罚金没收。三是分期交款。对一些地处边远、经济条件差的地区，大多数农户无力交全款，也可以采取分期交款方式，但这需要有人担保。分期交款的占一半左右。[①]

（四）“四荒地”使用权拍卖的成效

根据吕梁地区政府的总结，[②] 实施“四荒地”使用权拍卖后，主要取得了以下几个方面的成效。

第一，土地产权有了保障，治理开发效果明显。“荒山、荒沟是金山、银山”，过去农民也明白这个道理。但农民总觉得“集体治理”“承包治理”都不是给自己干的，所以谁也不愿出力、出钱。方山县潘家畈村村北有个荒沟，十多年了谁也不动一锹一镢。拍卖“四荒地”使用权后，土地使用权变为长期了，而且有使用证，这时农民认为土地真的是自己的了，农民也就真敢投入了。1992年，潘家畈村竞标拍卖这块荒沟，参加竞标的就有20户，最后被张有成买走。张有成买下这块荒沟后，全家3个劳动力数九寒冬都不停工，7个月的时间，打坝11条，整地70亩，栽核桃、苹果、仁用杏等果树4000株，共计投工700个，投资8000元。为了种树，张家把娶媳妇的2000元都花进去了。张有成一家的干法，在吕梁地区不在少数。据统计，仅用2年时间，全地区共修大坝3650条，修梯田、条田1.23万亩，栽植经济树250万株，木材林7732亩，种灌木2.6万亩，种草3.45万亩。[③]

第二，扩大了土地使用权交易的范围，引入新的投资者。不少“四荒地”规模大、难度高、投资多，单靠本村农户的力量难以治理开发。放开了购荒者的范围，使一些外地“大户”以及政府机关、企业和事业单位也参与了进来。到1994年，全地区跨村、跨乡、跨县购荒户有357户，购荒面积占全地区拍卖总面积的25%，平均每户购荒面积达756亩，平均每户投资达1.68万元，大大超过了一般农户的购荒面积和投资额。例如，城关镇寺家塔村村民李秋生购买的该县阳泉阵家焉村的1000亩荒山，到1994年已投资10万元，育杏苗105亩，栽仁用杏400亩，栽油松100亩，种药材50亩，栽杨树1000株，当年仅仁用杏苗就可

---

① 李永民、白志全、李世灵：《吕梁地区拍卖“四荒”的做法与成效》，《中国农村经济》1994年第5期。

② 同上。

③ 当时就有学者总结，“同样是这些荒山，同样是这些农户，承包来的不治，购买来的治；‘白给’的不治，花了钱的治”。参见王西玉《山地开发中的制度、政策和农户行为》，《中国土地科学》1994年第6期。

卖7万元。据统计，跨村、跨乡、跨县购荒户所投入的资金占全地区治理开发投资的30%。

第三，投入主体由国家和集体变为农户其他经济实体。在实行“四荒地”使用权拍卖以前，国家为治理开发吕梁荒山、荒沟，改变吕梁地区的生态环境，以补助的形式投入了大量资金，扶植农民打坝造地、植树、种草。但由于经营机制错位，多数农民把国家补助看作“包揽活”，给我多少，我干多少。据调查，1991年前治理流域，国家投资和农民投资的比例为7.3∶2.7，其中重点流域比例为8.4∶1.6，国家投资占比高达70%以上。实施“四荒地”使用权拍卖制度以后，国家投资和购荒户投资的比例变为4.5∶5.5。购荒户投资额超过了国家投资，购荒户成了投入主体。2年间，民间治理开发“四荒地”的资金就有2000多万元，投工6000万个。

第四，为党政机关精减机构的人员，找到了就业、创业的出路。吕梁地区总人口为300万人，而吃“公家饭”的干部就达9万多人。干部职工人数过多，使多数县财政顾及吃饭都有问题。实施“四荒地”使用权拍卖以后，一些国家机关、企业和事业单位也参与了购荒，干部职工成了治理开发“四荒地”重要的劳动力和人才。例如，石楼县水利局有60多人，仅人员工资就用光了该局的全部经费。1991年，该局贷款租赁了几百亩荒地，分流了30多名干部职工。到1994年，仅卖刺树苗就净赚10万元。该局又用这笔钱购买了一座荒山，搞山地枣园。方山县下昔供销社，业务少，20多名职工坐吃山空，连年累亏20多万元。该社1992年集资在庙底村买了450亩荒山，有一半职工长年在山上劳动，已栽各种果树3.3万株，预计到第四年纯收入可达3万元以上。还有科技人员“下海”购荒的。山西省农科院副研究员阎金龙1994年初购买了方山县马坊镇杨家沟村5000亩荒沟，之后，举家从太原搬迁到此，还请来同行的5名高级工程师一起治理开发。据统计，自实行“四荒地”使用权拍卖以来，全地区已有3000名干部职工投身于“四荒地”的治理开发。这些人许多都是治理开发“四荒地”的高手和能手。

除了“四荒地”使用权拍卖，一些集体经济实力较强或村干部能力较强的村，还以股份合作的形式治理“四荒地”。例如，中阳县城关镇万年饱村。该村是个贫困村，有475人、104户，耕地770亩、“四荒地”2143亩。该村在县联社退休干部白绍义的带领下，将全村的“四荒地”折成股份，2 亩 1 股，共 1061 股，自愿入股社员为 85 户，成立了“四荒地”治理的村股份合作社。由合作社组织入股社员按统一要求，集中进行“四荒地”治理，谁治理谁有谁受益。①

1997 年 12 月，全国拍卖“四荒地”使用权经验交流会在山西吕梁市召开。吕梁拍卖“四荒地”使用权的经验在全国山区县广泛推广开来，从传统非林区扩展到传统林区，掀起了“买断青山”的热潮。② 在之后十年，吕梁山区逐渐发展成为全国著名的红枣之乡。

也要看到，地方政府的工作总结一定是“取得的显著成效”。但实际上，由于“四荒地”治理投资大，有些人并没有这么大的资金实力，也“竞抢”“四荒地”，从而仍存在“包而不治”的问题。据学者在 2002 年做的田野调查，在岚县，拍卖出去的“四荒地”中，有治理的只有 49%；在石楼县，有 10% 的“四荒地”治理进度仅达到预期进度的 10%。③ 另外，进入新世纪以后，国家加大了水土流失治理、退耕还林和植树造林的投资力度，获取国家各种补贴成为治理“四荒地”的一个重要的收入来源。吕梁山区的许多荒山被外来的“大户”以很低的成本占有。这些外来的“大户”雇佣本地农民治理荒山，并享有大量的国家补贴，而当地农民从中得到的很少，因而产生了一些矛盾。

三、延安地区“四荒地”使用权拍卖的制度试验④

（一）基本情况

陕西延安位于黄河中游黄土高原腹地，属黄土高原丘陵沟壑区。全地区总

① 郝天喜：《山西省中阳县拍卖治理“四荒”的调查》，载张红宇、陈良彪编著《中国农村土地制度建设》，人民出版社，1995，第 464 页。另，时任山西省副省长郭裕怀曾把“户包小流域治理”寄希望于专业化经营，希望通过发展专业性合作组织，以股份制的形式把农户组织起来。候文正等主编《山西省户包治理小流域十年纪实》，山西经济出版社，1993，第 218 页。在山西，“户包小流域治理”的发源地忻州地区，1989 年以后曾力推小流域治理的专业股份合作社。候文正等主编《山西省户包治理小流域十年纪实》，山西经济出版社，1993，第 745—752 页。

② 有关传统林区“买断青山”的情况，见本书第十四章第一节。

③ 陈小君：《农村土地制度研究——田野调查解读》，中国政法大学出版社，2004，第 189 页。

④ 除了特别引注，有关延安“四荒地”改革试验的资料主要来自陕西省延安市农村改革试验区办公室《延安“四荒”使用权拍卖的实践与探索》，载农业部农村改革试验区办公室编著《认识与实践的对话——中国农村改革试验区十年历程》，中国农业出版社，1997，第 184—191 页。

面积为3.67万平方公里，即5505万亩，其中有林地占比为39%，荒山、荒坡占比为27%，耕地占比为25.4%。植被稀少、土地破碎、水土流失严重是延安地区的一个主要自然特点。水土流失面积占全区总面积比例高达78.4%，大量的黄泥、黄沙汇入黄河。传统上，光秃秃的荒山、荒坡，寸草不生的荒沟、荒滩到处都是。

新中国成立以来，延安历届政府都把治理荒山、兴修水利作为工作的重点，并取得了一定的成效。截至1977年，延安地区共治理荒地、荒山352.6万亩。[①] 1983年，地处延安地区的无定河流域被列入国家重点治理区。延安的小流域治理进度明显加快。据延安地区政府的统计，到1987年，累计完成治理面积达1301万亩，占水土流失总面积的30.1%。[②]

实行家庭土地承包经营制以后，几乎与山西同步，延安地区于1983年也开始推行“户包治理小流域”。到1986年底，全区有17.5万个农户承包了小流域5.06万条，涉及土地面积达755万亩，完成治理面积为387.4万亩，占农户承包土地总面积的51.3%。[③]

与吕梁地区出现的情况十分相似，延安地区推行“户包治理小流域”的意图是实现农户对“四荒地”的“责权利和治管用”的统一，但实际效果并不好。这主要表现在：农户缺乏对“四荒地”治理的积极性，大量荒山无人承包，或者是“包而不治”“治而不管”，甚至还出现过哄抢果园、毁林、毁园的情况。[④] 究其原因，问题出在“包”字上。根据当时政策及其操作实践，农户的土地承包经营权的主导权在发包方——村集体，村集体有权收回承包地，有权调整土地，对“四荒地”也是如此。“四荒地”治理的投入大、见效周期长。如果农户认为土地不是自己的，自己只是承包了集体所有的土地，而且，村集体有可能随时收回土地，农户就不可能放心大胆地去投入，精心做好“四荒地”治理。再一个原因是，如果单靠农户承包小流域治理，其治理规模也有限。据调研，一般农户要能

---

① 延安地区水土保持工作队：《延安地区一九八七年小流域治理资料汇编》（内部资料），1988，第49—55页。

② 同上书，第3页。

③ 1983年11月，延安地区政府召开了全区乡、镇“户包小流域治理”工作会议，并出台了《关于大力推行户包治理小流域的决定》。延安地区水土保持工作队：《延安地区一九八七年小流域治理资料汇编》（内部资料），1988，第4页。

④ 王学习：《改革土地产权制度　促进土地有效利用——以延安地区为例》，《中国土地科学》1996年第2期。

把荒山都栽上树，并能够做到精心管护，适合经营规模的土地面积为 50 亩左右。[①] 如何突破土地经营承包制的制度瓶颈，就摆到了延安地区的各级政府官员面前。制度瓶颈的突破口是把“发包”改为“卖”，把“承包”改为“买”，并且“卖”的对象也不能仅仅局限于本村的村民。与吕梁地区一样，这一突破最初也是来自农民。

1978 年，子长县李家岔乡村民南志清买下了本村 345 亩荒地的使用权，栽下 6 万株树苗，成活 3.4 万株，到 1994 年，估价可值 30 多万元。延安市柳林乡的任慧智，1981 年购买了 105 亩荒沟的使用权，栽果树 7500 株，经过十年努力，105 亩的果园已挂果，预计收入可达 10 万元。1994 年，任慧智又买下了 150 亩荒沟的使用权，栽树 2.6 万株，建起家庭林场。延川县文安释镇的杨小平，1988 年与村集体签订了长久性承包合同，承包了 1600 亩的荒沟，造林 900 亩，发展果园 15 亩，经济效益相当可观。一些农户开始尝到长期拥有“四荒地”使用权的甜头，并向政府提出了购买“四荒地”的要求。农民最朴素的想法是“花钱买个放心”。[②]

（二）“四荒地”使用权拍卖改革试验

1992 年 7 月，延安地区经国务院批准，被列入全国农村改革试验区，最初确定的试验主题是扶贫综合开发改革。在农村改革试验的政策支持下，延安将改革试验聚焦到“四荒地”使用权拍卖上。[③]

在实施“四荒地”使用权拍卖试验过程中，延安地委、行署首先出台了《关于推进农村产权制度改革意见》《拍卖集体“四荒”地使用权实施办法》等文件，确定了“四荒地”拍卖的基本规则、程序和政策。其主要内容包括：一是延长“四荒地”的使用期年限。将拍卖的“四荒地”的使用期年限延长五十年到七十年。二是明确“四荒地”的集体所有性质。集体有权提出“四荒地”治理规划，并对规划执行情况进行监督检查。如不能按拍卖合同要求执

---

① 延安地区水土保持工作队：《延安地区一九八七年小流域治理资料汇编》（内部资料），1988，第 277 页。

② 王学习：《改革土地产权制度　促进土地有效利用——以延安地区为例》，《中国土地科学》1996 年第 2 期。

③ 到 1997 年，农村改革试验区办公室对农村改革试验区进行十年总结时，将延安的农村改革试验归为“农村土地制度建设与土地适度规模经营试验”。

行，集体有权收回，重新拍卖。三是放开竞拍人的范围。在本村人优先购买的前提下，也允许并鼓励国家机关单位、国家干部职工、城镇居民和外来企业和个人参与“四荒地”使用权的竞拍。四是赋予“四荒地”使用权人充分的产权。包括“四荒地”的收益权、转让权、抵押权、继承权等。允许“四荒地”使用权人在“四荒地”上盖房子。将“四荒地”开垦成耕地，也不用交“公粮”、集体提留和农业税。五是保持政策的延续性。对之前农户签订的承包合同，可以转为拍卖合同。

延安“四荒地”使用权拍卖具体包括以下几个环节：第一，建立机构。在试验初期，市、县、乡镇、村分别成立了“四荒地”使用权拍卖领导小组，负责“四荒地”使用权拍卖工作。试验后期，一些乡镇依托农经站，建立了土地交易管理所，承接了所有涉及“四荒地”使用权拍卖的工作，如信息咨询、交易中介、合同仲裁、地籍档案和拍卖出让金管理等。第二，划定拍卖地块。根据“四荒地”治理规划，划定拍卖地块，确定地块面积、治理开发方向及治理标准等。第三，地价评估。由村干部、乡镇干部和有经验的村民共同商议，确定拍卖底价。第四，组织拍卖。拍卖的形式主要有竞争拍卖、招标拍卖和协议拍卖。竞争拍卖主要是局限于本村范围内。由村集体公布拍卖地块、拍卖底价及其他拍卖条件，按照价高者得原则，组织本村村民公开竞争投标。招标拍卖主要是社会公开招标，所拍卖的地块通常是一些集中连片，需要较大投资的地块，或者是难以治理的地块。协议拍卖主要针对的是贫困户。这些贫困户缺乏资金，没有能力参与竞争招标。在这种情况下，村集体就划出一部分地，以低于同类地的价格，转让给这些贫困户。原“四荒地”农户签订的承包合同也可以转为拍卖合同，拍卖价格采用协议价。[①] 第五，履约发证。“四荒地”拍卖中标后，由村集体与购荒者签订拍卖合同，公证部门予以公证。合同写清“四至”界限、起止期限、分阶段治理标准，以及所有权和使用权主体双方的权利、义务、违约责任等。合同签订后，由县级政府发放“四荒地”使用证。成林成草后，经检查验证后，还发放林权证或草权证。第六，拍卖出让金的管理。拍卖出让金采取“村有乡管、定向投入、有偿使用”的管理方式。有的村还将其纳入农村合作基金会，由农村合作

① 承包合同与拍卖合同的主要区别是，承包合同的期限短，而且不稳定，拍卖合同期限长，且较为稳定。

基金会管理[①]。

（三）试验效果

根据延安市农村改革试验区办公室的总结，[②] 延安实施“四荒地”使用权拍卖制度改革后，取得了如下的成效。一是农户愿意也敢于大量投入。据统计，全市拍卖的“四荒地”约为400万亩，拍卖资金约为5700万元，[③] 农户用于“四荒地”开发治理的投资（不含“购荒”投资），平均每亩在100元以上，其中，投入在10万元以上的“大户”有31户，投入最多的农户达20万元。一些外地企业和个人投资多达100万元。二是治理速度大大加快、治理程度明显提高。许多农户将三年治理任务提前一年或两年完成。到1996年，全市已拍卖的“四荒地”，有70%以上已经得到了治理。延安宝塔区已实现了“绿化灭荒”。在延安，不仅治理速度快，治理质量也明显提高。有的治理户实行打坝、整地、植树、养殖一起上，山、水、田、林、路、电综合治理方式进行庄园式开发。例如，安塞县李家沟的村民陈三义，1993年出资1.26万元买了一条750亩的荒沟。取得荒沟的使用权后，陈三义在沟底打坝造田，山腰建园栽果，村庄院落养殖，共投资了13万元，打坝淤地40亩，造林500亩（其中果园70亩），养猪90多头，养兔400多只，修路1.5公里，建窑洞6孔，架通了照明电。1995年，陈三义获得纯收入2万元，1996年达12万元，已基本上收回投资。三是实现了土地的规模开发。据统计，全市约有11.6万户购买了“四荒地”，平均每户35亩，“购荒”农户的占比约为80%，但每户“购荒”的面积相差很大。在延安，每户“购荒”最多的达4000亩，而最少的只有几亩。在张县，“四荒地”开发治理的主力是“购荒”面积在50～300亩的农户[④]。四是吸引了大批外来户的投资。例如，从

① 在20世纪80年代中期，不少农村地区成立了由村集体和农民个人出资、互助性的农村合作基金会。到1995年，全国有41.7%的乡镇和18.3%的村都成立了农村合作基金会。按照中央的规定，农村合作基金会不以营利为目的，不对外吸收存款，不对外发放贷款，只能在会员内部融资，但是实际操作中，突破限制、违规操作的现象屡见不鲜，造成了大量的坏账、烂账，甚至出现金融诈骗的案件。1999年，中央下令停办各种农村合作基金会，部分运作较好的合作基金会并入农村信用合作社。参见胡必亮等《农村金融与村庄发展》，商务印书馆，2006，第76—77页、第92—96页。

② 陕西省延安市农村改革试验区办公室：《延安“四荒”使用权拍卖的实践与探索》，载农业部农村改革试验区办公室编著《认识与实践的对话——中国农村改革试验区十年历程》，中国农业出版社，1997，第188—191页。

③ 王学习、蒋录祥：《陕西省“四荒”使用权拍卖情况和对策建议》，《林业经济》1996年第1期。

④ 同上。

1992年到1996年，黄龙县有252户外地企业和个人购买“四荒地”8.85万亩，总计投资1500多万元。五是实现了扶贫开发的目标。据统计，从1992年到1996年，延安市的50多万贫困人口中，有26万人实现了脱贫。这些脱贫户主要靠的就是开发荒山、荒坡，发展林果和畜牧业。

在延安“四荒地”使用权拍卖制度试验的过程中，一位名叫刘世杰的西安老板“以面换地”的做法特别引人注目。

刘世杰是西安一家公司的老板，经过十多年在外打拼，到1995年，刘世杰已经积累了400多万元的自有资金。1995年，刘世杰决定回老家延川县刘马疙瘩村创业，投资农业。刘世杰的创业计划是承包除口粮田之外的村里所有山地，在山上种植苹果和种植牧草、放养牛羊。刘世杰向村民许诺，在种植苹果获利之前三年内，向全体成年村民按月提供30斤白面，未成年的小孩按年龄递减；并向村集体承诺，承担村里的全部税费和提留，以及其他行政开支，以此为条件承包1.7万亩山地，承包期为三十年。在这1.7万亩山地中，有1600亩苹果园，按照承包合同约定，十年内果树归刘世杰，十年后果树归村民；村民承包果树经营，果树成果归承包农户，由刘世杰统一收购，承包农户按每年每棵果树20元向刘世杰上交租金，租金约占毛收入的20%。调查人员估算，刘世杰占有的山地和地上的树木，价值2000万元，支付村民的白面费用和村集体各项开支的费用约合400万元；按照苹果3～10年的产果期计算，不包括放养牛羊的收入，刘世杰的投资回报率高达40%。对于村民来说，除了每月每人领到30斤白面，每户还有100株苹果树的收益。据村民反映，自1996年刘世杰进村包地以来，农民收入比上一年提高了1倍。①

（四）延安与吕梁两地做法的比较

从大的方面看，延安和吕梁的做法及其效果都差不多，但如果仔细考察还是能看出两地之间的一些差别的。第一，虽然延安和吕梁的“四荒地”使用权都是在当地政府干涉下进行的，但延安的地方政府干预力度更大些。在延安，按照

① 扶贫体制改革研究课题组：《农村改革试验区的扶贫体制改革》，载农业部农村经济研究中心《中国农村研究报告（1990—1998年）》（下），中国财政经济出版社，1999，第1453—1454页。据网上的消息，之后刘世杰公司包地的经营并不成功。到2002年，刘世杰共投资1000万元，其中贷款500万元。由于公司长期无经营效益，刘世杰已经处于“生活靠借贷，出门就人人追着要债”的窘境。

政策，“四荒地”拍卖前要经乡镇政府审查同意，并要得到县政府的批准。[①] 这就是说，在延安，“四荒地”拍卖的最终决定权是在县级政府，而且操作程序更为严格，与政府拍卖国有建设用地的程序差不多。而在吕梁，当地政府主要是协调和指导，最终决定权还是主要在村集体，在操作上也更加灵活。第二，与吕梁相比，延安拍卖“四荒地”使用权政策的适应面更宽泛。据调研，延安有的县、乡镇实行的是“两田制”，即各乡镇根据不同地区的土地条件，给每个农民划拨3～5亩的“口粮田”，其余的土地包括耕地和园地都打包成“四荒地”，以拍卖方式，承包给农户或外来户。“口粮田”的占比约为20%，以“四荒地”的名义拍卖的土地占比约为80%。[②] 可以想见，与吕梁相比，延安的这种做法与之后国家反对“两田制”的政策冲突较大。第三，吕梁在“四荒地”拍卖的操作中尽量与前期力推的“户包小流域治理”相衔接，一般只会对长期“包而不治”的“大户”采取收回承包地的措施，[③] 而在延安有些县、乡镇将之前以自留山、责任山和“户包小流域治理”名义承包给农户的所有“四荒地”，无论治理好坏，都收回来，重新进行拍卖处理，或者重新走拍卖程序，因而引发了不少矛盾。[④]

很显然，吕梁的做法更符合之后国家出台的相关政策和法律。正因如此，虽然延安拍卖“四荒地”使用权的试验是国家农村改革试验区的项目，但吕梁拍卖“四荒地”使用权的经验更为人所重视和称赞。2002年通过并公布的《农村土地承包法》有对“四荒地”的相关法律规定即该法的第三章，更接近于吕梁的制度实践，而不是延安的制度试验。

---

① 陕西省委政策研究室试验办：《延安地区“四荒地”使用权拍卖的经验与思考》，《陕西林业》1995年第5期。该文是将这种做法作为规范“四荒地”使用权拍卖的“好”经验给予介绍的，并没有看到这种做法实际上是剥夺了村集体作为土地所有者的权利。

② 扶贫体制改革研究课题组：《农村改革试验区的扶贫体制改革》，载农业部农村经济研究中心《中国农村研究报告（1990—1998年）》（下），中国财政经济出版社，1999，第1455页。

③ 毕竟山西是以“户包小流域治理”而闻名全国的，而且不少承包户手里有小流域治理使用证书，因此，吕梁在拍卖“四荒地”使用权时，必须考虑与之前的政策衔接。

④ 陕西省委政策研究室试验办：《延安地区“四荒地”使用权拍卖的经验与思考》，《陕西林业》1995年第5期。

第十四章　集体林权制度的建立与地方实践

林地，顾名思义就是用于种植树木的土地。按照1996年第一次全国土地资源调查的分类，林地包括有林地[①]、疏林地、灌木林地、未成林造林地、迹地和苗圃。1996年第一次全国土地资源调查结果显示，林地总面积有34.14亿亩，其中有林地占比为70.5%，疏林地占比为5.5%，灌木林地占比为17.7%，未成林造林地占比为5.7%，迹地占比为0.5%，苗圃占比为0.1%。[②] 到2009年第二次全国土地资源调查时，林地总面积上升为38.09亿亩，其中有林地占比为73.9%，灌木林地占比为17.1%，其他林地（包括疏林地、未成林造林地、迹地和苗圃）占比为9%。[③] 第七次全国森林资源清查（2004—2008年）的结果显示，中国的林地主要分布在东北三省（辽宁、吉林和黑龙江）、内蒙古北部、华北北部和西部山区、山东丘陵地带、陕西南部、安徽南部以及长江以南的大部分地区。[④]

与其他类型的土地一样，集体林权使用权制度的形成也是沿着家庭承包、土地流转的基本路径演变的。与“四荒地”相同的是，林地使用和开发也具有投资属性。林地投入是长期的，不可能当年就见产出，种植水果树三年才能挂果，种植用材林十年以后才可能成材。林地与“四荒地”不同。一是产权结构更为复杂。林地主要指有林地，有林地是与地上生长物即树木不可分的。林地产权与地上林木产权之间存在着密切关系。因此，林权就包括“四权”，即林地所有权、林地使用权、林木所有权和林木使用权。[⑤] 二是林地的开发和利用要受到更为严格规制的约束。这些规制主要包括林木的采伐限制、天然林的禁伐，以及生态公

① 1996年第一次全国土地资源调查对有林地的确定标准是郁闭度在0.3以上的乔木林地，2009年第二次全国土地资源调查将有林地的郁闭度标准下调到0.2。

② 李元：《中国土地资源》，中国大地出版社，2000，第201页。

③ 国土资源部、国务院第二次全国土地调查领导小组办公室等编《中国土地资源利用》，地质出版社，2017，第156页。

④ 国家林业局：《中国森林资源图集——第七次全国森林资源清查》，中国林业出版社，2010，第20—21页。

⑤ 按照通常的解释，林权包括林地所有权、林地和林木经营权、林木收益权、林木处置权和林地使用权转让权，即所有权、经营权、收益权、处置权（含林地使用权转让），统称“林业四权”。

益林的严格保护等。这种规制约束必然形成对林地、林木的私权属性的“干涉”，使其所有者及占有者不能实现经济利益最大化甚至受损。这些因素就构成了林地使用权制度演进的特殊性。

一、集体林权制度的形成与建立

（一）林地所有制

历史学界通常认为自公元前356年商鞅变法起，土地私有就逐渐成为中国土地所有制的主要形态。这就是说，产权相对清晰的土地私有制在中国已经存在2000多年了。① 但这里所说的土地主要是指耕地和宅地，而大片的“山林川泽之地”名为“官田”，② 实则处于共用的状态。1949年中华人民共和国成立后，耕地和宅地曾实行过自耕农私有制，之后，经过大规模的集体化运动，形成和建立了土地集体所有制。③ 而大片的“山林川泽之地”公有、共有的历史传统，在某种程度上则被继承下来了。

1950年颁布的《中华人民共和国土地改革法》（以下简称《土地改革法》）宣布将“大森林”划归国有。④ 在国有“大森林”基础上，国有林区开始发展起来了。1982年新修订的《宪法》再次重申了森林国有的制度，但也不否定集体所有林地的存在。⑤ 经过多年的演变，事实上已经形成了国有林地与集体所有林地并存的格局。

国有林区是《土地改革法》实施后逐步形成的。国有林区主要分布在黑龙

---

① 对于中国土地所有制历史，学术界存在着不同看法。有的学者如候外庐、贺昌群等认为，汉唐间占据主导地位的土地所有制是土地国有制，土地私有制到了唐朝中期才最终确立。但大多数学者认为，中国的土地私有制起源于秦商鞅变法（公元前356年），在两汉时期已基本确立，之后又有所反复。自北魏到唐代中期，曾实行过具有土地国有性质的“均田制”。参见赵冈《中国土地制度史》，新星出版社，2006，第15—19页、第26—40页。另参见赵俪生《中国土地制度史》，武汉大学出版社，2013，第205—211页。

② 赵冈：《中国土地制度史》，新星出版社，2006，第41页。

③ 对此的叙述，见本书附章第一节。

④ 《土地改革法》第十八条规定，“大森林、大水利、大荒地、大荒山、大盐田和矿山及湖、沼、河、港等，均归国有所有”。参见北京政法学院民法教研室编《中华人民共和国土地法参考资料汇编》，法律出版社，1957，第30页。至于多大面积算作“大森林”，按当时的政策是由大行政区或者省政府自行酌定。例如，西南地区是500亩以上，山西省是540亩以上，辽宁省是75亩以上等。参见北京政法学院民法教研室编《中华人民共和国土地法参考资料汇编》，法律出版社，1957，第132页。

⑤ 1982年新修订的《宪法》规定，“矿藏、水流、森林、山岭、草原、荒地、滩涂等自然资源属于国家所有，即全民所有；由法律规定属于集体所有的森林和山岭、草原、荒地、滩涂除外”。

江、吉林、内蒙古、云南、四川、西藏、陕西、甘肃、新疆 9 个省（自治区）。在其他地区，一些分布在高山和远山上的天然林地也划为国有。1996 年第一次全国土地资源调查结果显示，全国国有林地面积为 14.09 亿亩（9393.33 万公顷），占全部林地面积的 41.27%。[①] 值得说明的是，在有些省份的林区如云南、四川，除了国有林场直接管理，当地林业管理部门通常会把这些属于国有的林地交由当地村集体管护，或者直接划给村集体。这些国有林地与集体所有林地划界并不清楚，村集体与国有林业管理部门之间对林木收益的分成往往是因地、因林而宜，权责也不太明确。

集体林地大体上有两个初始来源：一是原来属于私人所有的林地。这部分林地主要是近山、近田、近村的林地，权属比较清晰。在之后的农村集体化运动中，这部分私有林地被归为集体所有。二是土地改革时未分给农民的原属于农村社区共有的林地。这部分林地的权属也比较清楚。

1961 年 6 月，中央出台了对中国林业发展产生十分深远影响的“林业十八条”。根据“林业十八条”，天然的森林资源归国家所有，人工造林的林权按照“国造国有，社造社有，队造队有”的“谁种谁有”原则界定。[②] 值得说明的是，这里所有的“谁种谁有”指的是林木，而不是林地。1961—1962 年实行社队资产“四固定”时[③]，根据“林业十八条”的规定，对集体林地进行了划分。对集体林地划分的基本原则是：对山林面积大、分布比较均匀的，划分到生产队；对山林分布不均、难以划片的，划分到生产大队；丘陵平原地区基本上全部或大部分划片到生产队；同时分给社员一定数量的自留山。自留山的数量标准是当地山林面积的 5%～20%，主要是用于给社员提供薪柴，有些地方将自留山称作“柴禾山”。[④]

在“大跃进”期间，南方地区的大量天然林遭到严重毁坏。1964 年国家建

---

① 李元主编：《中国土地资源》，中国大地出版社，2000，第 382 页。

② “林业十八条”即《关于确定林权、保护山林和发展林业的若干政策规定（试行草案）》规定，“天然的森林资源，和在人民公社以前已经划归国有的山林，仍然归国家所有。高级合作社时期，划归合作社、生产队集体所有的山林和社员个人所有的山林，应该仍归生产大队、生产队集体所有和社员个人所有。除此以外，人民公社化以来和今后新造的各种林木，都必须坚持‘谁种谁有’的原则，国造国有，社造社有，队造队有，社员个人种植的零星树木，归社员个人所有”。

③ 即“劳力、土地、耕畜和农具”固定。对“四固定”的叙述，见本书附章第二节。

④ 刘璨：《中国集体林制度与林业发展》，经济科学出版社，2008，第 79—80 页。

立了集体林区育林基金制度，鼓励南方地区集体造林。[①] 南方地区一部分原属于国有天然林的林地，经过集体造林之后，由社队实际占有。但这部分林地到底属于谁，政策弹性很大。按照“林业十八条”，国有山林地可以归集体经营，国有山林地也可以归集体所有。[②] 这在某种程度上继承或默认了“谁种谁有”的“先占先得”的传统地权形成方式。但现实困难是如何划清归国家直接管控的林地与由集体经营和管理的林地之间的界限。无论如何，经集体造林后的国有山林地是集体所有林地的一个重要来源。

1981 年 3 月，中共中央、国务院出台了《关于保护森林发展林业若干问题的决定》（通常称为“林业二十五条”）。该文件提出了“稳定山权林权、落实林业生产责任制”，“木材实行集中统一管理”，“建立国家林业基金”，以及“全民植树造林”等林业发展大政方针，初步确立了中国林业管理的基本框架。这是一个对中国林业制度的形成与建立具有里程碑意义的政策文件。之后，各地在林业部的安排下，在南方林区迅速启动了“林业三定”工作（通常称为“三定方案”），即“稳定山林权、划定自留山、确定林业生产责任制”。“林业三定”的首要工作是明确山林权属。明确山林权属的通常做法是：以 1962 年落实“人民公社六十条”时提出的“四固定”为依据，将山林权分为国有山林、集体山林、未定权属山林和自留山，建立清册，对权属明确的山林登记发证。[③]

经过“林业三定”，集体林区的大致范围就基本确定下来了。集体林区主要分布在南方的浙江、安徽、福建、江西、湖北、湖南、广东、广西、贵州和云南 10 个省（自治区）（以下简称“南方 10 省集体林区”），以及山东、河北、江苏和河南 4 个平原地区的省（以下简称“平原 4 省集体林区”）。1996 年第一次全国土地资源调查结果显示，全国集体林地面积为 19.56 亿亩（13040 万公顷），占全部林地面积的 57.29% 。[④]

---

① 王景新等：《近代中国农村变迁史论（1949—1978）》，清华大学出版社，2019，第 289 页。

② “林业十八条”即《关于确定林权、保护山林和发展林业的若干政策规定（试行草案）》规定，“原来划归国有的山林当中，有些分散小片的，国家不便专设机构经营，归公社、生产大队、生产队经营，对于山林的保护和发展更为有利的，可以划归附近的社、队所有，或者包给它们经营”。

③ 有关“林业三定”的政策解释，参见林燕石《关于林业经济政策若干问题》，中国林业出版社，1982。

④ 李元主编《中国土地资源》，中国大地出版社，2000，第 382 页。

（二）“林业三定”与“两山到户”

与耕地的产权改革类似，集体林权改革也是起源于生产责任制。根据 1981 年出台的“林业二十五条”，林业生产责任制的形式分为专业承包和联产计酬两种形式，并提出集体造林的责任可以“包到组、包到户、包到劳力”。① 这就是说，正式承认“包户”的政策，林地比耕地提前了近一年时间。1981 年 7 月，国务院办公厅转发《林业部关于稳定山权林权落实林业生产责任制情况简报的通知》，肯定了贵州“林业三定”的做法。以建立林业生产责任制为重要内容的“林业三定”在林区全面铺开。

1982 年以后，在农区“分田到户”已成蔓延之势，此时，中央提出对林业经营也要实行联产承包责任制。② 在这一大背景下，“南方 10 省集体林区”纷纷效仿农区，大力推行“两山到户”即“自留山到户”“责任山到户”。“自留山到户”是指自留山分到家庭农户；“责任山到户”是指责任山分到家庭农户或家庭联户，这个联户也可以是组。各地通过“林业三定”，确定自留山的比例，划定承包到户的责任山的范围。据调查，有的地区自留山占比为 5% ~15%，有的地区高达 20% ~30%；承包到户或承包到联户的责任山，承包期限一般为五年或十年、二十年。③ 自留山多是荒地或近山、近田、近村的疏林地，责任山则多是远山、深山的疏林地或中幼林，而成熟林仍由村集体统一经营和管理。④ 有林木的自留山，通常要对林木折价处理。

为了进一步明晰自留山政策，厘清自留山与责任山的政策区别，1983 年 7 月，林业部下发了《关于建立和完善林业生产责任制的意见》。该意见的核心意思有以下几条：第一，对于荒山，尽量多划成自留山，不能划为自留山的，则能

① 《关于保护森林发展林业若干问题的决定》提出，“稳定山权林权、落实林业生产责任制”，“社队集体林业，应当推广专业承包、联产计酬责任制。可以包到组、包到户、包到劳力”。

② 1983 年中央一号文件即《当前农村经济政策的若干问题》提出，“林业、牧业、渔业、开发荒山、荒水以及其他多种经营方面，都要抓紧建立联产承包责任制”。

③ 刘璨：《中国集体林地制度与林业发展》，经济科学出版社，2008，第 82 页。

④ 按照 1984 年全国人大公布的《中华人民共和国森林法》（以下简称《森林法》），林地承包仅限于宜林荒山和荒地，承包造林的林木归承包人所有。该法第二十二条规定，“全民所有和集体所有的宜林荒山荒地可以由集体或者个人承包造林”；第二十三条规定，“集体或者个人承包全民所有和集体所有的宜林荒山荒地造林的，承包后种植的林木归承包集体或者个人所有”。按照当时官方对自留山政策的解释，“划分自留山，主要是划宜林荒山、荒地或荒沙、荒滩。如果集体没有这类的土地，可以适当地划疏林地和灌木林地，但不能把成片的集体林划给社员作自留山”。参见林燕石：《关于林业经济政策若干问题》，中国林业出版社，1982，第11 页。

“包”就尽量“包”，推广“从锄头到斧头，一包到底”的做法；第二，责任山的经营要纳入国家计划管理，村集体对责任山享有收益权；第三，对责任山，要实行更严格的承包合同管理。[①]

到了1984年，全国已有1781个县完成了“林业三定”工作，占应完成“林业三定”县的77.5%，完成“林业三定”的生产大队占应完成“林业三定”生产大队的88.2%。[②] 从全国范围内看，“林业三定”工作基本完成。通过“林业三定”，到1986年，南方8个省份（即浙江、安徽、福建、江西、湖北、湖南、广东和云南）的集体林区，“两山到户”的林地面积已经占集体林地总面积的69.3%，其中有些省如江西、广东、湖北、浙江和湖南，“两山到户”林地比重更高，达75%~93%。[③]

鉴于种树和管树投资周期长、产出回报慢的特点，1983年5月，林业部党组向当时主管农村政策的中央书记处农村政策研究室提交报告，建议中央对林农给予更为放松的政策。[④] 之后不久出台的1984年中央一号文件部分吸纳了林业部党组提出的建议。1984年中央一号文件提出：包括林地在内的非耕地的承包期应该比耕地更长，林农在承包荒山上所种的林木可以继承和转让。

需要强调的是，“责任山到户”与耕地的家庭承包有很大的不同。耕地的家庭承包户有独立自主的经营权，对其产出有绝对的支配权，而“责任山到户”更多的是承包造林和护林的责任。除了自留山及承包到户竹林地和经济林地，对用材林地，承包户并没有独立自主的经营权，对其产出也没有支配权，责任山上的林木即活立木仍然归集体所有，采伐权和木材出售权也在村集体。[⑤] 村集体以收益分成形

① 黄道霞、余展、王西玉主编《建国以来农业合作化史料汇编》，中共党史出版社，1992，第1047—1049页。

② 刘璨：《中国集体林地制度与林业发展》，经济科学出版社，2008，第82—83页。

③ 同上书，第83—84页。但从许多微观调研结果来看，以上所统计的数据很可能有较大的“水分”。例如，根据上述统计，福建承包到户的林地面积占比约为32.36%，而按福建省林业管理部门的摸底调查，实行“林业三定”时，承包到户的林地面积占比大约为20%，相差约12个百分点。朱冬亮、贺东航：《新集体林权制度改革与农民利益表达》，上海人民出版社，2010，第161页。

④ 即《中共林业部党组关于生产责任制几个政策问题的报告》提出，“对于社员家庭或联户承包荒山造林，应采用积极鼓励的方针，在承包数量、承包期限和承包收益分配方面，尽可能地放宽政策。在合同期内，承包人因故变化，其继承人有权继续承包”，“对于社员家庭自有的未成材的林木，经本人申请，公社批准，可以转让给有经营能力的其他群众经营”。参见黄道霞、余展、王西玉主编《建国以来农业合作化史料汇编》，中共党史出版社，1992，第1045—1046页。

⑤ 之所以竹林地和经济林容易做到承包到户，其主要原因是：通常林业部门对竹子采伐管理相对宽松，林农较为容易获得采伐许可，而经济林如果树，一般不涉及采伐问题，而且经济林往往都是林农在荒山上自己开发的。

式，向造林和护林的家庭承包户支付管护报酬。村集体分得大部分，承包户分得小部分。另外，许多集体林区的当地政府，还会按造林面积给造林承包户发放造林补助或奖励。在本质上，“责任山到户”是集体经营林业的一种方式，而不是林农个体经营。因此，有些“分山到户”做得比较好的村集体，与林农签订的是“家庭承包管护合同”,[①] 有的地方称之为“集体林代管”。在山林管护期间，林农可以上山砍柴、采蘑菇、采药、采野果、采松脂等，也可以在林间种果树、种竹子。

（三）放开林木流通管制

与农产品一样，在计划经济时期，国家对林产品的流通也是实行统购体制，国家对木材价格实施严格计划管制，只允许国有林业经营单位收购木材。除此之外，自 1979 年开始，国家开始着手建立木材采伐限额制度，实行木材采伐许可证和木材采伐指标管制。[②] 但实行木材采伐限额制度，要有一套对林木科学管理的支持，要根据法正林理论，测算应该采伐的林木数量，确定林木采伐方式（即皆伐、间伐等方式），根据树种和林龄确定林木采伐顺序等。而当时的各地林业管理部门严重缺乏这方面的人才以及相应技术手段，从而产生了“山上木头烂、人在家里穷”的情况,[③] 引起了林农的强烈不满。1983 年 5 月，林业部党组向中央建议：对自留山的林木，允许社员自行处置，可以自用，也可以出售，不纳入国家的统派购计划；允许社员自由转让未成材的林木；在国家统派购木材的前提下，适度放开非统派购木材的管制。[④] 然而，中央放开的决心似乎是更大的。1985 年，中央在放开除粮食、棉花等主要农产品之外的其他农副产品流通管理

---

① 朱冬亮、贺东航：《新集体林权制度改革与农民利益表达》，上海人民出版社，2010，第 201 页。

② 1979 年 2 月全国人大通过的《中华人民共和国森林法（试行）》（以下简称《森林法（试行）》）规定，“以县或者国营林业局为单位计算，每年的森林采伐量不得超过生长量。国家和地方的木材生产必须全部纳入国家计划，不准进行计划外采伐”。《森林法（试行）》还规定了社队、其他单位自用木材年采伐量的批准权限。1981 年 3 月中共中央、国务院出台的“林业二十五条”即《关于保护森林发展林业若干问题的决定》中更明确地提出，“集体林的采伐，由县林业行政部门发给采伐证”。1984 年 9 月全国人大通过的《森林法》规定“对森林实行限额采伐”，“年度木材生产计划不得超过批准的年采伐限额”，并规定“采伐林木必须规定申请采伐许可证”。

③ 黄道霞、余展、王西玉主编《建国以来农业合作化史料汇编》，中共党史出版社，1992，第 1046 页。

④《中共林业部党组关于生产责任制几个政策问题的报告》提出，“凡是自留山上所造的林木，成材或有收益时，国家不下达统购、派购任务，社员对产品处理有自主权，可以自用，也可以按照国家有关规定出售”，“在统购材管死的前提下，非统购材应该搞活”，“允许这些留用材、小材小料，采伐剩余物及其加工成品、半成品的多余部分可以出县、出省，可以换粮、换物，也可以出售”。黄道霞、余展、王西玉主编《建国以来农业合作化史料汇编》，中共党史出版社，1992，第 1045—1046 页。

的同时，也决定放开木材市场，允许林农和集体所经营的木材自由上市。①

此项政策一出，林区顿时“大乱”。无论是集体还是农户都争先恐后地抢着砍树、卖木头，引发继“大跃进”和“文化大革命”之后的第三次严重的林木乱砍滥伐情况，甚至一些国有林场和自然保护区的林木也被盗伐哄抢。据统计，“南方10省集体林区”1984年到1988年的有林地面积比1977年到1981年的有林地面积下降了6249.6万亩，同期，活立木总蓄积量下降了16535.47万立方米。② 鉴于情况紧急，1987年6月，中央发出了中发20号文紧急叫停木材自由交易，将放开的木材市场收回来，实行“林业部门一家进山收购制”，对林木的买卖进行严格管制；严格执行木材采伐限额制度，无论是责任山还是自留山都必须有采伐指标、办理采伐证；叫停了集体林地的“包山到户”，已经分到户的“两山”也要由村集体统一管理。③ 实践证明，在大多数地区，“林业三定”“两山到户”的改革并不成功，至少是没有达到预期的效果。

（四）林业改革不成功的原因

“林业三定”“两山到户”的改革之所以出现这样的问题，可以归于以下三个方面的原因。首先，国家对集体林地、林木的改革目标设置的不现实。在农区，实行家庭土地承包责任制，其改革目标是比较明确的，就是要先解决当期农民吃饭问题，然后才是农村、农业的发展。实行家庭土地承包责任制后，土地当年就能有收成，农户马上就能吃饱饭，甚至还能盖上房、娶上媳妇。而“林业三定”“两山到户”改革的主要目的是贯彻实施刚刚出台的《森林法（试行）》④，

---

① 1985年中央一号文件即《关于进一步活跃农村经济的十项政策》提出，“集体林区取消木材统购，放开木材市场，允许林农和集体木材自由上市，实行议购议销。木材收购部门可以用换购合同的形式收购一部分木材”。

② 刘璨：《中国集体林地制度与林业发展》，经济科学出版社，2008，第146页。但同书的表6-1中的数据表示，1984年到1988年的“南方10省集体林区”的有林地面积，并没有比1977年到1981年的有林地面积减少，反而有所增加。参见同书，第145页。

③ 1987年6月中共中央、国务院发出的中发20号文即《关于加强南方集体林区森林资源管理坚决制止乱砍滥伐的指示》规定，“严格执行年森林采伐限额制度”，“林区乡村企业生产加工用材和群众自用木材，都必须纳入采伐限额”，“重点产材县，由林业部门统一管理和进山收购”，“林农自产的零星木材，可在指定的市场上凭证自销。不允许私人倒卖和贩运木材”，“严格管理采伐许可证”，并提出“集体所有集中成片的用材林，凡没有分到户的不得再分。已经分到户的，要以乡或村为单位组织专人统一护林，积极引导农民实行多种形式的联合采伐、联合更新、造林”。

④ 1979年2月全国人大通过的《森林法（试行）》规定，“大力植树造林，不断增加森林覆盖面积和林木蓄积量”。

鼓励林农造林、护林，并将植树造林、森林抚育和管护的责任落实到林农户，改变大量的山林没有管、大量荒山没人种树的局面。然而，造林、护林的效益不是短期就可以见效的。对当时的许多林农来说，饭还没吃饱，哪里顾得上种树呢。[①]要解决当期的生计问题，还是把分到户的树砍了卖点钱，或者是砍了树盖上房子来得实惠。不少贫困山区，上山砍树成了农民增加收入最为快捷的途径。当地农民说："辛辛苦苦种担粮，不如上山砍棵数。"[②] 另外，当时在农村的主流舆论是集体资产能分到户的都分到户，树木也是可以分户的集体资产。在这种情况下，不少村集体也愿意将可以卖钱的集体林木尽量砍伐，然后把部分或全部卖木头的钱分到户。总之，林农的短期利益与国家的长期利益发生了严重冲突。

其次，国家对林产品流通放松管制的时机不成熟，政策相互冲突。1984 年 9 月，全国人大通过了《森林法》，要建立严格的木材采伐限额管理制度，将分给农民的"两山"也纳入采伐许可的范围，[③] 几乎与此同时，1985 年中央一号文件就提出"集体林区取消木材统购，放开木材市场，允许林农和集体木材自由上市"的政策。一方面在法律上要严格实行严格的限额采伐制度，另一方面在政策上又允许林农自由买卖自家林地上生长的林木。在实际执行过程中，这两项政策或制度是矛盾的。加之，放开木材市场后，木材价格大涨，由 1984 年的每立方米 55.1 元飙升至 1985 年的每立方米 117 元，一年间上涨了一倍以上。[④] 这就更刺激林农突破国家对林木采伐的限额管制，从而导致普遍的乱砍滥伐现象的出现。

最后，"林业三定"工作过于匆忙。与农区实行家庭土地承包经营制不同，"林业三定"是政府强制推行的，除了多留了点自留山，林农并没有从"林业三定"中看出有什么实实在在的好处。而且，"林业三定"时间要求很紧，整体推进的工作时间不到三年，大多数林区对"林业三定"做得十分匆忙。山林地地势、地貌复杂，沟坎纵横、起伏不定，分山比分田要困难得多。在如此短的时期，"林业三定"不可能做到位。大多数地区划分责任山往往是"指山为界"，

---

① 郑宝华主编《中国南方非耕地资源产权制度研究》，中国书籍出版社，2003，第 139 页。

② 中共中央农村政策研究室、国务院农村发展研究中心农村社会经济调查办公室编《向商品经济轨道的转移——全国农村固定观察点调查报告（1987 年）》，农村读物出版社，1988，第 295 页。

③ 1984 年《森林法》第二十八条规定，"农村居民采伐自留山和个人承包集体的林木，由县级林业主管部门或者其委托的乡、镇人民政府审核发放采伐许可证"。

④ 刘璨：《中国集体林地制度与林业发展》，经济科学出版社，2008，第 52 页。

承包面积也就是大概的数。有些林区，林农甚至连自留山在哪里也不清楚。[①] 加之，当时还存在大量的权属不清、“一山多主”或“一主多山”的山地。通过“林业三定”，能将这些土地所有权问题解决就很不容易了。使问题更为复杂的是，在山林划界不清的情况下，许多集体林区的地方政府为了完成“林业三定”的任务，匆匆忙忙地向村集体印发了山林权证；有的自留山证发到户，有的自留山证被压在乡或村集体手上，这就造成了日后的很多纠缠不清的问题。在“林业三定”工作基础并不扎实的情况下，许多林农并没有把分到户的“两山”当成一回事，只关心山上是否有树可以砍。这导致林农对林地产权预期很不稳定，林农不知道什么时候承包的山林会被收回去。有的集体林区的林农说：“现在山都光了，政府就把山分到户，等树长起来了，政府就要收回去了。”在这样的心理支配下，一些自留山和责任山刚一分到户，林农就赶紧上山砍树，拉木头，至于什么时候种树，先观望一下再说。[②]

（五）“紧急刹车”之后

面对这种混乱的局面，不少地方林业部门为了贯彻中发 20 号文精神，将分到林农手中的“两山”又收回到村集体。例如，从 1987 年到 1988 年，浙江江山市重新调整土地权属后，责任山的数量下降了 20%；湖北省自留山的面积下降了 17.54%。[③] 在不少南方集体林区，普通个体林农很难取得采伐指标和采伐证，甚至连进山砍柴也受到很大的限制，因此，林农也就没了上山种树的动力。不少已经分到户的责任山甚至自留山都荒了，林农没有履行造林、护林的责任。因此，村集体不得不将这些责任山和自留山收回。[④] 由于荒着的“两山”没有什么效益，林农也不肯投入，所以，当时林农对村集体收回“两山”也没有什么怨言。

在一些从世界银行贷款造林的省份，地方政府为了控制村集体或承包户乱砍滥伐，也担心村集体把活立木都卖掉，到时还不了贷款，采取“以林还贷”的方

① 郑宝华主编《中国南方非耕地资源产权制度研究》，中国书籍出版社，2003，第 201 页。

② 中共安徽省委农村工作部编《安徽省农业生产责任制资料选编》（内部资料），1983，第 261 页。

③ 刘璨：《中国集体林地制度与林业发展》，经济科学出版社，2008，第 85 页。

④ 实行“林业三定”时，当地林业管理部门都会要求林农负责自留山和责任山的造林、护林，如林农不能履行造林、护林的责任，村集体有权将分到户的“两山”收回。

式，将集体或林农的林木收回到林业部门或政府所属的林业企业。①

在国家层面上，鉴于“林业三定”“两山到户”的改革并不顺利，也放慢了林业改革的步伐。② 与此同时，1988 年，经国务院批准，湖南怀化、福建三明被列为全国农村改革试验区，力图通过地方总结试验的经验，探索山林产权制度和集体林权管理改革的新思路。③

到了 20 世纪 90 年代，虽然集体林地、林木经营形式有多种多样，有家庭或家庭联户承包、集体林场、农户合作联营、集体与国有林场或森工企业合作造林、集体股份合作社等，但仍以村集体统一经营为主。据 1991 年农业部全国农村固定观察点办公室对林地经营的抽样调查，到 1990 年，在所调查的村中，实行家庭承包经营到户的村占比为 26%，由集体统一经营的村占比为 46.9%，由村集体指定少数能人承包的村占比为 10.7%，采取招标承包的村占比为 7.9%。④ 而且，在这一时期，当地林业主管部门对集体林地、林木经营介入较深，甚至主导集体林的经营，集体林的经营主体实际上是乡镇林业部门和村集体两家。当时比较著名的集体林地经营模式是江西井冈山市的集体股份合作社模式。⑤

井冈山市地处湘赣两省交界的罗霄山脉，耕地仅占全市土地面积的 6.32%，其他土地绝大多数都是山林地。在“林业三定”时，该市将大部分山林地分包到农户。与其他林区一样，林地分包到户后出现了不少问题。在这种情况下，1992 年，井冈山市政府开始着手推行山林地集体股份合作的模式。具体做法主要有两种。第一种是建立集体股份林场。即将在“林业三定”时分给农户的山林地，包括自留山、责任山，除了少量油茶、茶叶、药材山场，都收回到集体股份林场，由集体股份林场统一经营管理。集体股份林场按山地股、林木股、劳务股和资金股来设置股权，按股分配收益。第二种是乡、村、户联营模式。即全乡以村

---

① 按当初的造林贷款协议，村集体或林农是以木材还银行贷款。“以林还贷”是以村集体或林农的林木即活立木抵其所欠的银行款项。通过这种方式，村集体或林农也可以提前得到收入。例如，根据对林木的评估，政府的收回价为每亩 300 元，其中还贷款 200 元，村集体或承包户就可以得到 100 元。参见郑宝华主编《中国南方非耕地资源产权制度研究》，中国书籍出版社，2003，第 189—190 页。由于木材价格持续上涨，“以林还贷”的村集体或林农丧失了木材价格上涨所带来的收益，从而引起了林农的不满。

② 自 1987 年中央发出中发 20 号文，到 2000 年《中华人民共和国森林法实施条例》（以下简称《森林法实施条例》）颁布，这十多年间，中共中央或国务院没有出台过任何专门针对林业制度改革的政策文件。

③ 有关湖南怀化和福建三明的集体山地和林权改革试验的叙述，见本章第二节和第三节。

④ 中共中央政策研究室、农业部农村固定观察点办公室编《完善中的农村双层经营体制——对 274 个村庄的跟踪调查》，中共中央党校出版社，1992，第 23 页。

⑤ 孙海佑：《土地流转制度研究》，中国大地出版社，2001，第 174 页。

为单位，实行统一经营管理。山林收益按“乡 1、村 2、户 7”的比例分配。

集体股份林场并不是都能成功的，经营失败情况也很多。例如，四川青川县的一家集体股份林场。该股份林场成立于 1993 年，由县林业局与光辉村三个村民小组联办，规划林地 2 万亩，实际经营 4300 亩，用于种植杜仲、黄檗及杉树。该股份林场的林地属于三个村民小组所有，这三个村民小组以每亩林地作价 20 元入股，县林业局投资 8 万元，用于修建道路，另获得 15 万元的世界银行造林贷款额度。到 1998 年，该股份林场已处于亏损状态，资金缺口高达 30 万元。因资金不到位，职工发不出工资，山上的杂草长得快埋过树苗了。①

（六）有偿转让与“买卖青山”

到了 1994 年，山西吕梁拍卖“四荒地”的做法在全国产生了很大的影响，并得到了中央的首肯。南方集体林区迅速做出了积极反应。大量荒芜的山林地作为“四荒地”，由责任山无偿承包变为有偿转让。例如，云南姚安县班刘办事处。该办事处负责美国福特基金会资助的社会林业试验示范项目，下辖 5 个自然村，572 家农户。1996 年，该村转让了包括尚在集体经济组织名下的山林地和分到户的责任山，均为荒山或疏林地，共有 2208. 9 亩，转让给农户 88 户。转让价格最高的达每亩 140 元，最低的为每亩 5 元。受让面积最大的农户为 210 亩，面积最小的只有 2. 5 亩，平均约为 25 亩。② 又如，四川广元市山区的一个村民小组，于 1995 年，在镇政府的主持下，公开拍卖荒芜的集体果园 1000 亩，土地使用期为五十年。最后以总价 1. 15 万元的价格，由 3 户农民所得，用于种植桃树、梨树、柑橘、板栗等。③ 再如，四川渠县一个在北京打拼多年的人士，1996 年回乡承包荒山、荒坡 100 亩，以及 30 亩耕地和 30 亩水库，承包费为每年 6 万元。该回乡人士两年投资 100 万元，修建养猪场、鸡鸭养殖场、种植果树和蔬菜等。④

---

① 林玉清等：《四川广元市青川县 3 种不同荒地、荒山权属转让办法——四川林业变革个案调查报告》，载杜受祜、郭晓鸣编著《“四荒”资源流转：理论、政策、实践》，中国大百科全书出版社，2000，第 201 页。

② 郑宝华：《林地使用权安全与社会林业——姚安县班刘办事处“四荒”使用权有偿转让的调查》，载杜受祜、郭晓鸣编著《“四荒”资源流转：理论、政策、实践》，中国大百科全书出版社，2000，第 75—90 页。

③ 唐洪潜：《农村经济的新的增长点——广元市市中区大石镇非耕地土地使用权有偿转让调查》，载杜受祜、郭晓鸣编著《“四荒”资源流转：理论、政策、实践》，中国大百科全书出版社，2000，第 220 页。

④ 赵文惠：《开发荒山、荒坡是发展农村经济的有效途径——对四川渠县鲜渡乡虾耙沟荒山承包开发的调查》，载杜受祜、郭晓鸣编著《“四荒”资源流转：理论、政策、实践》，中国大百科全书出版社，2000，第 212—213 页。

值得强调的是，根据1996年6月国务院出台的《关于治理开发农村“四荒”资源进一步加强水土保持工作的通知》，“四荒地”不包括林地。[①] 但实际上在南方集体林区，大量的疏林地、未成林地和杂灌林地也被当作“四荒地”有偿承包或拍卖出去了。

20世纪90年代中后期以后，木材价格总体上看涨，市场价格大约从1996年的每立方米380元上涨到2002年的每立方米480元。[②] 中国木材市场长期处于供不应求的状况，对木材进口的依存度不断提高。[③] 不少与林业相关的企业和一些农村中的“富户”就看到了投资山林的商机。由于山林管护实在太费事费心了，当地政府和林业部门也鼓励投资山林，不少村集体也愿意把山林转让出去。“买卖青山、租赁造林”等流转山林的做法一时在南方集体林区颇为盛行。

“买卖青山”的正规做法是：首先经过当地林业部门的评估，确定山林的底价，然后以公开招标的方式，对外出卖山林的使用权和林木的所有权，出价高者一次性地向村集体支付价款。“买卖青山”的合同一般会约定，主伐或皆伐后的采伐迹地归还给村集体，或者再重新签约。在现实中，也有林农将自己名下的“两山”卖给别人的。“租赁造林”（也有的地方叫“借地造林”）与“买卖青山”实质上差不多，只是“租赁造林”不是一次性支付价款，而是按年向村集体支付租金，或者是到了林木的主伐期，按一定比例，与村集体分成出售木材的收益。

南方集体林区的这些做法也得到了主管部门的认可。1995年，原国家体改委和林业部联合下发了《林业经济体制改革总体纲要》，该文件提出，“要开辟人工活立木市场，允许通过招标、拍卖、租赁、抵押、委托经营等形式，使森林资产变现”。[④] 1998年4月，全国人大大幅度修改了1984年出台的《森林法》，该法规定了林权转让的形式、规则和范围。[⑤] 这就从法律上保障了林权转让的权

---

① 1996年6月国务院出台的《关于治理开发农村“四荒”资源进一步加强水土保持工作的通知》规定，“承包、租赁或拍卖使用权的‘四荒’地必须是农村集体经济组织所有的、未利用的土地。耕地、林地、草地以及国有未利用土地不得作为农村‘四荒’”。

② 数据来源于《中国林业统计年鉴》。

③ 自2000年到2014年，中国木材的对外依存度从27.9%上升至50.7%。参见许传德、韩璐、张学军《新世纪以来我国木材进口情况分析及预测》，《林业经济》2015年第10期。

④ 见《浙江林业》1996年第1期。

⑤ 1998年修订的《森林法》第十五条规定，“下列森林、林木、林地使用权可以依法转让，也可以依法作价入股或者作为合资、合资造林、经营林木的出资、合作条件，但不得将林地改为非林地：（一）用材林、经济林、薪炭林；（二）用材林、经济林、薪炭林的林地使用权；（三）用材林、经济林、薪炭林的采伐迹地、火烧迹地的林地使用权；（四）国务院规定的其他森林、林木和其他林地使用权”。

益。可以说，林地有偿使用及林地、林木流转是这一时期林地改革的一个亮点。

虽然国家层面和地方政府层面要求将林权流转纳入规范管理，但是，林权流转过程中的“暗箱操作”较为普遍，村民的参与度不高。根据一项调研，当地村民反映，参与“买卖青山”或“租赁造林”的都是与当地政府或林业主管部门有关系的人，其中不少就是村干部或政府部门中的人。因为只有这些人才能弄到采伐指标，能办到采伐证，也容易搞到造林补助，还可以动用政府资源进行林区“三防”。[①] 在混乱的山林流转市场中，从中得利最大的是村干部、林业管理干部和外来的“大老板”。这些人凭借手中的权力和资金实力，大量低价收购山林，从中牟取暴利，从而引起村民的普遍愤怒。村民发泄愤怒的主要方式就是上山盗伐林木，从而造成森林乱砍滥伐的现象屡禁不止。

在这一时期，南方集体林区的集体经营的林场效益普遍不高，集体经营的林场被村干部把持，村民得利很少。有些属于村集体管理的采伐迹地、火烧迹地没人种，也没人管，有的村民自行占山种树、种果，产生了不少谁占、谁种就归谁有的山林地。这些林木、林地产权模糊、管理责任不清晰，也很容易产生山权纠纷。

（七）新一轮集体林权制度改革

2000 年 1 月，国务院发布了《森林法实施条例》，提出要“实行森林、林木和林地登记发证制度”。[②] 同年 12 月，国家林业局根据该《森林法实施条例》，出台了《林木和林地权属登记管理办法》，对林权登记的职责、林木和林地的权属确认和登记发证程序做出了具体的规定。以林木和林地确权登记发证为突破口，拉开了新一轮集体林权制度改革的序幕。通常将此次集体林权制度改革称为“新集体林改”。

2002 年 8 月，全国人大公布《农村土地承包法》，将林地纳入农村土地承包经营制度所规范的范围，并将林地的承包期确定为三十年到七十年。[③] 2003 年 6 月，

---

① 郑宝华主编《中国南方非耕地资源产权制度研究》，中国书籍出版社，2003，第 187 页。另林区“三防”是指“防火、防盗、防病虫害”。

② 2000 年 1 月国务院公布的《森林法实施条例》第三条规定，“国家依法实行森林、林木和林地登记发证制度”。

③ 2002 年 8 月公布的《农村土地承包法》第二条规定，“本法所称农村土地是指农民集体所有和国家所有依法由农民集体使用的耕地、林地和草地”。第三条规定，“农村土地承包采取农村集体经济组织内部的家庭承包方式”。

中共中央、国务院下发了《关于加快林业发展的决定》，对“新集体林改”做出了部署，[①] 并选择了福建、江西和辽宁作为“新集体林改”的试点地区。2008 年中央一号文件宣布全面启动集体林权制度改革，并对集体林权制度改革的内容做出了原则上的规定。[②] 2008 年 7 月，中央在总结各地“新集体林改”试点经验的基础上，出台了《关于全面推进集体林权制度改革的意见》，提出了集体林权制度改革总体方案。根据该文件，“新集体林改”的主要内容如下：一是明晰产权，把林地使用权和林木所有权落实到户和其他经营主体；二是勘界、登记发证；三是放活商品林的经营权；四是规范流转；五是探索建立生态公益林补偿机制；六是推进林业融资改革。可见，建立和完善林地使用权制度是“新集体林改”的一个核心内容。[③]

“新集体林改”的推进速度是比较快的。据统计，截至 2010 年底，全国 20 个省（自治区、直辖市）基本完成了清晰产权、承包到户的改革任务，承包到户的集体林地 24.31 亿亩（林木蓄积量 40 亿立方米），占集体林地的 88.6%，发证面积 20.1 亿亩，占集体林地的 73.4%，有 7260 万个农户拿到了林权证。[④]

有学者曾对全国 9 个省、18 个县进行林农抽样调查。结果显示：在所调查的地区，“新集体林改”后，每户平均拥有林地 41 亩，其中最多的是江西，为 86.7 亩，最少的是山东和四川，均为 10.4 亩；与“新集体林改”前相比，户均林地增加了 5.4 亩，增加最多、增幅最大的省份是福建，户均林地增幅达 35.4%。[⑤]

经过“新集体林改”后，大部分的集体林地、林木都有证了。林地的权益有了保障，这就会进一步刺激林权交易市场的活跃，正规的林权交易市场也迅速发展起来了。2009 年 11 月，国务院批准成立了中国林业产权交易所，同年 11 月，江西省在整合全省 72 家县级林业产权交易所的基础上，组建了区域性林业产权

---

① 2003 年 6 月中共中央、国务院下发的《关于加快林业发展的决定》提出，“对权属明确并已核发林权证的，要切实维护林权证的法律效力；对权属明确尚未核发林权证的，要尽快核发；对权属不清或有争议的，要抓紧清晰或调处，并尽快核发权属证明”，“在明确权属的基础上，国家鼓励森林、林木和林地使用权的合理流转，各种社会主体都可以通过承包、租赁、转让、拍卖、协商、划拨等形式参与流转”。

② 2008 年中央一号文件即《关于切实加强农业基础建设进一步促进农业发展农民增收的若干意见》提出，“全面推进集体林权制度改革。在坚持集体林地所有权不变的前提下，将林地使用权和林地所有权落实到户。在不改变林地用途前提下，承包人有权依法处置林地使用权和林木所有权，可依法自主经营商品林”。

③ 本章第三节将以福建三明市为例，具体介绍“新集体林改”的实施过程及其成效。

④ 《中国集体林权制度改革相关政策问题研究》课题组：《中国集体林权制度改革相关政策问题研究调研报告》，经济科学出版社，2012，第 5 页。

⑤ 同上书，第 19 页。

交易所，即南方林业产权交易所。截至2009年，全国19个省份共成立了426个林权交易机构。[①] 许多地区的林地流转和林木交易市场是包含在农村产权交易市场或土地流转服务中心之内的。

几乎与“新集体林改”同时，国有林区林权的改革也开始启动。2004年4月，黑龙江伊春国有林区被国家林业局批准为国有林区林权改革的试点单位。2006年1月，国务院批复了伊春林权制度改革试点方案。[②] 这一批复文件的出台标志着国有林区林权改革试点工作正式启动。伊春国有林区林权改革试点的基本做法是：第一，确定改革试点范围。纳入改革试点范围的有5个国有农场、15个林场的商品林地，公益林地不纳入试点范围。第二，确定林地承包经营人和承包规模。林地承包经营人为在册的林场职工。按照“一沟一系一坡”的自然界限，按每户75～150亩的标准，将林地承包给林场职工户。第三，采取有偿承包方式。以竞价、招标、协议等方式，确定林地的承包价格。成交后，林地承包经营人与林场签订经营期不超过五十年的承包合同。到2006年末，伊春国有林区林权改革任务基本完成。[③] 2008年、2010年和2013年的三个中央一号文件都提出要继续推进国有林场改革试点。国有林场林权改革试点在全国范围内展开。值得说明的是，国有林场林权改革与新集体林权制度改革的最大不同点是国有林权不允许流转，包括活立木的转让。[④]

（八）改革成效

新一轮林权制度改革的一个明确效果是刺激了各个造林主体的造林积极性，出现较大规模的造林高潮。据国家林业局第七次全国森林资源清查结果，2008年森林覆盖率为20.36%，比“新集体林改”之前的2003年第六次森林资源清

---

① 联合国粮食及农业组织：《中国集体林区产权交易中心现状与发展对策研究》，中国农业出版社，2012，第1页。

② 2006年国务院批复国家林业局向黑龙江省政府发出的《关于黑龙江省伊春林权制度改革试点方案》。

③ 温铁军、孔祥智、郑风田等：《中国林权制度改革困境与出路》，华中科技出版社，2010，第48—66页。

④ 2007年12月，国家林业局出台的《关于进一步加强森林资源管理促进和保障集体林权制度改革的通知》中提出，“各类国有森林资源在国家没有出台流转办法前，一律不准流转”。2012年国家林业局专门针对国有林场改革发文即《关于加强国有林场森林资源管理保障国有林场改革顺利进行的意见》中明确规定，“严禁国有林场森林资源流转。……在国有林场改革期间，不得以筹集改革资金为借口以国有林场森林资源对外作价入股、合资合作、租赁、抵押、担保和转让，防止国有林场森林资源流失”。在伊春国有林区林权改革试点期间，伊春政府曾出台政策即《伊春林权制度改革试点职工内部交易管理办法》，允许活立木在林场职工内部流转。显然，伊春的这种做法并没有得到国家主管林业部门的认可。

查结果的 18.21% 高出了 2.15 个百分点。[①]

“新集体林改”的另一个效应是，无论是有林地还是无林地，其流转价格都出现了大幅上涨的情况。根据一项对江西“新集体林改”前后林地流转价格的调查统计，2006 年与 2004 年相比，杉木林地的平均流转价格从每亩 501 元上涨到每亩 1041 元，上涨了约 107.78%；松木地的平均流转价格从每亩 340.1 元上涨到每亩 736.4 元，上涨了约 116.52%；阔叶林地的平均流转价格从每亩 285.1 元上涨到每亩 564.4 元，上涨了约 97.97%；毛竹林地的平均流转价格从每亩 13.8 元上涨到 56.5 元，上涨了 309.42%；无林地的平均年租赁价格从每亩 5.2 元上涨到每亩 18.4 元，上涨了约 253.85%；无林地的平均“买断价格”（流转期三十年），从每亩 135 元上涨到每亩 504 元，上涨了 273.33%。[②]

需要补充说明的是，与耕地不同，林地的收益不仅是由地上收获物的价值所决定的，而且取决于政府能给林地使用权人多少采伐指标。这就是说，林地上有林木，但没有采伐指标，林木的价值也不能在市场上充分实现。有学者在江西铜鼓县调查，有采伐指标的林木每立方米为 420 元，没有采伐指标而“盗伐”的林木，只能半夜偷偷地卖给小木材加工厂，每立方米为 360 ~ 370 元。[③] 而且，“盗伐”要设法避开地方政府林业部门的监管，不能公开作业，必要时还要贿赂有关人员，所以，“盗伐”林木的成本也高于合法采伐林木的成本。可以推断，没有采伐指标的林地价格会大打折扣。

二、湖南怀化山地流转的制度试验[④]

（一）基本情况

怀化地区[⑤]位于湖南省西部湘西丘陵地区，下辖 10 县 2 市。20 世纪 80 年代

---

① 国家林业局森林资源管理司：《第七次全国森林清查及森林资源状况》，《林业资源管理》2010 年第 1 期。

② 刘璨：《中国集体林地制度与林业发展》，经济科学出版社，2008，第 273—276 页。

③ 朱冬亮：《农业治理转型与土地流转模式绩效分析》，中国社会科学出版社，2016，第 86 页。

④ 除非特别注明，对湖南怀化山地流转制度试验介绍的资料来源于湖南省怀化地区农村改革试验区办公室《怀化山地开发：以租代包　明晰产权　加速流转　规模经营》，载农业部农村改革试验区办公室编著《认识与实践的对话——中国农村改革试验区十年历程》，中国农业出版社，1997；怀化市农村改革试验区办公室编《怀化农村改革试验区志（内部资料）》，2008。

⑤ 1998 年经国务院批准，怀化地区改为怀化市（地级市）。

末，怀化地区总人口470万人，其中农村人口390万人；耕地面积377万亩，山地面积3300万亩，农村人均耕地面积不足1亩，农村人均山地面积达8.5亩。怀化地区耕地缺乏，以山地为主的非耕地相对充裕，是一个典型的“八山一水一分田”的中国南方山区。

与全国大多数山区农村一样，从1982年开始，怀化地区对山地实行了“两山到户”的家庭承包经营制。到1984年，分地到户的山地占全部山地面积的82%。山地的分配与耕地类似，也是采取均分到户方式。具体分配方式是：根据林木的种类、大小、山林的远近，按照好坏搭配的方式，以当时的农村人口均分到户。这样的分配结果使得地块分散、细碎。以芷江县新店坪镇为例。全镇分地到户的山地总面积为54006亩，被分割为14190块，分给3991户经营，户均约3.6块，每块土地面积仅约为3.8亩。另外，由于山地的地界很难划定，很容易形成“一主多山、一山多主”的经营和占有的情况。

按照“林业三定”方案，怀化分地到户的山地分为两块，一块是自留山，另一块是责任山。自留山不仅是山地归农户使用，而且山地上的林木也归农户所有。对自留山的林木分配，有的村是无偿平分到户的，有的村是折价到户的。责任山则不同。责任山的山地仅归农户使用，但山地上的林木收益在公社、大队、生产队和承包农户之间按比例分配，并要签订责任山的承包合同。如果承包责任山的农户不履行承包合同，村集体就有权收回责任山。而对自留山，村集体则无权收回。但这一政策很快就失效了。农户并没有按照责任山的承包合同向村集体和公社缴纳林木收益，林木收益全部归农户所有。实际上“两山变一山”，责任山也变成了自留山。[①] 由此，农户对山地获得了完全的占用权。

与全国的其他林区一样，1985年中央全部放开木材市场后，怀化山区也出现了大规模乱砍滥伐的情况。

（二）当地自发的探索

与耕地相比，山地开发的规模经济的特性更强。分散而细碎的山地分配格局，使得山地的资源配置效率大大降低。在农户获得山地完全占用权的情况下，

① 参见刘守英《山地产权制度变迁与农户行为变化——湖南省怀化个案研究》，载中国农地制度课题组编著《中国农村土地制度的变革——中国农村土地制度国际研讨会论文集》，北京大学出版社，1993。

以土地流转的方式，将分散而细碎的山地整合起来，创造山地开发的规模经济效益，就成了一件有利可图的事。事实上，这样的事在怀化确实发生了。

1983 年，靖州县国营排牙山林场职工林跃停薪留职，承包农村的荒山造林。他计划 3 年造林 1 万亩，林木成材后，按集体、国家和个人 7∶2∶1 的比例分配。但是，林跃自己没有钱，也没有家产，只好向农业银行申请贷款，贷款金额为 10 万元。农业银行的答复是，要贷款必须由县林业局担保。县林业局连续开了三次会也没定下。后来，在一次县林业局党委扩大会议上再次讨论此事，会上一位工程师认为林跃的想法是可行的，并取得了县林业局局长的支持。县林业局局长愿意以自家的房子和耕牛做抵押，为林跃履行担保手续。在县林业局乃至怀化地区地委的支持下，林跃连续 7 年承包了 5 个乡共 7.4 万亩山地，全部按标准造杉木林，成为当地植树造林的先进典型。林跃在 1989 年被评为全国劳动模范。

当地另一个包山造林的典型叫钦万有。钦万有是黔阳县岩垅乡青树村的农民。1984 年，钦万有以租赁的形式包下了村集体的 120 亩荒山，用自己的自留山、责任山换回了村集体的 350 亩荒山，又以承包和有偿转让的方式，将村民的 600 多亩责任山转到自己名下。钦万有以这种方式整合的山地，连片建成了 1070 亩的柑橘园。后来，钦万有又以与乡政府联营的方式开发 2000 亩柑橘园。与林跃一样，钦万有的这种做法也获得了当地政府的支持，他也被评为全国劳动模范。在钦万有包山种柑橘的示范效应下，当地农户纷纷包山种柑橘。到 1987 年前后，岩垅乡种植柑橘 100 亩以上的农户有 58 个，50 亩以上的农户有 530 个。

在怀化地区，林跃和钦万有包山的做法并不是个别现象。1984 年后，有不少农户、个体企业、职工以及企业进入山林，进行山地流转和规模开发。据不完全统计，从 1984 年到 1990 年，怀化地区山地流转总面积达 200 万亩，大约占全部山地面积的 6%。其流转形式有租赁、入股、买卖、兑换及抵押等。[①]

租赁是怀化地区山地流转的主要方式。据不完全统计，到 1990 年，全区有 74830 户参加了山地租赁，面积达 51.1 万亩，占统计的山地总流转面积的 46.9%。租约形式、租金以及租期都是由拥有承包权的农户与山地开发户自行协商确定。租赁年限有长有短，最短的只有四年，最长的有一百年，也有不定期

① 参见刘守英《山地产权制度变迁与农户行为变化——湖南省怀化个案研究》，载中国农地制度课题组编著《中国农村土地制度的变革——中国农村土地制度国际研讨会论文集》，北京大学出版社，1993。

的。租约有分成制和定租制。农户或村集体或国有林场与山地开发户的分成制是双方对山林开发收益的比例做出约定。分成的比例有二八分的，也有一九分的，山地开发户占八成或占九成。有的是按纯收益分的，也有按毛收益分的。总的来说，山地开发户占收益的大部分。定租制是山地开发户一次性或分年度向拥有承包权的农户支付租金。例如，钦万有向本村 10 组的杨秀凡等 10 户租荒地 100 亩，租期为一百年，钦万有一次性向出租山地的承包户支付 3050 元。又如，会同县木材公司团河采育场租赁当地村集体的山地 3000 亩，用于种植杉木。租约规定，在采伐时，团河采育场要向村集体支付每立方米 36 元的租金。也有的租约是出租方根据对山地原有作物收成的估计来确定租金的。例如，岩垅乡青山村的农民张成立，将 600 亩茶园租给了柑橘开发户鸿济强，鸿济强按每年每亩收获 100 斤茶籽，向张成立支付租金。也有的是在租赁过程中，因出租农户的山地界址不清，而只能采取按人头付租方式。例如，会同县边山乡激水村农民唐昌祥，租赁本村 7 户村民 50 亩油茶山地。由于这块山在 1982 年分地到户时是按人头分树的，没有明确的界址和面积，所以，唐昌祥只能是按当时的分树人口 44 人支付租金。每人每年付租金 10 元，租期为二十五年。①

入股是怀化地区山地流转的一种主要形式。据不完全统计，到 1990 年，全区有 69305 户农民将 56.6 万亩山地入股，占统计的山地流转面积的 51.9%。山地入股一般的做法是，由山地开发企业和“大户”牵头，农户以自己承包的山地入股。当时林业管理当局设立了国家造林基金，但获得国家造林基金是有条件的，基地造林规模要达到 100 亩以上才能给予贷款立项，达到 30 亩以上才能给予验收，发放造林补贴。另外，世界银行对柑橘开发的贷款也有规模上的要求，柑橘开发规模要达到 100 亩以上。为了获得国家造林基金及世界银行贷款，一些党政机关及原来隶属政府部门的企业单位纷纷开办山地开发基地的企业，并通过吸引农户土地入股的方式获得山地。山林场的股份被分为土地股、劳力股、资金股和积累股。其中，土地股和劳力股所占份额较大。

买卖即山地承包经营权的转让，是指山地开发户或企业向农户一次性地支付一笔费用，山地开发户获得山地的永久使用权。买卖这种形式在当时的怀化地区很少。据当时的统计，买卖山地的只有 26 起，面积为 8000 亩，占统计的山地流

① 熊开平、陈晓忠：《山地使用权有偿流转问题的调查与思考》，《林业经济问题》1992 年第 3 期。

转总面积的0.7%，买卖山地的金额（包括实物折算为货币的金额）约1000万元。例如，钦万有就以750元的价格买断了岩垅乡青树村3户农民的76亩山地，用于种植柑橘。

兑换就是以山地换山地，或以耕地换山地。据当时的统计，有1113户采取这种方式流转土地，总面积5000亩，占统计的土地流转总面积的0.5%。

抵押就是以山地承包经营权做担保，向银行或其他贷款单位取得贷款。据当时的统计，抵押山地使用权的只有3起，面积为180亩，贷款金额12万元。例如，岩垅乡干溪村的钦永发等10户农民，将其所承包的100亩荒山抵押给村集体，获得了7万元的贷款，用于在这100亩山地上种柑橘。贷款以实物形式偿还。约定在二十年内上交村集体柑橘50万斤，从第二年开始逐年上交。如不能履行合同，村集体将这100亩山地连同柑橘收回集体所有。

（三）面临的问题

20世纪80年代是怀化经济较为困难的时期。大量的“三线企业”纷纷迁回内地大城市，使得怀化的经济发展受到了很大挫伤。正是这时，农户大规模开发山地的做法给怀化的经济发展带来了新的希望。当时怀化地委认识到，怀化经济发展的起步阶段，要从最具优势、潜力最大，也容易动员群众参与的山区开发抓起，大力发展山区经济。然而，山区开发当时面临着一系列问题。①

第一，产权不清。在分地到户时，自留山一般是划在农户的房前屋后。农户在自留山上可以种树、种果，还可以盖房。自留山对农户的权益较为明确，对自留山划分就比较认真，各家各户的自留山面积和界址也比较清楚，农户手里还有县政府签发的“自留山证”。而责任山的情况却不是这样。由于农户并没有形成对责任山的长期稳定的权益预期，加之，“林业三定”工作匆忙，无论是农户还是村集体，对责任山的划定都没有认真对待，往往是采取“指山为界”的方式划定。虽然责任山也有县政府签发的“责任山证”，但责任山往往是没有明确的面积和界址。“责任山证”重填、错填和漏报现象十分普遍。在这种情况下，大多数“责任山证”并没有发到农户，而是压在村委会。另外，有些地方对责任山

① 参见刘守英《山地产权制度变迁与农户行为变化——湖南省怀化个案研究》，载中国农地制度课题组编著《中国农村土地制度的变革——中国农村土地制度国际研讨会论文集》，北京大学出版社，1993。

没有明确的承包期限，有些地方虽然规定了责任山的承包期为十五年或二十年，但山地成材要二十年以上，农户也不敢在山地上投入。在责任山不值钱的情况下，产权不清的状况倒也无所谓；但是，当责任山能流转，农户可以获得土地流转收益时，清晰产权就成了十分必要的事了。

第二，流转不规范。在山地处于荒芜状态时，无论是村集体还是农户，对于山地产权界定的面积大小并不计较。有的山地开发户找到农户要流转其山地时，农户认为既然地荒着也没有收益，能收点钱总是比荒着好，而且农户对“包山到户”的政策是否能持久还有怀疑，认为如果政策变了，最先倒霉的是山地开发户而不是自己。因此，农户在与山地开发户签订流转合同时就表现得比较随意。一些山地流转条件是农户与山地开发户口头约定的，即使有文字合同也不规范。有的合同是用圆珠笔或铅笔写的；有的合同字迹模糊，辨认困难；有的合同将土地流转写为“一次买断”“永久租用”“征用”等不规范和无效的说法。据对黔阳县岩垅乡的调查，全乡共有 1.23 万亩山地参与流转，共 1243 起，其中没有文字合同、只有口头协议的有 205 起，约占流转总数的 16.5%；有文字合同的有 1038 起，其中有 73% 是不规范或无效合同。开始时，有许多农户并没有认识到山地的价值，租地价格很低，有的山地每亩每年只有 2 元租金。当山地开发户有收益了，出租土地农户便有些后悔了，要求提高土地租金，山地开发户当然不同意。产权不清和流转不规范的状况势必会引发产权纠纷。据对全区划入试验点的 11 个乡的统计，土地产权纠纷有 2258 起，其中所有权纠纷 385 起，使用权纠纷 1873 起。

第三，土地流转没有法律依据。如本书第八章所述，在 20 世纪 80 年代，农村土地流转尚属于无法可依的状态。对怀化的地方政府来说，现实中已经出现的大规模的山地流转，如果没有法律依据，也没有特殊政策的支持，这是一件风险很大的事情。对山地开发户来说，由于没有政策“背书”，就不敢在山地上进行投入。例如，在当时山地开发的典型——岩垅乡，有些拿到世界银行和当地农业银行贷款的山地开发户，并没有把资金全部投在山地上。据统计，真正将贷款用于山地开发的只有三分之一。有些山地开发户有了收益可以还贷款了也拖着不还或少还，以防政策万一有变自己吃亏。

第四，集体经济的利益保障问题。在南方山区，林木收益是集体经济的一个重要来源。如前所述，分山到户时，虽然约定了村集体对责任山林有收益分配权，但大多数情况下，村集体因收不上来林木收益，也就只好作罢了。山地大规模流转主要是农户之间自愿达成的事，村集体也很少过问。除尚在村集体手中的山地之外，农户山地流转的收益，村集体也拿不到。村集体没有土地收益，其运转就很困难。

（四）怀化山地流转改革被纳入农村改革试验

要想解决上述问题，当务之急就是要寻求政策突破和政策支持。在怀化地区政府的努力下，几经周折，最终在 1990 年 11 月，国务院将怀化地区列入全国农村改革试验区。怀化地区农村改革试验区试验的主题是山区综合开发和改革。在试验区实际运行过程中，逐渐将试验主题聚焦到山地流转制度的建设上了。[①]

怀化地区山地制度建设的改革试验，首先选择了山地开发基础比较好的岩垅乡作为试验点。1991 年 5 月到 7 月，岩垅乡试验点完成了以下工作。一是采取丈量、勾图、分摊、踩山评估等多种办法，划定了山地界址，落实了山地面积。明确山地的集体所有权，明晰山地的农户使用权。二是在乡（镇）成立了经济合作联社，在行政村设立了经济合作社，以行使山地集体所有者的职能。县级政府向经济合作联社或经济合作社颁发集体山地所有权属证书。考虑到山地需要规模开发，村民小组无法对山地进行有效的管理，所以取消了村民小组一级对山地的所有权。三是将山地承包关系变为山地租赁关系，租赁期六十年不变。经济合作联社或经济合作社向农户颁发“集体山地承租使用证”，承租的农户必须向村集体缴纳租金，并服从村集体对山林的管理。承租租金为每年每亩 0. 5 ~2 元不等。四是清理土地流转合同，重新填写山地流转合同，对原来的流转合同进行规范。五是允许农户自由转让山地承租权，转让对象可以是本村的农户或山地经营单位，也可以是外村的山地开发户或企业及个人。这就是说，非集体经济组织成员也可以参与山地的流转。六是建立山地流转的规则。按照规则，山地流转形式和流转价格由农户和山地开发户自行商议确定。商议确定后，农户持“集体山地承

---

① 在向农业部全国农村改革试验区办公室申请立项之初，怀化地区提出的试验方案是土地制度建设。在北京进行试验方案论证时，有些人提出“土地制度”和“市场化”等比较敏感的提法，后改为山地制度建设。其主要内容包括山地产权制度、山地流转制度和山地管理制度等。除山地制度建设之外，怀化地区还申报了农村小城镇建设的试验，最后在农业部全国农村改革试验区立项为名称比较笼统的山地综合开发与改革。参见怀化市农村改革试验区办公室编《怀化农村改革试验区志（内部资料）》，2008，第 42—44 页。

租使用证”在集体经济组织或国有林场的参与下，双方签订正规的流转合同，并到乡镇政府有关部门去鉴证，在山地登记档案上登记。七是理顺了政府对山地管理的职责，明确了各类山地权属纠纷调处的责任和程序，建立了山地登记档案。山地登记档案为“一户一卡”，按村民小组装订成册，一式两份，乡镇一份，行政村一份。山地登记档案的主要内容包括：农户承租山地的地块数、面积、界址，以及承租权流出、流入的情况等。

岩垅乡试验点工作完成后，怀化试验区就开始将试点范围扩大到其他 10 个乡镇，然后在全地区推广。在试验点扩大和推广过程中，又在林木分配、培育山地开发主体和建立股份合作林场等方面进行了一些探索。在林木分配上，对承包前为村集体所有的林木，按当时林木量和林木价格计算，将其总价值的 5% ~ 20% 作为集体提留，其余部分归承租户所有。在培育山地开发主体方面，确定了 7 类开发主体和类型，即党政机关示范性开发、专业公司集团开发、国有企业和农民联营开发、“能人”承包开发、乡村组集体开发、农户合作开发以及“大户”开发，并布局了 19 个点。在试验区运作的中后期，建立股份合作林场是怀化地区进行山地制度建设试验的另一个重点。

在山地产权制度确立之后，采用什么样的产权组织方式可以有效地整合山地资源就摆在怀化各级政府面前。在各种开发主体和类型中，股份合作组织被作为重点推广的形式。怀化地区山地制度建设试验区根据山地开发特点，经过试点的多次试验，最终将股份合作制确定为三种形式。一是工程封山人工林股份合作林场。这种股份合作组织主要适用于成片已封山的中幼林山地。具体做法是，将山地、中幼林作价折股到农户或集体，然后组织资金、劳动力入股，建立股份合作林场，按照现代企业制度方式，实行统一经营。二是天然林股份合作林场。这种股份合作组织主要适用于分包到户的已成熟的天然林地。具体做法是，将山地承租权、林木所有权、集体山地所有权、劳动力和资金折算为股份，量化到农户和集体，在此基础上建立股份合作林场。三是工程承包造林股份合作林场。工程承包造林是指把一定面积作为工程，村集体负责组织山地，林业局出资金，由“能人”承包，统一植树造林，管护三年；林木验收后，村集体、林业局和“能人”三方按比例分成。在造林过程中，可以把原来三方分成的收益权转为股权，建立股份合作农场；造林完成后，工程承包造林股份合作林场就变为工程封山人工林股份合作林场。到了 1996

年，以上三种股份合作林场所经营的山地面积达到500万亩。山地折股的收益分配比例大约是土地所有者即村集体或国有林场占10%，承租山地的农户占90%。

天然林股份合作林场与工程封山人工林股份合作林场的不同之处主要是在经营规模上。天然林股份合作林场一般局限于行政村的范围，经营规模较小。以靖州县甘棠乡山门村为例。该村有6个村民小组，山地9800亩，其中成熟天然林地4800亩。该村对这部分成熟的天然林地以折价入股的方式，组建了山门村股份合作林场。与天然林相比，工程封山人工林的投入大，规模经济效益明显，因此，一般情况下，工程封山人工林股份合作林场的规模就较大，往往要跨过行政村的边界。以会同县若水股份合作农场为例。该林场是会同县若水乡宋村村民黄旭东带领4名青年于1983年创办的。创办的当年，县林业局投资，黄旭东与本村合股造林56亩，以后逐年迅速扩大。到1992年，该林场的经营面积已达到2.3万亩，涉及2个县、10个乡、30个村。该林场下设29个分场，林场职工305人。该林场被纳入怀化地区股份合作组织试点后，实施了公司化的改造，明晰了各种投入要素的产权，折算和量化为股份，并按照现代股份制企业方式设立了股东大会和董事会，实行场长负责制。

（五）试验的效果

按照各地方政府一贯的行政传统，一个地区一旦被纳入全国的“试点”，当地各级政府一定会全力保证其试点成功，怀化也不例外。根据怀化地区农村改革试验区的总结，经过改革试验，怀化山地制度建设取得了以下几个方面的成效。第一，增强了开发主体经营山地的信心。据1996年初对10个试验乡的抽样调查，1995年发生的山地产权纠纷比1990年减少了83%；对山地政策长期稳定有信心的农户比例，从1990年的32%上升到1995年的76%。第二，山地开发投入大幅增加。1990年户均对山地投劳42个、投资230元，到了1995年，户均山地投劳63个、投资380元，分别增加了50%和65%。全地区1985年到1990年对山地开发的投入折合货币达10亿多元，年均1.7亿元。资金主要来自林业部门的造林补助和世界银行贷款。试验区建立后，1991年到1995年共投资12亿元，年均2.4亿元，主要是村集体和农户的投入。第三，山地开发规模扩大。1991年到1996年，全地区新开发山地558万亩，比试验区建立前增加了1倍多。第四，提高了山地经济效益。1996年山地亩均经济效益达60元，比1990年增长了1倍以上。第五，带动林业、水果业和山地资源加工业的发展。第六，增加就业。据当时不完全的统计，山区开发吸引了常年劳动力14万人，季节性劳动力32万人，有15万农民流转出山地后转行从事二三产业，总共消化了全地区60%左右的劳动力。

山地产权制度的完善也促进了土地流转和土地规模化经营。据统计，自1985年到1995年，怀化地区土地流转总规模为1000万亩，其中从1991年到1995年，土地流转规模就达到了580万亩。新造用材林成片面积在100亩以上的占82%，经济林成片面积在20亩以上的占62%。

1993年6月和1995年9月，时任中共中央政治局常委的胡锦涛和李瑞环分别来到怀化，这标志着怀化的山地产权制度改革与山林开发的实践得到了中央的认可。

2000年初的一项调查表明，经过山地产权制度改革试验，隶属于怀化市的林业大县——靖州市，基本上形成了分户或联户经营、集体经营、股份合作经营和租赁与联营等多种形式，其中分户或联户经营大约占60%，股份合作经营占比约20%，其余的约20%为集体经营、租赁经营和村集体与投资人联合经营，集体经营的林场逐渐转为租赁或联合经营。在上述的各种经营形式中，股份合作经营的造林质量较高、效益也较好。[①] 其原因除股份合作经营有利于规模化造林、护林之外，股份合作林场更容易获得采伐指标、办理采伐证以及获得各项扶持资金。

值得一提的是，怀化山地流转试验最重要的制度创新“亮点”是“以租代包”，但这一制度创新并没有被国家政策和法律吸纳。[②] 可能的原因是如果认可了“以租代包”，实际上就承认了有偿承包，广而推之，就是承认了“两田制”。这样一来，就与在法律上否定“两田制”的规定冲突了。

三、集体林权制度改革——以福建三明市为例[③]

（一）基本情况

三明市位于福建省西部武夷山区，下辖9县1市2区。20世纪80年代末，

① 郑宝华主编《中国南方非耕地资源产权制度研究》，中国书籍出版社，2003，第350—353页。

② 根据2002年公布的《农村土地承包法》第三章，对于包括未充分开发山林地在内的“四荒地”，除家庭承包方式之外，还可以采取招标、拍卖的方式承包，没有包括土地租赁。

③ 有关福建三明市“新集体林改”的基本情况介绍，主要参考三明试验区办公室对三明集体林权制度改革所做的总结报告。参见三明试验区办公室主编《集体林区改革试验20年》，中国林业出版社，2008。

三明市总人口227万人，其中农村人口179万人，农村土地总面积3452万亩，其中林地占比81.9%，山与田的比例为11∶1。三明的森林资源丰富，林木生长条件好，开发潜力大，是南方集体林区的林业发展重点地区。

几乎与全国集体林区同步，1981年，三明开始了“林业三定”工作。到1983年，三明市的“林业三定”工作基本结束。通过“林业三定”，三明市的林权确定结果是：国有林占比为18.01%，集体林占比为81.16%，未定权属林占比为0.83%。与其他南方集体林区不同，三明市未普遍实行“分山到户”的林业生产责任制，而是主要采取了“分股不分山、分利不分林，折股经营、承包经营”的办法，组建村林业股东会，由村林业股东会负责集体林地、林木的经营和管护。

被三明市政府树立为村林业股东会典型的是永安市洪田村。1984年，洪田村成立了洪田大队林业股份公司，两年后改名为洪田林业合作社。洪田村的林业股份公司的基本做法是：一是按林折股。对成熟林和近熟林，按照对其核定的产值，扣除35%的林业税费及造林费之后，将余下的65%折成股份价值；对幼林，以每亩30~100元计算股值；柑橘林按上交2万元计算股值，由此得出全大队林木总股值为71.07万元，分成2948股，每股241元。二是按人分股、按股分红。公司留有26.6%的股份，其余73.4%的股份共计2163股，按人均3股分给全村村民。林木产生的收益按股分配。公司股份的分红用于村集体开支。三是承包经营。公司将集体林地15451亩划成52片，以投标的方式，确定给69个林农户承包。100亩以下的由1户承包，400~800亩由2户联合承包，800亩以上的由3户联合承包。承包林地的收益分配根据林地利用状况确定。对成熟林和近熟林，定产部分归公司，公司得大部分，超产部分归承包户，如欠产由承包户赔偿；对荒山造林和幼林，承包户得大部分，公司拿小部分。荒山造林的收益，承包户占比为90%，幼林抚育的收益，承包户占比为70%。对托管林地，按分成比例投标，低者中标。四是建立股东会制度。通过选举，公司从承包户和股东中选出了40名股东代表，其中承包户占三分之二，再从股东代表中选出7名股东，组成理事会，经当时的公社（即之后的乡镇政府）批准，任命理事会主任和理事会副主任。[①]

① 王新清、孔祥智、郭艳芹等：《制度创新与林业发展——福建省集体林权制度改革的经济分析》，中国人民大学出版社，2008，第32—33页。

洪田村这种由村集体主导组织林业股份合作公司的做法，很快就得到了三明市政府的肯定和支持，并决定在全市集体林区普遍推广村林业股东会模式。到1990年，在三明市集体林区，各种名称的村林业股东会，如村林业合作委员会、村林业合作社、村林业股份公司等达到1347个，经营面积1837万亩，占全市集体林地面积的64.9%；活立木蓄积量7200万立方米，占全市集体林地总蓄积量的64.5%。[①] 这些村林业股东会的运作有繁有简，但基本模式与洪田村的做法类似。

（二）三明市集体林区改革被纳入农村改革试验

三明市这种重构集体林区经营主体的做法，对保护森林资源、发展林业经济、增加林农收入产生了较好的效果，并在全国产生了较大影响。[②] 1988年1月，福建省批准同意了三明市提出的《三明集体林区改革试验的总体方案》，并上报国务院。同年4月，国务院批准同意将三明市列入全国农村改革试验区。

根据《三明集体林区改革试验的总体方案》，三明市集体林区改革内容有7项，其中涉及集体林权制度改革的有两项：一是“发展集体经营主体、制定村林业股东会示范章程”；二是“试行森林折价有偿转移，探索森林市场的程序、规则和管理办法”。根据1997年三明市试验区办公室的总结，在集体林权制度改革方面所做的改革主要是：一是打破原来按行政村设立股东会的体制，以自然村为单位，分设股份合作林场；二是将毛竹林，以及果、茶、桑、药等经济林分到户，实行分户经营；三是发展联营合作造林，建立林地、林木产权流转制度。[③] 在三明市诸多改革试验中，林地、林木产权流转制度改革，对之后福建省乃至全国的集体林权制度改革产生了深远的影响。

1988年4月，三明市政府批复了试验区办公室提出的“创办森林市场探索”的方案，之后制定了《三明市森林市场管理试行办法》。根据该办法，国有、集体或个人的森林资源，包括幼林、中林和成过熟林，只要有合法证件并办妥手

---

① 王新清、孔祥智、郭艳芹等：《制度创新与林业发展——福建省集体林权制度改革的经济分析》，中国人民大学出版社，2008，第32页。

② 参见中共中央政策研究室编《中国农民的伟大实践——农村改革和发展典型经验》，中共中央党校出版社，1991，第65—68页。

③ 三明市林业改革试验区办公室：《三明市集体林区经济综合改革》，载农业部农村改革试验区办公室编著《认识与实践的对话——中国农村改革试验区十年历程》，中国农业出版社，1997，第522—523页。

续，就可以面向社会，进入森林市场。交易方式可以有多种，可以是拍卖、转让、联营、租赁、抵押、补偿贸易、参股购股，以及招投标方式。森林资源成交后，山地所有权不变，山地使用权随林木产权一起转移。[①] 1992 年，福建省林业厅在三明市森林资源流转试验的基础上，提出了《福建省森林资源管理转让规范意见》。1994 年，福建省林业厅将《福建省森林资源管理转让规范意见》修订为《福建省森林资源转让条例（讨论稿）》。1997 年，福建省人大通过并颁布了《福建省森林资源转让条例》。这是全国第一部对森林资源转让行为进行立法的地方法规。

根据 1997 年三明市试验区办公室的总结，到 20 世纪 90 年代中期，据不完全统计，全市累计发生各种形式的林权流转面积有 388 万亩，其中股份合作造林 159 万亩，中幼林联营 43. 5 万亩，“买卖青山” 12 万亩，“租赁造林” 70 万亩，毛竹林经营权转让 103. 5 万亩。[②]

（三）试验的效果与问题

按照三明市政府的经验总结，三明市的集体林区改革的成效是巨大的。首先是森林资源蓄积量大幅度增加。人工造林保存面积达 243 万亩，保存率接近 100%，居福建省第一。有林地面积从 1988 年的 1773 万亩增加到 1996 年的 2110 万亩，活立木蓄积量从 1. 13 亿立方米增加到 1. 21 亿立方米。其次是林业经济大幅发展。到 1996 年，三明市林业森工总产值比 1988 年翻了三番。林业经济产值占三明市全市经济总量的四分之一。三明市已经成为“三资”企业投资林业的“热土”[③]。1994 年 1 月，全国首家主营森林资源的县级股份公司——福建永安林业股份公司成立。1996 年 12 月，该公司在深圳股票交易所上市。

三明市集体林区改革试验的一个“亮点”是村林业股东会。这种村林业股东会模式之所以得到三明市政府乃至福建省和国家林业管理部门的“青睐”和肯定，主要是由用材林的经营特性决定的。第一，用材林的生产周期较长。用材

---

① 福建省林业厅、福建省经济研究中心课题组：《集体林区林业改革与发展的新格局——三明市林业改革试验区的回顾和展望》，《林业经济》1991 年第 6 期。

② 三明市林业改革试验区办公室：《三明市集体林区经济综合改革》，载农业部农村改革试验区办公室编著《认识与实践的对话——中国农村改革试验区十年历程》，中国农业出版社，1997，第 523—524 页。

③ 同上书，第 520—522 页。

林的生产要经过造林、幼林抚育、封山育林、间伐抚育和主伐几个阶段，其生产周期较长。例如，杉木的生产周期一般为20年到30年，松木则成熟期更长，通常要到30年以后才能成长为成熟林。[①] 生产周期长意味着造林投资回报期远，这对于20世纪80年代许多刚刚能吃饱饭的广大林农来说，造林效益来得实在太慢了，即使“分山到户”，林农也缺乏造林的积极性，只有来钱快的砍林“冲动”。这就是三明市不实行“分山到户”的一个重要原因。第二，采伐管理的需要。按照我国的采伐管理制度，县级及以上林业管理部门根据山林生长量，按照成长量大于采伐量的原则，确定山林的采伐量。经上级部门批准后，以采伐指标的形式分配给各个乡镇，由乡镇落实到村，获得采伐指标的林木经营者再向县级林业主管部门办理采伐许可证。这就是说，林农要申请获得采伐指标必须通过村委会，村委会负有采伐管理的责任。而且，从山上采伐下来的木材必须通过村里的“地盘”才能运下来，村委会较容易截住非法砍伐的木材，抓到“作案人”。林木主伐是用材林生产十分重要的环节，由村集体直接经营林场就有利于严格落实政府的采伐管理制度。第三，与耕地相比，林地的规模经济性更强，特别对商品林（即对外出售木材的用材林）来说，更是如此。对于村民来说，小片的林地只能给自家提供薪柴，或提供用于建房或打家具的木材，除此之外没什么用处。第四，大量的护林工作如“森林三防”（即防火、防盗、防病虫害）需要集体行动，单个农户很难完成。况且，森林执法也不是个人的事，必须通过行政村集体的力量。由村集体直接经营林场也有利于护林。

然而，不少学者所做的村庄微观调研显示，三明市在集体林区所推广的“分股不分山、分利不分林，折股经营、承包经营”的模式，并没有如官方汇报材料所显示的那么“成功”。根据一项对三明市尤溪县的入村调研，由村集体直接经营的股份合作林场经营效益普遍不佳。主要原因是当地乡镇林业管理部门和村委会及村党支部对集体林场的经营运作干预过多，集体林场实质上是由乡镇林业站和村委会共同经营，村林业股东会形同虚设，村民没有什么发言权。集体林场的收益也主要用于村委会的日常运作，村民股东分红甚微，真正没有什么分红，而且大多数集体林场也缺乏资金再造林。村民只有通过偷砍集体林场的木头，来表

① 朱冬亮、贺东航：《新集体林权制度改革与农民利益表达——福建将乐县调查》，上海人民出版社，2010，第20—23页。

达对集体林场的权益主张。在这种情况下，村委会干部对村民偷砍木头的行为也是“睁一只眼闭一只眼”，导致大量林木被盗伐。[①] 简单来说，集体林场犯了吃“大锅饭”的通病。之后，三明市集体林区改革试验区的主管人士也承认，在全三明市“一刀切”地推广村林业股东会的做法是存在问题的。[②]

（四）改革试验之后

面对村集体林场经营的困境，到 20 世纪 90 年代末，一些三明市村集体林场开始推行“押金管护承包”。“押金管护承包”的通常做法是：村集体将山林管护权承包给林农，林农向村集体支付一定金额的承包押金；承包山林的林农与村集体签订承包合同，承诺到主伐期，向村集体交纳一定数量的木材；如果山林实际出材量高于承包合同规定的出材量，高出部分木材归承包的林农所有，村集体退回承包押金；如果山林实际出材量低于承包合同规定的出材量，村集体就要从退回林农的承包押金中扣除这部分差额。据调研，实行“押金管护承包”的村，森林资源大多得到了较好的保护。[③]

与此同时，三明市推行集体林权流转也暴露出不少问题。与全国广大农村地区一样，三明市的村集体也普遍面临着村财政紧张、运作困难的状况。加之，村集体林场普遍运作效益不好，不少村集体为了解决当前的困境，将大量掌握在村集体手中的森林资源，以“买卖青山”或“租赁造林”方式流转出去，以此获取村级收入。按照当时福建省的规定，山林流转必须首先经过当地林业部门的评估，并以此为依据，确定山林流转的底价，并且要经大多数村民表决同意。[④] 但在实际执行过程中，由于许多县市的林业部门缺乏林地、林木的评估人员，山林流转价格往往是由当地乡镇和村干部自行确定，甚至有些由县或乡镇政府插手，根本不通过村民集体的同意，就直接将山林权流转给外来的林业投资大户，出现了许多“非规范”的林地、林木流转问题。这就为这些人操纵山林流转、从中牟利创造了条件。不少村干部通过“买卖青山”为自己积累了财富。这种林权流

① 郑宝华主编《中国南方非耕地资源产权制度研究》，中国书籍出版社，2003，第 237—240 页。

② 三明试验区办公室主编《集体林区改革试验 20 年》，中国林业出版社，2008，第 33 页。

③ 郑宝华主编《中国南方非耕地资源产权制度研究》，中国书籍出版社，2003，第 242—243 页。

④ 1997 年福建出台的《福建省森林资源转让条例》第九条规定，“转让国有、集体森林资源的，应进行森林资源评估”；第七条规定，“集体森林资源的转让，须经集体经济组织代表会议或村民代表会议讨论通过”。

转的暗箱操作行为也引起村民的普遍不满，甚至由此导致集体林权纠纷事件。

（五）三明市成为“新集体林改”的先行者

针对上述问题，1999 年 7 月，三明市委、市政府出台了《关于深化集体林经营体制改革的实施意见》，该意见提出要“清晰产权、分类经营，落实承包、保障权益”的集体林权的改革方案。这应该是全国“新集体林改”在地方实践上的一个前奏。该改革方案的要点是：一是对毛竹林，以及果、茶、桑、药等经济林要确权到户，实行家庭经营；二是对中幼林的管护，要承包到户或联户；三是对采伐迹地和火烧迹地和疏林地实行“租地造林”模式；四是对近熟林、成熟林和过熟林，以及生态公益林，仍由村林业股东会统一经营；五是对之前实行合作造林的，采取“以林还贷”的形式，将林权确权给出资造林者；六是对个人或家庭造林的，将林权确权到户、到人，并发放林权证；六是规范林权流转；七是落实自留山政策；八是实行有偿承包。从该文件内容来看，三明市政府这次推动的集体林权制度改革主要目的是矫正之前林地、林木管理过分依赖村林业股东会的偏差，将试验区改革的经验以及三明市各地一些行之有效的做法上升为政策，纳入政府的规范管理。在这次三明市“新集体林改”中，曾一度以“分股不分山、分利不分林”而著名的洪田村再次成为这一轮集体林权改革的一个“明星”。

到了 20 世纪 90 年代后期，与其他村林业股东会一样，洪田村集体林场也出现了村民对集体林场漠不关心，林场管护的承包户造林、护林积极性不强，盗伐林木猖獗的现象。为了改变之前实行的“能者投标承包”，少数人得大利、大多数人得小利的状况，1998 年，洪田村集体决定实行“均山到户、先分后联”的改革。其主要做法是：先对可发包的林地、林木进行资产评估，然后将林权确权到户、到人，再划分成 16 个片区，按照片区，以小组为单位进行统一经营；由村民小组与村委会签订承包合同；村集体原有的材积收益的 30% 归村集体，新增的材积收益的 20% 归村集体，其余的全部分到户。虽然洪田村的这次改革仍维持“分利不分林”的思路，但是，承包经营管护主体不再是“大户”了，而是村民小组或联户了。洪田村的“林权到户、联户经营”的经验再次得到政府的肯定，并被林业界誉为“中国林改的‘小岗村’”。①

① 三明试验区办公室主编《集体林区改革试验 20 年》，中国林业出版社，2008，第 47—49 页。

2003 年 4 月，福建省颁布了《关于推进集体林权制度改革的意见》[①]，集体林区林权制度改革在福建全省正式启动。2004 年，国家林业局将福建省列为国家林业改革与发展综合实验区，将三明市列为全国集体林区林业产权制度改革试点。2005 年 6 月，三明市被批准设立海峡两岸（三明）现代林业合作实验区。经过两年的努力，到 2007 年底，三明市共有 1719 个村完成了林改任务，占林改任务总村数的 99.9%，完成申请登记面积 2571.72 万亩，完成集体林发证面积 2264.8 万亩，发证率 96.8%。三明市再次走在全国集体林区的前列，成为全国集体林区林权改革的一面旗帜。

与确权发证同步进行的是集体林权流转的制度建设。无论是 1999 年三明市委、市政府出台的《关于深化集体林经营体制改革的意见》，还是 2003 年福建省颁布的《关于推进集体林权制度改革的意见》，都是将“明确集体山林的经营主体”“落实经营权”作为本次“新集体林改”的基本目标。与三明市提出的方案不同，福建省出台的政策虽然没有否定林业股份合作形式，但不再提村林业股东会，也没有提村集体林场。[②] 这就是说，村集体不是集体林地、林木的经营主体，至少不是主要的经营主体，只有农户、联户和其他经营实体才是集体林地、林木的经营主体。[③] 所谓的“其他经营实体”实际上是指林业企业、林业经营大户和林地及林木的投资人。这些经营实体如何取得林地、林木的使用权呢？这只能是通过集体林权流转。集体林权流转形式是招标、拍卖。

2005 年 12 月，三明市政府出台了《关于加强森林资源流转管理工作的意见》。该文件主要目的是规范集体林权流转行为，为处理“新集体林改”之前发生的林地、林木流转问题做出了政策规定，并提出要建立森林资源流转的产权交易平台。

在具体实施过程中，三明市对“新集体林改”之前发生的林地、林木流转采取了以下三种方式：一是对转让行为合法，但转让合同某些条款不完善或转让

---

① 该意见提出“明确集体林木所有权和林地使用权，放活经营权，落实处置权，确保收益权”的政策框架。

② 2003 年福建省颁布的《关于推进集体林权制度改革的意见》提出，“提倡联户经营、股份合作经营，创建股份制林场或企业原料林基地”。

③ 2003 年福建省颁布的《关于推进集体林权制度改革的意见》提出，“在保持林地集体所有的前提下，进一步明晰林木所有权和林地使用权，落实和完善以家庭承包经营为主体、多种经营形式并存的集体林经营体制。将林地使用权、林木所有权和经营权落实到户、到联户或其他经营实体”。

价格明显不合理的，由转让双方协商做适当调整；二是对于转让价格合理，但转让行为不合法的，认定为所签合同无效，列入“重新改革”的范围，但如果转让面积不大，经村民民主讨论同意，继续由原受让者经营，并完善转让程序；三是对一些暗箱操作，出现“权力股”“暗股”或者搞低价转让等非法转让的，则依法查处。

在建立森林资源流转的产权交易平台方面，2004 年 10 月，三明永安市成立了全国第一家林权交易市场，即永安市林业要素市场。该机构的主要职能包括：包括林权转让、抵押在内的林权变更登记；林地、林木等森林资源资产评估；木竹林产品信息发布、展示和交易；林业科技推广与培训，以及林业法律咨询等。之后，三明市 11 个县（区）也相继建立了服务于林权交易的林业服务中心。截至 2007 年，三明市森林资源累计流转面积达 443. 15 万亩，其中国有林流转 42. 46 万亩，集体林流转 305. 13 万亩，林农和个人及联合体流转 95. 56 万亩。

（六）三明市“新集体林改”的成效

根据三明市政府的总结，三明市“新集体林改”取得了如下主要成效：第一，促进了林业经济发展。“新集体林改”以来，每年造林面积达 40 万亩，并形成了超百亿元的林业产业集群。第二，盘活了森林资源。林权的确权登记发证，以及林权流转市场的建立，直接带动了林权融资业务的发展。截至 2008 年上半年，三明市林权抵押面积达 517. 58 万亩，抵押贷款金额达 28. 12 亿元，居全省第一。第三，增强了村集体实力。截至 2007 年，三明市村集体通过转让林权、租赁林地和收取林地使用费，村集体累计获取收入 1. 45 亿元，其中 2007 年收取 2832. 4 万元，平均每个村集体增加收入 2 万元。第四，农民增收。据统计，2006 年，三明市农民年人均纯收入为 4585 元，比上年增长了 8. 9%，其中来自林木的收入增长了 51. 2%，加上林木相关的产业的收入，全市农民人均林业收入比“新集体林改”前增长了 61. 9%。[①]

官方所做的先进经验总结是一回事，现实运作又是另一回事。国家、省和市制定政策可以定“原则”、定“方向”、定“目标”，但到了具体执行层面，县、

① 朱冬亮、贺东航：《新集体林权制度改革与农民利益表达——福建将乐县调查》，上海人民出版社，2010，第 95—96 页。

乡镇政府和村集体就要面对各种各样的现实问题，不得不采取各种“折中”的做法。一项县、村两级层面的“新集体林改”调研，就将这些做法较为完整地呈现出来。下面就以三明市下辖的将乐县为例，看看三明市“新集体林改”在县、乡、村层面是如何运作的。[①]

（七）“新集体林改”的县级运作

将乐县是一个林业大县，林地面积占全部土地面积的87.1%，有林地面积占林地面积的96.4%。2003年，将乐县开始启动“新集体林改”工作。按照福建省的要求，划定纳入“新集体林改”的集体林地，不包括生态公益林和权属有争议的林地、林木。将乐县将国有林场、国有采育场所在的集体林地作为有林权争议的林地，与生态公益林一并被排除在“新集体林改”之外。据此测算，纳入“新集体林改”的山林面积占集体山林总面积的64.44%。按照规定的工作程序，将乐县的“新集体林改”工作包括宣传组织、开展试点、摸底调查、勘界确权、检查验收和后续改革等几个阶段。到2005年，将乐县“新集体林改”工作基本完成，并顺利通过了省、市联合检查的验收。但到此时，林权证因种种原因并没有完全发下去，大部分林权证还在乡镇林业站手中。原因有多种，有的是应上交的相关林地使用费未收齐，有的是在确权过程中又出现了新的争议，还有的是因村委会换届而被耽搁。

福建省所确定的“新集体林改”目标是将90%以上的集体林木所有权和林地使用权确定给农户、联户和其他经营实体。按照福建省的总体要求，“新集体林改”后，按林权主体，将乐县将集体山林分为以下四大块：一是分山到户的；二是“新集体林改”之前非规范转让给个体经营林地业主的；三是以债权转林权的方式转给林业企业的；四是原属于村集体林场，“新集体林改”后通过拍卖或分山到组、转让或转给个体经营林地业主或村民小组的。分山到户的山林主要包括毛竹林、经济林和自留山，其中毛竹林、经济林分山到户在“新集体林改”之前已经完成，本次“新集体林改”主要是分自留山。分山到户占集体林的26.5%。“新集体林改”之前非规范转让和债权转林权这两部分山林主要是要补

① 以下叙述主要取材于朱冬亮、贺东航：《新集体林权制度改革与农民利益表达——福建将乐县调查》，上海人民出版社，2010。

齐林木流转手续，重新确权。这两部分山林占集体林的29.4%。真正可分配或流转的集体林场的面积有90万亩，占集体林的44.1%。将乐县“新集体林改”的实际运作中，最难处理的是在“新集体林改”之前发生的非规范转让的山林。

按照1997年福建省出台的《福建省森林资源转让条例》的规定，集体山林规范转让需要同时符合三个条件即“三经过”：一是经过林业专业机构评估，二是经过村民代表大会通过，三是经过公开招标程序。凡是没有履行“三经过”程序的，都属于非规范转让。按照将乐县政府的确认，将乐县非规范转让的山林共15万亩，占确权面积的7.4%。根据将乐县的“新集体林改”规定，对于非规范转让的，在山林再转让或者采伐时，必须按照每立方米不低于40元的标准补偿给村集体。通过这种方式，将乐县共处理了5万多亩的非规范转让的集体山林，收回补偿金1000多万元。其余的非规范山林还没有到主伐期，或者是没有发生再转让，还有的是未补齐补偿金，因此，尚未完全处理。在处理非规范转让的山林过程中，还有一个更为棘手的事情是如何处理历史遗留下来的以林还贷问题。

从1996年开始，将乐县为了解决各村集体拖欠的银行造林贷款到期而无法偿还的问题，曾推行过以林还贷的办法。由县林业局收购集体山林，为村集体提供偿还银行贷款的资金，山林收购价根据所还贷款金额略有上浮确定。如某村欠银行造林贷款为20万元，县林业局山林收购价就定为25万~35万元。通过这种方式，村集体还清了银行贷款，上交各种税费后还略有结余。之后，县林业局又以山林抵押贷款的方式，将这些山林及政府欠的债务转让给将乐县两家最大的林业森工公司，县林业投资公司和腾荣达公司（以下简称两公司）。通过这种方式，两公司就获得了大量的集体山林。

在本次“新集体林改”过程中，将乐县以债权转林权的方式，将这部分集体林权确定给两公司。但两公司当初获取集体山林的产权并没有履行“三经过”程序，按说应该属于非规范转让。但由于以林还贷是县政府直接操作的，两公司确实是帮助当时的县政府解决了造林贷款的“老大难”问题，更为重要的是两公司是将乐县林业经济发展的重要支柱，并分担了县林业部门森林管理的很大责任，因此，将乐县没有将两公司纳入非规范转让的处理范围。

由于当时在操作以林还贷时，收购山林的价格很低，大部分村民觉得还很划算。随着木材价格大幅度上涨，村民及村干部都认为以林还贷时吃了大亏，要求给予一定的经济补偿。还有一件侵害村集体利益的事情是债权转林权的方式。按照以林还贷的约定，林木采伐完毕，两公司应该将采伐迹地归还给村集体，但将乐县的债权转林权方式是要将林地使用权长期确定给两公司，林地使用期普遍延长到五十年。这实际上是将采伐迹地的林地使用权也确定给两公司。这种做法引起村民强烈不满，并最终引发了大规模盗伐两公司林木的事件。

为了平息村民的愤怒情绪，在县政府的协调下，两公司不得不将林地使用费从之前的每亩3元上调到每亩4元，同时，交费方式也从原来合同确定的每亩只交林地使用费的30%即0.9元，其余的到主伐时再一次性补齐，改为每年一交。之后，两公司的林地使用费按市价上浮到每亩10元。

除此之外，还有集体林。将乐县原属于集体的90万亩集体林，扣除15万亩的集体预留地，大约还有可处置的集体林75万亩。对于这部分集体林，将乐县各乡镇、各村有不同的做法。归纳起来，大概有以下四种处置方式：一是以活立木转让的方式，按照“三经过”的程序，将集体林权转让给个人或企业经营。这部分山林大都是成熟林和近熟林；二是村民小组联户经营，这部分山林大多是毛竹林、灌木林、中幼林、荒地和经济林；三是对外“租赁造林”，这部分山林主要是采伐迹地和疏林地；四是个人承包经营，个人承包经营的多为小块山林，各种林都有。还有一部分很难开发利用的、没人要的山林主要是荒山，仍留在村集体手中。如果有人要，这部分山林也会转出去。

从将乐县的“新集体林改”过程可以看出，本次“新集体林改”首先是清理在此之前“买卖青山”“租赁造林”所形成的历史遗留问题；其次是将尚掌握在村委会手中的山林分到户或分到组；最后是将不好分到户或组的山林（主要是用材林）转让或出租出去。从总的结果来看，本次“新集体林改”获益最大的是两公司，将乐县大部分集体山林特别是林地条件较好的山林，都以不同方式集中到两公司和私人林场业主的手中。到2008年，两公司集中了全县除生态公益林之外的三分之一的林地。林权向资本大户集中的趋势十分明显。

2005年，“新集体林改”后，林木价格一路看涨，林地价格也是水涨船高。2000年以前，将乐县有林地的价格每亩最高为240元，每亩最低只有73元，平均每亩为171元。2000年，将乐县转给腾荣达公司10万亩的有林地价格为每亩250元，这在当时就算高的了。2005年以后，将乐县成熟林的价格上涨到每亩

5000 元以上，中幼林也达到每亩 1500～2000 元。林地价格的大幅上涨极大地增强了囤积了大量森林资源的林业大企业的实力，也造就了少数通过大量“倒卖”山林而“发大财”的暴发户。据调查，永安市洪田村的一片林地，在很短时间内转手了 4 次。① 这种情况与福建省政府提出的“耕者有其山”“均山”“均权”“均利”的集体林权改革目标相去甚远。

（八）“新集体林改”的村级运作

下面再以将乐县安仁乡泽坊村（行政村）和上际村为例，具体说明“新集体林改”在村级层面是如何操作的。

泽坊村共有林地面积 12846 亩，其中生态公益林面积 4008 亩，占比为 31.2%，两公司造林面积 2385 亩，占比为 18.6%，非规范转让面积 572 亩，占比为 4.5%，个人私自造林面积 175 亩，占比为 1.4%，毛竹林承包经营的面积 1937 亩，占比为 15.1%。以上均属于“新集体林改”的存量部分，其余 3769 亩尚在村集体手中的林地、林木，占比为 29.3%，属于“新集体林改”的增量部分。

根据将乐县和安仁乡的“新集体林改”政策，泽坊村对“林改”存量部分做如下处理：对生态公益林，确权发证到村委会；对两公司造林的，村委会与两公司重新签订森林资源转让合同或林地租赁使用合同，② 并确权发证到两公司；对非规范转让的，先经过林业部门评估，根据评估结果，由业主交纳让利费，并可到林业部门办理林权登记，领取林权证，如不交纳让利费，村集体有权收回山场；对个人私自造林的，小于 10 亩，不交林地使用费即租金，大于 10 亩部分，每亩按 4 元向村集体上交林地使用费，并与村集体签订林地租赁合同；对毛竹林承包经营的，大部分是村委会与村民小组签订联户承包经营管护合同，村民小组再划片分到户，由村民小组向村委会上交承包费，小部分是村委会与承包人签订承包经营管护合同，承包人按每年每亩 7 元的标准上交林地使用费。

对其余尚在村集体手中的林地、林木，泽坊村做如下处理：713 亩有林地继续由村集体经营；500 亩用材林实行联户经营，由村民小组与村委会签订联户承

① 贺东航主编《中国林改村庄观察报告》，中国社会科学出版社，2016，第 122 页。

② 对有林地，签订森林资源转让合同；对采伐迹地，签订林地租赁使用合同。

包经营管护合同。到主伐时，村民小组与村委会按 9：1 比例分配林木收入，村民小组占大部分；对其余的 25 片、2556 亩的山场，按照省、县的规范转让程序，委托安仁乡森林资源转让招标办公室，以公开招标的方式，打包一次性转让。经过三家竞标，最终按 2385 亩有林地，以每亩 411 元转让给一个私人业主，活立木转让收入共为 98 万元，[①] 其中 30% 留给村集体，70% 按现有人口均分给村民。这就是当地人所说的“货币均山”。在当时，泽坊村这笔山场转让是安仁乡最大的。

泽坊村没有“租赁造林”的，也没有个人或联户投标承包的，但其他村，“租赁造林”和个人或联户投标承包情况较普遍，如与泽坊村在同一个乡的上际村。

上际村有林地 9711 亩，其中生态公益林 1485 亩，之前转让给两公司之一的腾荣达公司的有 343 亩，非规范转让 688 亩，个人私自造林 184 亩，承包给各自然村经营管护的有 3318 亩。这是“新集体林改”的存量部分，共计 6018 亩，其余的尚有 3693 亩可作为“新集体林改”增量的林地。

上际村对“新集体林改”存量部分的处理与泽坊村的做法差不多，也是根据将乐县和安仁乡的“新集体林改”政策，以完善手续、缴纳让利费和土地使用费的方式处理。

上际村“新集体林改”的增量部分有 983 亩在本村村界内，其中，有 164 亩的灌木林确定为集体提留用地，作为本村村民的薪柴林；有 195 亩的采伐迹地出租给本村村民个人造林，每亩林地使用费即租金 7. 1 元；有两片 116 亩用材林，转让给两个本村村民，活立木转让金额 2. 66 万元，每亩租金 5 元；还有 508 亩用材林仍在村委会手中，待价而沽。除此之外，上际村在村外还有可用于“新集体林改”的 2710 亩的“插花山”。这部分“插花山”中的采伐迹地 30 亩，确权给县林业投资公司“租赁造林”，每亩租金 5 元；其余 2680 亩的毛竹林地出租给各村民小组，每亩租金 4 元。

① 这是活立木转让费，每年还要按每亩 5 元交地租，即林地使用费。

第十五章　草原承包制度的建立与地方实践

1996年第一次全国土地资源调查结果显示，牧草地[①]总面积2.67亿公顷即40.05亿亩，其中天然草牧地占比98.8%，人工牧草地和改良牧草地占比为1.2%。[②] 到2009年第二次全国土地资源调查时，牧草地总面积下降到2.2亿公顷即33亿亩，其中天然牧草地占比99.15%，人工牧草地占比为0.85%。[③] 可见，牧草地主要由天然牧草地即草原构成。在茫茫的大草原上，生活着世世代代以放牧为生的牧民，这就是中国传统的牧区。

按照国家畜牧管理部门分类，草原畜牧区分为以内蒙古、新疆、宁夏及东三省为主的北方干旱半干旱区，以西藏、青海、四川、甘肃为主的青藏高寒区，以及东北华北湿润半湿润区和南方区等。在这四大草原畜牧区，天然牧草区主要分布在内蒙古、新疆、西藏、青海、甘肃、四川6个省（自治区），被称为六大天然牧草区。按地理条件划分，这六大天然牧草区又可以分为内蒙古草原［包括内蒙古及周边省（自治区）的草原如宁夏盐池等］、青藏高原草原［包括西藏、青海、甘肃和四川等省（自治区）的草原］和新疆草原。本章所述的草原主要是指这些天然牧草区的草原。

顾名思义，天然牧草地是天然的，按牧民的说法是“神赐予的”，在传统上，是不论你我的，只有族群之分，这是族群内牧民共有的权利。各族群的牧民遵循着传统的习俗，在各自的区域四处游牧。这就决定了草原产权具有较弱的排他性和“天然”的模糊性，从而使得草原使用权制度安排与耕地、“四荒地”、林地等类型的农用地相比更为复杂。

与林地相类似，草原的利用也是受国家管控的，且比林地的管控更为严苛，技术性更强，管控成本也更高。高成本的草原管控制度对草原使用权制度安排产

---

① 按照2009年全国土地资源调查的分类，草地包括天然牧草地、人工牧草地和其他草地。牧草地是指以生长草本植物为主，用于畜牧业的土地，即天然牧草地、人工牧草地，不包括其他草地。

② 李元主编《中国土地资源》，中国大地出版社，2000，第222页。

③ 国土资源部、国务院第二次全国土地调查领导小组办公室编著：《中国土地资源与利用》，地质出版社，2017，第162—163页。

生了很大的影响。虽然面临着种种复杂的情况，但在国家的强力干预下，以牧户个人产权为基础的草原承包制还是在曲折的过程中逐步建立起来了。可以说，草原承包制的形成过程是强制性制度变迁的一个典型案例。①

一、草原承包制的形成、建立与推行

（一）草原所有权制度

在漫长的领主制或部落制时期，草场的划分是由领主、部落和寺庙的势力范围决定的。在领主、部落和寺庙的势力范围内，实行的是草场共有制。在这个势力范围内居住的牧民可以自由进入，牧民共同拥有草场放牧权。随着历史的演进，领主、部落和寺庙对草场的控制权被剥夺，逐步实行"草场公有、自由放牧"的政策，即草场为本地区全民族所有，全体民族都享有自由放牧权。② 这就开启了草原产权国有化的进程。但此时在法律层面上，草原的权属尚处于模糊状态。③ 到了合作化和人民公社时期，牲畜归集体所有，由集体经营，但草场共有制的传统仍被沿袭下来。在这一时期，部分民族地区主要是内蒙古牧区，为了落实集体三级所有制、推行定居游牧，曾推行过将草场划归集体固定使用的制度。④ 这部分由集体固定使用的草场就成了之后牧区的集体所有草场的主要来源。

1982年12月全国人大通过的《宪法》正式明确宣布草原属于国家所有，但

① 强制性制度变迁是相对于诱致性制度变迁而言的。林毅夫在《诱致性制度变迁与强制性制度变迁》一文中对这两种类型的制度变迁做出了较为清晰的阐释。参见盛洪主编《现代制度经济学》（下卷），北京大学出版社，2003，第253—279页。

② 1948年时任内蒙古自治区主席的乌兰夫曾公开表明："按盟旗行政区划，该区内草原牧场一切牧人自由放牧。"之后被总结为"牧场公有、放牧自由"。1954年后，乌兰夫任国务院副总理兼民族事务委员会主任，主管全国民族地区工作。通常，内蒙古的政策会推广到全国其他民族地区。参见李毓堂《中国草原政策的变迁》，《草业科学》2008年第6期。

③ 1950年《土地改革法》、1954年《宪法》及1975年《宪法》都没有明确规定草原属于国家所有。

④ 1965年内蒙古制定了《内蒙古自治区草原管理条例（试行草案）》。该条例规定，"自治区境内所有草原均为全民所有"；由各旗（县）"根据畜牧业生产发展的需要和有利于生产、有利于经营管理、有利于团结的原则，固定给国营企、事业单位和人民公社的生产队（基本核算单位）经营使用"，"草牧场的固定，必须做到界限明确、范围清楚、一致承认"。1966年2月，内蒙古在部分牧区试点进行固定草牧场使用权工作。之后因"文化大革命"而停顿。1973年，该条例重新公布，并经当时的农林部在1975年批转全国11个有关省、自治区参照执行。1977年1月，内蒙古自治区党委书记在全区牧畜业工作会议上，重提"固定草牧场使用权"。同年8月，内蒙古党委下发了《关于当前农村牧区若干经济政策问题的规定》，要求全区将草牧场使用权切实落实到场、社、队。参见赵红羽《"文化大革命"结束后内蒙古自治区草原产权制度的演变（1977—2005）》，硕士学位论文，2015，第8页、第10页。另参见施文正主编《草原与草业的法制建设研究》，内蒙古大学出版社，1996，第48页。

允许将草原确权给集体。[①] 至于哪些草原应确权给集体，该部《宪法》并没有给出明确的规定。1983 年 6 月，内蒙古自治区人大颁布了《内蒙古自治区草原管理条例（试行）》，这是全国第一个有关草原管理的法规。该条例明确了对草原所有权和草原使用权的权属界定规则，即按照“谁使用、谁所有”的规则，界定草场集体所有权，也就是说，集体固定或长期使用的草场可以确定为集体所有。[②] 该条例公布后，内蒙古迅速地启动落实草原所有权和草原使用权工作。一些长期被集体使用的国有草场划归给嘎查（村）所有，有些仍保持国有性质的草场也被确定给嘎查或苏木（乡镇）长期使用。[③]

在国家层面，1985 年起草《中华人民共和国草原法（草案）》［以下简称《草原法（草案）》］时，立法者曾试图将内蒙古划分国有草原与集体所有草原的做法上升为全国性法律。在《草原法（草案）》中提出，“属全民所有但长期固定归集体使用的草原，各省、自治区、直辖市人民政府须根据具体情况，经过同级人民代表大会同意，并报经全国人大常委会批准后，可划归集体所有”。但在《草原法（草案）》征求意见过程中，该条款因受到有关地方和部门质疑而未采用。[④] 1985 年 6 月全国人大正式公布实行《中华人民共和国草原法》（以下简称《草原法》），对草原所有权问题，仍沿用《宪法》规定，采取了模糊处理的方式。该法一方面重申了《宪法》有关草原所有权的规定，另一方面也模糊地承认除国有草原之外，也存在集体所有的草原，并规定“全民所有的草原，可以固定给集体长期使用”。[⑤]

1985 年《草原法》出台后，各省、自治区纷纷出台了适合当地的草原管理的地方性法规。在处理草原所有权方面，各地大体采取三种方式：第一种方式是参照内蒙古的做法，按照“谁使用、谁所有”的规则，界定草场集体所有权，如

---

① 1982 年全国人大通过的《宪法》第九条规定，“矿藏、水流、森林、山岭、草原、荒地、滩涂等自然资源属于国家所有，即全民所有；由法律规定属于集体所有的森林和山岭、草原、荒地、滩涂除外”。

② 该条例第五条规定，“自治区境内的草原，属于社会主义全民所有和社会主义劳动群众集体所有。（一）凡是国家依法拨给国营企业、事业单位使用的草原和其他不属于集体所有的草原，都属于全民所有。（二）凡是农村、牧区人民公社、农牧业生产合作社等集体经济组织使用的草原，都属于劳动群众集体所有”。

③ 施文正主编《草原与草业的法制建设研究》，内蒙古大学出版社，1996，第 48 页。

④《项淳一向六届全国人大常委会第十一次会议作对中华人民共和国草原法草案审议结果的报告》，载农业部畜牧兽医司编《草业法规选编》，新华出版社，1992，第 4—5 页。

⑤ 1985 年 6 月全国人大公布的《草原法》第四条规定，“草原属于国家所有，即全民所有，由法律规定属于集体所有的草原除外”，“集体所有的草原和集体长期固定使用的全民所有的草原，由县级人民政府登记造册，核发证书，确认所有权和使用权”。

河北；第二种方式是以确权发证方式，由县及以上的地方政府确定草场集体所有权，如黑龙江；第三种方式是将村居住点或农田附近的零星草地、草坡、草山归集体所有，如吉林、新疆。[①] 也有不少省仍按照《宪法》和《草原法》的规定，对集体所有的草场，采取模糊处理的方式，如辽宁、甘肃、青海、四川等。在实际执行过程中，各地政府一般是根据便于草原管理的原则划定草场所有权。即县及县以上的地方政府将集体已经长期使用并且能够管理起来的草原划定给集体，除此之外的草原仍归国有。这就说明，草原所有权权属的界定，地方政府有较大的自由裁量权。这也导致一些地方政府随意将国有草场转为集体草场，或地方政府以国有草场所有者的身份，对划归集体使用的草场的管理和经营任意干预。[②]

2002 年 12 月全国人大新修订的《草原法》将集体所有草原的确权登记单独列为一款，[③] 在法律层面上更为明确地确认了部分草原的集体所有属性。

1996 年第一次全国土地资源调查结果显示，国有草原面积为 1.8 亿公顷即 27 亿亩，占全部草原面积的 67.53%，集体所有的草原面积为 8443.79 万公顷即 12.67 亿亩，占全部草原面积的 31.69%，还有 0.68% 的草原是权属未定的草原。国有草原主要分布在西藏、青海、新疆、内蒙古、黑龙江、四川、甘肃等地，其中西藏、新疆、青海等地几乎都是国有草原，四川的国有草原也超过了 80%。集体所有的草原主要分布在内蒙古、青海、甘肃、宁夏等地。[④] 在农区和以农为主的农牧交错区，牧草地往往是与林地或“四荒地”交错分布在一起的，大部分都一并确定为集体所有。例如，在中南各省，集体所有的牧草地占比为 91.91%，华北各省为 90.53%，华东各省为 57.43%，东北各省为 47.52%。[⑤]

值得特别说明的是，除有经营管理的国有牧场之外，在牧区，无论是国有的草原，还是集体所有的草原，对于草原利用并没有什么分别。对草原利用影响最大的是对放牧权，即草原使用权的设置。

---

① 施文正主编《草原与草业的法制建设研究》，内蒙古大学出版社，1996，第 45 页。

② 张小鹏：《依法明确草原所有权属》，《新疆牲畜业》，1995 年增刊；另参见敖仁其：《草原产权制度变迁与创新》，《内蒙古社会科学》2003 年第 4 期。

③ 2002 年 12 月全国人大新修订的《草原法》第十一条第三款规定，“集体所有的草原，由县级人民政府登记，核发所有权证，确认草原所有权”。

④ 李元主编《中国土地资源》，中国大地出版社，2000，第 383 页。到 2009 年第二次全国土地资源调查时，国有草原与集体所有草原的比例有所变化，国有草原占比为 70.37%，集体所有草原占比为 29.63%。国土资源部、国务院第二次全国土地调查领导小组办公室编著《中国土地资源与利用》，地质出版社，2017，第227 页。

⑤ 同上书，第 381 页。

（二）草原承包制的提出与推行

几乎在与农区广泛推行家庭土地承包经营制的同时，牧区也在积极探索实行家庭承包经营制。在牧区，家庭承包经营制是从牲畜饲养家庭承包制即“包畜到户”开始的。以“包畜到户”为起点，逐步向草原家庭承包方向过渡。[①]

1982 年 3 月 20 日，《人民日报》报道了内蒙古伊克昭盟落实草原管理责任制的经验，并以评论员的名义发表文章，提出要建立草原管理与建设的责任制。[②] 1984 年中央一号文件明确了牧区草场管理与经营制度的改革思路，即“确定草场使用权，实行草场管理使用责任制”。[③] 1985 年 6 月，全国人大公布了《草原法》，确立了草场承包制的法律地位。[④]

与农区不同，草场承包不等于草场家庭承包。将国有草原和集体所有的草原承包给牧户是草原承包，将国有草原承包给集体经营和管理也属于草原承包。因此，草场使用权或草场承包经营权的主体既可以是农户，也可以是村集体。在农牧交错区，如河北、黑龙江、吉林、辽宁、贵州等地，普遍参照耕地或林地的承包方式，将草场承包到户，并规定承包期为十五年以上。在牧区，对承包主体及承包期限的规定并不明确。在政策层面，比较明确地提出要实行草原家庭承包制是在 1987 年以后。

1987 年 6 月，在北京召开了全国牧区工作会议，会后发布了国务院批转了该次会议的纪要。[⑤] 该会议纪要确定了“草场公有、承包经营”的政策框架，并提出“适于承包到户的要承包到户，不适于承包到户的可以承包到联户或自然村”。[⑥] 之

---

① 有关“包畜到户”的叙述，见本章第二节。

② 本报评论员：《草原管理和建设要有责任制》，《人民日报》1982 年 3 月 20 日。

③ 1984 年中央一号文件即《关于一九八四年农村工作的通知》提出，“牧区在落实畜群责任制的同时，应确定草场使用权，实行草场使用管理责任制。鼓励牧民进行牧业基本建设，保护草场，改良草种，提高产草率，保持草畜平衡，提高畜产品商品率”。

④ 1985 年《草原法》第四条第二款中规定，“全民所有的草原、集体所有的草原或集体长期固定使用的全民所有的草原，可以由集体或个人承包从事畜牧业生产”。

⑤ 即《国务院批转全国牧区工作会议纪要的通知》。这一文件史称 1987 年国发 73 号文。在牧区，该文件的历史影响堪比农区的 1982 年中央一号文件。

⑥ 1987 年国发 73 号文提出，“牧区要稳定和完善‘草场公有、承包经营；牲畜作价，户有户养；化服务社会’和‘专业承包，包干分配’等多种形式的生产责任制”，“要明确草场管理使用权，防止发生草场纠纷。冬春草场适于承包到户的要承包到户，不适于承包到户的可以承包到联户或自然村。夏秋草场可参照历史情况和牧民放牧习惯，划分放牧范围，建立管护制度。草场承包和划分使用范围，要从实际出发，在牧民所能接受的前提下，有领导地进行”，“草场承包以乡为发包方，并签订承包合同，明确发包方与承包方的权利和义务”。

后，新疆、宁夏、四川、甘肃等地纷纷出台政策，积极开展草场承包到户的工作。[①] 在牧区各级政府的大力推动下，草场承包制开始在全国范围内推广开来。据国家草业管理部门统计，到 1988 年，各地将可利用的草场承包到户或者是到联户的比例，甘肃为 90%，四川为 80%，内蒙古为 70%，青海为 79%，宁夏为 69%，黑龙江为 26%，新疆为 30%，吉林为 37%，辽宁为 30%。国家草业管理人士据此数据判断，除西藏之外，全国主要牧区都普遍推行了草场承包到户或联户的制度。[②]

（三）草原承包的现实表现

统计数据是一回事，现实表现则是另一回事。草原承包到户落实较好的案例是新疆木垒县七城子村。

新疆木垒县七城子村是个牧业村。实行"包畜到户"后，出现了牲畜品种退化、超载放牧严重、牧户贫富差距拉大、集体经济"空心化"等一系列问题。1990 年，该村集体为了解决这些问题，实行草场划片承包到户方式。具体做法如下。一是按人口均分草场。该村有各类草场 68. 2 万亩，除预留 5 万亩作为集体草场之外，将其余的草场全部分到户。分到牧户的冬草场 28. 3 万亩，人均 150 亩；夏草场 6. 9 万亩，人均 37 亩；春草场 13. 2 万亩，人均 70 亩；秋草场 7. 3 万亩，人均 39 亩；打草场 800 亩，人均 0. 42 亩。在草场分到户的同时，也考虑到牧户自愿组成放牧组共同放牧的需要，尽量做到每个放牧组的草场集中连片。二是签订草场承包合同，实行草场有偿收费。在划片承包草场的过程中，草场承包户要与村集体签订承包合同。在草场承包合同中，明确草场的建设和管护要求，并按冬草场每亩 0. 06 元、夏草场每亩 0. 04 元、秋草场每亩 0. 03 元、春草场每亩 0. 05 元、打草场每亩 5 元、饲料基地 4 元的标准，上交集体提留。三是建立草场流转制度。允许草场多、牲畜少的牧户，将多余的草场流转给其他牧户。村集体统一规定草场流转费为每亩 0. 2 元。草场流转费中的 90% 归草场流出户，10% 归村集体。四是村集体利用牧户上交的草场使用费和草场流转费以及集体预

---

① 陈洁、原英、乔光华等：《我国传统牧区转变畜牧业发展方式问题研究》，上海远东出版社，2018，第 107 页。

② 李毓堂：《草业——国富强民的新兴产业》，宁夏人民出版社，1994，第 101 页。

留草场的承包费建设饲料基地、牲畜过冬的暖圈，以及学校、道路等公共设施。七城子村曾作为全国牧区实行草原家庭承包责任制的先进典型，受到中央政策制定界的肯定。[①]

然而，在广大牧区，像新疆七城子村这样集约利用牧场并真正能够做到草场承包到户的并不多。据1991年农业部对全国农村固定观察点的抽样调查，到1990年，实行草场集体统一经营的村占比为57.9%，其中山区和丘陵地区占比分别为65.4%和64.3%；实行草场平分承包到户的村占比为17.5%；由村集体指定少数有能力的人承包草场的村占比为10.5%；其他承包经营形式的村占比为7%。[②] 在牧区，即使少数实行草场承包到户的村集体大多也是承包到联户。[③]

例如，宁夏盐池县。该县是著名的革命老区，长期受到各级政府的支持和帮扶，是全国裘皮滩羊重要产区。据调查，该县到2003年已落实草原承包面积占天然草原面积的88.4%，在落实草原承包的牧户中，落实到户的占比为42.6%，落实到联户的占比为57.4%。然而，即使是落实了草原承包制，由集体和牧户组（村民小组）共同使用草场的情况仍很普遍。[④] 作为宁夏畜牧业发展和草原承包制改革走在前列的盐池县，尚不能真正将草场分到户，可以想见，在其他牧区，能够完全做到草场承包到户的会更少。在这一时期，在牧区，大多是将草场承包到村集体。

据草业专家的估计，这一时期，全国牧区对草原使用权的管理，大体可以分为三种类型。一是草原按村级行政区划分，在区内牧户自由放牧，草原更新建设由国家负责。这种类型主要是在藏区。二是草原由乡、村统一管理，划分到组或联户共同使用，牧户在本组或联户的草原上自由放牧，不交纳或交纳极少草原使

① 中共中央政策研究室编《中国农民的伟大实践——农村改革和发展典型经验》，中共中央党校出版社，1991，第69—74页。

② 中共中央政策研究室、农业部农村固定观察点办公室编《完善中的农村双层经营体制——对274个村庄的跟踪调查》，中共中央党校出版社，1992，第21页。

③ 值得说明的是，这种灵活的草场承包方式，不仅是为当时的草原管理政策所允许，而且大多数牧区也是提倡的。

④ 陈洁、罗丹等：《中国草原生态治理调查》，上海远东出版社，2009，第292页。据学者2000年后期在盐池县所做的村庄调查，许多分到户的草场是在“纸上”的；牧民并不关心哪块草场是自己的，更少理会是否有人在自家草场上放牧；因为分到户的草场面积太小了，草量不够，不让别人用，自己也用不成。柴浩放：《草场资源治理中的集体行动研究》，中国农业出版社，2011，第71—72页。

用费，草原的更新建设由乡村或国家负责。这种类型主要是在新疆、青海和内蒙古的部分地区。三是草原由乡村或国有集体农牧场统一管理，短期承包到牧户使用，在承包期内归牧户使用和管护。牧户按草原面积或牲畜头数交纳少量使用费（可维持管护人员的费用），而草原的更新建设由乡或农牧场负责。到1991年底，实行家庭承包的草场面积约占三分之一。[①] 另据1994年9月农业部畜牧兽医司在阿鲁科尔沁旗召开的全国草牧场有偿承包使用现场会上的总结，在全国，草原承包的形式有分户承包、专业承包、联合承包、集体承包、开发承包、招商引资联合承包等。[②]

在传统上，牧区对草原的利用，主要根据当地惯例和习俗确定。各村之间的草场利用边界并不清晰。许多远牧场普遍存在着边界不清、“一地两主”或“一地多主”的情况。[③] 因此，即使这时的草场尚没有被分到牧户，政府凭借行政的力量，通过草场承包，划定各村集体的草场利用边界，也是为之后建立草场使用私权化制度奠定了基础。

总之，各牧区草原使用管理及草原承包的方式五花八门，应该说，直到2000年，在绝大多数牧区，除饲料地和部分人工草场之外，大多数天然草场并没有真正分到户。不少承包到户的草场往往因为地权确定和划分太困难，也只能是“划在纸上”，并没有真正“落地”。因此，有学者将这种落实在纸面上的草原产权管理制度称为“空制度”。[④] 之所以出现这种情况，主要因为草原家庭承包制与牧区传统的放牧制度存在着内在的冲突。

（四）草原家庭承包经营与传统放牧制度的冲突

在中国广大的牧区，传统的放牧制度是季节轮牧制和自由放牧制。季节轮牧制（也称四季游牧制）是指按季节将牧场分为若干个，牧户按季节在各牧场之间转场放牧。由于自然条件的差异，季节牧场划分方式各有不同，有分三季的如冬春、夏、秋三季牧场或冬、夏、春秋三季牧场，也有分两季的如夏秋、冬春两

① 李毓堂：《草业——国富强民的新兴产业》，宁夏人民出版社，1994，第101页、第120页。

② 这一时期，国家对草场管理的重点是加大打击力度，遏制一度十分猖獗的在草原上乱采乱挖的行为。施文正主编《草原与草业的法制建设研究》，内蒙古大学出版社，1996，第63页。

③ 柴浩放：《草场资源治理中的集体行动研究》，中国农业出版社，2011，第76—80页。

④ ［荷］何·皮特：《谁是中国土地的拥有者——制度变迁、产权和社会冲突》，林韵然译，社会科学文献出版社，2008，第100—136页。

季牧场。[①] 夏秋牧场是指海拔较高或临水、夏季较为凉爽的牧场。夏秋牧场的放牧时间通常是在4月或5月到10月。夏秋一般处于距离牧户定居点较远的远牧场。冬春牧场是指海拔较低，冬季较为背风、较为暖和的牧场。冬季下雪多，且常年积雪，所以冬春季牧场对水源条件要求不高。冬春牧场的放牧时间通常是11月到转年的3月。冬春牧场一般是在牧户定居点附近，便于春季接羔，是近牧场。按青海藏区牧民的说法就是“夏放高山秋放坡，冬春放平摊”。[②] 牧户在夏秋转场放牧时通常是结伴而行，共用一个远牧场。由于草原气候多变，各地草场的草的长势不同。除了正常转场放牧，按照传统的放牧习俗，无论是远牧场还是近牧场，牧户之间都是可以“串牧”的。今年我们这里的草场长势好，你们就可以多到我们这里的草场放牧，明年你们那里的草场长势好，我们就多到你们那里的草场放牧。这就是说，即使不同的村落对季节牧场的放牧范围是划定的，但也不完全限制其他村落的牧户进入放牧，特别是对牧草资源比较丰富的夏秋牧场来说更是如此。在出现旱灾或雪灾的情况下，不同村落的牧户“走场避灾”也是惯例。

至于在荒漠草原地区如内蒙古阿拉善地区，当地自然条件十分恶劣，水、草资源极度缺乏，牧户只能选择自由放牧方式，“逐草、逐水而牧”，长距离放牧，大范围的移场。在这些地区，草原对当地所有牧户几乎是敞开的，自由进入。要想在实行自由放牧制度的草原上将产权划定清楚几乎是不可能的，而且也不被当地牧民所接受。[③]

总之，与传统的放牧制度相配的草场产权制度是草原公有制，而不是草原“私人”占用制。特别是对面积较大、与定居点距离远的夏秋草场，更是难以划分和明确草原利用的私权。传统的放牧方式是草原利用的私权化难以推进的一个根本原因。

不仅如此，与耕地和林地相比，草原产权分割的难度要大得多。第一，对于耕

---

① 内蒙古牧场划分主要有以下几种方式：冬春、夏、秋三季营地；冬、春、夏秋三季营地和冬春、夏秋两季营地。参见敖仁其、额尔敦乌日图等《牧区制度与政策研究——以草原畜牧业生产方式变迁为主线》，内蒙古教育出版社，2009，第170页。在四川阿坝藏区，通常将牧场分为低地牧场和高山牧场。参见郑宝华主编《中国南方非耕地资源产权制度研究》，中国书籍出版社，2003，第475页、第488—489页。新疆牧场通常是分为冬牧场、春秋牧场和夏牧场。参见敖仁其、额尔敦乌日图等《牧区制度与政策研究——以草原畜牧业生产方式变迁为主线》，内蒙古教育出版社，2009，第231—232页。另参见王锡波主编《新疆草原畜牧业转型研究》，中国农业出版社，2016，第50页。

② 陕锦风：《青藏高原的草原生态与游牧文化》，中国社会科学出版社，2014，第65—67页。

③ 有关对内蒙古放牧制度的详细介绍，可参见敖仁其主编《制度变迁与游牧文明》，内蒙古人民出版社，2004。陕锦风对青藏高原的牧民游牧方式，也有较为清晰地描述，参见陕锦风《青藏高原的草原生态与游牧文化》，中国社会科学出版社，2014。

地或林地，直接利用土地的是植物，植物生长在固定的土地上，划界较容易。而在草原，直接利用土地的是牲畜，牲畜是四处游走的，要想控制牲畜的游走范围，阻止他人的牲畜进入，就必须将草场围起来，用建围栏的方式分割草原的产权。这势必提高草原产权分割的成本。第二，在农区，土地是可以细分的，地块大就多种点，地块小就少种点。但牧区则不同，放牧的牲畜数量必须达到一定的规模，否则就持续下去。例如，基础母羊达不到一定的规模，就无法正常保持羊羔的产量。如果天然牧场分得太细、规模太小，可能就会使得谁家都无法保持正常放牧的最低牲畜规模。如果牧户要满足最低牲畜规模的需要，只能选择超载放牧。且不说草原生态问题，即使对于牧户经营，长期超载放牧也是无法持续的。第三，在农区，在分配土地时，农户可以只包山地或果园、不包粮田，或者只包旱地、不包水田，只要能做到地权利益大体平衡就可以了。而在牧区，牧户不可能只包冬春牧场，不包夏秋牧场，只包无水草场，不包有水草场，而且草场还要留出足够共同使用的牧道。

（五）草原家庭承包制的正式确立

到了20世纪90年代中期以后，草原“三化”（即退化、沙化及盐碱化和石漠化）问题越来越突出。[①] 通常认为造成草原“三化”的原因，除乱采、乱挖之外，[②] 普遍存在的超载放牧是其最主要原因。[③]

---

① 据统计，与20世纪80年代初相比，这一时期（20世纪90年代到），各类草原平均产草量下降30%～50%；不可食杂草、毒草比重由19%～31%增至30%～50%，优质牧草比重由33%～50%下降至4%～19%。草场退化程度持续加剧。另外，在农牧混合区，草原沙化的规模逐年扩大，到20世纪90年代，这一地区的每年沙化面积近2000平方公里。参见周立三主编《中国农业地理》，科学出版社，2000，第128—129页。农业部的监测数据显示，到2006年，全国90%的草原均存在不同程度的退化、沙化、盐碱化和石漠化。内蒙古中度以上退化、沙化的草原面积占比为56.9%；宁夏中度退化的草原面积占比46%、重度退化的草原面积占比为29.6%；青海退化的草原面积占比为70%；甘肃退化的草原面积占比90%；新疆退化的草原面积占比为80%，其中“三化”严重的草原面积占比为30%；西藏退化的草原面积占比超过50%。参见陈洁、罗丹等《中国草原生态治理调查》，上海远东出版社，2009，第13—16页。

② 除牧草之外，草原上还生长着许多有价值的药材和其他植物，如干草、麻黄、发菜、蘑菇等。自20世纪70年代始，大量外来人员到草原上采挖这些植物。在采挖季节，成百上千人涌入草原地区，漫山遍野都是采挖的人。这些人以“掠夺”的方式，到处挖坑采集或用耙子搂，四处人、车碾踏，彻底地破坏了植被，严重地破坏了地表层，直接造成草原的“三化”。参见施文正主编《草原与草业的法制建设研究》，内蒙古大学出版社，1996，第88—90页。

③ 据统计，到20世纪90年代中期，现有载畜量与适宜载畜量之比，内蒙古为118.6%，新疆为101.1%，西藏为116.1%，青海为109.8%，甘肃为120%。参见施文正主编《草原与草业的法制建设研究》，内蒙古大学出版社，1996，第91页。另据农业部公布的《2007年全国草原监测报告》，到2007年，全国重点天然草场的牲畜超载率达到了33%，其中内蒙古超载率为20%，青海为38%，甘肃为38%，新疆为39%，四川为39%，西藏为40%；全国266个牧区、半牧区县（旗）中，牲畜超载率大于20%的有178个。参见《中国畜牧业》2007年第9期。

按照流行的政策逻辑，草原超载放牧反映了牲畜私有与草场公有、共用之间的矛盾。这一政策逻辑也契合了当时已经广泛流行的“公地悲剧”理论。[①] 草原政策的制定者认为，要解决草原生态保护和治理无人负责的情况，就要将草原使用权“私权化”；通过建立草原家庭承包制，将养畜和种草、管草的权、责、利联系起来，以达到保护草原、合理利用草原的目的。[②] 正是出于这样的认识和考虑，中央在政策层面决心大力推广内蒙古的“双权一制”经验，[③] 将草场承包到户、确权到户，并将草原家庭承包制确定为一项基本法律制度。

2002 年 8 月，全国人大通过了《农村土地承包法》。该法明确规定农村土地承包的形式是家庭承包，该法所界定的农村土地包括了草地，[④] 并规定“草地的承包期为三十年至五十年”。[⑤] 这就是说，包括草地在内的所有农用地都要实行家庭承包制。这样就从法律制度层面将家庭土地承包经营制度从农区强制性地嵌入到牧区。[⑥]

---

① “公地悲剧”理论是美国人类生态学家哈丁在 1968 年 12 月《科学》杂志上发表的《公地悲剧》一文中提出的。该理论认为，如果有一块对所有人都开放的草地，势必出现每个牧民都尽可能地多放牧牲畜的现象，从而导致草原退化，最终出现所有的牧民都无法再继续放牧的“悲剧”。通常认为，解决“公地悲剧”问题有两个方案：一个是加强对公地的管制，严格限制对公共草地的利用；另一个是明确产权，实行公地“私有化”。20 世纪 90 年代，“公地悲剧”理论被引进，“公地悲剧”的观点广泛地用于对草原生态治理问题的认识上。有学者在内蒙古草原进行田野调查时惊讶地发现，牧区基层干部中能说出“公地悲剧”的人不在少数，虽然这些人并没有读过这一名著。这也表明，“公地悲剧”理论在草原上之深入人心。参见乌尼尔《与草原共存——哈日干图草原的生态人类学研究》，知识产权出版社，2014，第 17 页。但有研究运用计量经济学分析表明：牧户在村有的公共草场上放牧，“公地悲剧”现象并不显著。曲福田等：《农村发展中的土地资源保护机制》，科学出版社，2014，第 168 页。

② 早在 20 世纪 90 年代初，国家草业管理部门的专业人士就呼吁“推行草地家庭有偿长期承包制”，认为这是改变“草地使用上‘吃大锅饭’”问题的根本措施。参见李毓堂《草业——国富强民的新兴产业》，宁夏人民出版社，1994，第 117—120 页。2003 年新《草原法》公布实施以后，有农业部学者强调，“草原权属问题不仅是一个重要的法律制度问题，也是对草原生态保护和建设具有重大影响的问题。只有产权明晰了，牧户的预期稳定了，牧民才有投资建设草原的积极性，草原资源也才能得到有效的保护和合理的利用”。参见陈洁、罗丹等《中国草原生态治理调查》，上海远东出版社，2009，第 328 页。2009 年 5 月，在由国务院发展研究中心农村经济研究部等单位主办的“草原生态治理与牧区经济发展研讨会”上，农业部原国家首席兽医师贾幼陵指出“牲畜的私有、草场的公有，这种不配套是草原退化的极其重要的原因”。参见韩俊等编著《中国草原生态问题调查》，上海远东出版社，2011，第335 页。也有学者从产权经济学的角度，分析清晰草原产权、建立以牧户为基础的草原使用权制度的必要性。参见盖志毅《英国圈地运动对我国草原生态系统可持续发展的启示》，《内蒙古社会科学学报》2006 年第 6 期。

③ 有关内蒙古的“双权一制”的制度探索，见本章第二节。

④ 《农村土地承包法》第二条规定，“本法所称农村土地是指农民集体所有和国家所有依法由农民集体使用的耕地、林地、草地，以及其他用于农业的土地”。

⑤ 各省的草原承包期，新疆、青海和四川的规定是五十年，内蒙古、甘肃和西藏的规定是三十年。韩俊等编著《中国草原生态问题调查》，上海远东出版社，2011，第 364 页。

⑥ 胡敬萍：《中国牧区嵌入式草场产权制度安排的影响及出路》，引自“百度文库”。也有学者将这种做法称为“新名义下的农耕扩张”。参见韩念勇主编《草原的逻辑（第一辑）——警惕新名义下的农耕扩张》，北京科技出版社，2011。

几乎与《农村土地承包法》颁布同时（2002 年 12 月），全国人大对《草原法》也进行了较大的修订。新修订的《草原法》将原来的“可以由集体或个人承包从事畜牧业生产”修改为“可以由本集体经济组织内的家庭或者联户承包”，并对草原承包经营权转让做出了特殊规定。[①] 显然，这些表述明显是要与《农村土地承包法》中有关条款的土地承包制度相衔接。之后，各牧区纷纷出台落实《农村土地承包法》《草原法》的地方性法规。例如，2004 年，内蒙古颁布了修改的《内蒙古自治区草原管理条例》；2006 年，西藏出台了《西藏自治区实施〈中华人民共和国草原法〉办法》；2007 年，青海出台《青海省实施〈中华人民共和国草原法〉办法》等。

2007 年 3 月，农业部下发通知，对各地落实草原家庭承包制作出了部署。[②] 2010 年中央一号文件首次对落实草原家庭承包制提出明确要求。[③] 2011 年 6 月，国务院出台了《关于促进牧区又好又快发展的若干意见》，提出到 2015 年，基本完成草原确权承包和基本草原的划定工作，实现草场承包地块、面积、合同、证书“四到户”[④]。自此，新一轮草场家庭承包确权工作在全国牧区范围内广泛展开。[⑤]

可见，与农区耕地实行家庭土地承包经营制呼应了农户的要求完全不同，草原家庭承包制是国家以行政手段强制推动的；国家在牧区推行草原确权到户的主要目的是将对草原生态保护责任落实到户。严格地说，草原家庭承包经营制实质上是草原家庭联产承包责任制，即以草定畜，将养畜与产草量联系起来，以草原

① 新修订的《草原法》第十三条规定，“集体所有的草原或者依法确定给集体经济组织使用的国家所有的草原，可以由本集体经济组织内家庭或联户承包经营”；该法第十五条规定，“草原承包经营权转让的受让方必须具有从事畜牧业生产的能力，并应当履行保护、建设和按照承包合同约定的用途合理利用草原的义务”。

② 2007 年 3 月农业部发出的《关于加快推进草原家庭承包制的通知》指出，“草原承包到户，从根本上改变了‘草原无主、破坏无罪’的局面”，“草原承包是将人、草、畜等基本生产要素统一于家庭经营当中，有利于广大农牧民转变畜牧业生产方式，推行草畜平衡和禁牧休牧轮牧制度”，该通知要求，“对于已承包到户的草原，要组织开展摸底调查，规范和完善草原家庭承包合同，将草畜平衡、禁牧休牧等草原保护制度充实到草原承包合同中。对于没有承包到户或联户的草原，要成立专门工作班子，组织抓好政策和业务知识培训，把发放草原使用权证书作为落实草原承包工作的切入点”。

③ 2010 年中央一号文件即《关于加大统筹城乡发展力度　进一步夯实农业农村发展基础的若干意见》提出，“按照权属明确、管理规范、承包到户的要求，继续推进草原基本经营制度改革”。

④ 该文件要求提出，“按照权属明确、管理规范、承包到户的要求，积极稳妥地推进草原确权和承包工作。依法明确草原权属，实现草原承包地块、面积、合同、证书‘四到户’，保持草原承包关系稳定并长久不变。建立地方政府草原承包工作目标责任制，落实工作经费，力争用 5 年的时间基本完成草原确权和承包工作”。

⑤ 在这次新一轮草场家庭承包确权工作过程中，地方草原监管部门普遍使用全球定位系统（GPS），利用这一先进技术，就使草场承包确权工作变得容易多了。

承包的方式，将草原生态保护的责任落实到户。

值得一提的是，考虑到草原地区有联户放牧的传统，《草原法》所规定的草原家庭承包有两种形式，一种是单家牧户承包草原；另一种是联户家庭承包草原，即几个牧户联合起来承包草原。

（六）改变牧户传统放牧方式的种种努力

在牧区，推行草原家庭承包制与改变传统的放牧方式是同步推进、相互配套的。进入2000年后，面对日趋严重的草原生态恶化的问题，国家下决心在制度层面上根本转变牧区的传统生产方式。2002年9月，国务院发出了《关于加强草原保护与建设的若干意见》，该意见以“增草”“减牧”的思路，提出要“建立基本草原保护制度”“实行草畜平衡制度”“推行划区轮牧、休牧和禁牧制度”“积极推进舍饲圈养方式”等诸多政策措施。很快这些政策措施就上升到法律层面，被写入新修订的《草原法》，①多年后被写进中央一号文件。②这些政策措施中，与草原家庭承包制的落实有着直接关系的是推行划区轮牧制。

划区轮牧制一般指“小区轮牧”，以区别于传统的大范围的季节轮牧制。划区轮牧的通常做法：首先，对草场进行分区，通常是分为冷季牧场（冬春牧场）、暖季牧场（夏秋牧场）、打草场、饲料地等；其次，用铁丝网围起来，建围栏草场；最后，当地政府按照草畜平衡的原则，严格限制每个牧场的载畜量以及放牧时间。③建围栏草场实际上也是对草场使用权划界，这就使建立排他性草场使用权制度成为可能。

---

① 2003年开始实施的新修订的《草原法》规定，“草原承包经营者应当合理利用草原，不得超过草原行政主管部门核定的载畜量”，“牧区的草原经营者应当实行划区轮牧”，“国家提倡在农区、半农半牧区和有条件的牧区实行牲畜圈养”。

② 2010年中央一号文件即《关于加大统筹城乡发展力度　进一步夯实农业农村发展基础的若干意见》提出，“落实草畜平衡制度，继续推行禁牧休牧轮牧，发展舍饲圈养，搞好人工饲料地和牧区水利建设”。

③ 严格地说，“小区轮牧”是指按照草畜平衡的原则，根据各类畜牧不同生长期对草料的需求，以及牧草在各季节的生长情况，划分轮牧区。这就需要大量的现场试验和数据收集，设计不同分区的比较方案。宁夏盐池县曾在省政府的支持下，进行过一项“小区轮牧”的实地试验项目。该项目的一个试验点的草场面积6000亩，耗时数个月，试验费用达54万元，但对牧户的增收效益有限。该项目的现实推广意义令人存疑。参见柴浩放《草场资源治理中的集体行动研究》，中国农业出版社，2011，第123—132页。由于草原的气候和水文状况多变，在实际中，很难完全实现这种严格意义上的“小区轮牧”。据调查，在内蒙古草原，也有牧户根据经验，视草料和牲畜的生长情况，在季节性牧场中划分小区，进行轮牧。有的是7天轮牧一次，有的是10天或更长的时间轮牧一次。王晓毅：《环境压力下的草原社区——内蒙古六个嘎查村的调查》，社会科学文献出版社，2009，第98页。

在现实操作中，村集体分草场时，通常会按照传统季节转场营地将草场分成几块，分给牧户承包经营和管理。牧户根据情况和需要，对草场进行分区，将草场围起来。草场少、人多、畜多的地区，往往也是放牧草资源、水资源较好的地区，牧户会把所有分到的草场都围起来。在草场较大，但草资源、水资源较差的地区，牧户只会将临近居住点的冷季草场围起来，面积较大的暖季草场不围。也有的牧民，仍选择联户承包，联户建围栏草场。也有的村，将暖季草场承包到村民小组，在夏季，由村民小组内的牧民共用。①

由于建围栏草场可以防止“串牧”和减少草场纠纷，加之有政府补贴（通常政府补贴占建围栏草场的总成本的50%左右），牧户建围栏草场的积极性较高。不少牧户建围栏草场的直接目的就是保护自己的草场不被别人占用，防止他人侵权放牧、打草、采药、挖石等，而不是为了划区轮牧。因此，建围栏、修围栏几乎成了每个牧户必须要做的事，因为“你不围，别家的牲畜就会走到你家牧场，你只能吃亏”。据统计，到2005年，围栏草场建设面积达5.56亿亩，② 占可经营牧草地33亿亩的16.85%。草原家庭承包制就这样在建围栏草场的基础上确立起来了。③

维护草场“私权”并不是牧户围封草原的唯一目的。有学者在青藏高寒草原调查时发现，这里的牧户将草场围起来，主要是为了保护冬季牧场，阻止其他牧户在夏季将牲畜放进来。因为如果夏季牲畜把草都吃光了，到了冬季就没有吃的了。具体做法是：在夏季，将位置较好的草场围封起来，让草长得更茂盛，以备冬季放牧之用；所围封起来的草场也不是一家，而是10户、20户一起围、一起用。④

开发饲料地、推广舍饲圈养也有助于草场承包到户。舍饲圈养原来主要流行于农区和农牧交错区。2000年以后，随着国家强力实行严格的禁牧政策，舍饲圈养的经营方式在传统牧区也推广开来。⑤ 舍饲圈养需要稳定的饲料来源。饲料

---

① 有关对牧区草牧业经营方式转变的研究，可参见敖其仁、额尔敦乌日图等《牧区制度与政策研究——以草原畜牧业生产方式变迁为主线》，内蒙古教育出版社，2009年。

② 李毓堂：《中国草原政策的变迁》，《草业科学》，2008年第6期。

③ 这也导致落实草原承包到户的成本大幅提高。大面积建设围栏草场实在太费钱了，不是每个牧民都能负担得起的。虽然国家对围栏建设给予一定的补助资金，但是，围栏建设后，每年都要维修，遇到了大风沙天气，可能还要重建。这些都要牧户出钱的。有学者称草原家庭承包制是“高成本的产权制度”。韩念勇：《草原的逻辑续》（上），民族出版社，2018，第23页。

④ 陕锦风：《青藏高原的草原生态与游牧文化》，中国社会科学出版社，2014，第87—89页。

⑤ 2011年国务院出台的《关于促进牧区又好又快发展的若干意见》提出，“发展节水高效灌溉饲草基地，促进草原畜牧业由天然放牧向舍饲、半舍饲转变”。

地因此被大量开发出来了。[①] 除了种植品种有所不同，[②] 饲料地的利用和管理与一般耕地没有什么差别，因此很容易将饲料地确权到户。这就是说，发展舍饲圈养的畜牧经营方式有利于将原本适合于农区的土地承包经营制度“移植”到牧区的草原上。建设人工草场需要牧户大量的投入，因此，牧户也有保护草场、防止他人侵入的积极性。据统计，到2005年，全国建设草场面积达3.76亿亩，其中人工种草面积1.79亿亩，改良草原面积1.78亿亩，飞播牧草面积1962万亩。[③] 到2014年，牧区的人工草场面积达1.35亿亩，非牧区的人工草场面积达5.7亿亩，与2001年相比，分别增长了36.3%和44.3%。[④]

但也应该看到，开发饲料地、推广舍饲圈养仅适合于水土、气候条件比较好的农牧混合区。在牧区，特别是在广大的高山牧区、高寒牧区及荒漠草原，这样做的难度较大。在广大牧区，大多数牧民采取的是暖季放牧、冷季舍饲或补饲的方式。舍饲圈养主要是解决冬季草场不足问题，也可以减少因冬季“白灾”或“黑灾”导致的牲畜死亡数量，而且牧户所用饲料大量依赖外购。

另外，2000年以后，国家对草原“三化”严重的牧区实行禁牧、休牧政策。对草原生态条件恶化、不适用人类生存的牧区实行生态移民、“围封转移”政策；对未定居的游牧民，大力推进游牧民定居工程建设；[⑤] 并加大了对草原生态补偿的力度，建立草原生态保护奖励机制。[⑥] 这些政策措施都有利于实现牧区从

---

① 饲料地是指种植饲养牲畜用的可收割、可储藏农作物的土地。种植饲料可以减少牧民放牧对天然草地的依赖，特别是在冬季和灾害季节。在不少牧区，也有种植饲料的传统。但在传统上，饲料主要用于畜牧的“补饲”，不是主要的草料来源。

② 饲料地的种植品质包括：紫花苜蓿、披碱草、青贮玉米、多年生黑麦草、柠条、沙打旺、燕麦、多花黑麦草、羊草和三叶草等。参见全国畜牧总站编《草牧业分析报告》，中国农业出版社，2020，第153—159页。

③ 李毓堂：《中国草原政策的变迁》，《草业科学》2008年第6期。

④ 陈洁、原英、乔光华等：《我国传统牧区转变畜牧业发展方式问题研究》，上海远东出版社，2018，第79页。

⑤ 2012年6月国务院召开的常务会议通过了国家发展和改革委员会、住房和城乡建设部和农业部联合编制的《全国游牧民定居工程建设“十二五”规划》，该规划提出要“基本解决24.6万户、115.5万游牧民的定居问题”。作为游牧定居工程的配套措施，该规划提出要建设牲畜棚圈、贮草棚、饲草基地及青稞基地等。未定居的游牧民主要分布在西藏和新疆两区，内蒙古也有少量未定居的游牧民。

⑥ 涉及草原生态补偿名目繁多，各地执行的情况也不尽相同，归纳起来主要包括饲料粮补助、草原围栏补助、生态移民即“围封转移”补助、禁牧休牧补贴、牲畜出栏补贴、人工种草补贴、饲料加工补贴等。参见陈洁、原英、乔光华等《我国传统牧区转变畜牧业发展方式问题研究》，上海远东出版社，2018，第133—138页。2010年10月国务院召开的128次常务会议决定，从2011年起，国家在内蒙古、新疆、青海、四川、甘肃、宁夏和云南共7个主要草原牧区省（区）及新疆生产建设兵团，全面建立草原生态保护补助奖励机制。2011年6月农业部、财政部联合下发了《2011年草原生态保护补助奖励政策实施指导意见》。该指导意见将中央财政拨付的草原生态补助或奖励分为禁牧补助、草畜平衡奖励、畜牧品种改良补贴、牧草良种补贴和生产资料综合补贴等。

传统的游牧、放牧经营方式向现代化家庭牧场和合作牧场的经营方式转型。牧区草牧业经营方式的转型以及牧民居住方式的改变，可以从根本上解决放牧制度与草原家庭承包制度的内在冲突，使草场使用权落实到家庭，实行草场家庭承包经营制似乎也就成了顺理成章的事了。牧区草畜的经营方式的改变，使得草场使用权制度越来越接近农区的耕地使用权制度。

（七）草原家庭承包制的落实

自2002年新修订的《草原法》公布后，落实草原家庭承包制成为传统牧区各级政府的一项重要工作。据统计，到2005年，落实草原承包的面积比例为68.3%，其中将草原承包落实到户的比例为48.7%。[①] 2007年以后，落实草原家庭承包的工作进度进一步加快。据农业部的统计，截至2011年底，全国落实草原承包面积为38.45亿亩，占全国可利用草原面积的73.4%。[②] 到2014年，全国落实草原承包面积达42.75亿亩，占全国可利用草原面积的81.62%。[③] 基本实现了国务院提出的落实草原承包工作的目标。[④]

然而，从实际调查情况来看，草原家庭承包实际运作情况并不那么“乐观”。虽然许多牧区已经按照上级的要求将草场承包到户，但在大多数牧区，草场特别是夏季草场仍然是归村集体统一规划，由牧民共同使用。例如，在新疆呼图壁县，到2013年，采取承包形式的草原面积为817.9万亩，但承包到牧户的草原面积为340.9万亩，占比为41.7%。这就是说，采取联户或集体承包的草原占大多数。[⑤] 即使实行草场承包到户的村，往往也不是将所有草场都分到户。例如，青海同德县某村。该村将草场分为三大块，第一块草场质量较好，全部承包到户；第二块质量一般的草场围栏到组，质量不好的草场划为公共草场；第三块

① 陈洁、罗丹等：《中国草原生态治理调查》，上海远东出版社，2009，第291页。

② 农业部草原监理中心：《草原承包情况进村入户调查》，《中国畜牧业》2012年第20期。

③ 中华人民共和国农业部编《2015中国农业发展报告》，中国农业出版社，2015，第53页。

④ 2011年8月召开的全国牧区工作会议上提出，要力争在2015年基本完成草原承包工作的目标。参见《韩长赋主持召开农业部常务会议强调：全面落实全国牧区工作会议部署努力促进牧区又好又快发展》，《农民日报》2011年8月8日。

⑤ 尚旭东：《农村土地经营权流转：信托模式、政府主导、规模经济与地方实践》，中国农业大学出版社，2016，第103页。

草场有的承包到户，有的承包到组。[①] 据调查，内蒙古阿拉善左旗在实行草场承包到户的牧户中，四至界限清楚、“证、账、地”相符的牧户及草场面积仅占总数的8%。[②] 在不少牧区，落实到户的草场承包面积主要是牧户向政府领取草原补偿及奖励资金的一个依据，同时也是为了核定牧户的载畜量，并不是真正的划分草场，落实到户。对牧户来说，所谓的分草场到户实际上是分载畜量[③]，也是分政府补贴。可以推断，在广大干旱和半干旱的牧区，能真正做到草场“四至”明确、“四到户”的，可能并没有官方统计的那么多。

有学者对青海藏区做的一项比较调查研究表明，草场是否能真正地承包到户，与放牧方式有着直接关系。在保留四季游牧传统的村，虽然在纸面上是将全部草场承包到户，但实际上仍保持着草场共用的传统习俗，由村集体出面管理。有的村只将冬春草场承包到户，而夏秋草场仍由全村牧户共用。真正将全部草场承包到户的村则不得不放弃四季游牧的传统，只能选择在自家草场建立围栏轮牧。[④] 该调查显示，采取传统四季游牧的村，因为不用将全部草场都围起来，而且不用支付草场租金，所以，与采取在自家草场轮牧的村相比，养畜成本要小得多，而养畜收益率大得多。[⑤] 该学者认为，两种放牧及草场承包方式的不同，反映了两种不同的草场管理模式。采取传统四季游牧的村，社区的共用意识较强，仍受到较强的传统草场共用习俗的影响，市场机制嵌套于原有的建立在互惠合作基础上的社区习俗关系之内。而采取在自家草场轮牧的村，社区的共用意识淡薄（所调查的一个村，有一半的牧户是外来户，实行草场共用时，因草场利用问题，

---

① 马兴文：《草场使用及草权制度的历史变迁——基于青海省同德县X村的调研》，《柴达木开发研究》2012年第2期。

② 陈洁、原英、乔光华等：《我国传统牧区转变畜牧业发展方式问题研究》，上海远东出版社，2018，第116页。

③ 按照《草原法》的规定，牧户在草场上放牧“不得超过草原行政主管部门核定的载畜量”。载畜量由当地政府制定。载畜量可以按放牧一只绵羊单位要多少亩草场计算。例如，20亩载畜量，表明放牧一只绵羊单位要有20亩草场。如果一个牧户有2000亩草场，该牧户的法定放牧的绵羊单位为100只。载畜量也可以按1亩地可以放牧多少绵羊单位计算。例如，放牧一只绵羊单位要有20亩草场，也可以表示为1亩草场可以放牧0.05个绵羊单位。如果一个牧户有2000亩草场，2000亩×0.05只绵羊单位=100只绵羊单位。由于牧区实行严格的载畜量制度，分到牧户多少草场就决定了该牧户可以放牧多少牲畜。即使草场没有明确“四至”，只要确定了草场承包面积，也可以确定法定放牧的牲畜数量。想要多放养牲畜的牧户，由于自家的法定载畜量不足，就会流转别家牧户的草场，以获得更多的载畜量。

④ 贡布泽仁：《市场化进程中青藏高原草场使用和管理的制度变迁》，西南财经大学出版社，2019，第36—40页。

⑤ 同上书，第69页、第74页。

牧民之间一直冲突不断。草场分到户后，父子之间使用草场都要事先谈好价钱[①])，村集体对草场管理协调能力差，只得选择将全部草场分到牧户，原有的互惠合作机制被市场机制所替代。[②]

（八）草场租赁

如前所述，放牧的草场需要一定的经济规模。如果分到户的草场面积太小，就会出现“谁家也用不了”的困境。在现实中，这一困境是通过租赁草场来解决的。

实行“包畜到户”以后，牧户之间放养的牲畜不均的情况很快就显现出来了。有能力的牧户放养的牲畜快速增长，有的牧户则由于各种原因，需要卖牲畜变现，导致牲畜数量减少，成为少畜户，甚至无畜户。之后，在落实草原家庭承包制时，各个牧区都会考虑牧户的家庭人口因素，按人口和牲畜比例分草场，即使是少畜户甚至无畜户也能分到一些草场。[③] 因为形成畜群需要一定的时期周期，[④] 而且前期投入也较大，有些少畜户、无畜户往往会选择放弃放养牲畜，另谋生计，而将草场租给多畜户。据学者对青海同德县某村的调查，该村无畜户的比例高达41.3%。[⑤] 这些无畜户就成了草场租赁的供给方。从需求方面看，草场承包到户后，每家的草场面积都不大，不能满足牧民的放牧需求。这些有畜或多畜的放牧户就成了草场租赁的需求方。在草场承包到户的情况下，草场租赁作为调节畜、草不平衡的重要机制就迅速建立起来了。另外，面对草原上多变的气候条件，牧户也不得不到远地去租赁草场，移动避灾（内蒙古称之为走敖特尔）。[⑥] 这也是促进草场租赁市场发展的一个重要因素。

租赁的草场主要是天然草场。草场租赁一般采取以下三种方式。第一种方式是长时间租赁。长时间租赁的租期为五年、十年、二十年不等，租金按亩计算。

---

① 贡布泽仁:《市场化进程中青藏高原草场使用和管理的制度变迁》，西南财经大学出版社，2019，第43页。

② 同上书，第130—139页。

③ 因为实行这种草场分配方式，最不愿实行草场承包的是放养牲畜的大户。韩俊等编著《中国草原生态问题调查》，上海远东出版社，2011，第216页。

④ 据学者对内蒙古牧户的调查，如果没有基础母畜，形成畜群至少需要5年时间。韩念勇主编《草原的逻辑（第三辑）——探寻另类市场制度》，北京科学技术出版社，2011，第7页。

⑤ 马兴文:《草场使用及草权制度的历史变迁——基于青海省同德县X村的调研》，《柴达木开发研究》2012年第2期。

⑥ 有学者以内蒙古锡林郭勒盟牧区某嘎查为例，详尽地分析了牧民为什么要租赁草场，走敖特尔。参见李文军、张倩《解读草原困境——对于干旱半干旱草原利用管理若干问题的认识》，经济科学出版社，2009，第203—232页。

2000年代初期和中期，每亩草场的租金为0.1～0.3元。到2000年代末期，每亩草场的租金上涨到2～5元。如果草场有水井、棚圈，草场的租赁价格会更高。由于出租草场的牧户大多是急用钱的“穷户”，所以，长时间租赁多采取一次性支付草场租金形式（牧户多称之为草场转让）。有学者调查，在内蒙古呼伦贝尔市哈日干图草原，某个租期为十年的9000亩草场（打草场），转让费为15万元，另一个同样是租期十年的1万亩草场（打草场），转让费为12万元。[①] 第二种方式是短期租赁。短期租赁通常是按月或按季确定。租赁户租用草场的主要目的是解决冬季雪灾、春季旱灾而引起的草料不足的问题。第三种方式是按牲畜数量租赁，租期按月确定。例如，在租赁的草场上，放牧1头牛每个月100～150元，放牧1只羊每个月10元等。[②]

与耕地和林地完全不同，在耕地或林地要想获得产出，首先要种植，有种植才能有产出，而天然草场的草资源是自然存在的，租赁其他牧户的天然草场只是为了给租赁牧户提供草料，作为租赁牧户草料的补充来源。这样一来就会产生两个结果：一是租赁草场的牧户必然会尽量地利用租赁来的草场，“不用白不用”，因而会刺激其超载放牧；二是因为天然草场的草量多少，主要取决于天气。天气好，降雨多，牧户就不需要租赁草场，或者是少租赁草场；天气不好，遇到了干旱，就多租赁一些草场。这就造成了草场租赁期趋于短期化。在内蒙古，月租很普遍，甚至出现按日算钱的现象。[③] 草场的租赁短期化进一步刺激牧户对租赁的草场实行掠夺性使用。

还有一种替代草场租赁的做法，这就是代牧。如果某家牧户的草场不够，可以将自家的牲畜放给其他有“空闲”草场的牧户代牧。畜主按月向代牧户支付工资。实质上，畜主既是向代牧户租赁草场，也是其雇佣劳动力。有学者曾在内蒙古锡林郭勒盟调查一家牧户。该牧户有5700亩草场，养着200多只羊、50头牛。因草场不够，该牧户不得不将30头牛放给其他牧户代养，代养时间4个月，每月每头牛100元。[④]

---

① 乌尼尔：《与草原共存——哈日干图草原的生态人类学研究》，知识产权出版社，2014，第119页。

② 韩念勇主编《草原的逻辑（第三辑）——探寻另类市场制度》，北京科学技术出版社，2011，第30页。

③ 韩念勇：《草原的逻辑续》（上），民族出版社，2018，第24—33页。

④ 韩念勇主编《草原的逻辑（第三辑）——探寻另类市场制度》，北京科学技术出版社，2011，第16—17页。

随着草畜平衡管理制度越来越严格地执行，有能力的牧户想要扩大牲畜规模，就要扩大草场规模，以适应当地草原管理部门对载畜量的要求。因此，流转草场实际也是流转载畜量。[①] 值得一提的是，在仍保留四季游牧传统的村，调节畜草不匹配的方式仍主要受社区习俗及共同规则的支配。例如，青海贵南县一个藏区畜牧村。该村将冬春牧场分到户，夏秋牧场则是全村共用，但按户分配载畜配额。当多畜户超载时，就要按超载的牲畜头数，向少畜户支付补偿，也就是买载畜配额。[②] 又如，青海若尔盖县一个藏区畜牧村。该村虽然与每个牧户签订了草场承包合同，但实际上仍实行草场集体共用方式，只是将草场载畜配额落实到户。当多畜户的草场配额不够时，通常是把幼畜贷给草场配额富裕的少畜户，由少畜户负责养饲。少畜户卖出牲畜后，再按事先协商好的价格，将钱还给多畜户。[③] 对草场租赁和草场配额管理的微观比较研究结果表明，实行草场承包到户和草场租赁的村，因为大多数草场租赁是短租，所以，对草原生态破坏较为严重，而实行草场共用和草场配额管理的村，草原生态状况维持得较好。[④]

（九）草畜合作社

随着草原家庭承包合作制的落实，一些地方政府也开始力图将农区的农民合作社形式引入牧区，把若干家牧户组织起来，成立牧民草畜专业合作社。在农牧交错区，因为农区向牧区提供饲料比较方便，一些比较正规的，或者说更像农区的农民专业合作社的牧民草畜专业合作社也就发展起来了。例如，新疆昌吉回族自治州。[⑤]

新疆昌吉回族自治州属于比较典型的农牧混合区。该州有草原面积 7319 万亩，其中可利用的草原面积 6720 万亩，扣除了禁牧面积后，草畜平衡的面积为 4688 万亩。该州还有 829.85 万亩耕地，可以为牧区提供较为充足的人工饲料。2012 年，该州呼图壁县设立了两个草畜联营合作社，之后，该州政府开始在全州牧区普遍推广。截至 2014 年，该州已成立的草畜联营合作社有 115 个，其中

① 王晓毅：《环境压力下的草原社区——内蒙古六个嘎查村的调查》，社会科学文献出版社，2009，第 73 页。

② 贡布泽仁：《市场化进程中青藏高原草场使用和管理的制度变迁》，西南财经大学出版社，2019，第 37—38 页。

③ 同上书，第 40 页。

④ 同上书，第 105—106 页。

⑤ 有关新疆昌吉回族自治州的资料来源于王锡波主编《新疆草原畜牧业转型研究》，中国农业出版社，2016，第 105—136 页。

通过州政府验收的有23个。

昌吉回族自治州草畜联营合作社采取草场使用权、牲畜生产经营权和设施使用权“三权作价入股”的方式组建，按照统一放牧、统一防疫、统一改良、统一销售的模式运作。由于该州人工饲料供应比较有保障，所以，在放牧方式上，也逐渐将传统的四季放牧的方式转变为暖季放牧、冷季舍饲的牲畜养殖方式，并将草场集中起来，划区轮牧。在几个运作较好的草畜联营合作社中，集中草场面积最大的有3.36万亩，较小的也有3900亩。①

又如，青海乌兰县的吉仁生态牧业合作社。该合作社成立于2011年，主打产品是茶卡“贡羊”。该合作社有25个社员，共有草场22万亩，养殖牲畜3600只。该社统一放牧、统一接羔、统一剪毛、统一屠宰、统一销售羊肉和进行草场建设。合作社与社员的合作采取三种方式：第一种方式是对无畜户，合作社以每亩6元的租金，租赁其草场，租期为十五年到二十年；第二种方式是对有畜、有草场的牧户，社员以草场和牲畜入社，合作社以15亩加一只羊350元的标准，每年向社员支付固定分红，如社员的草场有剩余，合作社按每亩6元标准，租赁其剩余的草场；第三种方式是对有畜、无草场户，合作社按每只羊250元标准，每年向社员支付固定分红。在经营过程中，该合作社将3600只牲畜分为9个畜群，交由9个社员饲养和放牧。合作社按6：4的比例与这些人分配羊羔。②

在许多传统牧区，特别是在高寒草原上，没有充足、价格较低（即运费较低）的人工饲料供应，本地气候条件恶劣，不适于饲料种植，所以，对天然牧场依赖程度较高，季节性放牧仍然是这些地区养育牲畜的主要方式。在这些传统牧区，草畜合作通常采取较为初级的联户牧场的形式。③ 以赤峰阿鲁科尔沁旗绍根镇的联户牧场为例。④

---

① 有学者在该州呼图壁县调查。到2013年，该县能正常运行的草畜联营合作社有3家、尚未运营的有3家，还有5家正在组建。据统计，通过草畜联营合作社流转草原面积4.55万亩，占承包草原总面积的0.56%。尚旭东：《农村土地经营权流转：信托模式、政府主导、规模经济与地方实践》，中国农业大学出版社，2016，第103页。

② 陈洁、原英、乔光华等：《我国传统牧区转变畜牧业发展方式问题研究》，上海远东出版社，2018，第38—39页。

③ 可以说，联户牧场是联户承包草场的变种。在草场及牲畜经营管理上，联户牧场与联户承包草场相差不大。联户承包草场是联户共同与草场所有权人或使用权人乡（苏木）政府或村（嘎查）签订草场承包合同，而联户牧场则是牧户各自承包草场，各自签订草场承包合同，之后再将其所承包的草场联合起来，共同经营管理。

④ 有关赤峰绍根镇联户牧场合作社的资料来源于达林太、郑易生《牧区与市场——牧民经济学》，社会科学文献出版社，2010，第422—424页。

绍根镇地处科尔沁沙地，全镇可利用草场75万亩。每家牧户草场面积较小，平均只有400～800亩。每家牧户的牲畜只能在狭小的草场上反复践踏，导致草场的产草量逐渐下降。而且，按照以草定畜的原则，草场规模决定了畜群的规模。草场规模小，畜群规模也就小，畜群规模不足100个羊单位。按照当地的条件，只有当畜群规模达到300个羊单位时，牧户才有钱赚。这么小规模的畜群，牧户放牧基本上就没什么效益。在这种情况下，在绍根镇，联户牧场就发展起来了。到2006年，全镇联户牧场已发展到76处，联户牧场面积16.6万亩，约占全镇草场面积的22%。

绍根镇的联户牧场是在家庭牧场的基础上，以亲情为纽带建立起来的。联户牧场成员之间大多是父子和兄弟姐妹关系。联户成员以草场共用、流转或入股的方式，将草场整合连片，绍根镇的联户牧场规模为1300～8000亩。牧场达到一定规模，就可以对牧场实行划区轮牧，将草场围栏起来，划分为饲料地、青贮地、打草场和2～4个轮牧区。在放牧环节，采用牲畜合群、专人放牧的方式。不放牧的成员，有的人负责饲料地的种植，有的人则外出打工。可以想见，这种以亲情为纽带的联户牧场，经营规模不会太大，内部分工及收益分配的规则也不会太正式。有什么事都是大家商量着办。

除牧户之间自愿组建的联户牧场之外，还存在不少由村集体主导的社区型草畜合作组织。在这些村（嘎查或浩特），大多只是在纸上将草场分到户，实际上草场仍由村集体统一管理。① 以内蒙古锡林郭勒盟为例。内蒙古锡林郭勒盟集体经营草场有两种模式，一种模式是以浩特（村民小组）为单位的联户经营，另一种模式是以嘎查（行政村）为单位的联户经营。例如，镶黄旗巴嘎达苏嘎查的白音锡勒浩特。该浩特有6户，户户之间都有一定的亲属关系，有牲畜800多头，草场面积11500亩。该浩特在嘎查长的带领下，采取分户经营与统一经营相结合的方式，即在接羔保育期和休牧期，各家饲养各家的牲畜，在放牧期，统一分群放牧，共同利用草场。有的浩特，一些不再以牧业为生的牧户，就将草场租给浩特其他牧户；仍以牧业为生的牧户联合起来，轮流集中放牧，共同利用草场。以嘎查为单位的联户经营则比较复杂。有的是各家的牲畜还是由各家自己饲

① 据学者的调查，在内蒙古草原，可以持续运行的合作社，大都是没有将草场分到户的嘎查或浩特，是由嘎查或浩特主导成立的合作社。韩念勇：《草原的逻辑续》（上），民族出版社，2018，第107—123页。

养，各自利用各自的有水牧场，只是将不易利用的、分散的无水草场集中起来，或者是将无水草场改造建设为嘎查牧户共同利用的打草场，或者是作为嘎查牧户共同利用的冬季牧场。有的嘎查不仅集中了草场，还集中了牲畜，按集体牧场的方式，实行统一经营。①

与农区的合作制相比，传统牧区的草畜合作有容易推行的一面，也有实行困难的一面。容易的一面是牧户放牧对共同合作的依赖度较高。如前述的绍根镇的联户牧场。牲畜饲养、草场的利用有一定的规模门槛，在草原资源紧张的情况下，牧户只有联合起来，才能维持正常的经营。放牧劳动力的利用也有较强的规模经济性。例如，锡林郭勒盟的西乌珠穆沁旗的舒图嘎查的某联户牧场有 4 家牧户，2000 多头羊。该联户牧场在夏季，将 2000 多头羊分成两个羊群，由两个牧民负责放牧；打草时，则是 4 家牧户一块打草。困难的一面是合作的公平原则难以保证。由于牧户的牲畜保有量不同，各个牧户对草原的利用强度相差很大，而且，各牧户分到的草场，以及对草场的投入力度也不同，造成各家的草场良莠不齐。牲畜少的牧户认为牲畜多的牧户占了便宜，草场条件好的牧户觉得吃亏了。双方往往因为“坐不到一起”而不欢而散。另外，草原承包到户也打破了原有的牧户之间的合作传统。② 草原承包到户后，无论是“借场”，还是远距离放牧、接羔、抓羊绒，牧户之间都是要算钱的，这就使建立在互惠互利基础上的联户合作放牧变得越来越难了。③

二、内蒙古草原家庭承包的制度探索

内蒙古草原是中国三大天然草原之一。据第一次全国土地资源调查，内蒙古

① 田艳丽、乔光华、乌云：《完善草原家庭承包制——对联户经营模式的思考》，《乡镇经济》，2009 年第 4 期。另参见乔光华等《草原家庭承包经营制度创新：基于内蒙古锡林郭勒盟联户经营模式的实证研究》，转引自韩俊等编著《中国草原生态问题调查》，上海远东出版社，2011，第 361—369 页。

② 在“大集体”时期，牧户之间的合作是比较普遍的。在游牧过程中，都是由若干个有血缘关系的牧户组成一个放牧单位，共同从事远距离放牧。在接羔时，需要劳动力较多，各家牧户也是相互帮忙。而且牧户之间的区域合作也较为普遍。比如，在发生自然灾害时，受灾的大队或公社的牧户，可以到别的大队或公社的草场上去避灾，即“走敖特”制度。王晓毅：《环境压力下的草原社区——内蒙古六个嘎查村的调查》，社会科学文献出版社，2009，第 9—10 页。

③ 王晓毅：《环境压力下的草原社区——内蒙古六个嘎查村的调查》，社会科学文献出版社，2009，第 11—12 页。另参见韩念勇《草原的逻辑续》（上），民族出版社，2018，第 117—118 页。

自治区的草原面积为10.2亿亩，占全国牧草地总面积的25.6%，在全国各省自治区直辖市中排名第一。① 内蒙古草原不仅面积大，而且气候条件和地形地貌条件，以及人力资源条件也是在中国三大草原中最好的。较为优越的资源禀赋，为内蒙古草牧业的发展提供了必要条件。内蒙古的草牧业发展水平始终处于全国领先地位。② 在牧区经济改革方面，内蒙古也十分活跃，一直走在全国牧区的前列。内蒙古进行的诸多制度探索，大多为其他传统牧区效仿，并最终上升为国家层面的牧区经济制度。

（一）从“包畜到户”到“牲畜作价归户”

几乎与安徽同时，在“双包”尚未“合法化”时，内蒙古就在农区和农牧混合区推行划分“口粮田”、实行“大包干”的改革，并在全国产生了一定影响。③ 与此同时，内蒙古政府结合牧区的特点，在放宽自留畜的比例的同时，④ 将家庭承包重点放在牧户承包牲畜上，在全国率先全面推行“包畜到户”的改革。

内蒙古巴林右旗（县级行政单位）是推行“包畜到户”的生产责任制的发源地。1980年，该旗将集体牲畜按人口或劳力平均分到各户包养；各户按承包牲畜的头数，承担国家税收、国家畜产品征购、集体提留和生产费用开支，剩余收入归承包牧户；村集体统一负责草原建设、统一安排移场放牧、统一牲畜改良、统一疫病防治（即“草原四统一”）。⑤ 1981年6月，当时的内蒙古自治区领导周惠等充分肯定了“包畜到户”的做法。此后，“包畜到户”的改革在内蒙古全面展开。到1982年底，内蒙古大部分牧区都实行了“保本承包，少量提留，

---

① 李元主编《中国土地资源》，中国大地出版社，2000，第224页。

② 根据全国畜牧总站主持的研究，经初步核算，无论是广义草牧业产值（包括饲料产值、养殖产值和文体及旅游产值），还是狭义草牧业产值（不包括文体及旅游产值），内蒙古在全国各省区中始终处于领先地位。全国畜牧总站编《草牧业分析报告》，中国农业出版社，2020，第462—465页、第469—470页。

③ 时任内蒙古自治区党委书记周惠曾多次在中央会议上旗帜鲜明地支持“双包”改革，并大刀阔斧地在内蒙古推行“双包”改革。1980年11月30日，《人民日报》刊登了一篇题为《从“口粮田”到“大包干”》的调查文章，该文详细报道了内蒙古划分“口粮田”，实行“大包干”的做法。

④ 1978年8月，内蒙古政府曾出台文件规定：自留畜的比例不得超过基本核算单位牲畜总头数的10%。1980年7月，内蒙古政府作出决定，不再限制自留畜的比例。当年全区自留畜（包括猪）的比例达到了27.1%，其中牧区的自留畜的比例为17.82%。参见内蒙古自治区牧业厅修志编史委员会编《内蒙古畜牧业发展史》，内蒙古人民出版社，2000，第228—229页。

⑤ 中共巴林右旗委员会：《不断完善牧业大包干生产责任制》，载红旗杂志社经济编辑室编《八十年代初的我国农业生产责任制——调查报告选编》，红旗出版社，1984，第64—65页。

费用自理，收入归己”的“包畜到户”的生产责任制。①

虽然牲畜也是一种生产资料，可以产羊羔、产羊毛、产奶、产黄油等，但与土地不同，牲畜是活物，比起土地，对放养牲畜的精心程度的要求要比“养地”高得多。如果仅仅是“包畜到户”，牧户就会更精心于自留畜，“怠慢”承包的集体畜。所以，仅仅把牲畜包到户还是不够的，要使牧民放心、精心放养承包的集体畜，就必须把集体畜“私人化”给牧户。集体畜的“私人化”有两种方式，一种是无偿的，一种是有偿的。由于牲畜的品种和质量相差很大，无偿分配牲畜很难做到公平。很快就有牧区找到了一种分配牲畜的新方法，这就是牲畜作价归户。

1982 年，科尔沁右翼中旗、赤峰市、陈巴尔虎旗、科尔沁左翼后旗、镶黄旗、阿拉善盟等牧区，探索实行了各种形式的牲畜作价归户的牲畜饲养“包干制”。1983 年 1 月，内蒙古自治区政府决定将这一做法向全区推广。1983 年底，内蒙古自治区政府将各种形式的牲畜作价归户总结为“牲畜作价归户、分期偿还、私有私养”② 政策。到 1983 年底，实行牲畜作价归户的嘎查（行政村）已达到 81. 8% 。到 1985 年 8 月，内蒙古全区已有 95% 的集体牲畜都作价归户了。③内蒙古的这个做法很快也在新疆、青海、甘肃及西藏等牧区普遍推广。④

---

① 田聪明：《忆“畜草双承包”改革始末》，《中国民族》2008 年第 4 期。另参见赵红羽《“文化大革命”结束后内蒙古自治区草原产权制度的演变（1977—2005）》，硕士学位论文，2015，第 17 页。与“包畜到户”相类似的这种做法在内蒙古有很长的历史，叫“苏克鲁”。“苏克鲁”在蒙语中是畜群的意思。其做法是：牲畜多的牧主将牲畜“放贷”给牲畜少的牧民，即牲畜多的牧主放“苏克鲁”，牲畜少的牧民接“苏克鲁”；按照双方约定的时间，接“苏克鲁”的牧民向放“苏克鲁”上交一定数量的牲畜和牲畜产品，如羊羔、黄油、奶制品等。“苏克鲁”兴起于清代，一直持续到新中国成立。新中国成立后，内蒙古自治区政府对“苏克鲁”的收益分配比例做出了强行规定，保障接“苏克鲁”牧民能分到收益的大部分。到 1958 年牧区全面实行牲畜集体化后，“苏克鲁”也就逐渐消失了，被“定产定工、超产奖励”取代。虽然“定产定工、超产奖励”要生产队统一核算、定工分，但对牲畜放养，也是包给牧户的。除了接羔和剪毛需要集体共同劳动，牲畜放牧都是承包给牧户的。当时村集体与牧户的分配比例约为 85% 的羊羔归集体，15% 的羊羔归牧户。王晓毅：《环境压力下的草原社区——内蒙古六个嘎查村的调查》，社会科学文献出版社，2009，第 4 页、第 61 页。1980 年初，在内蒙古兴起的“包畜到户”做法，一度被称为新“苏克鲁”责任制。参见王路《论新“苏克鲁”责任制》，载中国社会科学院农村发展研究所编辑组编《农业生产责任制论文集》，人民出版社，1986，第 133—140 页。

② 牲畜作价归户、分期偿还、私有私养的具体做法是：集体以低于市场价格的作价，将集体牲畜出卖给牧户，作价款分 5 年、7 年、10 年、15 年还清。牲畜归社员私有。“包畜到户”的分配标准是按人头分。例如，锡林浩特希塔大队（后改为希塔嘎查）定出的分配标准是，每人 17. 3 只羊、1. 5 头牛。王晓毅：《环境压力下的草原社区——内蒙古六个嘎查村的调查》，社会科学文献出版社，2009，第 66 页。

③ 内蒙古自治区牧业厅修志编史委员会编《内蒙古畜牧业发展史》，内蒙古人民出版社，2000，第 243 页。

④ 中共中央书记处农村政策研究室编《中国农村社会经济典型调查（1985 年）》，中国社会科学出版社，1987，第 49—50 页。1984 年，西藏全面推行“牲畜归户、私有私养、自主经营、长期不变”的家庭牲畜承包制。

(二)“畜草双承包责任制”的提出与“两权一制”的推行

实行牲畜作价归户不久,“草场公有、牲畜私有”的矛盾就暴露出来了。其主要表现是,牲畜归户的政策激励了牧户尽自己最大能力多放养牲畜,而牧户对公有的草场只管利用,不管养护,导致公共草场的过度使用,加剧草原进一步退化。“人-畜-草”不平衡被认为是造成草原退化的重要原因。[①]

1980年初,伊克昭盟盟委针对当地频发的牧户之间争牧、抢牧、滥牧和秋季掠夺性打搂饲草,导致草原迅速退化的问题,决定选择三个旗县,试行草原建设责任制。草原建设责任制主要有两种方式:一是村集体将草场建设任务承包给牧户,村集体根据草场建设质量,向牧户支付报酬;二是将草场承包给牧户,明确权责,实行“以草定牧”。在取得初步成效的基础上,1981年,伊克昭盟盟委、行署出台政策,提出要在全盟牧区建立草原与畜牧统一承包的生产责任制。[②]伊克昭盟的这一做法很快就引起内蒙古政府的关注。[③]

1983年3月召开的《内蒙古自治区草原管理条例》试行试点交流会上提出,“要落实草原责任制”“要把草原的使用权和草牧场的管理、保护和利用,建立责任制落实到最基层生产单位、承包组和个体养畜户”。[④] 1984年5月,时任内蒙古自治区党委第一书记的周惠在中央党刊《红旗》上发文提出要“固定草原

① 1985年8月,时任内蒙古自治区政府主席布赫在全区牧区工作会议上的讲话中指出,“在旧的传统的草原畜牧业经营方式中,人、草、畜这三大要素,一直处于彼此分离、彼此脱节的状态。……这是造成草场沙化、退化、碱化的主要原因。这个问题从表面上看是畜与草的矛盾,这实质上反映了人与草在权、责、利上的分离。‘畜草双承包’不仅解决了人、畜矛盾,也解决了人、草矛盾,这就为逐步解决畜、草矛盾提供了条件”。引自李文军、张倩:《解读草原困境——对于干旱半干旱草原利用管理若干问题的认识》,经济科学出版社,2009,第70页。然而,这一说法并不被有些牧民认同。据调研,有的牧民认为草原退化的一个重要原因是实行了“包畜到户”。按照牧民的说法,在实行“包畜到户”时,为了体现公平,将牲畜按人口均分,这样一来,每家的畜群规模会很小。畜群小,不仅使牧户“不够放”,而且会影响牲畜的生存。因此,“包畜到户”后,牧民不得不扩大畜群规模,至少要达到最小畜群规模。另外,草原放牧需要有“畜群点”,用于打草和牲畜饮水。“包畜到户”后,畜群规模小了,但畜群大大增加了,按牲畜的品种,一家就有几个畜群。这样,“畜群点”就增多了。众多畜群在“畜群点”周边的草原上反复采食、践踏,也会导致草原的迅速退化。参见韩念勇主编《草原的逻辑(第一辑)——警惕新名义下的农耕扩张》,北京科学技术出版社,2011,第2—6页。

② 田乃立:《千奋勇与内蒙古伊盟农村改革》,载《农村改革风云实录》编委会编《农村改革风云实录》,中国文史出版社,1998,第374页。值得注意的是,伊克昭盟是农牧交错区。1979年,该盟的农区,在内蒙古率先提出“包产到户”,推行“口粮田到户”“责任田到人”的生产责任制。同上书,第358—366页。

③ 伊克昭盟实行草原管理和建设责任制的经验,发表在1982年3月20日《人民日报》上。

④ 敖仁其、额尔敦乌日图等:《牧区制度与政策研究——以草原畜牧业生产方式变迁为主线》,内蒙古教育出版社,2009,第44页。

使用权”，实行“畜草双承包制”。[①]

1984年6月，内蒙古自治区人大出台了《内蒙古自治区草原管理条例》，在立法层面上确认了草原承包经营制。[②] 1984年7月，内蒙古召开了全区牧区工作会议，该次会议决定，在牧区全面实行“草场公有、承包经营，牲畜作价、户有户养”的“畜草双承包”。此后，“畜草双承包”在内蒙古全面展开，在具体实施过程中，通常是将落实“双权”（即草原所有权和草原使用权）与实行“畜草双承包制”结合在一起同步推进的，之后就将这种做法总结为“双权一制”。

根据内蒙古有关政府部门的统计，到1986年底，全区落实草原所有权面积占全区可利用草原面积的82.52%；落实草原使用权的面积占全区可利用草原面积的68.15%。[③]

（三）草原承包的实际做法

在现实中，落实“双权一制”的通常的做法是：乡（苏木）政府作为国有草场所有权人，以签订承包合同的方式，将草场使用权确定给村（嘎查），或者是将村（嘎查）长期使用的草场确定给村集体所有；再由村（嘎查）决定是否将草场分包到户和如何分包到户。只要将草场使用权落实到村（嘎查），就算落实了“双权一制”。因此，草原承包并不等于草原家庭承包。

以科尔沁左翼中旗白彦花公社为例。1982年，科尔沁左翼中旗白彦花公社将全公社的36万亩的草原的所有权落实到社办牧场和生产大队或生产队，其中24.3万亩的草原实行草原承包制；24.3万亩的草原中，有11.7万亩的草原由28个畜群组承包，有2.4万亩的打草场由120个联户和46个牧户承包，并相应地

① 周惠在1984年第10期《红旗》上发表了《谈谈固定草原使用权的意义》一文，该文表示，“联系畜牧业生产责任制和个体经营户而建立起来的草原管理责任制，实际上就是一种既包括牲畜又包括草原的‘双承包’，‘牲畜和草原’双承包责任制的推行，使社会主义优越性同家庭经营的积极性结合起来，使小规模分户经营与专业化、社会化生产有机地结合起来”，“使经营畜牧业和经营草原紧密挂起钩来，使第一性生产和第二性生产成为一个有机整体，使生产者在争取更多的经济效益的过程中，不得不关心生态效益。归根到底……把同畜与草有关的一切责权利都统一协调起来，以消除由于吃‘大锅饭’所产生的各种弊病”。

② 该条例第七条规定，“拥有草原所有权的单位，可以将草原划分承包给经营单位或者个人长期使用，落实草原保护、管理、建设、利用的责任，使其同牲畜的承包责任制相适应”。

③ 参见1987年9月，内蒙古自治区人大常委会副主任色音巴雅尔在内蒙古自治区第六届人民代表大会第二十四次会议所作的《关于自治区依法管草检查团对全区各地实施草原法和草原管理条例情况的报告》，载农业部畜牧兽医司编《草业法规选编》，新华出版社，1992，第348页。

签订草牧场承包合同，其余的草原归生产队或生产大队承包。[①]

按照当时内蒙古政府的想法，草原承包经营权应该落实到最基层生产单位。最基层生产单位是牧户，也就是应该落实到牧户。但草原利用、管护和建设十分复杂。有的类型的草原比较容易分到牧户，有的则较难。最容易分到牧户的草原是草库伦[②]，因为草库伦大多是人工草场或打草场，是围起来的草场，面积不大，一般在500亩左右，较为方便由牧户单独利用、管护和建设；其次容易分给牧户是冬春草场，冬春草场大多是水源条件较好、距离居住地较近的天然草原；最难分到户的是夏秋草场，通常，夏秋草场分布在远地，且水草条件差、面积也大。传统上的夏秋草场利用惯例是牧户自由进入、共同使用，也少有管护和建设。

草原利用的复杂性就决定了草原承包的多样性。内蒙古牧区通常做法是：将草库伦承包到户或联户。[③] 例如，最先实行"包畜到户"的内蒙古巴林右旗，就是首先实行草库伦在集体统一规划下的分户承包经营；[④] 其次是将资源稀缺，而且一部分容易建立排他性使用权的冬春草场，也就是能够用栅栏围起来的冬春草场分到户或联户；对较难分到户的夏秋草场只是给牧户划定放牧的营盘，[⑤] 将草原利用指标分解到户，也就是名义上、形式上承包到户或联户，实际上还是由嘎查（行政村）共同利用和管护、建设。有的夏秋草场分到嘎查也很难，只能在全旗或苏木（乡）范围内划定各自的营盘，划片承包，牧户共同利用。[⑥] 也有的牧

---

① 敖仁其、额尔敦乌日图等：《牧区制度与政策研究——以草原畜牧业生产方式变迁为主线》，内蒙古教育出版社，2009，第44页。

② 草库伦来自内蒙古语，是指围栏草场。草库伦首创于20世纪60年代初乌审旗牧区。因为草库伦在抗灾包畜中发挥了很大的作用，其后在内蒙古牧区广泛推广。草库伦是将水源充足条件好、土质肥沃、地势平坦的草场围建而成，其主要目的是增加产草量。冬天遇到风雪灾害时，牧民就将牲畜赶进草库伦避灾。随着草库伦的建设越来越完善，草库伦不仅有冬季避灾作用，而且也成了牧民冬春贮草及其他饲料的主要来源。参见齐伯益主编《锡林郭勒盟畜牧志》，内蒙古人民出版社，2002，第840—841页。

③ 在内蒙古，以浩特（村民小组）作为联户单位的。参见田艳丽、乔光华、乌云《完善草原家庭承包制——对联户经营模式的思考》，《乡镇经济》2009年第4期。

④ 中共巴林右旗委员会：《不断完善牧业大包干生产责任制》，参见红旗杂志社经济编辑室编《八十年代初的我国农业生产责任制——调查报告选编》，红旗出版社，1984，第67页。另据内蒙古官方人士透露，1982年，巴林右旗老道板嘎查大队率先把近万亩草场分到组、户。之后，老道板嘎查大队这种草场承包的做法推广到全旗。参见贾幼陵、郝益东《草场管理体制需要澄清的若干误区》，《中国绿色时报》2019年12月13日。

⑤ 营盘通常指环绕牧民放牧居住的蒙古包周边的草场。

⑥ 乔松、那仁敖其尔、哈斯巴根：《牲畜归户、草场承包是草原畜牧业经营管理的新形式——牧区调查报告》，《理论研究》1984年第16期。另参见敖仁其、额尔敦乌日图等《牧区制度与政策研究——以草原畜牧业生产方式变迁为主线》，内蒙古教育出版社，2009，第181—223页。

区如锡林郭勒盟是把放牧场划片分给联户或浩特使用，但打草场和草库伦仍归嘎查管理，牧户统一打草，分户储备。①

有学者估计，在内蒙古，真正能将草场落实到户的围栏草场和打草场，仅占可利用的草场面积的5%左右。② 总之，草场划片承包并没有完全落户和“落地”。有学者将这一时期（20世纪80年代中期到90年代中期）的草场承包制称为草场承包到组（浩特）阶段，即小部分草场承包到户，大部分草场承包到浩特。③ 这一时期，“畜草双承包”做得比较彻底的也还是有的。

以率先实行“畜草双承包”的锡林郭勒盟镶黄旗牧区为例。1984年，镶黄旗政府决定实行“草场承包到户，定额提取费用，长期固定使用”的草原承包责任制。④ 到1984年6月，该旗牧区的9个苏木、61个嘎查中，有52个嘎查全部将草场划分到户。⑤ 另一个做得比较彻底、实行“畜草双承包到户”的是伊克昭盟鄂托克旗。1984年，伊克昭盟鄂托克旗全面实行“畜草双承包到户”。该旗的主要做法是：对草原退化、严重沙化、载畜量过高的苏木（乡）实行单户承包责任制。不仅要把草场分给牧户管理使用，而且把荒沙、盐碱滩也分给牧户，让牧户负责改造、建设，扩大草牧地面积；对草场宽阔和居住比较分散的苏木（乡），实行联户承包责任制。按照这两种承包方式，落实的草原面积占全旗草原面积的87.8%，其中落实到户的占40.14%，落实到联户的占47.66%。⑥

内蒙古政府在1985年8月召开的全区牧区工作会议上透露，全区大约有60%可利用的草原已经承包到户。在已经承包到户的草牧场中，有36%是按户或联户承包，有64%是按畜牧组为单位承包。⑦ 内蒙古牧区草场承包的实践探

① 齐伯益主编《锡林郭勒盟畜牧志》，内蒙古人民出版社，2002，第253页。另参见乌尼尔《与草原共存——哈日干图草原的生态人类学研究》，知识产权出版社，2014，第109—110页。

② 乌日陶克套胡等：《内蒙古自治区牧区经济发展史研究》，人民出版社，2018，第229页。根据内蒙古自治区党委政策研究室提供的数据，到1986年，围栏草场和人工草场仅占经营草原面积的3.4%和0.9%。参见中共中央农村政策研究室、国务院农村发展研究中心农村社会经济调查办公室编《向商品经济轨道的转移——全国农村固定观察点调查报告（1987年）》，农村读物出版社，1988，第269页。

③ 乌日陶克套胡等：《内蒙古自治区牧区经济发展史研究》，人民出版社，2018，第247页。

④ 齐伯益主编《锡林郭勒盟畜牧志》，内蒙古人民出版社，2002，第139页。

⑤ 乔松、那仁敖其尔、哈斯巴根：《牲畜归户、草场承包是草原畜牧业经营管理的新形式——牧区调查报告》，《理论研究》1984年第16期。

⑥ 敖仁其、额尔敦乌日图等：《牧区制度与政策研究——以草原畜牧业生产方式变迁为主线》，内蒙古教育出版社，2009，第44页。

⑦ 赵红羽：《“文化大革命”结束后内蒙古自治区草原产权制度的演变（1977—2005）》，硕士学位论文，2015，第21页、第20页。在实际操作中，畜牧组有多种形式，有的是以浩特为单位，有的是以嘎查为单位。

索，对国家牧区政策的制定产生了较大影响。显然，1987 年 6 月中央在全国牧区工作会议上提出的草场承包制，就是直接借鉴了内蒙古草场承包的经验。

另外，需要补充的是，在存在大量外来移民的牧区，本地牧户和外来户的牲畜及草场承包的分配标准是不同的。例如，在东乌珠穆沁旗呼日其格嘎查，1983 年，该嘎查制定的分配标准：本地牧户每人可分 32 只羊、3.5 头牛（其中有 1 头母牛）、3.5 匹马和大约 2500 亩草场；外来户每人只有 10 只羊，每户只有 1 头牛，而且，没有草场。[①]

（四）草原利用管制制度的探索与确立

广义上的草原利用管制内容包括禁止开荒、控制采挖野生植物及药材和防止过牧。[②] 狭义上的草原利用管制指的是防止过牧即防止超载放牧。这里所述的草原利用管制制度是指狭义的草原利用管理制度，控制草原利用的载畜量制度。

1983 年 7 月内蒙古自治区人大颁布的《内蒙古自治区草原管理条例（试行）》[③] 中提出：各旗县“必须根据不同类型、不同年份，分别规定适宜载畜量”，“实行以草定畜，做到畜草平衡”。草畜平衡管理是地方政府对牧户或集体的草原利用行为进行管理的一项重要制度，也是与“畜草双承包”相互配套的重要制度。

按照国际通行的做法，实行草畜平衡管理的核心是要对各个牧区，按草原类型和季节，规定载畜量标准，即单位草场面积所能承载的牲畜的头数。载畜量标准以羊单位[④]和亩为标准单位，如一亩草场承载多少只羊单位。再以此为标准，按照草场面积核算和确定应该放牧的牲畜数量即适宜载畜量。

天然草原载畜量标准的制定过程非常复杂。首先要选择样地，调查样地的产草量；根据样地产草量，分季节确定不同类型草场的平均产草量；再根据产草量的利用率和保存率，确定可食产草量；与此同时，还要考虑植被再生量和降水量对草原产草量的影响；最后，再根据牲畜的食草量确定载畜量。[⑤] 在该制度的实

---

① 马戎：《内蒙古草原牧区的蒙汉关系演变及影响因素》，《西北民族经济》2009 年第 4 期。

② 1985 年全国人大公布的《草原法》规定，“严格保护草原植被，禁止开垦和破坏”，“在草原上割灌木、挖药材、挖野生植物、刮碱土、拉肥土等，必须经草原使用者同意，报乡级或者县级人民政府批准”，“禁止在荒漠草原、半荒漠草原和沙化地区砍挖灌木、药材及其他固沙植物”，“合理使用草原，防止过量放牧”。

③ 1984 年 6 月，该条例经修订后正式实行。

④ 施文正主编《草原与草业的法制建设研究》，内蒙古大学出版社，1996，第 211—232 页。

⑤ 李文军、张倩：《解读草原困境——对于干旱半干旱草原利用管理若干问题的认识》，经济科学出版社，2009，第 117—118 页。

行初期，每块草场的载畜量通常是由乡镇（苏木）政府的草原管理人员与当地有经验的牧民根据以往的经验共同确定。其管理较为粗放。

1990年12月，内蒙古自治区标准计量局依据全区第三次草原资源调查，以及内蒙古草原勘探设计院对内蒙古天然草地初级生产力的研究成果，制定了全国首个测算草畜平衡的地方标准，即《天然草地适宜载畜量计算标准》。该标准确定了天然草地适宜载畜量的计算指标和方法，并将内蒙古牧区分成6个区，每个区划分了不同的草原类型，确定每个区每种类型暖季、冷季和全年的载畜量标准。[①] 该标准的出台，在很大程度上提高了草畜平衡管理的可操作性。

2000年6月，内蒙古自治区政府颁布了《内蒙古自治区草畜平衡暂行规定》。这是全国第一个有关草畜平衡管理的行政性规章。2005年1月，农业部颁布了《草畜平衡管理办法》。由内蒙古在全国率先探索实行的草畜平衡管理制度，被推广到全国其他牧区，上升为国家制度。

（五）探索实行草原有偿使用制

内蒙古政府实行草场承包的初衷是想在将草原利用的权利转移给牧户的同时，也把对草原保护、建设的责任落实下去，激励牧户多种草，建设自家的草场，以实现以草定畜、保护草原生态的目标。然而，已经存在了上千年的天然草场是牧民共有的产权认知，是不可能在短期内就改变过来的。就算把草场承包到户和联户或浩特，如果不能将草场围起来，也难以阻止其他人放养的牲畜进入。加之，许多嘎查还存在大量共有的夏秋草场。一些放牧大户将承包到自家的草场围成草库伦，作为灾时或冬季的草料储备地，在平时则尽量在嘎查共有牧场上放牧，或者到没有被围起来的草场放牧。这就是说，谁放养的牲畜多，谁就能够免费占用更多的草场资源，在这种情况下，必然导致牧户竞相扩大畜群规模，从而加剧超载放牧的程度，造成草原“三化”日趋严重。更令政府“头疼”的事是，在草场无偿承包的情况下，地方政府对牧户超载放牧的行为，只能是发文件制止、干部劝阻，缺乏有效的管理手段，草畜平衡管理制度形同虚设。

---

① 羊单位是指以绵羊为单位，根据不同牲畜的食草量，将其折合为成年绵羊的数量。根据1990年12月内蒙古自治区标准计量局制定的《天然草地适宜载畜量计算标准》，一只成年的绵羊等于一个羊单位，一只山羊等于0.9个羊单位，一匹马等于6个羊单位，一匹驴等于3个羊单位，一头牛等于5个羊单位，一匹骡等于5个羊单位，一峰骆驼等于7个羊单位。

另外，根据草畜平衡管理的要求，牧户承包草场面积要与其放牧的牲畜的品种和数量相匹配，因此，在草场分配到户时，就要考虑其放牧的数量，按照人畜结合的原则分配草场。例如，在呼伦贝尔图贵嘎查草场分配的标准是每人 90 ~ 120 亩，牲畜按牛计算，每头牛分 60 亩（5 只羊等于 1 头牛）。[①] 由于牧户放羊数大多在 100 只以上，也就是折合 20 头牛以上，牲畜的头数远远多于牧户的家庭人口数，所以，牲畜在草场分配中所占的权重就会大于人口的权重。这样一来，多畜户（大户）就会多占草场（冬春草场）、多用草场（夏秋草场），少畜户（小户）就会吃亏，出现大户“吃”小户问题，引起广大小户的不满。此外，在内蒙古牧区本来就有走场避灾的传统。因为草原承包是无偿的，大户草场不够，就会向小户借场放牧，但小户也很难制止，大户又不愿意交借场放牧使用费，因而引起了不少纠纷。

为了解决上述问题，内蒙古的一些旗（县）开始尝试推行草场有偿承包制[②]，其中赤峰市阿鲁科尔沁旗是先行者之一。[③]

自实行“包畜到户”以后，阿鲁科尔沁旗就面临着严重的超载放牧的问题。1984 年，该旗已超载 14 万个羊单位，到 1987 年，超载已达到 25 万个羊单位。超载放牧导致该旗草场的退化面积达 1194 亩，占可利用草场面积的 76.5%。1987 年，该旗领导提出了“草原有价，有偿使用”的观点，并决定在该旗全面实施草场有偿承包制。该旗草场有偿承包制的基本做法。一是划片承包。以 1984 年的牲畜数量和 1988 年现有人口数为基数，按牲畜数划分承包草场 50%，按人口数划分草场 50%，即人畜各半。二是核定载畜量。将可利用草场划分为单产 130 公斤、88.5 公斤、85 公斤、66 公斤干草四种类型。同时，把副产品、再生草、通过围栏建设增产部分、种草及青贮增加的饲草料合并在总产草量之内，以总产草量核定适宜的载畜量。将草场利用，分为没有超载的、一般性超载的和严重性超载的三种类型。三是根据载畜量，以绵羊为单位确定草场承包收费标准。该旗根据载畜量将草场承包收费标准设为三档：对在合理载畜量之内的草场，每

① 王晓毅：《环境压力下的草原社区——内蒙古六个嘎查村的调查》，社会科学文献出版社，2009，第 34 页。

② 1985 年 9 月，内蒙古党委、政府出台了《关于加速发展畜牧业若干问题的决定》。该决定提出，“凡使用国有草原或集体所有草原的单位和个人，都应缴纳草原管理费”。引自乌日陶克套胡等《内蒙古自治区牧区经济发展史研究》，人民出版社，2018，第 220 页。这就为牧区实行草场有偿承包制提供了政策依据。

③ 施文正主编《草原与草业的法制建设研究》，内蒙古大学出版社，1996，第 61—63 页。

个羊单位每年收费0.2～0.3元；对于一般性超载的草场，每个羊单位每年收费3～5元；对于严重性超载的草场，每个羊单位每年收费6～8元。如果下年继续超载，则收费标准加倍。另外，该旗还对借场放牧或调剂使用的草场制定了相应的收费标准。

从上述的草场收费规则可以看出，实行草场有偿承包实际上并不是对草场承包的收费，而是对草场利用的收费，具体来说，是根据对草场的利用程度即载畜量收费。在这个收费规则下，牧民要减少草场的付费金额，一个办法是通过建打草场和种草，提高草场的载畜量，另一个办法是加快牲畜出栏。现实情况确实如此。

以该旗巴彦诺尔苏木为例。该旗1984年每亩草场的产草量为干草166斤。推行草场有偿承包制后，到1988年，该旗每亩草场的产草量达230斤；与此同时，还淘汰了劣质畜，提高了牲畜出栏率。另外，该旗巴彦诺尔苏木通过实行草场有偿承包还积累了可观的草原建设资金，用于封育草场和大面积种草。

1989年8月，内蒙古自治区就实行草场有偿使用制度的事宜，向国务院主要领导上报了一份报告[①]，草场有偿使用制度得到了国务院当时主要领导的肯定。1989年9月，内蒙古政府在实行草场有偿承包制取得较好成效的赤峰市阿鲁科尔沁旗召开了现场会，决定将阿鲁科尔沁旗草场有偿承包的经验向全区推广。[②] 1989年10月，内蒙古自治区政府正式出台了“承包到户、有偿使用”政策，并制定了草场使用费标准。[③] 据内蒙古政府有关部门的统计，到1993年，几乎全部落实了使用权的草场都实行了草场有偿承包制。[④]

---

① 即《内蒙古东部牧区几个问题的调查报告》，载农业部畜牧兽医司编《草业法规选编》，新华出版社，1992，第326—328页。

② 内蒙古自治区牧业厅修志编史委员会编《内蒙古畜牧业发展史》，内蒙古人民出版社，2000，第266页。

③ 1989年10月，内蒙古政府转批了自治区农委上报的《关于进一步落实草牧场使用权，实行草牧场有偿承包使用制度初步意见的报告》。该报告提出：要把草场使用权“落实到联户、组和浩特，有条件的要落实到户”，“打草场、饲料地应划分到户或联户”，并根据牧户承包的草场面积和载畜量，制定草场使用费标准。根据此报告，草场使用费的标准一般不低于草牧场价格的1%～3%，“一般草牧场每亩每年可收0.05～0.3元”；“打草场、人工草场每亩每年可收0.2～0.5元”；对超载放牧的地区要加收草原使用费，“一般超载10%以内的，可收超载价值的30%；超载10%以上的，可收取50%或相当超载牲畜本身的价值”。参见农业部畜牧兽医司编《草业法规选编》，新华出版社，1992，第240—244页。

④ 据统计，1985年全区落实使用权的草场面积为3835.23万公顷，到1993年，实行草场有偿承包的面积为3800万公顷。参见内蒙古自治区牧业厅修志编史委员会编《内蒙古畜牧业发展史》，内蒙古人民出版社，2000，第245页、第267页。

内蒙古实行的草场有偿承包制在全国各大牧区产生了较大的影响，具有很强的示范意义。1994 年 9 月，农业部畜牧兽医司在阿鲁科尔沁旗召开了全国草牧场有偿承包使用现场会，表示要在全国推行草牧场有偿承包使用制度。据该次会议统计，截至 1994 年，全国已有 25 个省（直辖市、自治区）约有 10.8 亿亩的草场落实了不同形式的草场有偿承包制，大约占可利用的草场的 32%。[①]

（六）锡林郭勒盟镶黄旗的草场承包到户的改革试验

实行草场有偿承包，不仅使得草场变得有价了，更为重要的是，在牧户中建立起草场产权意识。既然草场是花钱买来的，承包草场的牧户自然就会认为这个草场是“我的”，不经允许，他人不得入内。1988 年，内蒙古政府借着国家设立牧区经济改革试验区的机会，开始在前期基础较好的锡林郭勒盟镶黄旗实行草原承包到户的改革试验。[②]

锡林郭勒盟镶黄旗是全区最早探索以草定畜管理制度的旗县。1979 年到 1985 年，镶黄旗开始对草场生产力进行逐年测定，核定羊单位理论载畜量，采取以控制牲畜出栏为主的措施，保持草畜基本平衡，并取得了较为显著的成效。[③]镶黄旗这种做法，为内蒙古政府全区推广以草定畜提供了宝贵的经验。因为镶黄旗的前期工作有了较好的基础，所以，内蒙古政府决定将草原管理的另一项制度改革即草原承包到户也放在镶黄旗。

根据内蒙古自治区镶黄旗牧业改革试验区办公室于 1997 年所做的总结，镶黄旗在全面实行草原承包到户的改革试验方面，主要有以下的做法。一是明确草场所有权。将全旗的草场全部划归嘎查集体所有，以旗人民政府的名义发放《草原所有权证》，并在此基础上重新划定各苏木、嘎查和浩特的草场边界。二是明确草场使用权和草场承包经营权。各嘎查按照“人七户三”的比例，把集体所有的草场全部承包给牧户经营，按户划分草场，签订承包合同，发放《草原使用权证》。草场承包合同内容包括草场面积、等级、载畜标准、建设任务、应缴的

① 施文正主编《草原与草业的法制建设研究》，内蒙古大学出版社，1996，第 63 页。2000 年以后，因为草场有偿承包与中央的税费改革政策精神有冲突，在大部分牧区，当地政府终止了收取草场承包费。有学者吐露，到了 2010 年以后，除新疆牧区之外，宁夏、内蒙古等地不再或极少收取草原承包费。参见陈洁、原英、乔光华等《我国传统牧区转变畜牧业发展方式问题研究》，上海远东出版社，2018，第 121 页。

② 1988 年 6 月，国务院批准内蒙古在锡林郭勒盟镶黄旗设立牧区经济体制改革试验区。

③ 齐伯益主编《锡林郭勒盟畜牧志》，内蒙古人民出版社，2002，第 929—930 页。

草场使用费数额等。同时，还明确规定对牧户承包草场实行“一次划定，长期不变，今后增人不增草场，减人不减草场”政策。三是建立草场使用权流转制度。允许牧户对自己承包的草场，以租赁、转包、拍卖、继承、互换、入股、抵押，以及亲友之间委托经营或无偿赠予等方式，进行流转。对于普通草场，草场流转在本浩特、本嘎查、本苏木的牧户之间进行；如果在这个范围内流转不出去的话，可以由嘎查统一收回，另行发包，或者作为机动草场，由集体统一经营。对于一部分沙化退化严重的草场实行公开拍卖。四是完善草场有偿使用制度。嘎查有权收取草场使用费，有权对草场承包户实行奖惩。嘎查所收的草场使用费和罚款作为育草基金，其中90%用于草原建设，10%作为草场行政管理费。草场的收费标准根据各类草场的土质条件和产草量多少确定。①

由于草原承包落实户可以按牧户承包的草场测算和核定草场载畜量，所以，也可以将草畜平衡管理的制度落实到户、责任到人。1998年，锡林郭勒盟在草原承包到户的基础上，在全区率先试点推行《草畜平衡管理办法》。

镶黄旗改革试点取得了巨大成效，得到国家农村改革试验主管部门和内蒙古政府的肯定。这时，内蒙古政府下决心将镶黄旗的做法在全区推广，彻底将草原承包落实到牧户。

（七）全面推行草原承包到户及其落实

1996年9月，内蒙古自治区政府提出了“增草增畜，提高质量、提高效益”（以下简称“双增双提”）的畜牧业发展战略。该发展战略的一个核心要点是：要在实现草畜平衡的前提下增草增畜。在内蒙古的当政者来看，要想实现草畜平衡，就必须彻底地把草原承包到户，将牧户增畜经济动力与牧户增草的责任紧密地联系起来，以激励牧户发展草业。②

1996年11月，内蒙古政府出台了《内蒙古自治区进一步落实完善草原“双

---

① 内蒙古自治区镶黄旗牧区改革试验区办公室：《镶黄旗牧区经济体制改革》，载农业部农村改革试验区办公室编著《认识与实践的对话——中国农村改革试验区十年历程》，中国农业出版社，1997，第529—535页。

② 1996年9月8日，时任内蒙古自治区党委书记刘明祖在《内蒙古日报》上发表了题为《双增双提——畜牧业可持续发展战略选择》的文章。该文章中提出，“加大牧区改革力度，把草牧场彻底划分到户，以利于充分调动广大牧民建设、管理和开发利用草牧场的积极性。这是实施‘双增双提’目标的根本动力”。参见内蒙古自治区牧业厅修志编史委员会编《内蒙古畜牧业发展史》，内蒙古人民出版社，2000，第288页。

权一制”的规定》，提出在全区推广“双权一制”（即“落实草原所有权和使用权，实行草原承包责任制”）的改革。该改革方案的要点。一是落实草原所有权。划清国有草原与集体所有的草原的权属界限，除过去已经落实到苏木或浩特的草原之外，将集体所有的草原落实到嘎查一级的集体组织，并由旗县级政府统一颁发草原所有证。二是落实草原使用权。无论是国有草原，还是集体所有的草原，都要将草原使用权落实到草原使用单位。属于未开发利用的国有草原，要将其草原使用权落实到开发建设主体，包括国有单位、集体经济组织和其他社会团体。三是落实草原承包制。草原所有权和草原使用权主体要将其草场分片承包给基层生产单位，原则上要承包到户。对冬春草场、饲料基地和基本打草场必须承包到户；对一些确实难以承包到户的草场，必须承包给嘎查或浩特，并制定各牧户权、责、利统一的管理利用制度。草原承包期一般为三十年不变，也可以是五十年。另外，该方案还明确了“大稳定、小稳定”的原则，对已经落实了草原承包经营权的，原则上不做大的变动。

在推行“双权一制”过程中，草场承包到户的分配方式，各嘎查有所不同。通常会考虑人、户、畜三个因素。有的嘎查是按人口和牲畜头数划分草场。为了体现公平的原则，牲畜的头数按“包畜到户”时的牲畜头数核定，也有的嘎查是按人口均分草场。

例如，呼伦贝尔陈巴尔虎旗。该旗1995年开始实行“双权一制”的工作，将草场承包落实到户。具体分配草场的办法是：以每个牧户能饲养200只绵羊的草场作为基本草场，以1995年7月1日的人口数和牲畜数，按人六畜四的比例划分到户；尽量将打草场、有水草场分给附近有住所的牧户，方便牧民冬春两季放牧；分草场时尽量做到集中连片；草场承包期为三十年。与此同时，该旗嘎查集体还预留了5%～10%的机动草场，实行嘎查集体统一管理和经营，嘎查牧户共同使用。嘎查机动草场主要用于牧户夏季放牧，放牧时间为1个月。[①]

1998年，内蒙古自治区对草原“双权一制”的实施情况进行了验收。验收结果表明，全区落实草原所有权、使用权和草原承包经营权的面积分别为8.52亿亩、7.49亿亩和5.12亿亩；在实行草原承包的嘎查中，有95%的草牧场做到

---

① 韩俊等编著《中国草原生态问题调查》，上海远东出版社，2011，第188—189页。

承包到户，基本实现了草原承包到户的目标。① 据内蒙古政府统计，到 2000 年，全区落实草牧场承包到户的面积为 7.92 亿亩，占可利用草场的 77.5%。在内蒙古牧区，“双权一制”工作基本完成。②

与此同时，内蒙古政府出台了一系列法规和政策。1991 年 8 月，内蒙古人大修改了《内蒙古自治区草原管理条例》，增加了“草原的承包经营权可以依法有偿转让”的条款。1999 年，内蒙古自治区出台了《内蒙古自治区草原承包经营权流转办法》，在全国率先建立草原承包经营权流转制度，对牧户之间借场放牧的行为做出了规范。

2001 年春，华北地区连续发生多次沙尘暴或浮尘天气，震惊了北京，惊动了全国。中央当即决定启动实施《京津风沙源治理工程规划（2001—2010 年）》。根据该规划，内蒙古草原地区被纳入北部干旱草原沙化治理区和浑善达克沙地治理区，在所涉及的 75 个县（旗）中，内蒙古占 31 个。治理内蒙古草原“三化”上升为国家战略，内蒙古草原生态问题也成为全国关注的焦点。草原生态治理、扼制草原生态退化，是国家对内蒙古草原管理的“主旋律”，而落实草原家庭承包制服从于这个“主旋律”。③

2001 年，内蒙古自治区政府在被视为“京津风沙源”重点地区的锡林郭勒盟率先实施“围封转移”政策，④ 并很快就在全区牧区普遍推广。实施“围封转移”政策的一个重要结果是在广袤的内蒙古大草原上，大量的草场迅速被围栏，草场的围栏化为划清草场保护的责任及草场利用权利、落实草原家庭承包制奠定了物质基础。据统计，到 2006 年，内蒙古落实草原承包到户的面积占全部可利

---

① 赵红羽：《“文化大革命”结束后内蒙古自治区草原产权制度的演变（1977—2005）》，硕士学位论文，2015，第 38 页、第 40 页。

② 中共内蒙古自治区委员会办公厅、中共内蒙古自治区委员会办公厅政研室编《总结　探索　创新》（内部资料），2001，第 149 页。

③ 根据京津风沙源治理项目工程目标，退耕还林 3944 万亩、营造林 7416 万亩、人工种草 2224 万亩、飞播牧草 428 万亩、围栏封育 4190 万亩、基本草场建设 515 万亩、草种基地 59 万亩、禁牧 8227 万亩、水源工程 66059 处等。参见郑有贵、陈洁主编《近代以来中国农村变迁史论（1978—2012）》，清华大学出版社，2019，第 375 页。有关这一时期实施京津风沙源治理工程以来草原生态治理情况，另参见陈洁、罗丹等《中国草原生态治理调查》，上海远东出版社，2009，第 30—51 页。

④ 2001 年，锡林郭勒盟政府在《2002—2010 年锡林郭勒盟实施围封转移战略规划纲要》中提出了“围封禁牧、收缩转移、集约经营”的战略；2002 年 4 月，内蒙古自治区人民政府为了在政策上给予支持，出台了《内蒙古自治区锡林郭勒盟关于实施围封转移战略若干政策的暂行规定》。所谓“围封转移”，主要是指对草原“三化”严重的地区，实施生态移民，将人口迁出去，并将迁出区的草场进行围封禁牧；对植被条件较好的地区，实行春季休牧或划区轮牧。参见敖仁其、额尔敦乌日图等《牧区制度与政策研究——以草原畜牧业生产方式变迁为主线》，内蒙古教育出版社，2009，第 159—168 页。

用草原面积的80%。[①]

从以上的叙述可以看出，内蒙古对草原承包制的制度实践的探索，其总的方向和目标是尽力“克隆”和“移植”农区的家庭土地承包经营制，并力图通过制度实践来证明，在牧区实行家庭草原承包经营制也是可行的。然而，内蒙古这种将农区的家庭土地承包经营制“克隆”和“移植”到草原的方式是否是合理的、是否是牧户愿意接受的，这也引起了学界的广泛关注。一些学者对内蒙古这种将农区的土地制度“嵌入”牧区的做法提出了质疑。争论的焦点是是否弃草原传统的放牧方式和草原利用制度，将牧民的放牧范围限制在承包到户的草场内，是否有利于草原生态系统的维护，大多数牧民是否能够承受围栏放牧、舍饲圈养所带来的成本，这样做是否会大大减弱牧民的避灾能力等。[②]

值得强调的是：这些学者的呼声并不是凭空而来、自己臆想出来的，在很大程度上反映了牧民的想法。有学者所做的田野调查反映，许多牧户对国家推行的草原承包到户是不满意的，反对的比例高达85.3%。[③]

在如此多的牧户反对声中，草原承包到户的实际情况就不会如内蒙古当地政府所总结的那样成效显著。有学者通过田野调查得出的结论是，差不多到2008年，内蒙古草原承包大约可以分为三种情况。第一种情况是草场被划分到户。牧户将自己的草场都围封起来了，每个牧户都有自己独立的放牧空间。第二种情况

① 韩俊等编著《中国草原生态问题调查》，上海远东出版社，2011，第364页。

② 有学者将草原家庭承包制的负面结果归纳为八个方面：第一，传统的四季轮牧休牧制被解除，使草场失去了休养生息的机会；第二，大畜（牛、马、骆驼等）进一步遭到淘汰，长期形成的畜种结构与牲畜采食、游走行为基本失调；第三，草场与牲畜互相不适应；第四，遇到自然灾害时再难走场，避灾的手段极大地受到限制；第五，牧户获取水源的成本增加了；第六，作为产权标志的围栏遍布草原，使草原破碎化并增添了一项牧户原来没有过的巨大投入；第七，牲畜被固定在小范围内终年不停地来回走动践踏了草原，造成草原退化，形成牧户所说的“蹄灾”；第八，牧民放牧成本上升，生计下降。韩念勇主编《草原的逻辑（第一辑）——警惕新名义下的农耕扩张》，北京科技出版社，2011，第29页。也有学者从草原生态保护目标对草原家庭承包制进行研究和评价，认为实行草原家庭承包制不仅不会促进牧户保护草原生态，反而会加剧草原生态的恶化。有关此问题的实证研究，参见李文军、张倩《解读草原困境——对于干旱半干旱草原利用管理若干问题的认识》，经济科学出版社，2009。面对社会学者的质疑，官方学者也做出了回应。原农业部总经济师、原国家首席兽医官贾幼陵和内蒙古自治区原副主席郝益东，2019年在国家林业和草原局网站上发表《草原管理体制需要澄清的若干误区》一文，驳斥了部分学者对草原家庭承包制的种种质疑。另参见贾幼陵、郝益东《草原管理体制决策的实践依据》，《北方经济》2020年第3期。对草原管理及产权制度的争论，不仅在国内有，在国际上也有广泛的讨论。有关此问题的理论讨论及国际经验总结，参见王晓毅等《非平衡、共有和地方性——草原管理的新思考》，中国社会科学出版社，2010。

③ 一项学者调研表明，在130个随机调查的牧户中，肯定畜草承包的占8.5%，认为畜草承包有利有弊的占6.2%，反对草畜承包的占85.3%。韩念勇主编《草原的逻辑（第一辑）——警惕新名义下的农耕扩张》，北京科技出版社，2011，第27页。

是草场界限还处于模糊状态。草场是按面积分到户了，但草场并没有围封起来。有的嘎查的牧户允许跨界放牧，有的嘎查的牧户对跨界放牧不认可，并由此产生了众多纠纷。第三种情况是草场承包仅仅是纸面上的。牧户有承包合同，也有草场使用证，但实际上或者因为草场面积小，每个牧户不能形成独立的放牧空间，或者是长期共同放牧的传统使得草场难以划分，所以仍保持草场共同使用的状态。在这种情况下，草场承包到户只是为了使政府禁牧、休牧补贴能按草场面积分到户。[①]

（八）改革绩效

内蒙古牧区围绕着草原承包制所进行的一系列改革，政府设定的基本目标可以归纳为两个方面：一是“建设养畜”，促使牧户从传统的游牧方式转变为现代的定牧方式；二是将草原生态保护的责任真正地落实下去，实行草畜平衡。[②]

从统计数据上看，“建设养畜”的成效是较为明显的。根据内蒙古畜牧业厅的统计，到1997年，草场的建设规模达153.33万公顷即2299.95万亩；与1980年相比，人工种草面积增加了11.6倍，改良草场面积增加了50%，围栏草场面积增加了1.7倍；与1979年相比，畜圈保有数增加了34.8倍，畜圈保有面积增加了5.3倍，畜棚保有数增加了32.2倍，畜棚保有面积增加了14.6倍；与1982年相比，有效打井数增加了2.7倍，其中机井数增加了6.5倍。[③]“建设养畜”的一个主要效果是在一定程度上解决了冬春季节草场资源普遍不足的问题，降低了牲畜冬春死亡率，提高了牧户的抗灾能力。据统计，与1990年

① 王晓毅：《从承包到“再集中”——中国北方草原环境保护政策分析》，《中国农村观察》2009年第3期。

② 根据内蒙古畜牧业厅的总结，通过实行草原承包制，建立起“草场有价、使用有偿、承包有权、建设有责”的草原管理机制。这一制度的好处是：一是理顺了人、畜、草的关系，破除了草牧场理应无偿使用的传统观念，改变了“重畜轻草、靠天养畜”的经营习惯，树立了畜草并重、建设养畜的新思想；二是有利于建设新的投入机制，开辟资金渠道，增加建设草牧场的投入；三是有利于发展商品经济，提高经济效益；四是有利于加强草牧场的科学管理，推动依法治草的进程；五是有利于推动家庭牧场、草业专业户及各种形式联合体的形成和发展，也有利于发展畜牧业经济的专业化生产和规模经营；六是有利于恢复和改善生态环境，实行畜草平衡；七是有利于加强双层经营中集体经营和政府宏观调控能力；八是有利于维护和加强团结，促进牧区经济的兴旺发达。参见内蒙古自治区牧业厅修志编史委员会编《内蒙古畜牧业发展史》，内蒙古人民出版社，2000，第319页。

③ 同上书，第323页。

相比，到1997年，牲畜死亡率由4.5%下降至1.95%。[①]"建设养畜"也很大程度地改善了过去内蒙古牧区常出现的牲畜"夏壮、秋肥、冬瘦、春亡"的不良状况。

然而，对于"建设养畜"的实际成效，学界看法并不一致，争议颇多。官方主流学者认为，牲畜饲养方式从"靠天养畜"向"建设养畜"转变，是传统牧区草原畜牧业向现代畜牧业发展的重要内容。[②]但也有社会学者认为，"建设养畜"的实际成效并没有这么大。有学者依据对锡林郭勒盟牧区某嘎查的调查发现，"建设养畜"主要存在两个问题。一是水资源缺乏。"建设养畜"严重依赖于地下水资源，但在内蒙古牧区地下水资源分布十分不均，并不是每个牧户的草场都可以打出有水的水井，牧户打井失败的情况较为普遍。没有水，饲料地和人工种草地就建不成，即使是在政府财政补贴的刺激下建起来了，也往往因用水成本过高而被迫放弃。二是抗灾能力有限。如前所述，"建设养畜"的一个重要目的是提高牧户应对自然灾害的能力，但该措施并没有从根本上增强牧户应对自然灾害和保存生产实力的能力。在连续旱灾的年份，牲畜死亡率仍有上升。为了减少灾害损失，牧户或者是低价出售牲畜包括基础母畜，或者是采取传统的移动避灾（内蒙古称之为走敖特尔）方式来应对。[③]

在保护草原生态方面，显然，其改革目标并没有达成。根据有关调研，到2000年，内蒙古全区中度以上退化、沙化的草原面积占可利用草场的56.9%；全区草原退化面积平均每年为1200万亩以上。[④]这也是国家紧急启动京津风沙源治理工程的重要原因。仅仅实行草原家庭承包并不能阻止草原生态恶化的趋势，

---

① 根据内蒙古畜牧业厅的总结，通过实行草原承包制，建立起"草场有价、使用有偿、承包有权、建设有责"的草原管理机制。这一制度的好处是：一是理顺了人、畜、草的关系，破除了草牧场理应无偿使用的传统观念，改变了"重畜轻草、靠天养畜"的经营习惯，树立了畜草并重、建设养畜的新思想；二是有利于建设新的投入机制，开辟资金渠道，增加建设草牧场的投入；三是有利于发展商品经济，提高经济效益；四是有利于加强草牧场的科学管理，推动依法治草的进程；五是有利于推动家庭牧场、草业专业户及各种形式联合体的形成和发展，也有利于发展畜牧业经济的专业化生产和规模经营；六是有利于恢复和改善生态环境，实行畜草平衡；七是有利于加强双层经营中集体经营和政府宏观调控能力；八是有利于维护和加强团结，促进牧区经济的兴旺发达。参见内蒙古自治区牧业厅修志编史委员会编《内蒙古畜牧业发展史》，内蒙古人民出版社，2000，第292页。

② 陈洁、原英、乔光华等：《我国传统牧区转变畜牧业发展方式问题研究》，上海远东出版社，2018，第19—22页。

③ 李文军、张倩：《解读草原困境——对于干旱半干旱草原利用管理若干问题的认识》，经济科学出版社，2009，第124—135页。

④ 草原生态研究联合考察课题组：《治沙止漠刻不容缓　绿色屏障势在必建》，《调研世界》2003年第3期。

对此说法，应该没有什么疑义。存在疑义的地方在于治理草原生态的基本路径。国家治理草原生态的基本政策思路是，在坚持草原家庭承包制的基础上，实行“围封转移”方式，建立严格的“三牧”（即划区轮牧、休牧和禁牧）管理制度。但有学者认为，草场承包到户是造成草原破碎化和草场退化的重要原因，坚持草场承包到户制度与“三牧”治理草原生态目标之间是有矛盾的。① 还有学者对建立在草原家庭承包制基础上的草畜平衡管理制度是否有效提出了质疑。该学者根据对内蒙古草原牧区的实地调研认为，由于草原的自然条件和人工条件千差万别，致使理论计算的产草量很难真正反映草原的实际生产力，而且，由于草原降水量的多变和自然灾害的频繁发生，使得畜草之间的平衡关系不可能是线性的，用线性的载畜量指标进行草原承载力管理是极为不准确的。② 有研究还表明，舍饲圈养并不能解决过度放牧问题，反而有可能加重。因为舍饲圈养增加了羊羔的产量，牧户在春季接羔后，需要更多地利用春、夏天然牧场。③

总之，与耕地、“四荒地”和林地的改革相比，以内蒙古为代表的草原（即草地）承包制改革绩效并没有那么容易说清楚，学界尚存在许多争议。

① 韩念勇：《草原的逻辑续》（上），民族出版社，2018，第123—137页。

② 李文军、张倩：《解读草原困境——对于干旱半干旱草原利用管理若干问题的认识》，经济科学出版社，2009，第117—124页。

③ 韩念勇：《草原的逻辑续》（上），民族出版社，2018，第39页。曲福田等：《农村发展中的土地资源保护机制》，科学出版社，2014，第169页。

附章　农村土地集体所有制

农村土地集体所有制的形成、确立与演变（1949—2014）

根据《中华人民共和国宪法》（以下简称《宪法》），中国实行的是二元的土地所有制，即农村土地归集体所有，城市土地归国家所有。[①] 农村土地归集体所有是指农村土地属于农村集体组织成员共同所有。按照2007年公布的《中华人民共和国物权法》（以下简称《物权法》）第五十九条的正规表述，农村集体土地属于“本集体成员集体所有”。农村土地集体所有制具有经济学意义上的社区共有制性质。因此，有些学者将农村土地集体所有制定义为土地共有制。[②] 土地集体产权是社区共有产权。[③] 根据《宪法》，合作经济也属于集体经济。[④] 然而，土地集体产权完全不同于合作经济中的产权设置。合作经济中的产权设置是建立在私人产权基础之上的，入社社员以私人产权入社，也可以选择带着私人产权退出。而集体经济的土地产权是共同共有的，集体土地产权不可分割，除非放弃了农村户口，集体经济组织成员也不能选择退出，更不得带着集体土地产权退出。这就是说，土地的集体产权是不可分割的，是一个整体。

农村土地集体所有制形成于合作化时期，确立于1962年“人民公社六十条”正式实施之时。在计划经济时期，“集体化经济绝不是农村社区内农户之间基于私人产权的合作关系，就其实质来说，它只是国家控制农村经济权利的一种形式”。[⑤] 实行家庭土地承包经营制以后，在保持农村土地集体所有制不变的前提下，土地承包经营权让渡给农户，村集体迅速退出了农业经营领域。与此同时，随着国家放弃对农村经济的直接控制，村集体获得了相对完整的对土地的支配权，农村土地集体所有权在一定程度上被强化。20世纪90年代中期之后，国家加强了对农户的土地承包经营权的保护，在很大程度上限制了土地集体所有权的权能发挥，作为农户拥有的土地使用权即土地承包经营权不断切割

---

① 《宪法》第十条规定，“城市的土地属于国家所有。农村和城市郊区的土地，除了法律规定属于国家所有之外，属于集体所有；宅基地和自留地、自留山，也属于集体所有”。

② 赵阳：《共有与私用——中国农地产权制度的经济学分析》，生活·读书·新知三联书店，2007，第17页。

③ 按照法学家的解释，共有产权是分割的，而集体产权是不可分割的，因此，集体产权不属于共有产权。参见国务院发展研究中心农村经济研究部《集体所有制下的产权重构》，中国发展出版社，2015，第86—88页。

④ 《宪法》第八条规定，“农村中的生产、供销、信用、消费等各种形式的合作经济，是社会主义劳动群众集体所有制经济”。

⑤ 周其仁：《产权与制度变迁——中国改革的经验研究》，社会科学文献出版社，2002，第5页。

村集体的土地所有权的权能，农村土地集体所有权经历了一个由强化到虚化的过程。

一、农村土地集体所有制的形成

（一）土地私有制下的公田

自商鞅变法之后的两千多年历史中，土地私有制一直占据主导地位。[①] 但在中国广大农村地区，也或多或少地保留着一些具有共有产权性质的土地。这些具有共有产权性质的土地大多为宗族大家庭共同所有，因此，通常称之为族田。在不同地区，族田有着不同的名目，如义田、祭田、役田等。这些族田主要用于赈灾、济贫、助学及村庄或宗族内部的公共事务支出等。[②] 由于在中国传统农村，许多村落都是聚族而居，一个村落就是由一个或几个大宗族组成，族田因而具有了村社共有产权的性质。在有些地区特别是乡村宗族势力较强的地区，族田在全部土地中所占比例很大。据陈翰笙在20世纪30年代的调研，在广东许多村庄，族田占本村全部土地的比例在40%以上，有些地区如顺德，族田占本村全部土地的比例高达60%。[③] 这可以说是传统旧制度下的集体土地所有制。

（二）土地改革与土地自耕农私有制的形成

1949年中华人民共和国成立之初，刚刚夺取政权的中国共产党，继续推行土地革命战争开始时就提出的“打土豪、分田地”“平分土地、实现‘耕者有其田’”的土地改革政策。[④] 通过土地改革运动，新政权剥夺了地主和大部分富农的土地，并以平均分配的

---

① 有关中国土地制度史的著作很多，比较著名的有万国鼎：《中国田制史》，商务印书馆，2011；赵刚：《中国土地制度史》，新星出版社，2006；萧铮：《中国人地关系史》，台湾商务印书馆，1984；赵俪生：《中国土地制度史》，武汉大学出版社，2013；赵淑德：《中国土地制度史》，台湾三民书局，1988；刘永成：《中国租佃制度史》，文津出版社，1997；等等。

② ［日］长野郎：《中国土地制度的研究》，强我译，中国政法大学出版社，2004，第107—109页。

③ 陈翰笙：《解放前的地主与农民——华南农村危机研究》，中国社会科学出版社，1984，第27—46页。由于共有产权的土地往往是由拥有强势宗族势力的家族所掌控，所以，在该著作中，陈翰笙将掌握着共有产权土地的家族称为集团地主。1933年，毛泽东也注意到了南方农村中广泛存在的村社公田现象。《怎样分析农村阶级》一文的注释“旧中国农村中有许多的公共土地。有些是政治性的，例如一些区乡政府所有的土地。有些是宗族性的，例如各姓祠堂所有的土地。有些是宗教性的，例如佛教、道教、天主教、伊斯兰教的寺、观、教堂、清真寺所有的土地。有些是社会救济或社会公益性的，例如义仓的土地和为修桥补路而设置的土地。有些是教育性的，例如学田。所有这些土地，大部分都掌握在地主富农手里，只有一小部分，农民有权干预。”引自《毛泽东选集》（第一卷），人民出版社，1991，第129页。

④ 1946年中共中央在《关于土地问题的指示》（于1946年5月4日发出，史称“五四指示”）中首次提出了“耕者有其田”的土地改革政策。1947年颁布的《中国土地法大纲》进一步将土地改革政策明确为“彻底消灭封建剥削，实现耕者有其田，均分土地”。参见杜润生主编《中国的土地改革》，当代中国出版社，1996，第172—208页。

方式将土地分给无地或少地的农民。不仅如此，在土地改革运动中，还将具有村社共同所有性质的公田分给无地或少地的农户，将公田也彻底地私有化了。①

到1952年，除了民族地区及尚未解放的台湾省，全国的土地改革已基本完成。在土地改革过程中，共没收土地约7亿亩，分给了约3亿个无地和少地的农民，“制造出”1亿多户自耕农。② 以均田为特征的土地自耕农私有制在全国范围内基本确立。③

根据1950年中央人民政府公布的《中华人民共和国土地改革法》（以下简称《土地改革法》），“实行农民的土地所有制”，“承认一切土地所有者自由经营、出卖及出租其土地的权利”。分到土地的农民对其土地拥有完全私人产权。

然而，这种土地自耕农私有制的基础是极不牢靠的。因为“这种私有制不是产权市场长期自发交易的产物，也不是国家仅仅对产权交易施加某种限制的结晶，而是国家组织大规模群众阶级斗争直接重新分配原土地产权的结果”。④ 既然国家可以把土地无偿分给你，那么国家也可以无偿将土地收回。对于这一点，农民也是有所认知的。⑤ 另外，即使是在短暂的土地自耕农私有制时期，国家对农民的土地私有产权也设置诸多限制，如“规定每家每户的粮食和棉花生产指标，对产出订购定销，禁止雇工、租赁和借贷以及关闭集市贸易并切断农民与私商的联系通道”等。⑥ 因此，这一时期农民的土地私有产权也是不完整的。

除分给农民的土地外，还存在部分国有土地和没有均分到户的土地。农村的国有土地主要是国有农场、国有林场和大型水利工程的用地。没有均分到户的土地包括：待分配用于“外出户和逃亡户回乡耕种”的土地；“调剂之用”的土地；不宜分配到户或不

---

① 根据有关研究，具有公田或族田性质的沙田，主要分布在人多地少的广东、广西、江西、福建等地。按照《土地改革法》，沙田和湖田应收为国家所有，但在土地改革过程中，这部分公田绝大部分也分给了农户。见温铁军《中国农村基本经济制度研究——“三农”问题的世纪反思》，中国经济出版社，2000，第85—89页、第149—150页。

② 杜润生主编《中国的土地改革》，当代中国出版社，1996，第559—560页。

③ 根据统计，土地改革之后，贫雇农占有土地12.46亩、中农占有土地19.01亩、富农占有土地25.09亩、地主占有土地12.16亩、其他人占有土地7.05亩，除占人口比重仅为5.3%的富农占有较多的土地之外，占人口比重近95%的农民也包括地主，各自占有的土地是比较平均的。参见苏星《中国农业社会主义道路》，人民出版社，1976，第11页。

④ 周其仁：《产权与制度变迁——中国改革的经验研究》，社会科学文献出版社，2002，第9页。

⑤ 例如，在广东省南海县，土地改革后，有些农民就心安理得地大吃大喝，有人非议他们，他们就说“政府不会饿死人”，很快就要“集体了”；有人要买水车，他母亲就阻止他说：“三几年就要食大锅饭了。”有些农民也不去领土地证；有农民改良土壤也被别人讥笑他是“日做夜做都是政府的”；富农则更是认为和地主一样，自己的土地早晚也要充公。针对这种情况，1953年夏，当时的中共中央华南分局发出了《关于稳定农村生产关系安定生产秩序的指示》，明确规定保护私有财产，任何人不得侵犯。参见中共南海市委农村工作部编《南海县农村生产经营体制志》（内部资料），1996，第53—54页。

⑥ 周其仁：《产权与制度变迁——中国改革的经验研究》，社会科学文献出版社，2002，第8页。

宜经营的山林、鱼塘、茶山、桐山、桑田、竹林、果园、芦苇地、荒地等；农村用于修桥、补路等的公益事业用地。[①] 这些类型的土地的所有权归属，《土地改革法》并没有明确规定，只是要求由当地乡政府管理，这实际上是属于乡村共有的土地。这些土地也就成了之后农村集体土地的最初来源。

（三）发动农村集体化运动的动因

土地改革运动建立在私有土地基础上的小农经济形态很快就与当时的国家工业化战略发生了激烈的矛盾，中共中央迅速做出调整。1953 年，中共中央提出了社会主义改造的总路线，[②] 与城市工商业社会主义改造同时，在农村发动了一场声势浩大的集体化运动，在很短的时间内，迅速地废除了建立在自耕农基础上的土地私有制，将农村土地私有制转为农村土地集体所有制。

农村集体化运动是服从于当时中央政府确定的国家工业化战略的。在传统上，农村经济与城市经济的主要联系是在消费品和简单的生产资料方面，即农村为城市提供粮食和轻纺工业的原材料如棉花、蚕丝等，城市为农村提供必要的工业日用品如火柴、肥皂、布匹和衣服等以及手工农具，从而实现了城乡之间的经济交换。然而，这种以轻纺工业为先导的自发工业化路线[③]并不符合当时以重工业优先发展的战略意图。按照当时中央政府的设想，我国要想迅速摆脱贫穷，就必须推行以国家为主导的工业化战略，建立以重工业为基础的独立的工业体系。[④] 大量重工业产品的交换主要是在城市工业部门内部，而不是发生在农村。在这种情况下，传统的城乡之间进行经济交换的模式被打破。而且，在当时农村经济还很落后的情况下，农民除自给之外，尚不能为城市提供足够多的剩余

---

① 见 1950 年 6 月中央人民政府公布的《土地改革法》第十四条、第十六条。引自北京政法学院民法教研室编《中华人民共和国土地法参考资料汇编》，法律出版社，1957，第 30 页。

② 当时被称为过渡时期的总路线，这是毛泽东在 1953 年 6 月正式提出的。按照毛泽东的表述，“党在过渡时期的总路线和总任务，是要在十年到十五年或者更多一些时间内，基本完成国家工业化和对农业、手工业、资本主义工商业的社会主义改造”。引自苏星《新中国经济史》，中共中央党校出版社，1999，第 215 页。1953 年 12 月，中共中央向全党发出了“为动员一切力量把我国建设成为一个伟大的社会主义国家而斗争”的号召，正式公布了过渡时期总路线的目标、内容和步骤。参见中共中央文献研究室编《建国以来重要文献选编》（第四册），中央文献出版社，1992，第 693—734 页。之后的实践表明，所谓的“对农业、手工业改造”就是以农业和手工业合作化的方式，将农户的私人土地变为集体所有的土地，农户变为集体经济组织成员；个体手工业户的私人资产变成集体资产，个体手工业户变成集体合作社的职工。所谓的“对资本主义工商业改造”就是以“公私合营”的方式，将私人资本变为国有资本，资本家改造为国有企业职工。

③ 这种以轻纺工业为先导的工业化路线，正是日本、韩国等东亚国家或地区实施工业化的路线。

④ 1953 年，中央政府制定了第一个五年计划，在学习苏联工业化经验的基础上，确定了优先发展重工业的指导方针。参见苏星《新中国经济史》，中共中央党校出版社，1999，第 201—204 页。

产品。即使提供剩余产品，农民也更愿意提供给出价较高的私商。在粮食征购环节，国家与农民出现激烈的矛盾和冲突。①

为了确保重工业优先发展的国家工业化战略的实行，1953年，毛泽东等国家领导人接纳了陈云的建议，开始推行粮食统购统销制度。② 实行粮食统购统销制度就要与千千万万分散的农户打交道，交易成本实在太高了。将农民组织起来，通过集体经济组织，由国家直接管控农业生产和销售，就是一个必然的选择。因此，在《土地改革法》仅仅公布了三年、全国土地改革运动刚结束一年之后，国家就通过在农村强大的组织动员能力，全面实施农村生产要素的集体化，消灭“农民的土地所有制”，将土地及其他生产资料归集体所有，成立完全受地方政府领导的集体经济组织，全面强化国家对农村的管控，以确保国家下达的农业生产计划能够按时按量完成，使农业发展服从于国家工业化战略的要求。③ 除此之外，避免农户出现“两极分化”，将小农经济自发的资本主义倾向消灭在萌芽之中，也是当时的中央政府开展农村集体化运动的一个重要考虑。④

（四）农村集体化运动

农村土地集体所有制是在农村集体化运动中形成与建立起来的。农村集体化运动经

① 1952年下半年开始，全国各地出现粮食私商与国家粮食收购部门“抢粮”的现象，导致国家收不上来粮食，国家粮食收购计划完不成，并导致北京、天津等大城市面粉供应紧张。陈吉元、陈家骥、杨勋等：《中国农村社会经济变迁（1949—1989）》，山西经济出版社，1993，第162—165页。

② 据杜润生的回忆，为了解决当时出现的粮食收购问题，陈云提出实行农村统购、城市统销，即统购统销，规定粮食交易和加工统一归地方政府粮食部门管理，私商一律不许私自经营粮食。很快，毛泽东和中央就决定接受陈云的建议。参见杜润生《杜润生自述：中国农村体制改革重大决策纪实》，人民出版社，2005，第38—43页。另参见陈云《实行粮食统购统销（1953年）》，载中共中央文献研究室编《建国以来重要文献选编》（第四册），中央文献出版社，1992，第446—461页。

③ 从法律上说，农民拥有私有土地并没有立即被取消。在整个农村集体化运动期间，《土地改革法》一直有效，直至1987年全国人大才正式宣布《土地改革法》失效。见1987年全国人大作出的《关于批准法制工作委员会关于对1978年底以前颁布的法律进行清理的情况和意见的报告的决定》。另外，1954年9月我国通过的第一部《宪法》第八条规定，“国家依照法律保护农民的土地所有权和其他生产资料所有权”。这就是说，在宪法层面，仍认可土地归农民所有的土地私有制度。直至1975年修改的《宪法》才正式取消了这一条规定。

④ 1951年，山西省委针对当时山西农村出现的富农发展和两极分化现象，主张搞农业生产合作社，但遭到了刘少奇等的反对。很快，毛泽东就表示支持山西省委的意见。1951年9月，召开了第一次全国互助合作会议，中共中央制定了《关于农业生产互助合作的决议（草案）》，确定了互助合作的三种形式，即临时互助组、常年互助组和以土地入股为特点的农业合作社。参见中共中央文献研究室编《建国以来重要文献选编》（第四册），中央文献出版社，1992，第509—522页。通常认为，这次会议及其决议是之后发起的农业合作化运动的肇端。另参见陈吉元、陈家骥、杨勋等《中国农村社会经济变迁（1949—1989）》，山西经济出版社，1993，第98—106页。

历了三个阶段，即初级农业生产合作社、高级农业生产合作社和人民公社。[①] 在这三个阶段中，农村土地产权内涵及权益发生了一系列变化。

1. 初级农业生产合作社阶段

1953—1954 年为初级农业生产合作社阶段。[②] 通常，初级农业生产合作社是在常年互助组的基础上发展而来。初级农业生产合作社的发展既有农民自愿成分，也是党和政府广泛发动群众的结果。从名义上，初级农业生产合作社并没有根本改变土地私有制，农户拥有对土地的所有权，合作社拥有对土地的使用权，农户拥有土地分红和退社的权利。[③]

在许多地区，初级农业生产合作社的发展是从“试办”开始的。乡、区政府先选择一些基础较好的村，试办合作社。所谓基础较好的村，是指这些村的互助组办得较好，有听党的话、愿意跟党走的积极分子，村里的矛盾较少，工作好做。在乡、区政府的大力支持下，[④] 这些村由积极分子牵头，动员与之合得来的农户共同组建合作社。这时，农户入社是自愿的。农户可以选择入社，也可以选择单干，或者是选择参加互助组，[⑤] 而且也不是所有农户都要入社。例如，地主、富农就不允许入社。[⑥]

在政策上，合作社要承认入社农户的土地权益，但也规定了土地报酬不得高于劳动

---

① 按照流行的说法，中国农业生产合作化运动分为四个阶段，即互助组阶段、初级合作社阶段、高级合作社阶段和人民公社阶段。互助组是农户之间自愿合作、劳动协作的组织，也是农村合作经济的一种形式。互助组大规模发展开始于 1951 年，到 1954 年参加互助组的农户数占所有农户的 58.4%。一直到 1955 年进入高级合作社阶段，互助组才完全消失。参见王贵宸《中国农村合作化经济史》，山西经济出版社，2006，第 317 页。互助组的典型特征是劳动者之间对劳动要素、耕畜及农具等生产资料的交换合作，一般不涉及土地交换和合作（如互助社有土地交换和合作就被认为是从互助组过渡到初级合作社），仍保留土地及其他生产资料私有制，各户土地上的收获归各户所有。由于本章叙述的是农村土地集体所有制形成过程，所以，就不把互助组纳入叙述范围。

② 本书认为，以 1953 年 10 月召开的全国第三次互助合作会议及会后中共中央出台的《关于发展农业生产合作社的决议》，作为初级农业生产合作化运动正式开始的标志。在该决议中确立了农村要走合作化道路的战略方针。在此之前，虽然在一些地方已经出现了各种类型的初级农业生产合作社组织，但还是在试验阶段，而且，中央内部对合作社的认识也并不一致。参见王立诚《中国农业合作化简史》，中国农业出版社，2009，第 2—46 页。

③ 1955 年 11 月全国人大通过的《农业生产合作社示范章程（草案）》规定，“初级阶段的合作社属于半社会主义性质……对于社员交来统一使用的土地和别的生产资料，在一定期间还保留社员的所有权，并且给社员以适当的报酬”，“社员有退社的自由”。参见黄道霞、余展、王西玉主编《建国以来农业合作化史料汇编》，中共党史出版社，1992，第 324—326 页。

④ 在办社的初期，一般乡、区政府都会在贷款、农田基础设施建设方面给予合作社支持。

⑤ 作家赵树理在其所著的长篇小说《三里湾》中，就生动地描写了合作社动员落后农民和觉悟不高的村干部的入社过程。赵树理：《三里湾》，通俗读物出版社，1955。

⑥ 1955 年 11 月全国人大通过的《农业生产合作社示范章程（草案）》规定，“在合作社初成立的几年内，不接受过去的地主分子和富农分子入社”。参见黄道霞、余展、王西玉主编《建国以来农业合作化史料汇编》，中共党史出版社，1992，第 325 页。

报酬。[①] 大多数初级农业生产合作社成立之初，均规定了“四六分”、“三七分”和“二八分”等的土地与劳动力的分红比例。[②] 有些合作社，即使是入社以后，耕牛、农具还是归社员所有，由社员自行喂养和管理，合作社要用耕牛，社员可以获得一定的报酬。[③] 但是，不久在“劳动者创造价值”、“土地报酬有剥削成分”和“实行初级农业生产合作社只是向高级农业生产合作社的过渡阶段”等意识形态主导下，土地报酬的比例迅速下降。有些地方还提出以消灭土地报酬作为从初级农业生产合作社向高级农业生产合作社过渡的目标，即土地与劳动力分红比例，第一年为“三七分”，第二年为“二八分”，第三年取消土地报酬。[④] 这样一来，合作社中“土地合作的成分”已经被严重淡化了，变成了以共同劳动为基础的劳动力要素合作组织。农户的收益分配主要取决于合作社的经营状况，与农户的土地所有权并没有多少直接的关系。

由于许多初级农业生产合作社是在自由组合的互助组基础上建立的，因此，在一定程度上尊重了社员自由组合的意愿。由于社员有自由组合意愿，所以个别社员退社也不会影响合作社的运作。从全国情况看，初级农业生产合作社大体上是建立在原有的自然村社的基础上的，其规模是15～25户，经营的耕地面积为400～450亩。[⑤]

值得一提的是，组建合作社普遍存在的实际难题不是在土地上，而是在牲畜上。因为土地改革后农户拥有的土地大体是平均的，在土地买卖受限制的情况下，农户之间的财产差距主要是在对牲畜的拥有数量和质量上。可以想见，有骡马的农户是最不愿意入社的。

2. 高级农业生产合作社阶段

1955年，在初级农业生产合作社尚未普及的情况下，[⑥] 作为一种政治运动性质的合

---

① 1955年11月全国人大通过的《农业生产合作社示范章程（草案）》规定，“在农业生产合作社的初级阶段，合作社按照社员入社的数量和质量，从每年的收入中付给社员以适当的报酬”，“土地报酬必须低于劳动报酬”。参见黄道霞、余展、王西玉主编《建国以来农业合作化史料汇编》，中共党史出版社，1992，第326页。

② 根据有关学者、研究提供的资料，山西、山东、福建等地土地报酬的比例在30%～40%。参见张厚安等《大陆农地制度变革60年的基本经验与教训》，载徐勇、赵永茂主编《土地流转与乡村治理》，社会科学文献出版社，2010，第10—23页。

③ ［美］李怀印：《乡村中国纪事》，法律出版社，2010，第33页。

④ 薄一波：《若干重大决策与事件的回顾》，中共中央党校出版社，1993，第370—371页。

⑤ 随着初级农业生产合作社的推广和普及，其规模有不断扩大的趋势。据统计，1952年、1953年、1954年和1955年，初级农业生产合作社的平均规模分别为15.74户、18.12户、20.2户和26.66户。参见黄道霞、余展、王西玉主编《建国以来农业合作化史料汇编》，中共党史出版社，1992，第1365页、第1369页、第1373页和第1377页。

⑥ 据统计，1954年初级农业生产合作社吸收的农户数仅占全部农户数的1.95%，占有耕地的比例为2.75%。参见黄道霞、余展、王西玉主编《建国以来农业合作化史料汇编》，中共党史出版社，1992，第1373页。

作化运动就在农村全面展开。农村集体化运动进入了高级农业生产合作社阶段。[①] 在这一阶段，农户的私有土地被无偿转为农村生产合作社集体所有，[②] 土地不再参与农业收益的分配，农户只保留宅基地和坟地的私有权利。[③]

到了高级农业生产合作社阶段，国家是通过发动大规模的政治运动，甚至采取阶级斗争的手段，在政治高压下动员农民入社的。[④] 在初级农业生产合作社阶段，许多农村为了保证合作社的"阶级纯洁性"，一般不允许阶级敌人如地主、反革命分子入社，[⑤] 但到了高级农业生产合作社阶段，则是所有人都必须入社，没有其他的选择。在政策上，合作社的社员也有退社自由，[⑥] 但在官方意识形态的话语体系中，退社单干是"走资本主义道路"；到了农村基层干部的口中，退社单干就成了"与人民、与党为敌"，"退社单干就是犯法"，要批判退社单干思想，要批斗闹退社的人。在这种形势下，社员要想退社单干，就更是不可能的。[⑦]

---

① 本书认为，以1955年由毛泽东亲自编辑的《中国农村的社会主义高潮》一书在党内发行，作为高级合作化运动正式开始的标志。在该书中，毛泽东充分肯定了一些地区试办高级合作社的做法，并提出"考虑使它们（即合作社）从初级形式转向高级形式上来"的要求。

② 1956年6月全国人大通过的《高级农业生产合作社示范章程》规定，"入社的农民必须把私有的土地和耕畜、大型农具等主要生产资料转为合作社集体所有"，"实行'各尽所能，按劳取酬'"。参见黄道霞、余展、王西玉主编《建国以来农业合作化史料汇编》，中共党史出版社，1992，第351页。值得说明的是，社员在入社时，土地是无偿被转为集体所有的，而耕畜、大型农具、林木、鱼塘等转为集体所有，可以按"正常价格"给予补偿。对此，当时的农业部部长廖鲁言曾解释说，"因为土地这种生产资料，在性质上不同于耕畜和农具，而且经过土地改革以后，农民占有的土地大体是平均的，一般相差不多，这同耕畜和农具占有差别很大是大不相同的，所以在土地转为集体所有的时候，就不应该也不必要采取作价收买的办法"。转引自张厚安等《大陆农地制度变革60年的基本经验与教训》，载徐勇、赵永茂主编《土地流转与乡村治理》，社会科学文献出版社，2010，第44页。而且，农民所有的耕畜、大型农具、林木、鱼塘等如果没有补偿政策，一些农民就会杀耕畜、损农具、砍林木、毁鱼塘。参见中共福建省委办公厅编《福建农业合作化运动》（第一册），福建人民出版社，1956，第31—33页。但在实际执行过程中，许多合作社并没有兑现补偿或没有完全兑现补偿，在农民看来，是被没收了。

③ 1956年6月全国人大通过的《高级农业生产合作社示范章程》规定，"社员原有的坟地和房屋地基不必入社"。参见黄道霞、余展、王西玉主编《建国以来农业合作化史料汇编》，中共党史出版社，1992，第352页。

④ 例如，在江苏省淮安县李集村，一些富裕中农不愿入社，就被开会批斗，被拳打脚踢，被说成国民党。有一家中农被人用木棍往肋骨处用劲捣，打得受不了，才不得不答应入社。参见林刚《李集村：农民生产生活的60年变迁》，中国社会科学出版社，2010，第23页。有资料表明，不愿入社或入社后要求退社的农民是没有在土地改革中获益的中农，或在土地改革之后，通过自己的积累，由贫雇农变为新中农甚至是新富农的人群。

⑤ 一些入社的地主、富农，按当地政府的要求，被清除出去。［美］李怀印：《乡村中国纪事》，法律出版社，2010，第31页。

⑥ 1956年6月全国人大通过的《高级农业生产合作社示范章程》规定，"社员有退社的自由"。参见黄道霞、余展、王西玉主编《建国以来农业合作化史料汇编》，中共党史出版社，1992，第352页。

⑦ 1955—1956年浙江、河北、山东等省的农村就出现了"退社风"，但很快就被制止。1957年春，广东、河南和江苏及全国其他部分省份又出现了"退社风潮"。1957年7月，在青岛召开的省、市委书记会议上，中央发起了农村社会主义教育运动，以大批判、大辩论的方式，将这股"退社风潮"强行压了下来。参见陈吉元、陈家骥、杨勋等《中国农村社会经济变迁（1949—1989）》，山西经济出版社，1993，第259—266页、第276—281页。

值得强调的是，在高级农业生产合作社阶段，不是所有的合作社都是高级农业生产合作社，还有不少合作社是初级农业生产合作社。① 但不管合作社是初级的还是高级的，在这一阶段，实际上农户都没有了自愿入社、自由退社的权利。只是高级农业生产合作社规模更大，也就不再是建立在农户自由组合的意愿基础上了。高级农业生产合作社大多是由若干个自然村社合并组成建立的，大体上是在原行政村或“小乡”管辖的范围，也有的是在原“小乡”的基础上进行拆分，② 其规模为 150～200 户。③ 在一些南方“散村”地区，合作社所包括的自然村之间可能要相隔数里。据一项研究透露出的统计数据，这一阶段农业合作社的平均土地经营规模为 2249 亩。④ 这样就冲破了部分原有村社边界，从“小集体”变成“大集体”。

在组织结构上，高级农业生产合作社与村委会、村党支部、村妇联、村民兵武装部等行政性组织的管理范围和边界基本重合，高级农业生产合作社社长往往由村主任或村党支部书记兼任，高级农业生产合作社实际上变为“村社合一”的管理组织。在生产组织管理上，高级农业生产合作社领导管理若干个生产队（相当于初级农业生产合作社的规模），生产队只是一个生产单位，对生产队可实行包工、包产、包成本、超额奖励即“三包一奖”的方式管理。⑤ 经营核算和社员收入分配由农业生产合作社统一负责。

另外，无论是在初级农业生产合作社阶段还是在高级农业生产合作社阶段，均允许社员保有一定比例的自留地，即自留地不能超过当地每人平均土地数的 5%。随着农村

---

① 到 1956 年，初级农业生产合作社入社农户占总农户数的比例仍有 29.1%，此时，高级农业生产合作社入社农户数占总农户的比例已经达到 62.6% 了。参见黄道霞、余展、王西玉主编《建国以来农业合作化史料汇编》，中共党史出版社，1992，第 1380—1381 页。

② 在新中国成立初期，农村地区的基层政权设置在乡一级或行政村一级。乡与行政村同级，乡一级或行政村一级管辖若干个自然村或一个大村。行政村或乡的上级单位是区公所，区公所是县政府的派出机构。1954 年《宪法》公布后，各地相继撤销了区公所，并进行乡镇合并，改为乡镇政府，直接归县政府领导。原来的乡就被称为“小乡”，但不少地区直至人民公社体制建立时，还保留区和“小乡”的建制。

③ 根据有关统计数据推算，1956 年和 1957 年，高级农业生产合作社的平均规模分别为 197.4 户和 158.6 户。参见王贵宸《中国农村合作化经济史》，山西经济出版社，2006，第 317 页。另据统计到 1956 年，高级农业生产合作社全国平均规模为 245.3 户。参见黄道霞、余展、王西玉主编《建国以来农业合作化史料汇编》，中共党史出版社，1992，第 1381 页。

④ 国务院农村发展研究中心联络室、农业部农业机械化管理司编《土地规模经营论》，农业出版社，1990，第 84 页。

⑤ 1956 年 6 月全国人大通过的《高级农业生产合作社示范章程》规定，“农业生产合作社可以实行包产和超产奖励。各个田间生产队和副业生产小组或者副业生产队，必须保证完成规定的产量计划，还必须保证某些副业产品达到一定的质量。对于超额完成生产计划的，应当斟酌情形多给劳动日，作为奖励。对于经营不好，产量或者产品质量达不到计划的，应该斟酌情形扣减劳动日”。参见黄道霞、余展、王西玉主编《建国以来农业合作化史料汇编》，中共党史出版社，1992，第 354 页。因为实行“三包一奖”算账很麻烦，实际运作时，一般只是包工分，就是根据每个生产队劳动力数，算出一个全队的总工分，包给生产队。［美］李怀印：《乡村中国纪事》，法律出版社，2010，第 38 页。

集体化运动的深入推进，自留地的产权性质逐渐由农户私有变为集体所有。① 在现实中，社员对自留地的使用有着较大的自由支配权，自留地也因此成为社员的“保命田”。

3. 人民公社阶段

1958年，农村集体化运动进入人民公社阶段，② 集体所有制发生了剧烈的变动。包括土地在内的全部生产资料归人民公社所有，社员保有的自留地也被取消；全体农民都变成了人民公社的社员。农业生产合作社形式的集体所有制被带有全民所有性质的“人民公社的集体所有制”替代。③

在人民公社发展初期，在“一大二公”④ 的政策指导下，各地“并社”之风盛行，将若干个原来的农村生产合作社即所谓的“小社”合并为“大社”。人民公社管辖范围扩大到乡镇一级，其规模大约为5000户。⑤ 到了人民公社发展高潮，有的公社扩大到数个乡镇，甚至扩大到全县，出现了超过2万户以上的“大社”。据一项研究透露出的统计数据，人民公社的平均土地经营规模高达约6万亩。⑥ 在“政社合一”的人民公社体制下，名义上属于合作社共同所有的土地等生产资料被地方政府任意调拨和占用，即所谓的“一平二调”⑦，以农村社区为基础的土地集体所有制遭到了严重破坏，土地产权性质

---

① 1955年11月出台的《农业生产合作社示范章程（草案）》规定，“为了照顾社员种植蔬菜或者别的园艺作物的需要，应该允许社员留有小块的自留地。社员每户自留地的大小，应该按照每户人口的多少和当地土地的多少来决定，但是每口人所留的土地至多不能超过全村每口人所有土地的平均数的百分之五”。这表明，在初级农业生产合作社阶段，自留地是归农户私人所有。但时隔不过半年多出台的《高级农业生产合作社示范章程》规定，“农业生产合作社应该抽出一定数量的土地分配给社员种植蔬菜。分配给每户社员的这种土地数量，按照每户社员人口的多少决定，每人使用的这种土地，一般地不能超过当地每人平均土地数的百分之五”。将“留有自留地”改为“分配自留地”。既然自留地是由农业合作社分配给农户的，言外之意，自留地也属于集体所有，农户只是拥有自留地的使用权。参见黄道霞、余展、王西玉主编《建国以来农业合作化史料汇编》，中共党史出版社，1992，第326页、第352页。

② 人民公社运动开始于农业生产合作社“扩社”，即“小社并大社”。很快，河南省在“小社并大社”基础上发展为人民公社。参见王贵宸《中国农村合作化经济史》，山西经济出版社，2006，第371—374页。

③ 1958年8月中共中央通过了《关于在农村建立人民公社问题的决议》，该决议宣称：“人民公社的集体所有制中，就已经包含有全民所有制的成分了。这种全民所有制，将在不断发展中增长，逐步地代替集体所有制。”参见黄道霞、余展、王西玉主编《建国以来农业合作化史料汇编》，中共党史出版社，1992，第495页。

④ 即一是规模大，二是公有化程度高。

⑤ 根据1958年8月中共中央通过的《关于在农村建立人民公社问题的决议》，“社的组织规模，就目前说，一般以一乡一社、两千户较为合适”，该决议也提出，“人民公社进一步发展趋势，有可能以县为单位组成联社”。参见黄道霞、余展、王西玉主编《建国以来农业合作化史料汇编》，中共党史出版社，1992，第495页。但在实际操作过程中，谁也不愿意被戴上“小农经济”的帽子，都争相要提前进入共产主义，所以，人民公社的规模一般都超过了2000户。据统计，1958年至1960年，平均每一个乡镇即人民公社的户数分别为5443户、5008户和5207户。参见国家统计局农村社会经济调查总队《新中国五十年农业统计资料》，中国统计出版社，2000，第18页。另据1958年9月中央农村工作部发出的《人民公社化运动简报》，当时有94个公社是以县为单位的。参见王贵宸《中国农村合作化经济史》，山西经济出版社，2006，第378页。

⑥ 国务院农村发展研究中心联络室、农业部农业机械化管理司编《土地规模经营论》，农业出版社，1990，第84页。

⑦ 即土地和其他生产资料在不同集体经济组织间平均分配，政府无偿调用土地。

实际上已变为由地方政府代行权力的国家所有。① 与此同时，作为社员“保命田”的自留地的使用权也被剥夺。②

在生产组织方面，当时盛行“军事化”“战斗化”“大协作”，即将公社的成员组织成各种名目的“连”“排”“班”，如“青年火箭排”“壮年跃进排”“少年先锋排”等。需要“大兵团协作”进行“战斗”时，如“深翻大会战”“水利大会战”，就临时组织成几百人的“营”或上千人的“团”。③ 农业生产作业的基本流程被严重打乱。

在收益分配方面，按中央政策要求，人民公社实行“工资制和供给制相结合的分配制度”。④ 这一时期“共产主义乌托邦”思想盛行，各社、各队普遍开办了公共食堂、托儿所、幼儿园和养老院。口粮、柴草由公共食堂统管，社员吃饭不要钱，但吃多少由公社干部说了算，社员也不准在家开火做饭。有些地区，为了彰显人民公社的优越性，还曾实行过“放开肚子吃饭”的共产主义“按需分配”方式。这样的人民公社已经很难说是集体所有制经济体了，而是“共产主义乌托邦”社会了。

二、农村土地集体所有制的确立

（一）“人民公社六十条”正式出台前

由于人民公社的组织形式完全冲破了原有村社边界，使农业生产组织运行成本大幅提高，农民生产积极性受到严重挫伤。而且，人民公社的“社会主义大协作”的劳动组织方式和“共产主义乌托邦”分配模式，实际上是根本无法持续运行的。社员吃饭问题最终还是要靠自己解决，一旦粮食减产，国家也没有能力向社员供应粮食。事实正是如此。从1959年至1961年连续三年出现粮食及其他主要农产品产量的大幅下降，最终导致“三年自然灾害”。在这种严峻形势下，当时的中央政府及时采取向农民“退让”的政策，由土地归人民公社集体所有“退让”到土地归自然村社的集体即

① 在毛泽东看来，人民公社并不是集体经济组织，而是从社会主义向共产主义过渡的一种组织形式，不仅在农村，而且在城市也要实行人民公社制，人民公社将成为共产主义体制下的一个基层单位，具体来说就是包括了政治、经济、文化、教育、军事在内的多种功能的共同体。当时有些人民公社已经开始实行按月发工资的全民所有制体制了。

② 1958年8月中共中央通过的《关于在农村建立人民公社问题的决议》中提出，“一般来说，自留地可能在并社中变为集体经营，零星果树暂时仍归私有，过些时候再处理”。参见黄道霞、余展、王西玉主编《建国以来农业合作化史料汇编》，中共党史出版社，1992，第495页。

③ 宋连生：《总路线、大跃进、人民公社运动始末》，云南人民出版社，2002，第165页。

④ 1958年12月中共中央发出的《关于人民公社若干问题的决议》规定，“在分配给社员个人消费的部分，实行工资制和供给制相结合的分配制度”。参见黄道霞、余展、王西玉主编《建国以来农业合作化史料汇编》，中共党史出版社，1992，第519页。

生产队所有，承认由原来农村社区演变而来的生产队是农村集体土地所有权行使的基本主体，生产队是基本生产核算单位。然而，这一“退让”也经历了一个颇为曲折的过程。

在人民公社体制运行不久，当时的中央高层就看到了人民公社“大集体”存在的一些弊病。他们认为这是人民公社“大集体”的生产核算单位太大所引起的。应该说，这确实是一个问题的症结所在。毛泽东也承认由生产队所有制过渡到人民公社所有制需要一段时间，要有一个过渡期。[①] 1959 年 2 月中共中央在郑州会议上通过的《关于人民公社管理体制的若干规定（草案）》提出“统一领导，队为基础”的总体方针，实行“三级核算，各计盈亏”，确定了以生产队（即高级社，之后称为生产大队）为基础的集体所有制。[②] 然而，到了 1959 年 7 月至 8 月召开的庐山会议之后，形势直转急下。各地政府为了与“右倾机会主义者”划清界限，纷纷提出“抢先过渡”的口号，即积极发展社有经济，“抢先”从基本队有制过渡到基本社有制。[③] 也就是说，要将集体所有制建立在具有全民所有制成分的人民公社基础上，但要分级管理、分级核算。郑州会议上制定的“队为基础”“三级核算”的体制，事实上并没有得到真正的施行。

1960 年 11 月，中共中央发出了《关于农村人民公社当前政策问题的紧急指示信》。该文件明确提出要实行基本队有制、“七年不变”，并停止了向基本社有制过渡的做法。[④] 这里所说的“基本队”实际上指的是之后的生产大队，也就是实行生产大队所有制。该文件还提出将“劳力、土地、耕畜和农具固定给生产小队（即之后的生产队）使用”。[⑤] 这就是所谓的“四固定”。由于当时的政策制定者在理论上尚分不清所有权和使用权之

---

① 1959 年 2 月中共中央政治局扩大会议（郑州会议）上，毛泽东发表讲话说：“现在有许多人还不认识公社所有制必须有一个发展过程，在公社内，由队的小集体所有制到社的大集体所有制，需要一个过程，这个过程要有几年时间才能完成”。参见黄道霞、余展、王西玉主编《建国以来农业合作化史料汇编》，中共党史出版社，1992，第 529 页。

② 参见黄道霞、余展、王西玉主编《建国以来农业合作化史料汇编》，中共党史出版社，1992，第 531—532 页。这里所说的“三级”是指生产队、管理区和人民公社三级。当时的生产队实际上就是之前的高级社，也就是后来的生产大队；管理区是由几个生产队组成，也就是之前的“小乡”；人民公社则是由若干“小乡”组成的“大乡”。参见王贵宸《中国农村合作化经济史》，山西经济出版社，2006，第 399—404 页。

③ 参见 1959 年 12 月发出的《关于人民公社过渡问题——浙、皖、苏、沪四省座谈会纪要》，载黄道霞、余展、王西玉主编《建国以来农业合作化史料汇编》，中共党史出版社，1992，第 587—590 页。

④ 该文件提出，“以生产队为基础的三级所有，是现阶段人民公社的根本制度。从一九六一年算起，至少七年不变（在一九六七年我国第三个五年计划最后完成的一年以前，坚决不变）。在此期间，不再新办基本社所有制和全民所有制的试点。现有的试点和已经过渡到基本社有制或全民所有制的社、队，办得好的、群众拥护的，可以继续办下去；办得不好的、群众要求改变的，就停止试验，重新恢复基本队有制”。参见黄道霞、余展、王西玉主编《建国以来农业合作化史料汇编》，中共党史出版社，1992，第 613 页。

⑤ 黄道霞、余展、王西玉主编《建国以来农业合作化史料汇编》，中共党史出版社，1992，第 614 页。

间的关系，该文件将生产资料使用权固定生产小队使用称为生产小队部分所有制。但无论如何，“四固定”是从生产大队集体所有制退回到生产队集体所有制，使基本生产核算单位能够真正落实到生产队一级集体组织的关键一步。也可以说，生产队集体所有制是在“四固定”基础上建立起来的。

1961 年 3 月，中共中央在广州开会讨论通过了《农村人民公社工作条例（草案）》。该文件提出了建立三级所有制、生产大队为基础“三级所有、队为基础”的集体土地所有的制度。[①] 该文件规定：“除生产所有和社员所有的生产资料以外，一切土地、耕牛、农具等生产资料都属于生产大队所有”，土地及其他生产资料固定给生产队使用，长期不变；生产大队负责统一分配，生产队负责生产管理。[②] 这就是说，坚持实行生产大队所有制，坚持将生产大队作为基本核算单位，并将生产任务“包给”生产队。[③] 然而，这种分配权归生产大队、生产管理权归生产队的矛盾和不协调很快就在现实中暴露出来了。因此，中央再一次做出较大的“退让”。1962 年 2 月，中共中央发出《关于改变农村人民公社基本核算单位问题的指示》，该文件明确提出“以生产队为基本核算单位”，要求将生产核算单位由生产大队下放到生产队一级。[④] 而这种基本核算单位的改变，势必会要求对集体土地的产权制度做出相应调整。

这一时期所做的另一个政策“退让”是划小农村的生产组织单位，取消管理区和“拆社”，将大人民公社拆成两个或更多的人民公社，人民公社大体退回到原来乡的管理范围。“拆社”后，人民公社的平均户数降至 2000 户以下。同时也对生产大队和生产队进行了“拆分”，生产大队和生产队的规模均大大地缩小。[⑤] 缩小后的生产大队的规模大体上与高级农业生产合作社差不多，每个生产大队平均为 180 户，生产队的规模大体上

---

① 该文件规定，“农村人民公社一般分为公社、生产大队和生产队三级。以生产大队的集体所有制为基础三级集体所有制，是阶段人民公社的基本制度”。参见黄道霞、余展、王西玉主编《建国以来农业合作化史料汇编》，中共党史出版社，1992，第 632 页。

② 该文件规定，“生产大队是人民公社这个联合经济组织当中的独立经营单位。它统一管理各生产队的生产事业，又承认生产队在生产管理上的一定自主权。它实行独立核算，自负盈亏，在全大队范围内实行统一分配，又承认各生产队的差别”。参见黄道霞、余展、王西玉主编《建国以来农业合作化史料汇编》，中共党史出版社，1992，第 633 页。

③ 该文件规定，“生产大队对生产队必须认真实行包产、包工、包成本和超产奖励的三包一奖制”。参见黄道霞、余展、王西玉主编《建国以来农业合作化史料汇编》，中共党史出版社，1992，第 634 页。

④ 参见黄道霞、余展、王西玉主编《建国以来农业合作化史料汇编》，中共党史出版社，1992，第 677—681 页。

⑤ 按照 1962 年 2 月中共中央发出的《关于改变农村人民公社基本核算单位问题的指示》的要求，“生产大队一般地以相当于原来的高级农业生产合作社的规模组成，较为适宜。生产队的规模，应当根据土地的数量和远近、居住的集中或者分散、劳动力是否搭配得开、畜力是否配套等等条件确定，不宜过大，但也不宜过小。……一般说来，生产队的规模，大体上以二三十户为宜”。参见黄道霞、余展、王西玉主编《建国以来农业合作化史料汇编》，中共党史出版社，1992，第 679—680 页。

与中国传统的自然村相一致，每个生产队平均为23.6户。[①] 据一项研究透露出的统计数据，人民公社的平均土地规模约为25000亩，生产大队的平均土地规模约为2000亩，生产队的平均土地规模约为230亩。[②] 当时的农民将这一做法称为“公社的牌子、高级社（大队）的规模、初级社（生产队）的核算与分配”。

（二）“人民公社六十条”正式出台

1962年9月，中共中央正式颁布了《农村人民公社工作条例（修正草案）》（以下简称“人民公社六十条”）[③]，该文件将“三级所有、队为基础”中的“队”由生产大队改变为生产队。该文件规定，“生产队范围内的土地，都归生产队所有。生产队所有的土地，包括社员的自留地、自留山、宅基地等等，一律不准出租和买卖”。该文件还规定，“集体所有的山林、水面和草原，凡是归生产队所有比较有利的，都归生产队所有”。这就说明，将“四固定”所固定给生产大队使用的土地，转为归生产队所有。从此之后，这种建立在生产队基础上的集体土地的产权制度基本上被维持下来了，持续至今。另外，“人民公社六十条”还首次将社员即村民祖祖辈辈传下来的宅基地也宣布为集体所有。[④] 可以说，“人民公社六十条”的出台，标志着农村土地集体所有制正式确立。

在现实操作中，确立“三级所有、队为基础”的集体土地的产权制度，是通过划定“三级”集体经济组织的行政及经济管理边界来实现的。在人民公社时期，对集体土地的划界的实际权力掌握在县政府、公社及生产大队。具体地说，县政府划定公社管辖多少生产大队以及哪些生产大队，并由此确定了公社能支配土地的边界；然后，由公社划

---

① 据统计，到1963年，全国的人民公社数量从1958年的23630个增加至80956个，平均每个人民公社的户数降至1658户，全国生产大队数量从1959年的518000个增加至652000个。参见国家统计局农村社会经济调查总队《新中国五十年农业统计资料》，中国统计出版社，2000，第17—18页。1961年3月广州会议以后，各地大力推行调整社、队规模和算账、退赔工作，不仅人民公社、生产大队规模大幅度缩小，生产队的规模也大幅度缩小。据统计，生产队的数量从原来的2988168个增加到4549474个。参见王贵宸《中国农村合作化经济史》，山西经济出版社，2006，第436页。据统计，“全国每个公社平均有9.6个生产大队，每个生产大队平均有7.6个生产队，每个生产队平均有23.6户”，引自罗平汉《农村人民公社史》，福建人民出版社，2002，第256页。

② 国务院农村发展研究中心联络室、农业部农业机械化管理司编《土地规模经营论》，农业出版社，1990，第84页。

③ 参见黄道霞、余展、王西玉主编《建国以来农业合作化史料汇编》，中共党史出版社，1992，第732—741页。

④ 1960年11月中央下发的《关于农村人民公社当前政策问题的紧急指示信》指出，“县、社和队向社员个人平调的房屋、家具、土地、农具、车辆、家畜、家禽、农副产品和建筑材料等等各种财物，都必须认真清理，坚决退还”。参见黄道霞、余展、王西玉主编《建国以来农业合作化史料汇编》，中共党史出版社，1992，第613—614页。这里所提到的社员个人的“土地”显然是指宅基地。这就表明，当时还是承认宅基地归社员个人所有的。

定生产大队管辖村的边界，[①] 并由此确定了该生产大队能支配土地的边界；最后由大队根据生产队的社员人数，并考虑到社员在村庄居住的位置、农田取水的位置、宗族等因素，划定各个生产队的土地权属边界。如果生产核算单位在生产大队，生产大队管辖村的边界就是其土地权属边界。由于几次合作化运动打乱了原有的村界，在“四固定”过程中，在一些农村地区，县及公社曾组织班子和人员进行了土地重新划界。但土地“四至”不清的情况仍然存在。这种村界不清的问题一直影响到半个世纪以后。

虽然在“人民公社六十条”中，明确了农村集体土地以生产队所有为基础，但是，这绝不意味着将土地产权真正赋予生产队一级集体组织，这只是为了使基本生产核算单位能够真正落实到生产队一级集体组织而做出的“退让”。因此，在“人民公社六十条”中，在“队为基础”之上加上了“三级所有”的帽子。这种“三级所有”集体所有制的实质是按行政管理层级对集体所有的产权进行分割，从而形成了生产队一级的“小集体”要服从生产大队一级的“大集体”、生产大队一级的“大集体”要服从更大一级的人民公社集体、人民公社集体要服从国家总体目标的产权结构安排。这样，国家就可以透过这种按行政管理层级设置的“三级所有”的产权结构安排，直接管控三级集体经济组织的主要经济活动。另外，建立“一大二公”人民公社制度的最终目标并没有放弃。在“人民公社六十条”公布和实施后的20年间，各级地方政府仍将基本核算单位从生产队过渡到生产大队作为人民公社的重要发展方向，这也是“农业学大寨”的一个重要内容，并在全国各地加以积极推动。[②] 据统计，以生产队为基本核算单位的集体经济组织数量，1963年为556.8万个，到1978年下降到462.8万个；同期，以生产大队为基本核算单位的集体经济组织数量，1963年为1.6万个，到1978年升至6.7万个。[③]

值得强调的是，恢复自留地也是这一时期向农民“退让”政策的一项重要内容。早在1959年年中，中共中央就提出要恢复高级社时的自留地政策。[④] 在“人民公社六十条”中，明确规定自留地“长期归社员家庭使用”，而且自留地上的产出既不上交集体，

---

① 这里所说的村为行政村，有别于历史上自然形成的自然村。在许多南方地区，一个大队管辖若干自然村，以自然村为单位组成生产队；在华北、东北地区，自然村一般较大，通常一个大队管辖一个行政村。

② 当时农业的学习榜样是大寨，大寨就是按大队核算的。有关这一时期“生产队过渡到大队”的情况，参见王贵宸《中国农村合作化经济史》，山西经济出版社，2006，第495—496页。

③ 农业部政策法规司、国家统计局农村司编著《中国农村40年》，中原农民出版社，1989，第126页。

④ 1959年5月，中共中央发出的《关于分配私人自留地以利发展猪鸡鹅鸭问题的指示》提出，“要社员私养猪、鸡、鹅、鸭，就要给社员一定数量的自留地。自留地的多少，应当按照原高级合作社章程，按人口计算，不超过每人平均占有土地的百分之五”。同年6月，中共中央发出的《关于社员私养家禽、家畜和自留地等四个问题的指示》中进一步提出，“恢复自留地制度，不管社员喂猪不喂猪，在食堂吃饭或在家吃饭，只要他愿意要，都应该给他。自留地数量仍按高级社章程规定，以不超过每人分地的百分之五，也不少于百分之五为原则”。参见黄道霞、余展、王西玉主编《建国以来农业合作化史料汇编》，中共党史出版社，1992，第568页。

也不上交国家。这样一来，虽然自留地名义上是集体所有，实际上已被赋予了较强的私权属性，尽管在当时自留地这种私权属性是极其不稳定的。另外，“人民公社六十条”还将自留地的比例上限由之前的5%调整到5%～7%，并允许社员保有一定数量的自留山。①

（三）人民公社制度下的农村土地集体所有制的运作

根据经济学的基本原理，经济活动的决策包括三个基本内容：一是生产什么；二是如何生产；三是生产结果如何分配。② 在人民公社体制下，这三个方面的经济决策实际上都是受国家直接管控的，只是管控程度有所不同。在“生产什么”方面，对计划内产品，各级集体经济组织必须严格按照国家计划进行生产，但对计划外的“副业”生产，生产大队和公社拥有一定的自主决策权。在“如何生产”方面，各级集体经济组织在不同领域各自拥有较大的自主决策权。生产大队按照国家下达的计划目标，制定本大队的生产计划，负责对机耕作业、农田灌溉的安排和协调，负责国家“公粮”的交售，以及化肥、农药等生产资料的购买和分配；生产队负责日常的农业生产组织管理，调配本队的劳动力；对于涉及农业科技项目如施用化肥、良种推广、病虫害防治等，以及水利、土地整治和土壤改良等大中型项目则是在公社和生产大队直接统一安排下进行。在“生产结果如何分配”方面，生产队是生产结果的基本核算单位，公社和生产大队掌握着对公共积累的分配权，生产队掌握着对队内社员的生产成果的分配权；但是，社员的收入分配方式是由国家统一确定的，必须采用“评工计分”制度，即通常所说的“工分制”，公社、生产大队和生产队均无权自行改变。总之，从生产什么、如何生产和生产结果如何分配三个方面来看，在人民公社体制下，包括土地在内的生产资料集体所有权的权能是严重“残缺”的，国家、公社及生产大队“分割”了大部分生产队的集体所有的产权权能，生产队一级集体经济组织可行使的产权权能是十分有限的。所有权的一个基本性质是要具有排他性。在生产队一级的集体经济组织无法也无力抗拒国家、公社和生产大队对其进行干预的情况下，所有权的排他性实际上已经被否定掉了。

---

① 1962年9月，中共中央颁布的“人民公社六十条”提出，“耕种由人民公社分配的自留地。自留地一般占生产大队耕地面积的百分之五到七，长期归社员家庭使用。在有柴山和荒坡的地方，还可以经营由人民公社分配的自留山”，“社员的自留地和开垦荒地生产的农产品，不算在集体分配的产量和口粮以内，国家不征收农业税，不计统购”。参见黄道霞、余展、王西玉主编《建国以来农业合作化史料汇编》，中共党史出版社，1992，第644—645页。

② ［美］萨缪尔森：《经济学》（上册），高鸿业译，商务印书馆，1979，第25—26页。

虽然如此，生产队一级的集体经济组织毕竟有了一定程度的对包括土地在内的生产要素的支配权，普遍的“一平二调”行为也得到了很大程度的抑制。生产组织和大部分生产成果的分配主要在生产队内部进行。这时的生产队不仅不同于人民公社时的生产队，也不同于高级农业生产合作社下的生产队。这时的生产队有了较为自主的经济核算和收入分配权。即使在“工分制”的条件下，同一个生产队的社员心里也都明白如要“瞎折腾”“不好好干”，对大家都没有什么好处。这种“队为基础”的土地集体所有制，在之后发生的历次激烈的政治运动中，所受到的冲击比较小，基本上保持稳定。更为重要的是，在大多数农村地区，国家“许给”社员的自留地政策也被勉强地保留下来。① 因此，虽然“三级所有、队为基础”的人民公社体制是低效率的，但它仍可以在低水平上有所发展，并维持了近20年。据统计，1961年，粮食总产量仅为1.36亿吨，到1980年已经上升到3.21亿吨；人均粮食占有量由1961年的206.7公斤上升到1980年的326.7公斤；② 农民的人均收入（按现价计算）由1964年的102.28元上升到1978年的133.57元。③ 如果站在当时国家执政者的角度，农村集体化运动在农业支持国家工业化战略的目标方面是取得了巨大成功的。据估算，自1952年到1978年，国家通过工业产品与农业产品不等价交换，从农业部门汲取了3917亿元；通过税收，向农业部门收取了935亿元，两项合计为4852亿元。扣除国家财政返还农业部分后，国家从农业净汲取了3120亿元，占同一时期国有企业非农固定资产原值的73.2%。④

三、实行家庭土地承包经营制后的农村集体经济

如本书第一章所述，在实行家庭联产责任制之初，中央农业、农村的政策设计者力图将分散的家庭经营纳入集体统一经营的框架之内，但不久之后，农户的分散经营就从集体统一经营中独立出来了。但历届中央政府一直都没有放弃对农村集体经济统一经营

① 据周其仁的分析，低效率的人民公社体制之所以能够维持，是因为自留地的存在，使农民拥有了“部分退出权”；集体副业的发展，使村干部拥有了“部分剩余权”。周其仁：《产权与制度变迁——中国改革的经验研究》，社会科学文献出版社，2002，第17—22页。另外，也要看到集体化以来，农田水利建设和土地整治的成效。这也是能够保持农业低水平发展的重要因素。

② 国家统计局农村社会经济调查总队：《新中国五十年农业统计资料》，中国统计出版社，2000，第37页、第76页。

③ 农业部政策法规司、国家统计局农村司编著《中国农村40年》，中原农民出版社，1989，第552页。

④ 农业部农村经济研究中心：《中国农村改革与发展：回顾和展望》（1993年），载农业部农村经济研究中心等编《中外学者论农村》，华夏出版社，1994，第57页。

方面的各种努力，并在制度设计层面，将建立在家庭土地承包经营基础之上的“统分结合的双层经营体制”确立为中国农村的一项基本经济制度。[①]

（一）实行家庭土地承包制之初时的农村集体经济

在实行家庭土地承包经营制之初，中央在承认了家庭土地承包经营的合法性的同时，也特别提出了对集体统一经营的要求。[②] 各地方政府通常会根据本地农村的情况，对集体统一经营做出具体的规定，大力推行“几统一”[③]。归纳起来，这一时期的集体统一经营主要体现在以下五个方面。第一，生产计划管理。即按国家的计划指导，安排生产项目，规划种植作物的生产布局，保证承包农户完成国家下达的农产品交售计划。第二，土地及其他生产资料管理。即管理集体经营的土地及其他生产资料，包括大型农机具、小型农田水利设施和集体林场、果园、试验田等，并负责土地及其他生产资料的发包。第三，生产服务职能。即为承包农户提供产前、产中和产后服务，主要是育种、防治病虫害和抗灾。第四，积累职能。即利用村集体的积累资金，建设小型农田水利设施、整理土地、治理“四荒地”等。第五，收入分配职能。即确定承包农户向村集体上交承包费的标准，决定集体收入的用途。另外，村集体还要承担建设村庄道路、变电站及小学、幼儿园等公益设施的任务，并负责其日常的运营，以及其他公共性财产的管理，为本村村民提供公共性服务。以上这些就是通常所说的“统分结合”“双层经营”中集体层面经营“统”的一层。

总之，在实行家庭土地承包经营制之初，从理论上说，生产队对社员“生产什么”“生产多少”还有是一定的发言权的，但“怎样生产”则完全由农户自行决策。农户承包土地要承担对国家和集体的责任，生产队对农户也有责任，要满足对农户的统一经营，

---

① 1999 年修正的《宪法》第八条规定，“农村集体经济组织实行家庭承包经营为基础、统分结合的双层经营体制”。

② 1982 年中央一号文件规定，“农户和集体保持承包关系，由集体统一管理和使用土地、大型农机具和水利设施，接受国家的计划指导，有一定的公共提留，统一安排军烈属、五保户、困难户的生活，有的还在统一规划下进行农业基本建设”，“社员承包的土地，必须按照合同规定，在集体统一计划安排下从事生产”。1983 年中央一号文件要求村集体“随着生产发展的需要，按照互利的原则，办好社员要求统一办的事情，如机耕、水利、植保、防疫、制种、配种等”，“必须按照国家计划指导安排某些生产项目，保证完成交售任务，管理集体的土地等基本生产资料和其他公共财产”。

③ 较早明确提出实行“几统一”的是安徽来安县。1978 年，安徽来安县推行“定产到组”生产责任制时，提出要实行“八统一”，即生产计划和茬口安排统一；耕牛、农具和机械使用管理统一；种子和生产费用统一；用水管水统一；规章制度统一；经济核算和收益分配统一；领导统一。参见滁县地委、来安县委调查组《一个大胆的尝试》，载中共安徽省委农村工作部编《安徽省农业生产责任制资料选编》（内部资料），1983，第 147—152 页。之后，安徽各地又简化为“五统一”，其他省份实行的“几统一”内容和表述各有不同，但大同小异。

如使用大型农机具、用水、育种、病虫害防治和抗灾等方面要求。双方的责任是以承包合同方式确定下来的。也可以说，这时的家庭土地承包经营仍处于集体经济的框架内，只是农户与生产队之间不再是直接生产管理的关系了，而是承包合同关系。按照当时中央的政策口径，“联产承包责任制是社会主义合作经济的新形式”。[①] 也有学者将实行家庭联产承包责任制视为集体经济的劳动组织管理制度。[②]

然而，政策设计与现实表现有着不小的差异。在集体经济较为发达、集体副业搞得较好的地区，村集体还掌握着较多的土地，如试验田、育种育秧田、果园等，以及其他生产资料如大型拖拉机、收割机、脱粒机，大型排灌设备等。对尚在村集体手上的土地，通常采取专业承包的方式，由生产队直接经管和分配；对承包土地农户的管理，村集体也会根据上级政府的意图，制订农业发展计划或规划，指导和要求农户按照这些计划或规划安排自己的生产。村集体也会提供相应的生产服务。

但在广大的农村地区，存在许多“弱队”。这些“弱队”缺乏“统”的经济实力，无论是社员还是社队干部，都没有“统”的意愿。这些社队，为了图省事，往往会一分了事。不少社队不仅把土地分到户，而且把农具和耕畜也分掉了，不好分的大型农机如拖拉机就折价卖掉。[③] 有的生产队还将集体长期积累的生产垫底资金的绝大部分和积累粮，也以一定时期的社员所挣总工分为标准分给社员。[④] 甚至有的社队把尚未成材的树砍了、分了，把抽水设施都拆了，有人分到抽水泵，有人分到柴油机，有人分到引水管，最后谁也用不了，只能当废品卖了。[⑤] 据农业部农村固定观察点提供的数据，在所调查的村中，在实行家庭土地承包经营制之初，有12.8%的村将包括耕畜、大中型农具、房屋、农机具和运输工具等在内的全部集体所有的生产资料都分掉了。[⑥] 在这种情况下，农户的家庭承包经营与“分田单干”也就没什么两样了。有的村干部说：“辛辛苦苦三

① 1983年中央一号文件即《当前农村经济政策的若干问题》出台后，中共中央下发了《关于加强农村思想政治工作的通知》，并附有《当前农村思想政治宣传教育提要》。该提要明确提出，“联产承包责任制是社会主义合作经济的新形式”。引自王仕元、李修义、杨世文编《中国改革全书（1978—1991）》（农村改革卷），大连出版社，1992，第169—182页。

② 王贵宸等经济学家曾指出，“农业生产领域所实行的责任制是社会主义集体农业组织的生产责任制，是一种管理制度。在这个管理制度下，集体经济组织内部的权利和责任被明确地指派给单位或个人”。参见Wang Guichen（王贵宸）等：*Smashing The Communal Pot*（《打破大锅饭》），新世界出版社，1985，第9页。

③ 实际运作过程中，如果生产队不把耕牛、农机具都分下去，就会出现社员为争耕牛、争农机具争吵、打架，累死耕牛、用坏农具的情况。因此，不得不分到户。

④ 张乐天：《告别理想——人民公社制度研究》，上海人民出版社，2005，第343页。

⑤ 赵启华主编《升腾的黄土地》，陕西人民出版社，1991，第109页。

⑥ 中共中央政策研究室、农业部农村固定观察点办公室编《完善中的农村双层经营体制——对274个村庄的跟踪调查》，中共中央党校出版社，1992，第3页。

十年，一夜退到了五十年。”[①]

社队的生产资料被分掉了，集体统一经营也就成了一句空话。据1983年农业部在湖南的调查，湖南的10个地、市、州的社队，有统一经营的生产队占比为68.3%、有统一管理的生产队占比为14.6%，其余占比为17.1%的生产队则完全丧失了经营管理职能。之后，丧失了经营管理的社队越来越多。据1986年全国农村固定观察点的调查，在所调查的村中，集体不能提供统一灌溉，没有统一购买化肥、农药等生产资料的村占50%以上，不能统一安排农机作业、提供植保服务的村占70%。[②] 另据1987年国务院农村发展研究中心农民家庭经营课题组所做的调查，在所调查的村中，有集体经营收入的占58.4%，而没有集体经营收入的占41.6%。[③] 这些缺少集体资产、没有集体经营收入的生产队大多仅仅负责按当地政府下达的计划，为国家筹集该上交的“公粮”；通过乡镇政府，向当地国营农资供应部门申请计划内的平价化肥、农药等农资，[④] 实际上已经没有什么能力组织农户进行统一的生产经营活动了。

1982年中央一号文件曾明确提出保护好集体资产，对私分、破坏集体资产的人要严肃处理，并要求各级地方政府切实解决集体管理陷于瘫痪和半瘫痪的问题。[⑤] 然而，此时中央的工作重点是在农村大力推广家庭联产承包责任制，是消除人们对家庭联产承包责任制的疑虑，并极力向人们解释“分田到户”的小农不再是“小私有者”了。[⑥] 如果在这时严肃处理“分干吃净”集体资产的人，必然会动摇社员对家庭联产承包责任制的

① 张乐天：《告别理想——人民公社制度研究》，上海人民出版社，2005，第343页。

② 中共中央农村政策研究室、国务院农村发展研究中心农村社会经济调查办公室编《向商品经济轨道的转移——全国农村固定观察点调查报告（1987年）》，农村读物出版社，1988，第23页。

③ 同上书，第75页。

④ 这一时期，农户对农资需求大增，特别是化肥、农药，计划内的平价农资往往满足不了其增长的需求，而且，计划内平价农资也经常不能兑现，这就使农户不得不自行到市场上购买高价的农资。这也成了当时农户抗拒交“公粮”及村提留的一个理由。

⑤ 1982年中央一号文件即《全国农村工作会议纪要》提出，“集体土地上的公共建筑、生产设施、树木，以及其他公共财产，都是社会主义公共积累，也是集体经济继续发展的基础，必须妥为保护，可以采取有利于生产的适当的经营方式，但决不可以任意破坏。对乘机巧取、强占、哄抢、私分、破坏者，要严肃处理”。《中共中央批转〈全国农村工作会议纪要〉》特别指出，“最近以来，由于各种原因，农村一部分社队基层组织涣散，甚至陷于瘫痪、半瘫痪状态，致使许多事情无人负责，不良现象在蔓延。这种情况应当引起各级党委高度重视，在总结完善生产责任制的同时，一定要把这个问题切实解决好”。

⑥ 1983年中共中央下发的《关于加强农村思想政治工作的通知》中解释说，“三中全会以后，农民拥护实行联产承包责任制，从根本上说，并不是想回到单干，而是为了克服以往集体经济‘吃大锅饭’‘瞎指挥’的弊病，建设更适合我国情况的社会主义农业的经济体制”，该通知要求，“向广大农民进行宣传、教育，组织讨论。使农民更加相信党的农村政策不会变，从而消除一部分干部和农民对党的现行政策特别是关于联产承包责任制问题上的这样那样的误解和疑虑”。参见王仕元、李修义、杨世文主编《中国改革全书（1978—1991）》（农村改革卷），大连出版社，1992，第169—170页。

信心。可能正是出于这样的一种考虑，只能是对“分干吃净”的做法采取“消极”态度，只要社队干部分得大体公平，没有私分、私拿，没有引起农民的抗议，即使把集体资产都分了，各地的干部也不会做太多的干预。在这种情况下，集体经济是否能“保下来”，并发挥其“统”的功能，很大程度上取决于生产队或生产大队干部的个人选择。①

（二）新型农村集体经济组织的建立及其现实表现

1983 年人民公社制度被废除，生产大队和生产队被改为行政村和村民小组。在此背景下，中央提出了加强集体经济组织建设的新设想，即实行“政社分设”，设置地区性合作经济组织，以此承担集体经济“统”的功能。② 在各地，地区性合作经济组织的名称各有不同，有叫经济社、经济联社、经济联合体、土地股份合作社、农工商联合公司等。在 20 世纪 80 年代中期，将这些地区性合作经济组织统称为经济联合体。这些地区性合作经济组织替代了原来的生产大队和生产队的职能，被视为新型的集体经济组织。

据农业部于 1988 年做的调查，全国已设置农业合作社、经济合作社、工农商合作社等形式的社区性合作组织达 116.73 万个，占原生产队总数的 62.2%。这些社区性合作组织主要有三种情况：第一种情况是以行政村为单位设立，原生产队没有设立；第二种情况是原生产队设立经济社或农业合作社、行政村设立联社；第三种情况是只有原生产队设立经济社或农业合作社，行政村没有设立。③ 从实际情况来看，这些社区性合作经济组织大多是与村委会和村民小组“一套班子两块牌子”，真正能发挥作用的还是村委会或村民小组，其中村委会的作用更大些。

据农业部的调查，到 1990 年，全国农村的经济合作组织共有 189.3 万个，其中以村

---

① 1991 年，延安地委农工部曾编辑出版了一部报告文学集，介绍延安农村改革和发展的典型经验，共 20 篇，也就是 20 个村。如该书的《序》中所言：这 20 个典型村，“尽管他们相处的自然条件不尽相同，面临的社会经济状况千差万别，推进改革和发展的实施办法不一，但都收到了异曲同工的效果，达到殊途同归的目的。其中起决定性作用的，就是这些村都有一个公而忘私、乐于奉献的‘带头人’，有一个团结战斗的‘坚强堡垒’，使集体经济阵地得到巩固并不断发展壮大”。参见赵启华主编《升腾的黄土地》，陕西人民出版社，1991，第 2 页。

② 1984 年中央一号文件即《关于一九八四年农村工作的通知》提出，“为了完善统一经营和分散经营相结合的体制，一般应设置以土地公有为基础的地区性合作经济组织。这种组织，可以叫农业合作社、经济联合社或群众选定的其他名称；可以以村（大队或联队）为范围设置，也可以以生产队为单位设置，也可以同村民委员会分立，也可以以生产队一套班子两块牌子”。1984 年 3 月，中共中央书记处农村政策研究室与农牧渔业部联合发文即《关于改革农村合作经济经营管理指导工作的意见》，对农业合作经济的经营管理提出了新的要求，要求基层农村管理部门即设置在原人民公社的经营管理站，以提高经济效益为中心，对农户和集体合作组织做好各项服务。参见黄道霞、余展、王西玉主编《建国以来农业合作化史料汇编》，中共党史出版社，1992，第 1005—1007 页。

③ 农业部：《各地完善双层经营制工作有新进展》，载黄道霞、余展、王西玉主编《建国以来农业合作化史料汇编》，中共党史出版社，1992，第 1195 页。

（行政村）为单位的经济合作组织占比为21.2%，以组为单位的经济合作组织占比为73.9%，以自然村为单位的经济合作组织占比为9.3%，其中非农产业比较发达的东部地区，以村为单位建立经济合作组织的比例占全部村（行政村）的比重高达84.5%，而东部地区和西部地区这一占比分别为48.%和31.9%。[①] 农业部课题组连续跟踪调查的结果表明：到了1992年，全国农村的经济合作组织增加到205万个，其中以村（行政村）为单位的经济合作组织占比为32.6%；[②] 到了1994年，全国农村的经济合作组织增加到218万个，其中以村（行政村）为单位的经济合作组织占比为30.7%。[③]

从实际运作情况来看，以经济社、经济联社、经济联合体、土地股份合作社、农工商联合公司等为名的新型集体经济组织，大多数从事的是工业、建筑业、运输业和商贸服务业等非农行业，经营种植业、林业、牧业和渔业等农业行业的占比很小。据统计，到1987年，在新型集体经济组织中，经营非农行业的占比为79.16%，其中经营工业的占比为48.81%，而经营农业的占比为17.01%，其中从事种植业的仅为2%[④]。这就表明，除渔业之外，在其他农业领域，新型集体经济组织并没有承担起“生产服务职能、管理协调职能和资产积累职能”。

现实的观察表明，除了在一些集体工商业发展比较好的地区，如珠三角地区和部分大城市的郊区，在全国范围内，农村经济合作组织并没有真正运行，大多数是在设立不久，就因集体经济实力太弱而停止运行了。在农村地区，集体经济组织的不断弱化不仅与自身的实力和村干部能力息息相关，而且与集体经济运行的外部制度环境变化也有很大的关系。

（三）农村集体经济退出了农业经营领域

20世纪80年代后期直至90年代，国家的农业政策发生了重大变化。首先是逐步改革和废除了农产品统购统销制度；其次是逐步改革和废除了农业生产资料如化肥、农药和种子等计划供应的体制。这样，农户就可以自主安排生产、自主销售产品、自主采购农业生产资料，而不再依赖村集体了。与此同时，随着承包制的不断深入，即使一些集

---

① 农业部农村合作经济研究课题组：《1990：中国农村土地承包经营制度及合作组织运行考察》，《农业经济问题》1991年第8期。

② 农业部农村合作经济研究课题组：《中国农村土地承包经营制度及合作组织运行考察》，《农业经济问题》1993年第11期。

③ 农业部农村合作经济研究课题组：《1994年中国农村土地承包经营制度及合作组织运行考察（一）》，《农村合作经济经营管理》1996年第1期。

④ 陈吉元、邓英淘、薛玉炜等：《中国农村的变革与发展——回顾与展望》，广东高等教育出版社，1992，第74—75页。

体经济实力较强的社队，也将大型农机具、农业生产设施等分到户了，即使没有被分到户，也因为长期没有更新或维护而被废弃。这时，大多数村集体也不具备农业生产经营能力了。其结果是，在大多数的农村地区，村集体从农业经营领域退出，不再直接干预农户的生产经营了。种地完全是承包土地的农户自己的事了。

据当时的一项研究透露，在所调研的村集体中，能够在统一经营方面发挥较好作用的村集体的占比，黑龙江约为10%、山西榆次约为27.4%、浙江约为16.4%、江苏苏州约为30%；能够在统一经营方面发挥较好作用的村集体基本上都是乡镇企业发展比较好的村；从全国而言，这一占比估计不会超过15%。[①] 另据1991年农业部对农村固定观察点的调查，在所调查的村中，有32.4%的村，集体与农户只是土地发包与承包的关系；有33.8%的村，集体还可以为农户提供产前、产中、产后服务；有31.8%的村，集体有村办企业，具有一定的资本积累能力；在集体为农户提供产前、产中、产后服务的村中，大多数属于协调性服务，如良种购买和大型农机具服务，集体负责统一联系，农户自行购买、自行选择。[②] 村集体能够在农业经营领域发挥作用的，主要是协调浇地水源、防灾抗灾和引进良种方面。即使是这些方面的工作，也大多是在乡镇政府的统一协调和领导下进行的。

与此同时，村集体统一经营的重心也发生了转移。20世纪80年代初，在农村进行的改革，不仅将农民从土地上解放出来，给予农民择业的自由，而且使村集体摆脱了"以粮为纲"的约束，转向非农、非耕领域。不少社队将农村剩余劳动力组织起来，发展社队企业。在初期，社队企业主要是开采石场、开砖窑，搞粮油棉初级加工、农机具修配服务、兴办小加工厂、化肥厂，以及从事商贸服务业等。按照当时的说法是发展农工商一体化产业。到了20世纪80年代中期，集体统一经营的重心已经由农业转向工业和商贸业。据全国农村固定观察点所做的调查，到1986年，在各种形式的农村经济联合体中，主业为工业的占比达51.9%，主业为商贸业的占比为10.54%，主业为运输业的占比为12.2%。[③] 之后，乡镇企业和村办工业进入了高速发展阶段，并将其业务扩展到食品加工、纺织服装、建材、塑料制品、家电和小机械等产业领域。珠三角地区，乡镇企业和村办工业成为"三来一补"的来料加工的主力军。在这种形势下，当时中央政策

① 国务院农村发展研究中心联络室、农业部农业机械化管理司编《土地规模经营论》，农业出版社，1990，第189—190页。

② 中共中央政策研究室、农业部农村固定观察点办公室编《完善中的农村双层经营体制——对274个村庄的跟踪调查》，中共中央党校出版社，1992，第12页，第25—30页。

③ 中共中央农村政策研究室、国务院农村发展研究中心农村社会经济调查办公室编《向商品经济轨道的转移——全国农村固定观察点调查报告（1987年）》，农村读物出版社，1988，第141页。

层面曾将集体经济的发展寄希望于乡镇企业和村办工业。① 然而，发展乡镇企业和村办工业的结果，在不同地区却相差迥异。

在经济发达地区，如珠三角、长三角和大城市郊区，因为搭上了高速工业化和城市化的快车，不少乡镇企业、村办工业发展起来了，集体经济壮大了。壮大起来的村集体不仅不向本村承包农户收“三提五统”和农业税，而且还采取了“以工补农”的方式，加大对农业的投入，如购买大型农机具、兴修农田水利、建立农业科技示范田等，并以集体分红的形式，向本村集体成员发现金，同时也负责村内公共基础设施的建设，为本村集体成员提供各种公益性的服务，如医疗、教育、养老保障等。而广大的农村地区则没有这么幸运了。在这些地区兴办乡镇企业、村办企业实属不易，盈利的不多，亏损的不少。许多村集体负债累累，难以为继，更谈不上统一经营了。到了20世纪90年代，在大多数农村地区，村集体经济处于衰败的境地。这些村集体的主要收入来源于村提留、机动地的承包费、宅基地使用费和计划生育罚款等非经营性收入。这些有限的收入只能维持村集体的日常运转。村集体要干实事，还要向村民要钱，村民当然不会愿意。村集体收不上钱，也就没能力建设村内公共基础设施和提供公益性服务了。村集体与村民之间的矛盾日趋加重。

（四）中央政策对农村集体经济发展的定位

对于集体经济发展，中央一直是寄予很大期望的，并有诸多长远的政策考虑。1984年，当时在农村政策制定上有着很大发言权的杜润生，就曾将集体经济的职能分为以下三个方面：第一，社会调节的作用，包括土地利用管理、种植计划管理、用水管理，以及良种推广、病虫害防治等；第二，为农户提供产前和产后服务；第三，公共积累职能，包括农田基本建设、集体水利建设和办企业等。② 1986年中央一号文件将上述的集体经济职能归纳为“一家一户办不好或不好办的事”。③ 1987年中央5号文提出：集体经济组织“应承担生产服务职能、管理协调职能和资产积累职能，尤其要积极为家庭经营提供

---

① 1987年中央5号文即1987年1月中共中央政治局通过的《把农村改革引向深入》中提出，“有条件的地方，还要组织资源开发，兴办集体企业，以增强为农户服务和发展基础设施的经济实力”。1991年国务院发文即《国务院关于加强农业社会化服务体系的建设》更加明确提出，“发展集体经济，主要是靠进一步发展乡镇企业”。

② 杜润生：《中国农村经济改革》，中国社会科学出版社，1985，第224页。

③ 1986年中央一号文件即《关于一九八六年农村工作的部署》提出，“地区性合作经济组织，应当进一步完善统一经济与分散经营相结合的双层体制。家庭承包是党的长期政策，决不可背离群众要求，随意改变。可是，有的地方没有把一家一户办不好或不好办的事认真抓起来，群众是不满意的。应当坚持统分结合，切实做好技术服务、经营服务和必要的管理工作”。

急需的生产服务”。[①] 什么是“为家庭经营提供急需的生产服务”呢？1991 年召开的党的十三届八中全会通过的《中共中央关于进一步加强农业和农村工作的决定》给出了更为明确的答案。该文件提出，“一家一户办不了、办不好、办起来不合算的事，乡村集体经济组织要根据群众要求努力去办”。此后，在政策口径上，村集体统一经营基本上就被定位在办好“一家一户办不了、办不好、办起来不合算的事”了。

那什么是“一家一户办不了、办不好、办起来不合算的事”呢？具体说来，大体可以分为两类。第一类是生产性服务。这包括良种培育和优选、机械化耕种和收割、渠坝灌溉、病虫害防治、防灾减灾（主要指自然灾害）和测土配方等，以及农资采购、农产品销售和农业技术服务。第二类是农田基础设施建设。这包括农田水利设施建设、田间路修整、农田整治等。

除生产经营之外，为本村村民提供公共产品和公益性服务显然也是“一家一户办不了、办不好、办起来不合算的事”。严格地说，这不属于集体统一经营的范畴，而是村民自治的基本职责。[②] 村内的公共服务包括村内道路、村内供水、供电（主要指变电站和入户输电）和供气、村庄规划和整治、幼儿园、小学、养老院、医疗卫生室（院）、公厕，办公及文化娱乐设施等项目的建设和运营。同时，村集体在维护乡村秩序，协调和化解村民矛盾、优抚济困等方面发挥着最基础性的作用。

（五）农村集体经济的现实表现

从现实表现来看，截至 2000 年农业税费改革前，在农业领域，集体统一经营主要体现在以下几个方面。一是推动土地规模经营。主要是通过推行“两田制”，将土地集中到村集体手中，重新发包，扩大农业经营规模。二是提供集体水利服务。集体水利的通行运作方式是由村委会与当地水利部门协调水源；通过组织“两工”（劳动积累工和义务工），建设和维护当地的农田水利设施；以村民小组或若干农户组成一个用水单位，共同浇水，并根据浇地面积，分摊水利费用。三是承接政府的各种农业服务。在这一时期，乡镇普遍设立各类农业服务机构，如农技服务站、良种推广站、水利管理站、农机站、

---

① 即《把农村改革引向深入》提出，“乡、村合作组织主要是围绕公有土地形成的，与专业合作社不同，具有社区性、综合性的特点。由于经济发展程度不同，目前在乡一级，有些根据政社分开的原则设立农工商联合社等机构；在村一级，有的单位设立合作机构，有的则由村民委员会将村合作和村自治结合为一体。不管名称如何，均应承担生产服务职能、管理协调职能和资产积累职能，尤其要积极为家庭经营提供急需的生产服务”。

② 根据《中华人民共和国村民委员会组织法》（以下简称《村民委员会组织法》）第二条：“村民委员会办理本村的公共事务和公益事业，调解民间纠纷，协助维护社会治安，向人民政府反映村民意见、要求和提出建议。”

植保站等，统称“八站”。这些服务机构，既要完成上级交给的各项任务如良种推广、病虫害防治等，也为农户提供有偿服务。这些服务提供的“媒介”或“帮手”就是村委会，即通过村委会具体组织落实。值得特别指出的是，进入20世纪90年代以后，村集体在协助当地政府农业技术部门，大面积推广小麦新品种、杂交水稻和杂交玉米、棉花新品种方面起到了相当大的作用。

在这一时期，在广大农村地区，尚能支撑村集体统一经营的主要有“三个支柱”：一是向农户收费，如村提留、乡统筹、共同生产费等；二是“两工”的摊派；三是“调地”。正是这“三个支柱”引起农村社会矛盾的集中爆发和日益激化，[①] 中央决策层为此做出大幅度的政策调整。

（六）进入2000年以后的农村集体经济

进入2000年后，国家对“三农”领域的政策再次做出了重大调整。首先是否定了村集体通过扩大土地规模发展集体经济的做法，对村集体“调地”做出了严格的限制；[②] 其次是取消了各种农业税费。[③] 随之而产生的问题是：在村集体既无土地的支配权，也无土地收益权的情况下，村集体还怎么统一经营呢？这一问题在集体经济积累薄弱的广大农村地区尤为突出。

据国务院发展研究中心农村经济研究部于2006年做的一项调查，到2005年，在所调查的村中，有近一半的村，集体经济总收入在5万元及以下，占比为48.3%，其中西部地区，这一占比高达80.5%，中部地区为58.7%，东部地区的集体经济较为发达，有78%的村，集体经济总收入超过5万元，有60.6%的村，集体经济总收入超过10万元。该调查还显示，用于村集体管理的费用平均为16.05万元，其中村干部工资占比为61.7%。这就是说，大多数中、西部地区的集体经济收入还不够村干部的工资开支。在这些地区，村干部的工资主要来自政府补贴，或者说，直接由乡镇

---

① 参见陈桂棣、春桃《中国农民调查》，人民文学出版社，2004；曹锦清《黄河边的中国》，上海文艺出版社，2000年。这两部著作描述了这一时期农村的社会矛盾，特别是农民与村集体及当地政府的激烈冲突，引起了社会各界对“三农”问题的普遍关注。

② 1997年8月中央出台的《关于进一步稳定和完善农村土地承包关系的通知》即1997年中央16号文提出，“任何时候都要坚持壮大集体经济。但发展壮大集体经济实力，不能在农民的承包地上打主意，更不能把农民的承包地收回来归大堆。要积极寻找新的发展门路，培育新的经济增长点，通过清理并管好用好集体的资产、财务，开发新的农业资源，根据市场需要和资金可能发展农产品加工、储存、运输和销售，展开对农户的生产、技术服务等途径逐步增加集体经济积累，壮大乡、村集体经济实力”。

③ 2000年开始启动税费改革，首先是取消了“乡统筹”和“村提留”，调整了各项农业税。2005年12月29日，全国人大常委会正式作出了自2006年1月1日起废止《中华人民共和国农业税条例》的决定。

政府给村干部开工资。[①] 显而易见的事实是，单靠村集体自身力量，已经无法完成集体经济“统”的职能了。值得一提的是，在许多农村地区，一向是村集体发挥重要作用的领域——集体农田水利，也因“两工”的取消，被“一事一议”替代而被“瓦解了”。[②]

与此同时，农业生产经营方式也发生很大的改变，出现了农业生产和服务规模化、专业化趋势。农业生产经营方式改变的主要推动者是包括龙头企业、专业合作社、家庭农场和农业社会化服务企业或单位在内的新型农业经营主体。这些新型农业经营主体的出现，使得原来那些“一家一户办不了、办不好、办起来不合算的事”，如良种培育和优选、机械化耕种和收割、渠坝灌溉、病虫害防治、田间路修整和农田整治等，变为可以“办得了、办得好、办起来合算的事了”。这些新型农业经营主体或者依靠自身力量来解决，或者与农业社会化服务企业联合共同解决。在很大程度上，村集体的统一经营的职能被新型农业经营主体替代了。

另外，2000 年代中期以后，无论是在城市化和工业化程度较高的地区，还是在广大农村地区，国家都加大对农村的公共产品和公益性服务的投入。其结果是，本来应该属于村集体或村民自治的责任，越来越多地被县乡（镇）两级政府的职责取代。村集体或村民委员会变为执行方，即执行地方政府下达的农村公共产品和公益性服务的各类项目。这就是说，现行的《农村土地承包法》规定的村集体作为发包方的职能在很大程度上已经被转移出去了。[③]

四、实行家庭土地承包经营制后的农村土地集体所有制

（一）农村土地集体所有制被保留和延续下来

中国实行家庭土地承包经营制以后，虽然人民公社体制被打破，但土地集体所有制作为农村集体化运动的最重要的“遗产”被继承下来。1982 年制定的《宪法》规定，“农村和城市郊区的土地，除由法律规定属于国家所有之外，属于集体所有；宅基地和自

---

① 韩俊等：《破解三农难题——30 年农村改革与发展》，中国发展出版社，2008，第 310—325 页。

② 罗兴佐：《水利，农业的命脉》，学林出版社，2012，第 3—38 页。虽然如此，集体水利仍是集体统一经营中的一个最重要领域。有学者在山东做的一项小型调查显示，在集体经济组织为农户提供生产服务的项目中，有统一浇水项目的占比最大，占比为 43.2%。参见扬学成、赵瑞莹、岳书铭《农村土地关系思考——基于 1995—2008 年三次山东农户调查》，《管理世界》2008 年第 7 期。

③ 按照《农村土地承包法》，发包方要“依照承包合同约定为承包方（即农户）提供生产、技术、信息等服务”。

留地、自留山，也属于集体所有”。这就在法律上明确了在农村实行土地集体所有制。农村土地集体所有制成为中国实行社会主义制度的一个重要基石。① 农村土地集体所有制的保留和延续，对实行家庭土地承包经营制之后的中国农村土地制度变迁的方向和路径产生了决定性的影响。本书所叙述的土地承包、土地调整、土地集中以及土地流转等地权关系的变化，都是“嵌置”在农村土地集体所有的制度框架之内的。无论是国家、地方政府，还是村集体和农户，其具体的制度选择都必然会受到这一基础性的制度安排的制约。②

1983 年 10 月，中共中央、国务院发布了《关于实行政社分开建立乡政府的通知》，废除了人民公社，实行政社分设，将人民公社的经济职能剥离，设立乡或镇政府，并在行政村建立村民委员会（以下简称村委会）。③ 此后，人民公社的集体资产包括土地的经营主体，被改造或合并为乡镇企业或乡镇农场、林场，生产大队和生产队分别被改为村委会（行政村）和村民小组，并在此基础上建立了各种形式的集体经济组织，成为农村集体土地所有权的行使主体。人民公社体制下的公社、生产大队、生产队的土地“三级所有、队为基础”就变为乡镇集体、村（行政村）和村民小组的土地“三级所有”，村民小组是绝大多数集体土地的所有者。

根据 1996 年第一次国土资源调查，全国集体所有土地为 65. 85 亿亩，占调查国土面积的 46. 18%，其中农用地为 54. 17 亿亩，占集体所有土地的 82. 26%；在农用地中，耕地为 19. 07 亿亩（占比为 35. 21%）、园地为 1. 04 亿亩（占比为 1. 92%）、林地为 19. 56 亿亩（占比为 36. 11%）、牧草地为 12. 67 亿亩（占比为 23. 39%）、水域为 1. 83 亿亩（占比为 3. 38%）。④

根据 2009 年第二次国土资源调查，全国集体所有土地为 66. 90 亿亩，占调查国土面积的 47. 05%，其中农用地为 58. 25 亿亩，占集体所有土地的 87. 07%；在农用地中，耕

---

① 应该看到，在实行家庭土地承包经营后，仍保持土地集体所有制，并不只是国家的选择，实际上，大多数农民也不愿意退出集体所有制，解散大队或生产队，转向土地私有制。这是因为村集体可以给其成员一定程度的保障，这是大多数农民所不愿意放弃的；而且 30 年前的土地改革和之后的合作化运动仍记忆犹新，长期以来社会形成对地主的“污名化”，使农民很少会产生通过购买土地当地主的意愿。

② 20 世纪 80 年代，农村政策制定界和学界曾对农村土地集体所有制的走向有过热烈的讨论。有人提出应该实行土地国有下的农户“永佃制”，有人提出应该实行土地私有制，但大多数学者认为还是应该坚持农村土地集体所有制。有关这方面的讨论可参见国务院农研中心试验区办公室、贵州省委农研室合编《产权・流转・规模》（内部资料），1989。

③ 到 1985 年，全国共有 5. 6 万个人民公社改制为 9. 2 万个乡、镇政府，同时建立了 82 万个村民委员会。至此，人民公社改制工作基本完成。关锐捷主编《中国农村改革二十年》，河北科学技术出版社，1998，第 107 页。

④ 李元主编《中国土地资源》，中国大地出版社，2000，第 350 页、第 364—368 页。

地为18.14亿亩（占比为31.14%）、园地为1.97亿亩（占比为3.38%）、林地为23.7亿亩（占比为40.69%）、牧草地为12.77亿亩（占比为21.92%）、水域为1.66亿亩（占比为2.85%）。[①]

从这两次对集体所有土地的调查情况来看，从1996年到2009年的10多年间，集体土地在总量上是比较稳定的，并有所增加，增加了约1亿亩。据分析，导致集体土地总量增加的主要原因是调查技术和调查规程的改进，大量原来漏报的集体土地被补上了。[②]除此之外的另一个重要因素是，之前大量的权属模糊的土地，主要是林地，被确权给集体，[③] 使集体所有的林地面积有较大幅度的增加，增加了4.14亿亩。如果将1.86亿亩退耕还林的面积[④]扣除的话（假定这部分土地全部为集体土地），集体所有的林地净增加了2.28亿亩，再加上增加的园地面积，增加的总量达3.21亿亩[⑤]。导致集体土地总量减少的主要因素是国家征地。据统计，从1999年到2008年的10年间，国家总共征用集体土地2088万亩，其中大部分是集体所有的耕地。[⑥]

（二）集体土地产权主体以及产权边界的变化

自实行家庭土地承包经营以来，集体土地的产权主体以及产权边界都发生了较大的变化。据农业部1987年对全国1200个行政村的调查，在1981年，在公社、生产大队、生产队三级核算单位中，以生产队为核算单位的占比为99.39%，到了1987年，实施土地归行政村（即原生产大队）所有的占34%，归村民小组（即原生产队）所有的占65%。[⑦]

进入20世纪90年代后，农村集体组织还经历了一个较大幅度的“拆村并组”过程。据统计，1985年全国行政村数量为94.9万个，到1997年减少到73.9万个，到2012年，进一步减少到61.2万个；1997年，村民小组数量为535.8万个，到2012年

---

① 国土资源部、国务院第二次全国土地调查领导小组办公室编著《中国土地资源与利用》，地质出版社，2017，第203页、第215—217页。

② 同上书，第203页。

③ 按照《宪法》，所有未明确为集体所有的土地主要是林地、“四荒地”，都属于国家。现实中，大量没有确定给集体所有的林地和“四荒地”，已经被村集体或村民开发和占用，这部分在法律上原属于国有的林地和“四荒地”，在确权时，就会被划为集体所有。

④ 国土资源部等编著《第二次全国土地调查成果分析》，地质出版社，2017，第60页。

⑤ 同上。据该调查，退耕还林的土地部分是“还林”，部分是“还园”，所以，应该将园地增加部分加上。

⑥ 甘藏春主编《社会转型与中国土地制度改革》，中国发展出版社，2014，第215页。

⑦ 陈锡文、赵阳、罗丹：《中国农村改革30年回顾与展望》，人民出版社，2008，第117—118页。

已减少到497.2万个。[①] 无论是拆村还是并组，都不可避免地会涉及集体土地的产权边界的变动。从总的趋势上看，村（行政村）一级的集体土地的产权边界不断扩大，越来越多的村民小组丧失了集体土地产权主体地位。据农业部经管司的统计，到2011年，全国集体所有的耕地为13.8亿亩，其中归村民小组农民集体所有的耕地为7亿亩，占比为50.7%，归行政村一级农民集体所有的耕地为5.2亿亩，占比为37.7%，尚有1.6亿亩未明确所有权主体，占比为11.6%。[②] 可见，实行家庭土地承包经营后，不少村是将归原生产队所有的土地统一归为行政村一级集体所有。这就是说，"三级所有、队为基础"集体土地所有制以新的形式被保留下来了，但集体土地的产权边界并不稳定。

（三）土地集体所有权权能的"强化"与"弱化"

实行家庭土地承包经营制以后，虽然集体已经将绝大部分的生产经营权交给了农户，农户获得独立的经营自主权，但是，与人民公社体制相比，作为集体土地的产权代理人——村集体经济组织，其对土地所有权的权能实际上是有所强化的。对集体土地的支配权成为集体经济组织手中最重要的权力。一是村集体拥有土地发包权，农户要想获得土地承包经营权必须向村集体经济组织签订土地承包协议。二是获得土地承包经营权的农户必须要向村集体经济组织上缴土地承包费。通常将承包经营户上交的承包费称为村提留[③]。三是村集体拥有调整土地的权力，也就是村集体可以收回承包经营的土地，重新发包，重新分配土地。另外，在许多农村地区，农户对村外人流转土地也必须要经过村集体。土地所有者有对土地的支配权和收取土地产出"剩余"或地租的权利。村集体

---

① 国务院发展研究中心农村经济研究部课题组：《稳定与完善农村基本经营制度研究》，中国发展出版社，2013，第40页。

② 张云华：《农村三级集体所有制的来龙去脉》，载叶兴庆主编《农村经济调查与研究》（第1部），中国发展出版社，2015，第26页。另据农业部经管司公布的数据，到2015年，全国集体所有的耕地面积为14.54亿亩，其中归村（行政村）所有的占比约为40%，归组所有的占比约为52%，尚有8%的土地权属未定。农业部农村经济体制与经营管理司、农业部农村合作经济经营管理总站编《中国农村经营管理统计年报（2015年）》，中国农业出版社，2016，第40页。农业部的统计数据与国土管理部门的统计数据相差较大。据国土资源部牵头做的地籍调查估计，村民小组集体所有土地所占比例大约为90%，而行政村一级所占比例大约为9%、乡（镇）一级所占比例大约为1%。戴根萍、张毅：《2012年农村集体土地确权登记发证政策评估》，载郑凌志主编《中国土地政策蓝皮书（2012）》，中国社会科学出版社，2013，第87页。值得说明的是，上述农业部所做的统计只有耕地，而国土资源部统计的数据包括全部农村土地（耕地、荒地、林地、草地及宅基地）。

③ 村提留具体包括公积金、公益金和管理费，同时还要向乡镇政府上交乡统筹费用，具体包括用于农村教育、计划生育、五保户优抚、民兵训练和乡村道路等的费用。通常将以上费用统称"三提五统"。在实际运作中，以"三提五统"名义收取的款项，主要用于行政村和乡镇政府日常运作的支出。对此的叙述，见本书第二章第三节。

拥有土地发包权和调整土地的权利就是其对土地支配权的体现，村集体收取承包费则体现了村集体拥有收取土地产出“剩余”的权利。从这三个方面来看，村集体作为土地所有者的权利基本上是完备的。这时，在农村土地的产权束中，集体土地所有权处于支配地位，而农户的土地承包经营权则处于从属的位置。在现实中，如果农户未能完成村集体规定的任务，包括上交国家公粮、乡镇统筹款和村提留款，甚至违反了国家法律或政策和村规民约，如违反计划生育、拒绝服兵役、不出集体工等，村集体都有权收回农户的承包地。

在“分田到户”之初，农户大多认可土地是属于集体的，只是村集体将土地包给农户使用，这时农户会主动上交公粮和村提留，村集体调整土地，也被认为是理所应当。这一时期，也出现了一些村干部利用手中的权力，以土地归集体所有为名非法占用和滥用土地为自己牟利的现象。如1988年12月28日，《光明日报》刊登了一篇报道，揭露山西省万荣县的一名村干部将村养猪场变相卖给8家农户，作宅基地，收款5万多元。[①]

随着土地承包期的延长，以致农户土地承包经营权被“固化”，农户的土地承包经营权与村集体土地所有权之间的内在紧张关系开始显现。这时，农户更多地认为“土地是国家分给我的”，开始越来越对村集体“不买账”。交公粮、交提留变成了收公粮、收提留，村集体要调整土地也必须有合理的说法。农户的土地承包经营权开始“排斥”村集体土地所有权了。

2000年开始启动农业税费改革以后，村集体收取土地承包费的权利被取消。2002年全国人大颁布的《农村土地承包法》，从法律上确认了农民享有对其所在的农村集体经济组织的土地的承包权，农村集体经济组织即发包方不得剥夺其权利。[②] 这样国家通过立法将土地承包经营权赋予承包农户。这意味着，虽然农户土地承包经营权来源于农村土地集体所有权，但其是作为独立财产权而存在的，是村集体成员法定的权利。只要农户不脱离村集体，谁也不能剥夺其土地承包权。这就从法律上限制了村集体随意调整土地和收回农户的承包地的行为。

2007年全国人大颁布的《物权法》，将土地承包经营权由债权确定为物权。在这种制度安排下，农户的土地承包经营权的排他性的私权性质得到了强化，而土地集体所有权被弱化。村集体既失去了对土地所有的收益权，也失去了对土地的控制权，只保留了

① 杨勋：《国有私营：中国农村土地制度改革的现实选择——兼论农村改革的成就与趋势》，《中国农村经济》1989年第5期。

② 2002年颁布的《农村土地承包法》设专节规定了对“土地承包经营权的保护”，对村集体在承包地方面的权力行使进行严格限制。

名义上对土地的发包权。之所以说是名义上的发包权，这是因为村集体对农户发包土地，也要按照法律和当地政府的规定执行，村集体并没有多少可自主选择的空间。

然而，也应该看到，在一些关键场合，土地集体所有权仍发挥着重要作用。例如，当需要以土地对外招商引资时，农村土地集体所有的代理人村委会或在村委会领导下的村民小组，往往就会在当地政府的支持下，以各种方式将已经发包的土地收回，或以流转到村集体手中的方式集中土地，再将土地出租给外来的投资者。从事农业的工商资本（包括打着从事农业旗号，从事经营性开发的工商资本）或规模较大的家庭农场主通常也不会直接从土地承包经营的农户手中获取土地，而是要通过村集体，由村集体负责向农户“收地”。虽然村集体及其代理人的这种做法并没有足够的法律依据，中央政府相关部门对此还持反对态度，但地方政府通常会鼓励甚至主导这种做法。一般情况下，村集体及其代理人以这种方式行使土地集体所有权，通常也会得到大多数农户的认可。①有学者在广东佛山进行的一次随机调研结果表明，大多数村干部都认为自己是在土地流转过程中起着最大作用。②

土地集体所有权以强势姿态“出现”的另一场合是在政府征地时。从法理上说，政府征地是将属于集体的土地转为国有土地，政府征地“交易”或“打交道”的对象是村集体，具体来说就是村集体代理人即村委会。政府征地必须通过村委会才能从农户手中收回土地。在现实中，村委会这种作用就是通常所说的“积极配合政府征地”，这也是政府赋予村委会的一项重要的职责。按照现行法律和地方性法规或规章，集体土地被征为国有后，村集体还应当获得土地补偿费，这也是对土地集体所有权的一种承认和体现。

非农经营领域也是土地集体所有权被强化的重要场合。在城市化和工业化程度较高的地区，通常是以社区股份合作的形式，将集体建设用地集中起来，以自建或联建的形式从事房地产租赁经营，或者是直接以集体土地参与各类房地产开发，也包括开发不合法的“小产权”住房，分享土地增值收益。值得一提的是，这种集体统一经营，并不是建立在家庭承包经营基础之上的，是村集体一层经营。在不少土地非农化的地区，已经不存在农户的家庭经营了。在广大农村地区，一二三产业融合发展的趋势明显。非农产业包括农产品加工、仓储物流、农贸市场建设等都需要土地，而土地的提供方只能是村集体。村集体可以利用集体土地招商引资，以土地入股的方式，参与非农产业经营。在

① 笔者在实地调研中就经常遇到这种情况，地方政府招商引资，发展农业产业化项目，村委会负责“收地”，村委会“收地”的一个重要理由是，“土地是集体，不是你个人的，为了村集体发展的利益，你（农户）就应该交出土地”。对于这种说法，大多数农民也认可。有时村委会为争取大多数人的支持，还要召开村民代表大会表决通过。

② 罗必良：《产权强度、土地流转与农民权益保护》，经济科学出版社，2013，第258页。

一些旅游资源禀赋较优的乡村，村集体也可以利用集体土地，引进外来投资，组织农户发展农家乐、乡村旅馆，集中建设和运行旅游景点等。

（四）农村土地集体所有权的行使主体

对于农村集体土地的产权行使主体，按照1998年修订的《土地管理法》，农村集体土地的产权行使主体是根据土地所有权的权属来划分的。属于行政村一级所有的集体土地由村集体经济组织行使，属于村民小组一级所有的集体土地由村民小组组成的集体经济组织行使，属于乡镇所有的集体土地由乡镇一级的集体经济组织行使。① 在现实大多数农村地区中，真正的集体土地的产权行使主体是行政村，也就是村委会；乡镇的集体土地事实是由乡镇政府直接支配，与辖区内的村民没有什么关系。而且乡镇的集体土地能够转为国有的，大部分也已经转为国有了。虽然按照《村民委员会组织法》，村委会是村民自治组织，而且拥有“管理本村属于农民集体所有的土地和其他财产”的权力，但是，在实际运作中，村委会直接受乡镇政府的领导，是基层政府行政权力的末梢。这样一来，土地集体所有权事实上已经变为村级政权的行政管辖权。集体所有权的代理人实际是受托于政府，而不是集体经济组织成员。农村土地集体所有权更多地体现为对所在村范围内的所有涉及土地产权事项的行政管辖权，更多地体现为国家权力和意志向乡村的延伸。

农村集体土地产权行使主体的这种体现国家权力和意志的行为，也影响了农民对土地所有权的认知。许多农民在现实生活中已经感受到集体经济组织与政府的这种关系，并不完全认知法律上规定的农村土地所有权关系，认为土地实际上是归国家所有。美国农业发展研究所在1994年做的调查结果显示，几乎所有被调查的农民都认为土地是国家的。②

随着因国家征地而显现出来的土地价值的提高，以及农民法律意识的增强，农民对土地所有权的认知也发生了变化。2002年，有学者曾带领团队做过调查，在被调查的农民中，认为其承包的土地是属于国家的，占调查总数的60%，认为是归村民委员会一级的村集体所有的占27%，认为是归村民小组所有的占7%，也有5%的少数农民认为其承包的土地是自己的。③ 2007年，该学者带领团队再次做的调研显示，在被调查的农民中，认为其承包的土地是国家的占比下降至41.9%，有29.57%的人选择是“村集体的”，有

① 1983年以后，“政社合一”的人民公社体制被废除，建立了单纯行使政府管理职能的乡镇政府。这样原属于人民公社所有的集体土地，为乡镇政府所接受。

② 罗伊·普罗斯特曼、蒂姆·汉斯达德、李平：《中国农村土地制度改革：实地调查报告》，《中国农村经济》1995年第3期。

③ 陈小君：《农村土地法律制度研究——田野调查解读》，中国政法大学出版社，2004，第5页。

3.56%的人选择是“乡镇的”，有6.23%的人选择是“村民小组的”，而认为其承包的土地是个人的占比大大提高了，占比为17.62%。[①] 同时也应该看到，在不同地区，农民之间对土地所有权的认知有很大的差距。总体来说，在经济发达的地区，政府直接干预土地运作的机会较多，农民倾向于土地是国有的。而在经济欠发达的地区，政府直接干预土地运作的行为较少，集体经济实力较差，很少发生土地调整，农民更倾向于土地是农民私有。[②] 而在一些集体经济比较发达的地区如珠三角地区，或者在村集体的主导下，土地调整频繁的农村地区，农民则更倾向于土地归集体所有。

（五）村民小组土地产权主体地位的虚化

在大多数农村地区，对集体土地边界的划分，仍延续了人民公社时期“四固定”时的成果，大部分土地属于村民小组。在“分田到户”之初，土地的发包通常都是以生产队为单位进行，土地的调整一般也是局限在生产队范围内。这时，生产队还有队长、会计和账本，还保留着一部分大型农具和生产设施，生产队对社员上交的提留有较大的支配权。这时，土地所有权行使主体主要是生产队。很快，这种情况就发生很大的变化。

第一，如前所述，大部分生产队的资产被分掉了，生产队的经营管理职能被大大弱化了。第二，在大多数农村地区，生产队不设专职干部了，队干部也要忙活地里的活，无心也无力管队里的事了。第三，1982年曾进行过一次对社队财务的大整顿。[③] 经过这次整顿之后，许多生产队实行“队财社管”，生产队的账本上交给生产大队了，生产队也不设会计了，生产队没了财权。第四，之后不久，人民公社改为乡或镇政府、生产大队改为村委会、生产队改为村民小组后，乡镇政府对乡村的治理主要是依靠村委会。村委会成为村内各项事务的实际管理者，村民小组实际上只是村委会与村民之间的中介。在许多农村地区，就连土地发包权，村民小组也不能自主行驶，也要通过村委会。[④]

---

① 陈小君：《农村土地立法研究》，经济科学出版社，2012，第5页。

② 陈胜祥：《农民土地所有权认识与农地制度创新——基于1995—2008年实证研究文献的统计分析》，《中国土地科学》2009年第11期。

③ 1982年中央一号文件即《全国农村工作会议纪要》提出，“社队的财务整顿，要认真总结试点经验，分批展开，争取一两年完成”。1982年1月，国务院批转了国家农委、农业部《关于整顿社队财务的意见》。该意见提出：对生产大队、生产队，以及公社及其所属的企事业单位的财务进行清理整顿，并建议在几个生产队或一个生产大队设置一名专职会计。

④ 有关这一时期农村地区的村集体的运作情况，参见吴毅、吴淼《村民自治在乡土社会的遭遇》，华东师范大学出版社，2003。

据1991年农业部农村固定观察点办公室所做的抽样调查，有94%的村的农户是与行政村一级集体组织签订土地承包合同的，其中与村委会签订土地承包的占比为55.8%，与村级集体经济组织签订土地承包合同的占比为33.61%，与村党支部签订合同的占比为4.7%。①

更为明显的事实是：在大多数农村地区，土地所有权收益即村提留并不归村民小组支配，而是由行政村一级的村集体统筹使用，村民小组组长的补贴也是由村委会发放。村民小组的土地权益仅仅体现为：村民小组的土地只能承包给本村民小组的成员，如果确有必要重新划分村内部村民小组的地界，要通过本村民小组成员同意。到了“第二次土地延包”时，如要进行土地大调整，往往也会在行政村范围内进行；土地大调整方案也要行政村一级的村民代表大会表决通过，而不再仅仅是村民小组内部村民自己的事了。② 另外，在凡属于对外发生地权交易或地权转移（如征地或土地流转）的场合，不管土地是属于哪个村民小组的，都是由村委会出面，征地补偿款不是付给被征地的村民小组，而是付给村委会。通常，村委会与村民小组会按一定的比例分配征地补偿款，如村委会分六成、村民小组分四成。③ 有些农村地区，在征地时，还实行土地补偿“人人有份”的做法，即不管征了哪个村民小组的地、哪家农户的承包地，全村的人都有份，直至将全村的地征完。④

总之，由于行政村一级的村集体即村委会的介入，村民小组作为集体土地所有者的权利，在现实中被严重弱化和虚化。农村集体土地所有权向行政村一级集体集中的趋势十分明显。

五、土地集体所有权确权登记

（一）集体土地边界“模糊”的问题

按照1986年公布的《土地管理法》的立法精神，农村集体土地为“一级所有”，也

① 中共中央政策研究室、农业部农村固定观察点办公室编《完善中的农村双层经营体制——对274个村庄的跟踪调查》，中共中央党校出版社，1992，第12页。

② 按照中央的政策，这种做法是不被允许的。1997年中办发16号文即1997年8月中共中央办公厅、国务院办公厅出台的《关于进一步稳定和完善农村土地承包关系的通知》中规定，“不能随意打破原生产队土地所有权的界限，在全村范围内平均承包”。

③ 吴毅、吴淼：《村民自治在乡土社会的遭遇》，华东师范大学出版社，2003，第208页。

④ 在成都，当地人管这种做法叫“血战到底”。参见周其仁《城乡中国（上）》，中信出版社，2013，第194—198页。

就是说，同一块土地只能有一个所有者。[①] 至于哪一个是所有者主体，存在三种情况：第一种情况为土地为行政村一级集体所有；第二种情况为土地为行政村下的村民小组集体所有；第三种情况为土地为乡镇集体所有。这就说明，在一个乡镇内，既有行政村一级的集体土地，也有村民小组一级的集体土地，也有少量的乡镇一级经济组织所有的土地。土地所有权如何在这三级集体组织间分配，往往取决于这三级集体组织继承了多少集体化时期土地产权的“遗产”。这三种农村集体土地所有者主体地位均受到法律的承认和保护。

然而，在现实中属于集体土地的空间边界并不是那么清晰。在30年的农村集体化运动中，许多农村地区都经历过多次“并村拆村、并队拆队”的调整。村与村、村与队、队与队之间的土地边界十分混乱，存在大量“插花地”、“飞地”、“共有地”和“争议地”等历史遗留下来的问题。不仅各村集体之间的土地权属边界不清，而且还存在着集体土地与国有土地之间边界不清的问题。在垦区和牧区，还存在大量垦荒地、牧草地和沙漠地，按行政管理区划边界来说，属于行政村的地界，但这些土地是属于国有还是属于集体所有，其权属一直未能明确。另外，新中国成立后，各级政府都成立大量的国有农场，许多国有农场的土地来源于原村集体的土地。集体土地所有权界定模糊成了全面实行家庭土地承包经营制以后，“大集体时期”留下的一个“后遗症”。

（二）土地权属管理制度的建立

20世纪80年代初，刚刚获得“经济自由”的农民，有了钱首先想到的是盖房子。很快就在农村地区出现了建房的热潮。当时，城市居民住房条件也很差，三代同居、婚后无房的现象十分普遍。各单位为了解决职工住房问题，纷纷到城市周边的农村地区建职工宿舍、家属楼。兴办乡镇企业也需要占用土地。在以上各种因素的叠加作用下，在20世纪80年代中期出现了新中国成立以来建设用地占用耕地的高峰。据统计，仅1985年一年，耕地就减少了1500万亩，其中城市建设占用耕地480万亩，无论是耕地减少规模，还是城市建设占用耕地，这都是历史上前所未有的一个高点。[②] 虽然当时中央连续

① 1986年全国人大公布实施的《土地管理法》第八条规定，“集体所有的土地依照法律属于村农民集体所有，由村农业生产合作社等农业集体经济组织或者村民委员会经营、管理。已经属于乡（镇）农民集体经济组织所有的，可以属于乡（镇）农民集体所有。村农民集体所有的土地已经分别属于村内两个以上农业集体经济组织所有的，可以属于各该农业集体经济组织的农民集体所有”。

② 黄小虎主编《新时期中国土地管理研究》（下卷），当地中国出版社，2006，第13页。

出台文件①制止这种现象，但是在当时土地“多头”管理的体制下，②大量耕地被占用的势头并没有得到有效地扼制。在此形势下，1986 年 6 月，全国人大颁布了《土地管理法》，同年 8 月成立了国家土地管理局。

从 1986 年的《土地管理法》的内容以及国家土地管理局的职能来看，土地管理主要分为两大块，一块是土地利用管理，另一块是土地权属管理。1986 年的《土地管理法》中明确规定：“集体所有的土地，由县级人民政府登记造册，核发证书，确认所有权。”这就为农村集体土地所有权确权登记提供了法律依据。1989 年，原国家土地管理局下发相关文件，对集体土地的权属界定给出了较为详细的规定。③其后原国土资源部又对集体土地的确权登记工作提出了具体要求，但此项工作的落实并不理想。④之所以出现这种情况，与当时缺乏土地产权调查的工作基础有很大关系。另外，当时国家土地管理局的主要精力都放在土地利用管理上了，整日忙于编用地规划和计划、批用地、查用地、办征地等大量的日常业务，无暇顾及土地权属管理。加之，当时土地价值并未显现，农民的产权意识比较淡薄，清晰集体土地的权属并没有成为急需解决的问题。

进入 2000 年以后，随着土地流转及征地规模越来越大，土地价值开始日益凸显，与此同时，农民的土地产权意识也随之增强，农村土地产权纠纷案件频发。据统计，仅 2003—2007 年的 5 年间，全国共受理农村土地产权纠纷案件近 7000 件，其中也包括因各集体经济组织土地边界不清所引发的土地产权纠纷。加强对土地的权属管理，清晰集体土地所有权，就成了摆在国土管理部门面前的一个现实问题了。⑤

---

① 1981 年 4 月，国务院出台了《关于制止农村建房侵占耕地的紧急通知》，1982 年 2 月，国务院又颁布了《村镇建房用地管理条例》；1986 年 3 月，中共中央、国务院下发了《关于加强土地管理、制止乱占耕地的通知》。

② 按照当时的土地管理体制，农村土地归农牧渔业部下属的土地管理局管理，城市土地归城乡建设环境保护部下属的城市住宅局管理；国家计委下属的土地局负责大型建设项目及工矿企业用地的管理。

③ 《国家土地管理局关于确定土地权属问题的若干意见》，载国家土地管理局办公室编《中国土地管理文件汇编（一）》（1986—1989），中国大地出版社，1995，第 827—834 页。

④ 按照当时国家土地管理局的想法和计划安排，集体土地所有权的确权登记发证要利用 1984 年至 1996 年进行的第一次土地详细调查成果来完成。1991 年，当时国家土地管理局为此下发了《关于利用土地详查成果进行土地登记有关问题的通知》。但实际执行结果并不理想。据统计，截至 1998 年底，利用土地详查资料颁发的集体土地所有权证仅为 50 多万本。参见谭峻、张璋、张丽亚《地籍管理制度与农村土地问题探讨》，中国经济出版社，2012，第 59 页。

⑤ 在现实中，“人民公社六十条”仍是解决土地产权纠纷的一个重要依据，“人民公社六十条”所界定的农村集体土地的产权仍然有效。例如，笔者就曾接触到这样一个案例，有一家国有农场并入了原来几个村集体，现在一些村民提出要退出国有农场，主张村集体的土地权利，其中有的村是“人民公社六十条”颁布之前并入的，有的村是“人民公社六十条”颁布之后并入的。经当地政府法制办的判定，“人民公社六十条”颁布之前并入的村，其主张村集体土地权利的要求，政府不予承认，而“人民公社六十条”颁布之后并入的村，其主张村集体土地权利的要求，政府可以给予适当的考虑。

（三）国土资源部发动的第一轮对集体土地的确权登记工作

1999年国土资源部开始启动第二次土地资源详细调查，国土资源部试图依托这次土地资源详查过程，将集体土地所有权确权登记发证作为一项重要内容。2001年11月，国土资源部出台的《关于依法加快集体土地所有权登记发证工作的通知》提出，“力争用三年的时间，基本完成本地区集体土地所有权登记发证工作”。该通知提出确权发证有两种方式：一是直接发证到村民小组，二是由村委会管。① 同时，该通知还要求，“凡是土地家庭联产承包中未打破村民小组（原生产队）界线，不论是以村的名义还是以组的名义与农户签订承包合同，土地应确认给村民小组农民集体所有”。然而，土地利用调查一般是以行政村为单位的，而不是村民小组。这就是说，现有农村地籍调查的基础资料还是不能支持土地所有权确权的需要，无法真正将土地所有权的边界落在“四至”上。

对于地方政府来说，在集体土地权属边界不清的情况下，一旦要确权登记发证，这些问题就会显现出来。据统计，到2012年，已上报的土地权属纠纷案件有43635宗，其中，集体土地所有权纠纷案件占23.54%，国有土地与集体土地所有权纠纷案件占35.05%，集体土地使用权纠纷案件占41.41%。② 因此，实际执行过程中，大多数地区还是采取回避矛盾的做法，只是明确了矛盾相对较少的行政村边界，将集体土地所有权确权登记发证到行政村一级，而不是集体土地实际所有者村民小组一级。即使能够确权到集体土地实际所有者村民小组一级，也是大多采取“组有村管”的方式，将《集体土地所有证》发放到村，由村委会代管。大多数地区实行的是“发证到村”而不是“发证到组”方式。集体土地所有的权属并未真正落实。总之，这次国土资源部开展的集体土地确权登记发证工作完成得并不顺利。

（四）国土资源部发动的第二轮对集体土地的确权登记工作

2010年中央一号文件提出了农村集体所有权确权登记的工作目标。③ 有了中央的政策要求和支持，加之，这时已建立起了较为完善的国土资源信息系统，2011年，国土资

① 该通知提出，“一是有条件的地区，可将《集体土地所有证》直接发放到村民小组农民集体；二是采取‘组有村管’的方式，将《集体土地所有证》发放到村，由村委会代管。为了体现村民小组农民集体的所有权主体地位，土地证书所有者一栏仍填写村内各村民小组农民集体的名称，并注明土地所有权分别由村内各村民小组农民集体所有。待条件成熟时，可将《集体土地所有证》换发到组”。

② 戴根萍、张毅：《2012年农村集体土地确权登记发证政策评估》，载郑凌志主编《中国土地政策蓝皮书》，中国社会科学出版社，2013，第89—90页、第87页。

③ 2010年中央一号文件即《关于加大统筹城乡发展力度进一步夯实农业农村发展基础的若干意见》提出，“力争用3年时间把农村集体土地所有权证确认到每个具有所有权的农民集体经济组织”。

源部发动了第二轮对集体土地的确权登记工作。

2011 年 5 月，国土资源部、财政部和农业部联合发出了《关于加快推进农村集体土地确权登记发证工作的通知》。该通知提出，“力争到 2012 年底把全国范围内的农村集体土地所有权证确认到每个具有所有权的集体经济组织，做到农村集体土地确权登记发证全覆盖”，并对集体土地确权登记发证的工作提出了具体的要求。① 为了激励地方政府尽快落实和完成农村集体土地确权登记发证工作，该通知提出，将农村集体土地确权登记发证与建设用地的“征、转、用”相挂钩。② 同年 11 月，国土资源部又联合中央农村工作领导小组办公室、财政部、农业部等部门出台了《关于农村集体土地确权登记发证的若干意见》。该意见对农村集体土地确权发证的范围、工作要求、程序和方法，以及对历史遗留和违法用地等问题都做出了明确的规定。

在国土资源管理部门牵头组织的大力推动下，农村集体土地确权登记发证工作全面展开。据有关新闻报道，到 2012 年底，全国农村集体土地所有权确权登记发证率按宗地统计达到 83%，按面积统计达 75%。③ 到 2013 年中，国土资源部透露全国农村集体土地所有权确权登记发证率达到 97%，宣布基本实现了农村集体土地所有权确权登记发证工作的目标。但是也应该看到“发证到组”的比例仍较低。据统计，截至 2012 年 6 月，已上报集体土地所有权发证数据的 21 个省份（包括直辖市和自治区）中，“发证到组”的比例仅为 31.18%。④ 值得说明的是，如前所述，在广大农村地区，凡涉及土地产权的事宜，如征地、土地对外流转以及调整土地和村民之间的买卖宅基地等，大多是通过村委会办理，村民小组并没有什么实际权力。在这种情况下，严格要求将土地确权登记到土地所有权人——村民小组，并没有多少实际意义。因此，“发证到组”的比例较低也就不奇怪了。

2014 年 11 月，国务院公布了《不动产登记暂行条例》，将集体土地所有权纳入不动产登记范围，从此，集体土地所有权将由不动产登记部门，按不动产登记制度进行统一管理。

---

① 2011 年 5 月国土资源部、财政部和农业部联合发出的《关于加快推进农村集体土地确权登记发证工作的通知》提出，“有条件的地方要制作农村集体土地所有权地籍图”，“县级以上城镇以及有条件的一般建制镇、村庄，要建立地籍信息系统，将地籍调查成果上图入库，纳入规范化管理，在此基础上，开展土地总登记及初始登记和变更登记”。

② 该通知规定，“在办理征地手续之前，必须完成农村集体土地确权登记发证”，“凡是依法进入市场流转的经营性集体建设用地使用权，必须经过确权登记，做到产权明晰、四至清楚、没有纠纷，没有经过确权登记的集体建设用地使用权一律禁止流转”，“凡是 2012 年底未按时完成农村集体土地所有权登记发证工作的，农转用、土地征收审批暂停，农村土地整治项目不予立项”。

③ 据报道，全国集体土地所有权应发证面积 4.467 亿公顷，已发证面积 3.367 亿公顷，发证率为 75%。

④ 戴根萍、张毅：《2012 年农村集体土地确权登记发证政策评估》，载郑凌志主编《中国土地政策蓝皮书（2012）》，中国社会科学出版社，2012，第 88—89 页。

后记

毫无疑问，史料或证据是作史的基础，但除此之外，还必须要有一定的想象力。凭借着想象力，史学者可以将一鳞半爪的文字材料，缀成较为完整的历史叙述。不同的史学者，有着不同的想象力，而且，不同的史学者，其想象力的来源也有所不同。我的想象力的一个重要来源是做咨询项目。

我所做的咨询项目通常都是“一把手”项目，即甲方的主导者是各级政府的“一把手”。这就给我进入现场带来了极大的便利。在项目开展过程中，我提出的任何调研要求，当地各个政府部门或相关的企业都会设法满足。有时，我想做的调研仅仅是出于我的好奇心，与项目并没有什么关系。例如，在做石狮项目时，我可以通过石狮市领导的引荐，到与石狮毫不相关的南平，去调查福建林区的“新集体林改”。我这种穷追不舍式的调研也会造成不少误会。记得有一次在山东岚山渔港调研，我向一个贩鱼大户了解海鲜交易过程，不断地向这个贩鱼大户追问，“你是如何知道来自南非、南美的海鲜是在哪里上岸的”，“你跟当地的贩鱼大户怎么认识的，怎么建立生意关系的”，“海鲜的物流是怎么解决的”，“资金是如何结算的”，等等。问着问着，这个贩鱼大户突然满脸狐疑地问我：“你是不是一个卖鱼的?”还有一次在成都农村调研，由于我不断地追问，而且越问越详细，以至调研对象怀疑我是不是一个假冒的研究人员，实际是国家国土监察局的。另外，甲方不仅十分慷慨地为我创造了许多深入进入现场的机会，而且，甲方还是我的老师。通过与甲方的沟通和交流，我学到了很多乡土知识，其中有不少是“干货”。说实话，对本书写作而言，咨询项目的调研并没有给我提供多少一手材料，而主要是帮助我能够理解普通农民、大户、涉农企业和地方政府官员的行事方式及其生存逻辑。在阅读和消化本书所引用的大量文字材料时，我的脑海里总是能浮现出现实的生动场面。可以说，如果我没有这些现场感受，这本书可能根本就写不出来。例如，如果我没有深入地介入过一个太行山生态修复项目，就很难真正看懂那些有关“四荒地”治理的文字材料，更不要说将它消化并叙述出来了。这就是想象力的作用。

在此，我首先要感谢这些咨询项目的甲方，这包括漳州市委及市政府、顺德新城区管委会、顺德区委及区政府、顺德北滘镇党委及镇政府、顺德乐从镇党委及镇政府、顺德杏坛镇党委及镇政府、南海狮山镇党委及镇政府、南海区城乡统筹办公室、山东德州开发区管委会、重庆永川区党委及区政府、贵州湄潭县委县政府、湖南长沙县党委及县政府、福建石狮市委及市政府、河北永清县开发区管委会和河北固安县政府，等等。

说到底，做咨询项目也是个“生意”。既然是“生意”，就要考虑盈亏。但在做项目的过程中，往往为了满足我的莫名好奇心，我的团队同事要陪着我翻山越岭，长途跋涉，到某个村落、到某块地头，去了解看似是那么无关紧要的小事。有些事情分明是在会议室里座谈，到办公室里收集材料，就可以解决，可我非要到现场亲眼一见。我的这种做法不仅费时、费力，而且会增加开支，不可避免地会给我的团队成员带来一些困扰，甚至给我院带来一定程度的经济损失。这里诚心地向李津逵、曾真、刘宇、刘永先、郑宇劼、王英杰、刘斐、闫化赟、郑鑫、宋华等同事表示深深的歉意，对我院领导的宽容和理解表示感激。更要感谢我院对本书出版的大力支持。

这里，我还要由衷地感激为数众多的活跃在各界的“农口”研究人员。这些人深入田间地头、走村串户，总结出一个又一个鲜活的案例，为本书提供了丰富的“史料”。

本书所引用的资料约有550部（篇）之多，有大量引文和数据需要核对，从而徒然增加了本书编辑和校对的工作量。国家行政学院出版社的责任编辑王莹主任和马文涛老师为此付出了很大的努力和辛苦，使本书避免了不少“硬伤”。两位老师的敬业、专业精神，令我难忘。一并感谢。

最后，我愿将此书献给尊敬的张曙光老师。

刘宪法

2022 年 11 月 19 日于深圳彩田村